〈3판〉

교육사회학

김종두 著

교육과학사

머리말

지금까지 나와 있는 교육사회학 관련 교재는 매우 많다. 그럼에도 불구하고 또다시 같은 제목의 책을 내는 이유는 학자마다 다를 것이다. 저자에게도 몇 가지 이유가 있다. 첫 번째 이유를 들자면, 아마도 오랜 기간 동안 강의를 하면서 느껴왔던 내 주장을 조금은 기술하고 싶은 욕심 때문이라고 생각된다. 그동안 10년 이상 교육사회학 강좌를 수업을 해오면서 느끼게 되는 일종의 갈증현상 때문이라고 할 수 있을 것이다. 타인의 눈으로 사회를 바라보고, 전달하는 것에서 학자로서의 자기정체성을 찾고자 하는 노력이라고 해도 좋을 것이다. 두 번째는 저서를 내는 것은 학자라는 입장에서 가지게 되는 일종의 의무감 같은 것이다. 학자는 수업만이 아니라 항상 연구하고 저술하는 것이 본분이다. 그 본분을 지키는 것은 당연한 의무라고 할 수 있다. 세 번째는 자기 스스로 느끼는 희열감 때문이다. 책을 쓴다는 것은 논문 한 편 쓰는 것보다 훨씬 더 힘들고, 어려운 작업이다. 그럼에도 논문보다 책을 쓰는 것은 스스로 탈고에 대한 두려움과 만족감이 공존하기 때문에 희열을 느낄 수 있다. 두려움은 부족함을 채우는 열정의 거름이 되고, 만족감은 더 높은 학문 성취의 이상을 추구하는 거름이 되기 때문이다.

이 책의 구성내용을 간략히 설명하면 다음과 같다. 제1장에서는 교육사회학의 발전과정을 간략하게 다루었다. 제2장에서는 교육사회학에서 다루는 이론들을 중심으로 기술하였다. 제3장에서는 교육을 통한 평등과 사회적 선발의 과정을 다루었다. 제4장에서는 문화와 사회화의 시각에서 문화와 사회 변동의 내용을 기술하였다. 제5장에서는 사회집단·사회계층·자본이 교육과 어떤 관련성이 있는지를 다루었다. 제6장에서는 청소년 문화와 비행·자살에 대해 기술하였다. 제7장에서는 학교와 사회에 대해서 종합적으로 기술하였다. 제8장에서는 정보사회에서 교육이 나아갈 방향과 교사들의 역할, 미래사회에 대해 다루었다.

이 책의 특징은 다음과 같다.

첫째, 다른 교재들에서 간략하게 다루고 있는 내용들을 저자가 수업을 해 본 결과 좀 더 깊이 있는 내용을 기술하면, 더 쉽게 이해될 수 있다는 판단에서 일부 학자와 내용에 대해서는 참고상자를 삽입하여 학습의욕이 단절되지 않도록 노력하였다.

둘째, 유명한 학자들의 사진을 삽입하여 학습자들이 언어적 이해뿐만 아니라 이미지를 보면서 학습함으로써 이미지학습에 도움이 될 수 있도록 하였다. 이미지학습은 기억력의 향상에 도움을 준다.

셋째, 각 장별 마지막 부분에 최근에 강화되고 있는 논술과 토론 문항을 삽입하여, 가르치는 사람에 따라서는 토론주제로 활용할 수도 있고, 또 논술시험 문제로 활용할 수도 있도록 하였다.

넷째, 대부분의 선배 학자들이 미국 중심의 내용으로 기술하고 있기 때문에 그것을 현실로 받아들여 미국학자들의 이론을 중심으로 전개하고 있다.

다섯째, 해마다 바뀌는 연도별 수치나 통계자료는 최소로 삽입하려고 노력하였다. 국가의 정책과 사회적 상황에 따라 수시로 바뀌는 데이터는 학습과정에서 학습자들이 탐구하는 것이 더 효율적이라고 판단하였기 때문이다.

더불어서 이 책은 창의적 내용이라기보다는 선배 학자들의 책에 있는 내용을 기초로 하여 저자의 논문과 의견을 일부 첨가하여 대학과 대학원에서 수업을 위해 만든 교재라는 점을 밝혀둔다. 아울러, 이 책의 구성과정에서 일부 내용은 위키백과와 일부 인터넷 사이트에 기술되어 있는 것을 다루었다는 점도 밝혀둔다. 이 책에서 부족한 부분은 추후 지속적으로 보완하겠다는 말씀을 드린다. 또한, 이 책이 세상에 나오기까지 도움을 주신 교육과학사 관계자분들께 감사의 마음을 전한다.

2023년 7월

김 종 두

차례

머리말 _ 3

제1장_교육사회학의 기초 ································ 13

제1절 교육사회학의 개념 _ 15

제2절 교육사회학의 발달과정 _ 18

가. 역사적 태동과정 _ 18

나. 교육사회학의 주요 학자들 _ 24

제2장_교육사회학 접근 이론 ···························· 33

제1절 기능이론 _ 35

가. 등장배경 _ 35

나. 기본전제 _ 36

다. 교육을 보는 관점 _ 37

라. 기능이론 관련 주요 학자들 _ 39

마. 기능이론의 범주 _ 48

제2절 사회화와 선발 · 시험 _ 57
가. 사회화 _ 57
나. 교육선발과 시험 _ 58
제3절 갈등이론 _ 67
가. 등장배경 _ 67
나. 기본전제 _ 67
다. 갈등이론의 범주 _ 69
라. 교육을 보는 관점 _ 90
마. 학교를 보는 관점 _ 90
바. 비판점 _ 93
사. 갈등이론을 대변하는 대표 저서 _ 94
제4절 신교육사회학 _ 98
가. 등장배경 _ 98
나. 주요관점 _ 106
다. 신교육사회학자 _ 114
라. 신교육사회학 이론의 범주 _ 115
마. 교실사회학 _ 131

제3장 _ 교육평등론 ·· 147
제1절 교육평등관의 발달 _ 149
가. 콜맨의 교육평등관 _ 149
나. 후센의 교육평등관 _ 150
다. 스미스와 오를로스키의 교육평등관 분류 _ 151
라. 존 롤스의 정의론 _ 151
마. 정의를 실현하는 원칙 _ 159
바. 교육평등관 분류 _ 161
사. 국가별 빈곤퇴치 프로그램 _ 164
아. 교육평등과 사회평등과의 관계 _ 168

제2절 교육기회 측정지표 _ 169
가. 취학률 _ 169
나. 진학률 _ 170
다. 교육선발지수 _ 170
라. 탈락률 _ 170
마. 지니계수(Gini Coefficient) _ 171
제3절 교육격차 인과론 _ 173
가. 지능결핍론 _ 173
나. 문화환경결핍론 _ 174
다. 교사결핍론 _ 175
라. 학급문화와 학교풍토 _ 179
제4절 엘리트주의와 평등주의 _ 183
제5절 교육선발과 배치 _ 185

제4장 _ 문화와 사회화 ……………………………………193
제1절 문화의 특징 _ 195
제2절 문화기대와 문화변동 _ 200
제3절 문화지체와 문화실조 _ 205
제4절 사회화 _ 207
제5절 사회변화와 사회통제 _ 212
제6절 지위와 역할 및 아노미 _ 218
가. 사회적 지위와 역할 _ 218
나. 아노미(Anomie) _ 220

제5장_사회집단/사회계층/사회자본과 교육 ………229

제1절 동료집단 _ 231

제2절 집단 유형 _ 233

제3절 사회계층 _ 236

제4절 사회계층의 분류 방법 _ 241

제5절 사회계층 이동 _ 254

제6절 사회자본 _ 258

가. 네트워크 형성의 필요성 _ 263
나. 사회자본으로서의 사이버 공간 _ 264
다. 사회자본으로서의 사회관계망 _ 266

제6장_청소년 문화/비행/자살 ………………………277

제1절 청소년의 개념과 특성 _ 279

가. 청소년의 개념 _ 279
나. 청소년의 발달과업 _ 279
다. 청소년의 발달 특성 _ 280

제2절 청소년 문화 _ 281

가. 청소년 문화의 개념 _ 281
나. 문화의 일반적 특징 _ 281
다. 청소년 문화의 유형 _ 282
라. 청소년 문화의 문제점 _ 285

제3절 청소년 비행이론 _ 286

가. 청소년 비행의 개념 _ 286
나. 청소년 비행이론 _ 287

제4절 청소년 자살 _ 302

가. 자살의 동기 _ 303

나. 자살의 유형 _ 305
다. 청소년 자살에 대한 예방대책 _ 308

제7장_ 학교와 사회 ······························311

제1절 사회체제와 학교의 사회적 기능 _ 313
가. 사회체제 _ 313
나. 학교의 사회적 기능 _ 315

제2절 학교풍토 _ 316

제3절 지역사회와 교육 _ 319
가. 지역사회 _ 319
나. 지역사회학교 _ 321

제4절 민주시민교육과 통일교육 _ 324
가. 민주시민교육 _ 324
나. 통일교육 _ 328

제5절 다문화 교육 _ 332
가. 다문화 가정 _ 332
나. 다문화 교육 _ 334
다. 다문화 교육 모델 _ 338

제6절 평생교육 _ 340
가. 평생교육의 의미 _ 340
나. 평생교육의 필요성 _ 341
다. 평생교육의 발달과정 _ 342
라. 평생교육의 특성 _ 346

제7절 학교의 유형 _ 351
가. 자유학교(대안학교) _ 351
나. 홈스쿨링 _ 352
다. 고등학교(일반고, 특수목적고, 자율고) _ 355

제8장 _ 정보사회와 교육 ·· 361

제1절 정보화의 특징 _ 367

가. 정보화의 특징 _ 367
나. 정보화의 사회적 변화 _ 372
다. 정보화의 효과 _ 374
라. 정보사회의 전개와 발전 _ 374

제2절 정보사회를 보는 관점 _ 375

가. 기술공학적 관점 _ 375
나. 경제학적 관점 _ 376
다. 사회학적 관점 _ 377
라. 문화적 관점 _ 380

제3절 정보사회의 교육과 교사의 역할 _ 382

가. 교육의 방향 _ 382
나. 교사의 역할 _ 386

제4절 감성사회의 도래와 4차 산업혁명 _ 393

제5절 가상화폐 _ 400

가. 가상화폐의 개념 _ 400
나. 가상화폐의 기술적 특징과 발전 가능성 _ 408

참고문헌 _ 413

찾아보기 _ 441

제1장

교육사회학의 기초

제1절 교육사회학의 개념

제2절 교육사회학의 발달과정

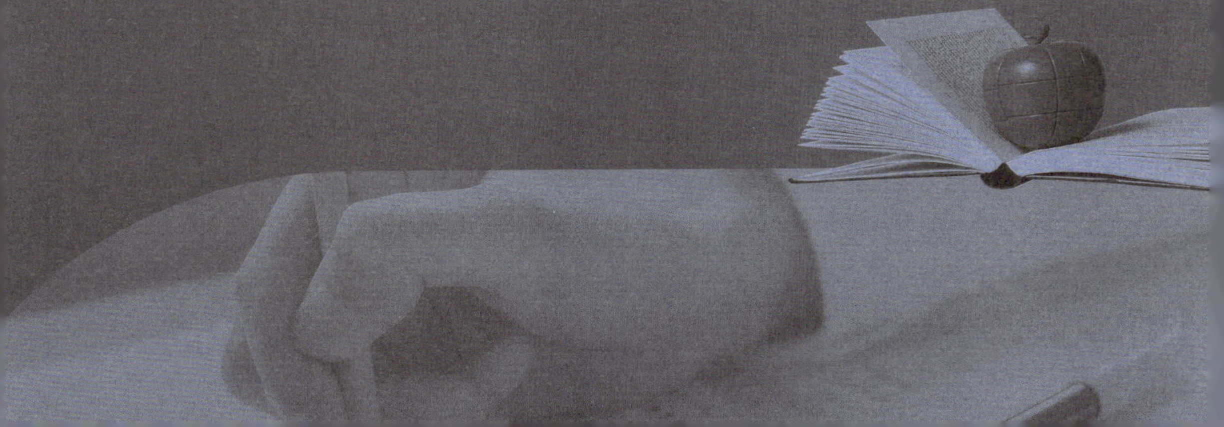

제1장 교육사회학의 기초

제1절 교육사회학의 개념

사회학의 아버지로 불리는 콩트(A. Comte, 1798-1857)에 의해 사회학이 학문으로서 출발하던 19세기 초기는 프랑스 혁명(1789)의 영향으로 정치적 급변의 혼란기였으며, 자연스럽게 사회적 안정을 추구하는 문제를 탐구해야 하는 시기였다. 18세기 계몽주의 사상가들의 영향과 더불어 뉴턴(Newton, Isaac, 1642-1727)에 의해 일어난 과학혁명의 영향을 받아 사회학이라는 학문을 자연법칙에 종속된 과학으로 정립하고자 노력하는 과정에서 실증주의를 강조하게 된다.

콩트에 의해 정립된 사회정학(질서)과 사회동학(진보)은 스펜서(H. Spencer, 1820-1903)를 거치면서 사회학이 학문으로서의 뿌리를 내리는 토대를 마련하게 된다. 그 후 뒤르켐에 의해 사회학의 연구영역이 교육으로 확대되면서 교육사회학이 태동되기 시작하였다고 보는 것이 타당하다. 그동안 교육사회학은 교육학과 사회학의 접점(接點)에 위치하고 있다는 학문적 성격 때문에 그 개념 정립에 심한 논란이 있어 왔는데, 그 대표적인 예가 사회학의 지식을 교육실천에 응용하려는 실천지향적 조류(교육적 사회학)와 교육현상에 대한 탐구를 통하여 사회학의 지식과 이론을 넓혀 나가려는 학문 지향적(사회학 지향적) 교육사회학의 조류(교육의 사회학)와의 논쟁으로 이루어져 왔으며, 최근에 와서는 두 입장이 통합되었다고 볼 수 있다. 이러한 교육사회학은 제2차 세계대전 후에 다른 응용학문들과 함께 본격적으로 발달하기 시작하였다.

무릇 새로운 학문이 태동하는 과정은 모든 분야가 비슷하다고 할 수 있다. 교육사회학도 예외가 아니어서 초기 사회학자들은 학문이 발달하고 연구자들이 늘어 감에 따라 자신들의 학문적 영역을 확대시킬 필요성이 있었다. 그 상황에서 학자들의 학문적 영역확대의 토대를 제공한 사람이 에밀 뒤르켐(Emile Durkheim)이었다. 그는 교육사회학에서 연구하여야 할 영역들을 네 가지로 구분하였다(김신일, 2010: 28; 김병성, 2004: 20; Brookover & Gottlieb, 1964: 4; Durkheim, 1922).

첫째, 교육에 관한 사회적 사실들과 그것들의 사회적 기능을 밝히는 일
둘째, 교육과 사회 및 문화 변화 간의 관계를 밝히는 일
셋째, 교육체계의 여러 유형을 비교문화적으로 연구하는 일
넷째, 살아있는 사회체계로서의 학급과 학교를 탐구하는 일

이러한 뒤르켐의 주장을 토대로 후학들은 사회학에서 새로운 영역들을 연구하기 시작한 것이다. 그 한 분야가 교육의 영역이었으며, 이것이 서서히 발전하여 교육사회학이라는 영역으로 분화 발전된 것이다.

따라서 초기 교육사회학자들은 모두 사회학자들이었음은 당연하다. 사회학자들이 교육적 문제에 관심을 가지고 교육자들이 주장하는 내용들을 수용하여 새로운 영역으로 발전시킨 것이 교육사회학의 초기 교육적 사회학(Educational Sociology)이다. 이들 초기의 학자들은 주로 도덕 및 철학적 이론을 중시하는 학자들에 의해 받아들여진 입장이며, 그들이 주류를 이루었다고 볼 수 있다. 그 이유는 실천보다는 논리적 당위성이

앞서야 하는 것이 세상 만물의 이치이기 때문이다. 그들은 사회학자로서의 학문적 배경을 가지고 있었으므로, 교육체제에 사회학의 원리를 적용하려고 시도하였다. 또한, 실제 교육문제와 밀접한 관련을 갖거나 논리적 연결을 가지고 있는 사회학 및 사회 심리적 지식에 관계되는 연구들을 중심으로 탐구하였다. 그 가운데서 사회학적 지식을 교육실천에 응용하려고 노력하였다. 이는 결국 사회학의 학문적 토대로 교육이 이루어지는 문제와 현상을 탐구하는 노력이 표출된 것이라 할 수 있다.

이러한 사회학자들의 주장이 지속되면서 교육에 대한 탐구가 많아지고, 교육이 중요한 요인으로 작용함에 따라 사회학 이론과 배경보다 교육을 중시해야 한다는 생각을 가진 사람들이 나타나기 시작하였다. 실제로 교육의 결과가 사회의 변화에 어떤 영향을 미치는가 하는 측면을 중시해야 한다는 것이다. 이러한 입장에 있는 학자들은 경험 · 과학적 방법을 중시하였다. 따라서 교육체제의 사회적 과정을 분석하려고 노력하였다. 뿐만 아니라 교육현상과 교육체제의 사회적 측면을 조사 · 연구하여 이를 통해 사회학적 이론을 넓히려고 하였다. 이러한 입장을 일컬어서 교육의 사회학(Sociology of Education)이라고 불렀다.

이 입장은 엔젤(R. C. Angel)이 처음 주장한 이후로 그 당시 사회학에서 교육적 측면을 연구하는 후학들에게 강하게 인지되어 교육사회학의 학문적 토대를 마련하는 인식의 확산을 가져왔다고 할 수 있다.

이와 같이 교육사회학은 교육의 효과와 영향을 사회와 관련지어 연구하는 학문으로서, 교육학의 영역으로도 볼 수 있고 사회학의 영역으로도 볼 수 있다. 따라서 교육의 결과로 나타나는 사회현상에 대한 연구라고 보는 것이 좋을 듯하다. 이러한 개념을 종합화한 프리처드와 벅스턴(K. Prichard & T. H. Buxton, 1973)은 "교육사회학은 교육에 대한 사회학적 연구로서 교육체제와 교육의 과정에서 발생하는 집단관계를 사회학적인 연구에서 이룩된 지식과 기술 및 방법 등으로 연구하는 것"이라고 정의하고 있다.

본 저자는 좀 더 포괄적인 차원에서 교육사회학은 교육을 통해 변화되는 사회현상을 종합적으로 탐구하는 학문이라고 폭넓게 정의하고자 한다. 사회변화가 느린 농경사회에서 빠른 산업사회로의 진행이 정보사회로 접어들면서 더욱 급속도로 변화되고 있다. 이 과정에서 교육을 통한 사회적응의 문제는 더욱더 중요한 교육의 책무가 될 것이며, 인공지능과 집단지성을 활용한 정보사회의 기술개발은 감성사회로의 변화를 더욱 가속화시키는 역할을 하게 될 것이다. 이와 같이 사회변화가 어떤 요인에 의해서 급속도로 발생하게 되면, 인간은 사회적응의 문제를 야기하게 된다. 최근에 빈번하게 발생하는 일명 '묻지마 범죄' '여성혐오' '은둔형 범죄' '집단 폭동' 등은 모두 빠른 사회변동의 흐름에 적응하지 못하는 것이 원인이며, 이에 대한 대처 또한, 교육이 담당해야 할 책무이다. 교육사회학은 이와 같은 사회현상의 발생원인과 과정 및 대책을 연구하고 미래 사회의 변화에 대한 이정표를 제시하고, 교육의 방향을 명확히 제시할 수 있는 책무성을 가진 학문이다.

제2절 교육사회학의 발달과정

가. 역사적 태동과정

교육사회학은 사회학에서부터 파생된 학문이다. 시대적 흐름의 변화가 늦고 사회변화가 느린 상황에서 인간의 행위에 대한 변화 또한, 느릴 수밖에 없으며, 이는 사회의 역동성을 떨어뜨리는 요인이 된다. 이러한 사회변화의 정체가 오래 지속된 사회가 고대에서부터 중세에 이르는 사회라는 데에는 재론의 여지가 없다고 할 것이다. 그러나 중세 신(神)중심 사회가 천 년 이상을 지속된 상황에서 르네상스[1)]와 산업혁명[2)]을 통한 사회의 급속한 변화는 사람들이 적응하기에 힘든 상황이 되었으며, 이러한 사회는 혼란으로 치달을 수밖에 없었다. 그 과정에서 영국에서는 공리주의[3)]가 나타나고 프랑스에서는 계몽주의[4)]가 나타나게 된다. 계몽주의 운동의 전개로 사회의 변화가 지속되는 과정에서 콩트(Comte)에 의해 사회학의 단초가 마련된다. 그러나 콩트[5)]는 계몽주의에 비판적이었으며, 자신의 실증주의(Positivism)를 발전시켰다. 콩트는 계몽주의와 프랑스 대혁명(1789) 이후의 사회적 혼란에 큰 의미를 부여하지 않고 자연적인 진화의 차원으로 인식하는 경향이 강하였으며, 세계 역사의 진행과정을 3단계 법칙을 적용하여 설명하고자 하였다. 콩트는 세계역사만이 아닌 사회, 집단, 과학, 개인, 정신까지도 3단계 과정을 거친다고 보았다. 첫째, 신학적 단계(theological stage)로서 1300년 이전의 세계를 의미하며, 주된 관념체계는 초자연적인 세계나 종교적 형상이 만물의 근원

1) 르네상스(Renaissance)란 14-16세기에 나타난 문화운동, 부활·재생을 통해 고대 그리스와 로마의 인간중심 사회로 돌아가자는 운동. 로마에서 미켈란젤로, 도나텔로, 라파엘로, 레오나르도 다빈치 같은 사람들이 이탈리아 르네상스를 주도함. 십자군 전쟁과 흑사병이 원인.

2) 산업혁명(産業革命)이란 18세기 중반부터 19세기 초반까지 영국에서 시작된 기술의 혁신과 이로 인해 일어난 사회, 경제 등의 큰 변혁을 말한다. 영국에서 방적기와 방직기의 발달과 더불어 제임스 와트의 증기기관 발명으로부터 유래한다.

3) 공리주의(功利主義, Utilitarianism)는 18세기 말 영국의 벤담(J. Bentham)에 의해 체계화. 19세기 이래 영국을 중심으로 발달한 도덕사상. 인간 행위의 기초를 개인의 이익과 쾌락의 추구에 두고, 무엇이 이익인가를 결정하는 것은 개인의 행복이라고 하며, '도덕은 최대 다수의 최대 행복을 목적으로 한다'고 주장. 이를 최대 행복의 원리(Greatest Happiness Principle)라고부름.

4) 16~18세기에 유럽 전역에 일어난 혁신 사상. 교회의 권위에 바탕을 둔 구시대의 정신적 권위와 사상적 특권과 제도에 반대하여 인간적이고 합리적인 사유(思惟)를 제창하고, 이성의 계몽을 통하여 인간 생활의 진보와 개선을 추구함. 몽테스키외, 볼테르, 루소 등.

5) 1839년 후에 사회학으로 불리는 사회물리학을 발전시켰으며, 사회정학(social static, 기존 사회구조)과 사회동학(social dynamics, 사회변동) 모두에 관심을 가지고 있었다.

이며, 사회적, 물리적 세계는 신의 피조물로 인식하였다. 두 번째 단계는 1300-1800년 사이에 걸친 형이상학적 단계(metaphysical stage)이다. 이 시기는 인격화된 신보다 오히려 '자연'과 추상적인 힘이 모든 것을 설명해 준다는 신념을 형성하고 있었다는 것이다. 셋째 단계는 과학에 대한 믿음으로 특징지어지는 실증적 단계(positivistic stage)이다. 이 시기는 인간이 절대적 원인(신 또는 자연)의 추구를 포기하는 경향을 보이면서 사회적, 물리적 세계의 관찰을 중시하게 된다. 즉 과학적 사고를 중시하게 되는 결과를 가져왔다는 것이다(George Ritzer, 2000: 3-44).

콩트가 주장하는 인간의 기본적 사유작용은 신학적 상태에서 형이상학적 단계로 나아가고 이것이 과학적 상태에 도달하게 되는 과정을 거치면서 진화 · 발전되어 왔다는 것이다. 콩트의 이러한 사상은 특히 스펜서와 뒤르켐에게 커다란 영향을 주었다. 그 후 역동적이면서도 혼란한 사회분위기를 겪으면서 이를 설명하기 시작한 사회학이론가들의 출현은 영국, 프랑스, 독일 등을 중심으로 확산되었으며, 그 와중에 교육에 대한 관심이 영국과 프랑스를 중심으로 대두되었으나 학문으로서의 토대를 공고히 하는 과정에서 교육사회학의 발달이 가장 활발한 나라는 미국이었다. 그 이유는 사회 자체에서 중산계급에 의한 산업화가 가장 급속도로 전개되었던 지역이라는 점을 말해준다. 산업화의 진전은 인구, 교육, 사회구조 등에서 엄청난 변화를 초래하였기 때문이다. 미국에서 교육사회학의 시작은 1883년 워드(L. Ward)가 쓴 「동적 사회학(Dynamic Sociology)」에서 비롯되었다고 보는 것이 일반적인 견해이다. 그 후 1899년 듀이(J. Dewey)의 「학교와 사회」라는 책을 토대로 더욱 발전하였다. 사회학의 발달은 학자들의 양성과 다른 영역으로 연구영역의 확대를 가져오는 자연스런 현상으로 나타났으며, 그 과정에서 교육사회학이 공식적으로 시작된 것은 1907년 수잘로(H. Suzzalo)가 미국의 컬럼비아 대학교에 교육적 사회학(Educational Sociology)이라는 강좌를 개설하면서 부터이다. 그 후 10년쯤 지난 1916년에 이 대학에 교육사회학과가 창설된다(김신일, 2010: 23). 1917년에 캔자스 주립사범학교의 스미스(W. R. Smith)가 교육사회학(An Introduction to Educational Sociology)이라는 교재를 처음 출판한다(김병성, 2004: 22). 그러나 교육사회학이 혁신적인 발전을 하여 과학적인 학문으로 자리를 구축하기까지는 뒤르켐(E. Durkheim)의 공이 가장 큰 것으로 인정받고 있다. 그가 쓴 교육학과 사회학(1922)에서 그 학문적 토대와 과학적 연구에 대한 관심과 연구영역 등을 체계적으로 기술하였기 때문으로 이해된다. 그 후 1923년에 페인(E. G. Payne)에 의해 미국 교육사회학회가 창립되고, 전문학술지로 "교육사회학보(Educational Sociology, 1926)"가 창간되면서, 교육적 사회학의 입장이 강조되는 실천지향적 교육사회학이 발달하기 시작하였다.

그 시기에 엔젤(Angel)은 1928년에 교육사회학자들은 교육의 과정을 전문적으로 연구하는 사회학자가 되어야 한다고 역설하면서, "교육사회학은 단순히 순수 사회과학의 한 분야"라고 주장하고, 사회학적 지식을 교육연구에 적용하는 것을 교육의 사회학(Sociology of education)이라고 불렀다. 이러한 주장은 후학들에게 교육의 사회학으로 불리고 교육사회학의 새로운 출발을 알리는 계기가 된다. 1930년대에는 미국에서 교육사회학 강좌를 개설한 대학이 200개교를 넘어섰으나, 2차 대전이 끝난 후에는 겨우 40여 곳을 헤아리는 수준으로 낮아지고 있었다. 그러나 2차 대전 이후 1950년대 후반부터 전후복구를 통한 도시중심의 발달에서 지역사회를 살리자는 지역부흥 운동의 영향을 받으면서 지역사회학교(Community School)운동 또는 사회중심 학교운동의 경향이 강조되었다. 다시 말하면, 지역사회의 문제해결에 학교가 적극적으로 참여하여야 한다는 입장이었다. 따라서 지역사회의 구조와 성격을 분석하고, 그에 맞는 학교의 기능을 밝히는 일이 중심과제가 되면서 실천지향적(응용과학적) 교육사회학을 강조하던 학자들은 점차 관심에서 멀어지게 되었다.

그러나 그 반대로 사회학자들의 관심은 오히려 증가하는 계기가 되었다. 사회학자들에게 지역사회 연구는 당연한 탐구영역이었기 때문이다. 이들은 학교와 사회와의 직접적인 사실관계를 밝히는 데 중점을 두었다. 이들은 대부분 사회학자들이었다. 1963년에는 전문학술지 "교육적 사회학(Educational Sociology)"의 명칭이 "교육의 사회학(Sociology of Education)"으로 바뀜으로써 보다 실증적인 자료와 과학적인 방법을 중시하게 되었다. 이는 이전의 'Educational Sociology'를 'Sociology of Education'으로 제호를 바꾸는 것으로 이루어졌다(김신일, 2010: 25). 이때부터 학문지향적(사회학 지향적) 교육사회학이 발달하기 시작하였다.

그 후 급속도로 발전한 교육사회학은 1970년 영국에서 영(M. F. D. Young)이 "지식과 통제(Knowledge and Control): 교육사회학의 새로운 방향"이라는 책을 통하여 지식의 사회성에 관심을 가져야 한다고 역설하면서 새로운 변화를 맞이하게 된다. 이는 사회에서 필요한 지식을 학교교육을 통하여 가르쳐야 한다는 것을 의미하였다. 신교육사회학을 발표하면서 새로운 탐구영역으로의 전환을 꾀하게 된다. 이는 바로 패러다임의 전환을 의미하는 것이었다. 그 외에도 신교육사회학이라는 용어를 처음 쓴 고버트(David Gorbutt), 이글스톤(John Eggleston), 휘티(Geoff Whitty) 등이 교육사회학의 변화 흐름에 기여하였다.

이러한 흐름은 학교가 사회적 지위 상속의 수단으로 활용되고 있다는 증거가 나타나면서부터 시작되었다고 할 수 있다. 미국의 콜맨보고서(Coleman Report, 1966), 영국의 플라우든 보고서(Plowden Report, 1967) 등이 있다. 그러나 이에 대한 해결책은 영국과 미국에서 서로 다른 방향으로 나타난다. 영국은 교육 내부의 문제로 시선을 돌려 번스타인

(Bernstein)과 영(Young)을 중심으로 교육내용의 성격과 전달과정, 즉 어떤 지식이 교육내용으로 가르쳐지는가에 초점을 맞추었다. 그러나 미국에서는 갈등이론에서 문제의 해결책을 찾으려고 하였다. 콜린스(R. Collins, 1971)의 주장에 의하면, 교육 불평등은 학교의 문제가 아닌 전체 사회제도의 구조적 불평등이 교육에 반영된 결과라는 것이다.

신교육사회학은 그동안 학교교육의 관점을 투입-산출 개념으로 바라보는 것에서 벗어나 투입-과정-산출이라는 관점으로 보고, 그중에서 "과정(process)"에 초점을 맞추고 있다는 것이다. 신교육사회학 또는 교육과정사회학에서 다루는 주된 주제는 크게 두 가지로서, 교육과정과 교사 · 학생 상호작용이다. 교육과정을 보는 관점은 지식의 사회성에 바탕을 두고 있으며, 학교의 교육내용은 사회적으로 결정된 문화전달의 방편이기 때문에 보편적인 것도 아니고 절대적인 것도 아닌 사회적 · 정치적 산물이라는 것이다(Eggleston, 1977). 따라서 학교에서 이루어지는 교사와 학생의 상호작용도 사회관계망 속에서 이루어지는 것이기 때문에 항상 교육적 작용을 하는 것은 아니라는 것이다. 오늘날에는 그동안 이룩한 교육의 기능 및 사회 현상을 종합적으로 탐구하는 학문으로 발전하였다고 본다.

이러한 교육과정사회학은 연구의 관심을 교육 내부로 끌어들인 공적이 크다고 학자들은 보고 있다. 그러나 약점도 몇 가지 지적되고 있다. 첫째, 지식을 사회적으로 만들어진 것으로 규정함으로써, 지식의 사회적 성격을 지적한 것까지는 좋으나 지식을 마치 자기 멋대로 만들어 낼 수 있는 것처럼 과장하는 문제가 있다는 점이다. 그리하여 극단적 상대주의 지식관점으로 치달을 위험성을 안고 있다. 둘째, 교사가 학생들을 우등생과 열등생, 모범생과 문제학생 등으로 범주화하는 것이 교육적 요인에 의하기보다는 사회경제적 요인에 의하여 결정된다는 주장이다. 그러나 학생들은 그들 나름대로 대응전략을 구사하면서, 수동적으로 끌려가지만은 않는다는 점이다. 셋째, 교육과정, 교사와 학생에 대한 관심을 환기시킨 것은 긍정적이나 사회구조를 경시하는 경향이 있다는 점이다. 즉 학교 내부에 관심의 초점을 둠으로써 학교 및 교사를 둘러싸고 있는 사회구조의 문제에는 관심을 기울이지 않는 경향이 있다는 점이다(김신일, 2015; 46-53).

우리나라는 1952년에 서울대학교 사범대학에 교육사회학 강좌가 처음 설치되었고(陳元重 교수에 의해 강의 시작), 1967년에 교육사회학 연구회가 발족되었으며, 1990년 교육사회학회로 명칭을 변경하여 2023년 '교육사회학연구, 33권'을 발간하고 있다.

나. 교육사회학의 주요 학자들

교육사회학에서 다루어지는 학자들은 기본적으로 사회학을 연구하던 학자들이 주장한 내용에 대해서 교육사회학이라는 학문영역에서 학문의 정통성 유지와 그 배경을 설명하기 위하여 사회학자들 중에서 교육에 대한 관심을 가지고 주장한 내용이나 이론을 토대로 한다. 따라서 초기 교육사회학자로 불리는 학자들은 모두 사회학자였으며, 그들은 사회학을 연구하면서 교육에 대한 관심을 가지고 연구한 학자들을 일컫는다.

(1) 콩트

콩트(Auguste Comte, 1798~1857)는 프랑스의 철학자로서, 사회학의 창시자 또는 아버지로 불린다. 1822년 실증주의 사상의 자연과학적 개념들의 확대를 다룬 논문에서 사회물리학(social physics)이란 용어를 쓰면서 출현하였다. 그는 여러 사회적 · 역사적 문제에 관하여, 온갖 추상적

A. Comte

사변을 배제하고, 과학적 · 수학적 방법에 의하여 설명하려고 노력하였다. 콩트의 사회학은 1789년 프랑스 대혁명 이후 사회적 혼란 속에서 새로운 사회를 건설하려는 시대적 과제를 해결하려는 치열한 지적 노력의 바탕 위에서 성립하였다고 볼 수 있다. 그는 사회는 세 가지 인식적 단계와 대응관계에 있으며 인간의 지성은 사실에 있어서 신학적, 형이상학적, 실증적 단계를 거치면서 진화 · 발전되어 왔다고 하였다. 이는 혼란된 무정부상태의 종식과 도덕적 위기 해소가 요구되는 시대적 흐름이며, 어떤 질서도 진보와 일치되어야 하며, 사회정학(statique sociale: 질서, 균형, 안정, 조직을 중심으로 요인, 조건 등을 연구)과 사회동학(dynamique sociale: 진화, 진보, 발전, 변동의 요인과 법칙을 연구)으로 사회현상에 대한 탐구논리를 제시하였다(이건만, 2011: 20-21). 따라서 이기적인 자연적 경향을 갖는 인간의 기질을 교육을 통하여 이타적인 경향을 갖도록 하여야 하며, 교육은 계급차이가 없고 일반적이고 평등하며, 보편적이어야 한다고 하였다. 교육의 가치는 교육이 사회진화와 일치하느냐 또는 일치하지 않느냐에 따라서 결정된다고 보았으며, 교육의 방법은 실증적, 과학적이어야 한다고 주장했다.

(2) 스펜서

H. Spencer

스펜서(H. Spencer, 1820～1903)는 영국의 철학자로서, 유명한 저서 "종합철학체계"는 36년간에 걸쳐 쓴 대작이다. 성운(星雲)의 생성에서부터 인간사회의 도덕원리 전개에 이르기까지 모든 것을 진화(evolution)의 원리에 따라 조직적으로 서술하였다. 영국 사회학의 시조로 불리며, 사회유기체설을 주장하였다. 즉 사회도 생물유기체와 마찬가지로 살아 움직이는 생명체와 같은 의미로 보아야 한다는 것이다. 교육이란 유기체의 구조를 완성하고, 그 유기체를 인생이나 사회생활의 임무에 적합하게 만드는 과정이라고 보았다. 기능이론에서는 스펜서의 사회유기체설을 토대로 사회를 인체에 비유해서 설명한다. 사회 각 부분은 인체의 각 부분과 같은 기능을 한다고 보았다. 즉 사회를 인체에 비유하면, 전체 사회는 몸이요, 사회 내의 개인, 학교, 가정, 회사 등은 인체의 부분, 즉 머리, 팔, 가슴, 위장, 폐, 심장 등과 같은 기관에 해당된다.

(3) 워드

L. F. Ward

워드(Lester Frank Ward, 1841~1913)는 미국의 심리적 사회학의 시조로 불린다. 미국의 사회학 발전에 크게 공헌했다. 사회과학이 인간에게 행복의 기본이 되는 정보를 제공해준다고 믿었으며, 교육이 사회의 역동적 요소로서 기능하는 계획적이고 '합목적적인' 사회를 주창했다. 그는 교육을 사회진보의 핵심요소로 보고 교육에 의한 사회진보의 통제에 연구의 중심을 두고 있는데, 이것은 교육의 사회화를 주장하는 것이며, 교육사회학 발달에 공헌하게 된다. 공립학교가 계급이 없는 사회를 건설하는 데 큰 역할을 할 것을 기대하면서 대중교육의 필요성을 강조하였다. 당시의 일부 사회과학자들은 그의 유토피아적인 계획에 상당한 관심을 기울였다. 남북전쟁 동안에 북군에 가담해 싸운 후 식물학 · 법학 박사 학위를 받았다. 연방정부를 위해 오랫동안 일을 했는데 주로 지질학, 고(古)문서학, 식물학 및 고식물학에 관련된 분야에서 활동했다. 또한, 식물이론에 대해서도 많은 공헌을 했으며, 그의 나이 65세가 되던 1906년 로드아일랜드 프로비던스에 있는 브라운대학교의 사회학 교수가 되었다. 워드는 사회학이 모든 사회과학의 기초이며, 좀 더 나은 사회로 나아갈 수 있는 방법을 제공하는 것이 사회학의 우선적인 임무라고 생각한 콩트의 견해를 받아들였다. 그는 사회구조보다도 사회적 기능 및 사회적 · 경제적 계획을 강조했으며, 이는 제도학파 경제학자들에게 많은 영향을 주었다.

워드의 주요저서인 "동적 사회학(Dynamic Sociology 2권, 1883)"에서 다룬 기본적인 주제는 교육에 관한 것이었으며, 이것이 교육사회학의 학문적 토대가 되었다고 본다. 1869년부터 사회학에 대한 관심이 싹트기 시작했으며 1876년에 들어서는 연구의 관심이 사회학 내용으로 완전히 전환되었다. 다른 저서들로는 "순수사회학(Pure Sociology, 1903)," "사회학 교과서(A Textbook of Sociology, 1905, 제임스 퀘일 딜레이 공저)," "응용사회학(Applied Sociology, 1906)" 등이 있다.

(4) 뒤르켐

E. Durkheim

뒤르켐(E. Durkheim, 1858~1917)은 프랑스의 사회학자로서 보르도대학을 거쳐 파리대학에서 '사회학과 교육학'을 저술하고, 강의하였다. 「사회학연보」를 창간하여 뒤르켐 학파로 불리는 거대한 사회학의 한 학파를 형성하여 세계 사회학계를 이끌었다. 교육이란 성숙한 세대가 아직 사회생활에 익숙하지 못한 후세대에게 삶의 양식을 전해주는 것으로 보았으며, 교육을 '아동의 사회화'라고 강조하였다. 교육이란 사회의 제약 밑에 있으며 사회가 원하는 방향대로 되어간다고 하였다. 교육사회학의 창시자로 불리기도 하며, 종래의 철학적인 교육사회학 이론을 비판하고 새로운 교육과학을 확립하는 데 크게 기여하였다. 주요 저서로는 "사회분업론(De la division du travail social, 1893)," "자살론(Le Suicide, 1897)," "종교생활의 원초형태(Les Formes élémentaires de la vie religieuse, 1912)" 등이 있다.

(5) 베르게만

베르게만(Paul Bergemann, 1862-1946)은 독일의 사회적 교육학자로서 개인 및 사회 양자의 존재를 인정하고 개인에 대한 사회의 우위성을 주장하여 독자적인 사회적 교육학을 확립하려고 노력하였다. 생물학 · 사회학을 기초로 하여 "사회적 교육학(Sozialen Padagogik, 1893)"을 저술하였으며, 인간은「사회적 개인」이고 사회를 떠나서 존재하지 않으며 개인은 사회의 소산이라고 보았다.

그에 의하면 사람은 본래 사회에서 태어나서 사회에서 자라고 사회에서 생존하는 존재이므로 인간을 도야하는 작용도 사회적이어야 하며, 교육의 목적은 아이들로 하여금 국가에 필요한 공민, 사회의 유용(有用)한 일원, 그 시대의 문화적 사명을 기꺼이 수행할 건전 · 유능한 인간이 되게 하는 데 있다고 하였다. 그는 또 개인을 사회에서 단절(斷絶)하고, 그 시대의 특정문화로부터 단절하여 인간의 성능(性能)을 조화적으로 발전시킨다고 하는 것은 경험적 사실을 무시한 공론(空論)이라고 보았다. 인간이 소속돼 있는 현실사회와 그 사회의 현재 문화를 산 교재로 삼고, 그 사회가 느끼고 생각하고 행동하는 그런 인간을 도야하는 것이 교육목적이라고 하였다. 그가 주장한 교육사업의 개선책을 보면, 첫째, 사회는 가정과 같은 적당한 양육소를 설립하여 가정과 협력하여 아동을 교육할 필요가 있고 둘째, 초등교육으로 아이들의 능력을 살펴서 우수한 자는 중등 · 고등교육을 받게 하고, 그렇지 못한 자는 보습교육(補習敎育)을 시켜 사회로 배출시키는 것이 본인뿐 아니라 국가나 사회에 이익이 되며 셋째, 국가와 사회는 우수한 자의 진학을 장려하고 미흡한 자에게는 특별한 배려를 해야 한다는 것 등이 있다.

(6) 엔젤

엔젤(Robert. C. Angell)은 1928년에 교육사회학자들은 교육의 과정을 전문적으로 연구하는 사회학자가 되어야 한다고 주장하였다. 그는 사회학적 지식을 교육연구에 응용하는 것을 '교육의 사회학(Sociology of Education)'이라 불렀다. 이는 학교를 분석 가능한 사회학적 자료의 출처로 간주하고 있음을 뜻하였다고 볼 수 있다. 이러한 그의 주장이 후학들에게 받아들여져 교육사회학이 사회학의 학문적 영역에서 벗어나는 계기를 제공하였다.

(7) 듀이

J. Dewey

듀이(John Dewey, 1859~1952)는 미국의 철학자이자 교육학자이다. 미네소타 · 미시간 · 시카고 · 컬럼비아 대학에서 교수를 역임하였고 '전국교육협회' 명예회장을 지냈다. 서민의 경험을 진보주의(pragmatism)로 승화시켜 보편적 교육학설을 창출하여 세계 사상계에 기여하였다. 그는 교육을 생활의 일부로 보고 강조하였다. 즉 교육은 생활 속에서 이루어지는 사회화 과정으로서 계속적인 경험의 재구성으로 이루어져야 한다고 역설하였다. 학교는 본래 사회적 조직이요, 교육은 하나의 사회화 과정이기 때문에 학교는 사회생활의 한 형태라고 하였다. "교육은 생활의 과정이지, 미래생활에 대한 준비는 아니다."라고 하여 현재 생활을 강조하였다.

교육이란 경험의 끊임없는 개조(改造)이며, 미숙한 경험을 지적인 기술과 습관을 갖춘 경험으로 발전시키는 것이다. 따라서 학생들에게 일방적으로 지식을 주입시키거나, 반대로 학생들의 자발성(自發性)에만 의존하면 불충분하므로 여러 가지 경험에 참여시킴으로써 창조력을 발휘시킬 수 있는 계획성을 마련할 필요가 있다. 이 일을 위하여 학교는 현실사회의 모델일 뿐만 아니라, 사회개조의 모체가 될 수 있는 이상사회로서 제시되어야 한다는 것이다. 저서로「나의 교육신조」,「학교와 사회, 1899」,「민주주의와 교육, 1916」등이 있다.

(8) 파슨스

T. Parsons

파슨스(T. Parsons, 1902~1979)는 미국의 이론 사회학자로서 기능이론의 완성자로 불린다. 학교교육에서 인력의 선발과 배치기능의 중요성을 강조하였다. 파슨스는 사회를 4가지 요인으로 이루어진다고 보았다. 최상위에 문화체제(신념, 가치, 규범 등), 그 다음으로 사회체제(정치, 경제, 사회 등 제 기관의 활동을 통합), 그 아래에는 인격체제(인간의 품성), 최하위에 행동적 유기체(인간의 생체)로 구분하였다.

사회적 행위에 관한 이론으로 일부 사회학파에 영향을 끼쳤으며, 협소한 경험적 연구보다는 사회를 분석하기 위한 일반이론에 많은 관심을 기울였다. 1924년 애머스트 대학(Amherst College)에서 학사학위를 받은 뒤 런던경제대학을 거쳐 1927년 하이델베르크대학교에서 박사학위를 받았다. 하버드대학교에서 경제학 전임강사로 있다가 1931년부터 사회학을 강의하기 시작하여 1944년 정교수가 되었다. 1946~56년 하버드대학교에 신설된 사회관계학과의 과장을 지냈으며, 1973년까지 교수직에 있었다. 1949년에는 미국사회학회의 회장이 되었다. 파슨스는 사회학에 임상심리학과 사회심리학을 접합하려 했으며, 사회과학계에서는 지금도 이러한 시도가 계속되고 있다.

최초의 주요 저서인 사회적 행위의 구조(The Structure of Social Action, 1937)에서 파슨스는 마셜, 파레토, 뒤르켐, 베버 등 유럽 학자들의 주요

18C 중반	19C 초반	19C 후반	19C 말	20C 초반	20C 중반
Montesquieu	Comte	Spencer	Bergemann	Dewey	Parsons/Bowles/Gintis
Voltaire		Ward	Natorp		Bernstein/Bourdieu
Rousseau		Durkheim			Young/Mead

[그림 1-1] 교육사회학의 태동에 기여한 학자들

원리를 받아들여 자발적 원칙에 근거한 체계적 사회행동이론을 발전시켰다. 이때 자발적인 원칙이란 여러 가지 가치나 행동 중에서 어떤 것을 선택할 때 그 선택은 상당 부분 자유의지가 작용했다고 가정하는 것이다. 그는 사회학이론의 핵심이 프로이트나 베버에 의해 발전된 것처럼 인성(人性)이라는 내적 영역에 있는 것이 아니라 사회적 행위를 결정하고 그 행위를 통해 지속성을 이끌어내는 사회제도의 구조와 같은 외적 영역에 존재한다고 규정했다. 또 다른 저서 사회체계(The Social System, 1951)에서는 대규모의 사회에 대한 분석과 사회질서 · 통합 · 균형 등과 같은 문제들에 관심을 돌렸다. 그는 사회구조를 구성하는 각 요소는 상호 관련되어 있으며, 이것들이 상호작용하는 과정에서 전체 사회체계가 유지 · 발전된다는 구조기능주의 관점을 옹호했다.

토론 및 논술

1. 교육사회학의 탄생배경에 대해 자신의 의견을 말해보고, 그 역사적 사회변동의 과정에 대해 말해보자.

2. 어떤 학자들이 교육사회학의 발달에 기여하였으며, 그 이유는 무엇 때문이라고 생각하는가에 대해 자기 생각을 말해보자.

3. 교육사회학의 태동 과정에서 사회 변동의 원인은 무엇이었으며, 변화의 과정은 어떠하였는가에 대해 말해보자.

제2장

교육사회학 접근 이론

제1절 기능이론

제2절 사회화와 선발 · 시험

제3절 갈등이론

제4절 신교육사회학

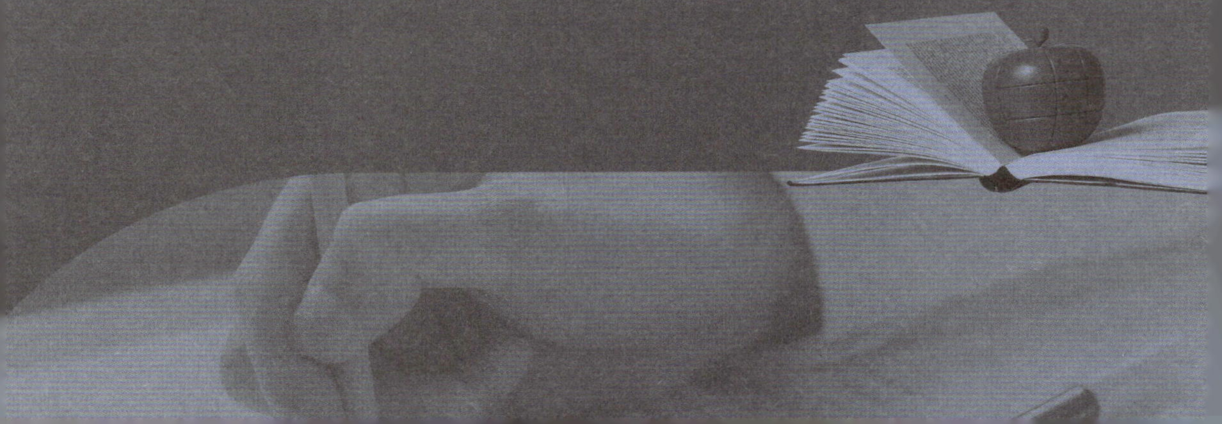

제2장 교육사회학 접근 이론

흔히 모방에서 창조가 나온다고 하듯이 학문의 세계에서도 같은 논리가 적용되는 것 같다. 사회학이 새로운 학문으로 발달하면서 파생되어 나온 학문이 교육사회학이기 때문이다. 따라서 초기 학자들은 모두 사회학자들이었다는 점은 부인하기 어렵다. 뿐만 아니라 학문적 성격이나 접근, 분석, 설명 방식 또한, 사회학의 영향을 받을 수밖에 없다. 또한, 사회학의 관점이나 접근, 모형 또는 패러다임을 이용하여 교육사회학의 변화과정을 설명하려는 것은 어쩌면 당연하다고 할 수 있다.

제1절 기능이론

가. 등장배경

기능이론은 콩트(A. Comte)와 스펜서(H. Spencer)에 의해 기초가 형성되어 뒤르켐(E. Durkheim, 1858-1917)과 파레토(V. Pareto), 말리노프스키(B. Malinowski) 등을 통해 다양하게 발전하였으며, 미국의 대표적 사회학자 파슨스(T. Parsons)가 매우 포괄적인 사회학 이론으로 정립하였고, 구조기능이론(Structural Functional Theory), 합의이론(Consensus Theory), 질서모형(Order Model), 균형이론(Equilibrium Theory) 등으로 불린다(Ballantine, 1997: 6).

나. 기본전제

기능이론에서는 다음과 같은 기본적인 전제를 가지고 접근한다.

첫째, 각 요소(부문)가 상호 연관된 체계로서의 사회는 동질성과 균형성을 지향하는 경향이 있어 자기 규제적(self-control)으로 본다.

둘째, 사회가 생물유기체와 같이 자기 유기적 체계로서 생명을 연장하고 동질성을 보존하고 균형을 유지하려면 충족시켜야 할 기본적인 필요와 요건을 갖추고 있어야 한다.

셋째, 사회의 각 부분은 우열이 없으며, 수행과정에서 기능상의 차이가 존재한다고 본다.

넷째, 모든 사회구조는 그 구성원 간의 가치에 대한 합의에 기본적 토대를 둔다.

다섯째, 사회계층은 차등적 보상의 결과물(상층 · 하층은 유동적이며, 중요도의 우열이 아니라 기능상의 차이에 따른 보상의 차이)로 인해 형성된다.

또한, 모든 사람에게 공평한 기회를 제공함으로써, 과거 신분이나 환경, 개인의 여건 등으로 인해 학교교육의 혜택을 받지 못하는 사람들에게 불평등하게 제공되었던 제도적 문제는 기회의 균등을 제도적으로 이루어냄으로써 사회구성원 모두에게 공평한 기회의 균등을 제공해 주었다는 것이다. 이러한 주장의 밑바탕에 프랑스 5년 혁명(1789- 1794)[1]이

---

1) 루이 14세 때(재위 1643~1715) 완성한 절대주의 왕권체제에 반대하여 일어난 시민혁명으로서 그동안 90%에 해당하는 평민에게 세금을 거두어 귀족과 성직자는 평안한 생활을 유지하였으나 루이 16세(재위 1774~92)의 정부는 미국독립혁명을 지원한 군사비 때문에 재정 궁핍에 빠지게 되었다. 재정총감 칼론이 1787년 2월에 명사회(名士會)를 소집하고, 특권신분에게도 과세하는 '임시지조(臨時地租)'를 제안하면서, 귀족 · 성직자들이 조세저항을 하면서 평민과 함께 삼부회(제1부 성직

있다. 절대주의 왕권체제에 반대하여 일어난 시민혁명으로서 특권층에 유리하도록 형성된 학교교육 체제를 점차 모든 사람들이 공평한 기회를 가질 수 있도록 해 주었다는 것이다. 따라서 균등하게 주어진 교육기회를 획득한 사람들이 학교에 들어가서 개인의 노력에 의해 학업성취를 형성하게 되며, 그 결과로 사회에서 필요로 하는 직업적 지위로 나아가게 된다는 것이 기능이론의 주장이다.

다. 교육을 보는 관점

기능주의에서 보는 교육에 대한 관점은 다음과 같다.

첫째, 교육은 사회를 유지하고 발전시키는 데 핵심 역할로서 사회화 기능을 수행한다. 학교교육이란 전체 사회의 지배적인 가치와 행위 유형들을 의도적으로 전달해 줌으로써 한 사회의 존속에 기여하는 사회화의 수단으로 이해되는데, 보편적 사회화는 한 사회의 공통적 감성과 신념, 즉 집합의식을 새로운 세대에 내면화시키는 것을 의미하며, 특수 사회화는 개인이 속하게 되는 특수한 직업집단이 요구하는 지적, 도덕적 특성의 함양을 가리킨다. 뒤르켐이 학교교육의 기능을 강조한 핵심개념이다. 더불어서 기계적 연대(機械的連帶, mechanical solidarity)와 유기적 연대(有機的連帶, organic solidarity)의 기능을 학교가 하고 있다고 주장하였다.

둘째, 교육을 통한 선발 · 배치 기능이다. 교육은 사람을 길러 적재적소의 직업적 지위에 필요한 인력을 선발하여 배치하는 역할을 한다. 인

자, 제2부 귀족, 제3부 평민 대표)를 소집하게 되고, 이들의 합의가 되지 않아 미라보 · 시에예스 등이 국민회의를 발족시켰으나 이를 탄압하기 위해 군대를 집결시키는 과정에서 발생한 시민혁명.

력의 선발, 분류, 배치의 기능은 학교교육이 수행하는 기능 중 가장 현실적이고 구체적인 기능으로 본다. 파슨스는 이 기능을 학교교육의 핵심으로 보았다. 그러나 학교는 선발과 배치의 과정에서 과열작용(overheating action)과 냉각작용(cooling action)을 하게 된다고 주장한다. 학교가 사람들의 능력 여하에 따라 적절한 지위가 분배될 수 있도록 동기를 부여하여야 한다는 것이다. 이것이 과열작용이다. 산업사회에서 업적주의(meritocracy) 원칙은 뛰어난 능력을 가진 사람이 많은 수입, 권력이 보장되는 사회적 지위에 배치되는 것이다. 그리하여 많은 사람들이 높은 자리를 향해 경쟁할 수 있도록 만든다는 것이다.

학교는 학생들에게 가능한 한 높은 포부를 가지고 열심히 노력하도록 동기를 유발하지만, 누구나 다 뛰어난 능력을 가진 것도 아니며 장래가 보장되는 높은 자리가 많은 것도 아니다. 사회의 지위체계는 피라미드 구조를 이루고 있어서 기능적 중요성을 가진 자리는 상대적으로 희소성을 가지고 있기 때문이다. 이런 현실을 고려하면, 학교는 지위 획득 경쟁에 참가하는 사람들의 숫자를 적당히 조절해야 할 필요성이 생긴다. 따라서 경쟁에 참여하는 사람들의 수를 줄여야 하는 문제에 봉착하게 된다. 이것이 냉각작용인 것이다(이건만, 2011: 105-106). 이와 같이 학교는 상반된 두 가지 기능을 하고 있다고 하는 주장도 있다.

셋째, 기능주의적 교육과정은 지식이란 본질적으로 보편성을 띠고 있으므로, 사회와 시대에 따라 변하지 않으며, 누구에게나 동일한 의미와 가치를 지니고 있다는 것이다.

넷째, 학교는 아동들이 가정에서 학습한 것보다 고차원적인 수준의 사회적 가치와 규범을 학습하여 내면화하도록 하며, 학업성취 수준에 따라서 아동 및 청소년들을 분화하고 성인의 역할체계에 대응해서 인적 자원을 선발하고 분배하는 기능을 한다.

다섯째, 학교는 재능 있는 사람들을 분류, 선발하는 합리적 기제(合理的 機制)로서, 가장 유능하고 동기가 강한 사람들을 최고의 지위에 오르게 하는 토대 역할을 한다.

여섯째, 한 사회를 구조와 기능이라는 측면에서 분석하고 이해하려고 하며, 그 지속과 번영을 위해서 질서, 균형, 안정을 추구하며, 더 나아가 사회구성원 간의 합의(consensus)와 통합을 통해 사회가 이루어진다고 본다.

일곱째, 가정배경, 학교교육, 사회적 성취 관계에 대한 기능주의적 주장을 보면, 가정배경은 어느 정도 학교교육에 영향을 줄 수 있으나, 사회적인 성취에 가정배경이 큰 영향을 주지는 못하며, 학교교육이 사회적 성취에 결정적인 역할을 하고 있다는 것이다.

여덟째, 교육은 사회계층 이동의 결정적 수단이며, 교육의 기회확대는 인간의 평등화에 기여한다. 학교는 능력주의 실현을 위한 장치이며, 전문지식의 기초가 되는 인지적 기술을 제공하고, 능력에 맞는 역할 배분으로 민주주의에 기여한다.

라. 기능이론 관련 주요 학자들

(1) 스펜서

스펜서(Herbert Spencer, 1820-1903)는 영국 사회학의 창시자로서 교육과 사회의 관계에 많은 관심을 갖고 구조기능주의의 입장에서 「사회유기체설」을, 교육은 완전한 생활준비를 위한 수단이어야 한다는 점에서 「생활준비설」을 주장하였다. 사회유기체설이란 영 · 미(英 · 美) 계통의 구조기능주의의 전통에 뿌리를 둔 것으로 사회의 각 부분은 각기 주어진 기능을 충실히 수행함으로써 사회(유기체)를 유지시켜 나간다는 견해로 교육은 각 유기체인 인간으로 하여금 이 사회에서 맡겨주는 기능을 충실히 할 수 있도록 도와주는 역할을 해야 하다는 것이다. 즉 사회의 일부분인 교육이 하여야 할 기능이라는 것이다. 예를 들면, 인간이 가지고 있는 머리, 팔, 다리, 몸통과 그 내부의 각 요소들 위, 간, 심장, 대장, 소장 등 인체를 구성하는 모든 요소들이 원만하게 작동하여야 활동을 할 수 있으며, 그중 어느 하나가 작동을 하지 못하게 되면, 그것을 고쳐서 정상기능을 하도록 노력한다는 것이다. 이러한 각 요소들의 기능은 우열이 아니라 기능상의 차이가 있다는 것이다. 사회 또한, 인간 유기체와 같아서 사회를 구성하는 정치, 경제, 문화, 교육 등의 요소들이 제 기능을 하지 못하게 되면, 사회가 원만하게 작동하지 않게 되므로, 그 문제를 해소하려는 노력이 나타나게 되며, 시간이 흐르면 문제를 해소하여 사회가 정상기능을 수행하도록 한다는 것이다. 그중에서 교육은 인간이 사회에서 주어진 자신의 역할을 원만하게 수행하도록 함으로써 사회의 안정 상태를 유지하는 데 노력하게 된다는 것이다. 스펜서는 "교육은 유기체의 구조를 완성하고, 그 유기체를 인생이나 사회생활의 임무에 적합하도록 만드는 과정"이라고 말하고 있다. 생활준비설이란 교육은 학생들로 하여금 완전한 성인생활을 준비할 수 있도록 교육하여야 한다는 입장으로, 실용주의적이고 실질적인 입장에 서있는 영 · 미 계통의 학자들이 선호하는 입장이다. 스펜서는 성인의 생활을 준비할 수 있는 교육을 해야 한다고 주장하면서 자기 보존, 직업, 자녀의 양육과 교육, 사회적 정치적인 관계의 유지, 여가선용 등으로 성인생활을 구분하였다.

(2) 뒤르켐

프랑스가 낳은 유명한 기능주의 사회학자이자 교육사회학자이다. 그는 또한, 정치가로서 활동하였다. 뒤르켐(Emile Durkheim, 1857-1917)

참고

에밀 뒤르켐(Emile Durkheim: 1857-1917)

E. Durkheim

에밀 뒤르켐은 프랑스의 저명한 사회학자이며, 프랑스 파리의 소르본대학에서 첫 교육학 교수였다. 처음으로 교육연구에 유용한 사회학적 접근들을 재조명하였다(Ballantine, 1997: 6). 그는 사회과학 과목을 대학에서 처음으로 강의하면서, 19세기 후반 혼란이 연속되던 시기에 살면서 자신의 사상을 형성해 나갔다. 그는 그 당시에 유행하던 심리학주의에 정면으로 도전하고 스스로를 콩트의 정통적 계승자임을 자처하면서 실증주의에 입각한 실재론적 사회론을 주장하였다.

뒤르켐은 생물학이나 심리학주의와는 다른 독자적인 '사회학주의 사회학'을 확립시킴으로써 프랑스뿐만 아니라 세계적으로 풍미한 현대사회학의 기반을 구축했다. 그의 업적은 광범하여 종교사회학, 지식사회학, 도덕사회학, 사회병리학, 교육사회학 등을 새로 개척하였다. 특히 그의 사회본질론과 방법론을 서술한 「사회학적 방법의 기준」은 그의 전 이론의 핵심을 잘 서술하고 있으며 그의 이론에서 가장 중요한 서적이다.

뒤르켐은 사회행위의 기본요소는 사회적 결합(Social cohesion) 또는 연대(Solidarity)로서, 이 힘으로 인간들은 사회상황에서 서로 협동하는 것이라고 믿었다. 그의 주된 관심은 19세기 프랑스에서 일어나고 있는 변화에 대한 사회학적 사고와 해석이었다. 그의 사회학이론의 기본적 입장은 개인을 초월한, 그러면서도 개인에게 끊임없이 작용하고 있는 집합표상설(集合表象說)을 중심으로 그의 사회학주의가 관철되고 있다. 사회학주의(Sociologism)라는 명칭은 사회현상을 설명함에 있어서 생물학적 · 심리학적 · 경제학적 요인들에 의거하지 않고 직접 사회학적인 요인을 강조하는 입장을 말한다. 그는 1887년부터 보르도 대학에서 '교육과학' 강좌를 가르쳤으며, 1905년부터는 파리대학으로 옮겨 '교육학과 사회학' 강좌를 담당하였다. 그는 교육적 사실을 다양한 사회와의 관계로 기술하는 것이 교육 과학의 과제라고 하였다. 그에 의하면, 교육은 그 기원에 있어서나 그 기능에 있어서 절대로 '사회적인 것'이며, 따라서 교육학은 다른 과학보다 사회학에 의존해야 한다고 강조하였다(이종각, 2000).

은 막스 베버보다 약간 더 일찍 태어났고 콩트와 거의 같은 시기에 활동하였다. 그의 저서는 「도덕교육(Moral Education)」, 「교육사상의 발전(Evolution of Educational Thought)」 등의 제목으로 사후에 출판되었다. 학교교육의 기능으로 보편적 사회화와 특수사회화를 강조하였으며, 동질성에 기초한 기계적 연대(mechanical solidarity)에서 개별성에 기초한 유기적 연대(organic solidarity) 의식으로 전환되며, 이를 학교가 심어준다고 보았다. 뒤르켐의 교육 목적은 사회체제를 학생들에게 내면화시키는 일이라고 볼 수 있다. 전체사회(즉 국가)가 그 사회의 존속에 필요한 동질성을 유지해주고, 산업사회에서 각 직업집단은 사회존속에 필요한 다양한 기능(즉 분화와 협동)을 수행한다. 전자를 위해 보편적 사회화를, 후자를 위해 특수 사회화를 시켜야 한다. 이러한 교육은 시대와 사회에 따라 그 특성이 다르다고 보았다. 또한, 교육은 사회가 영구히 그 자체의 존재조건을 재창조하기 위한 수단이다. 교육은 아직 미숙한 인간(생물적 존재)을 새로운 인간(사회적 존재)으로 창조하는 것이다. 교육의 목적이 학생들의 사회화에 있기 때문에 이 목적을 달성시키기 위한 수단도 사회적인 성격을 필연적으로 띠게 된다. 더욱이 교육목적의 기반인 사회적 조건은 교육방법의 설계에까지 영향을 미친다. 이와 같이 사회학이 교육실천의 핵심이며 교사의 행동에 의미를 부여해주는 지도이념을 제공해줄 수 있기 때문에, 교육자에게 사회학적 접근이 필요하다는 것이다. 사후에 출판된 도덕교육에서, 뒤르켐은 전 생애를 통해 사회를 계속 유지시키는 사회적 연대(social solidarity)의 본질에 관한 관심이 매우 높았다. 그는 연대의 형태가 기계적 연대에서 유기적 연대로 변화되었다고 보았다. 신념과 감정의 동질성을 특징으로 하는 기계적 연대 아래에서 개인은 집합의식, 즉 한 사회의 전통과 신념에 따라 그의 행동을 결정한다고 보았다. 그러나 산업사회에서는 사회분화를 통하여 사회 구성원들이 상호의존관계에 있는 유기적 연대가 중요하다고 파악한다. 한 사회의 중심 이념과 가치를 내면화함으로써 구성원들은 사회에 대한 성원의식을 가지게 된다. 따라서 그는 교육을 사회화로 파악하고, 도덕교육을 강조하였다.

(3) 파슨스

T. Parsons

파슨스(Talcott Parsons, 1902-1979)는 미국의 이론사회학자로 행위에 관한 일반이론과 사회체계론을 주장하였다. 교육을 통한 사회적 선발 · 배치기능을 강조하여 기능이론의 완성자로 불린다. 학생들이 학업성취 수준에 따라 사회적으로 배분되는 것은 사회 전체를 통하여 성립된 일반적 합의라고 주장하였으며, 학교는 이러한 기본적인 합의를 갖고 업적에 따라 그들이 평가된다는 것을 가르쳐야 한다고 하였다. 파슨스는 세 가지의 명제를 제시하고 있다. 첫째, 아동의 초기 사회화의 일차적 특징은 특정한 종류의 동기구조를 창조하는 위계질서 관계에서 파악할 수 있다(가정, 현재). 둘째, 성인생활은 다른 종류의 동기구조를 암시적으로 요구하는 비교적 평등한 지위관계의 망 속에 개인을 참여시킨다(사회, 미래). 셋째, 아동의 동료집단 관계는 성인의 평등한 지위관계의 모델을 제공하며 동기구조의 변화를 초래한다(∵대체로 가족에 대한 의존성을 줄임으로써, 예: 학교). 이러한 명제를 기초로 파슨스는 하나의 제도로서 동료집단이 보다 큰 사회체제가 안정된 상태에서 상호 작용할 수 있도록 도와준다는 것이다. 동료집단의 기능은 성인역할을 위하여 아동을 준비시킴으로써 사회질서를 유지하는 것이라고 결론지었다. 결론이 전제와 거의 동일하므로, 순환론적이라는 문제점이 있다.

그가 주장한 행위이론을 보면, 자원적 행위이론은 인간을 상이한 목표를 달성하기 위한 여러 가지 수단 사이에서 선택하고 결정하는 존재로 파악하고 있다. 일반적인 행위체계로, 최대의 만족을 얻으려 하는 행위자를 전제로 하는 인성체계, 총체로서의 사회에 관한 한 상이한 지위와 역할에 부과된 다양한 규범들에 일관성을 부여하는 좀 더 포괄적인 가치체계를 전제로 하는 문화체계, 사회가 적응해야만 하는 물리적 환경을 전제로 하는 생물학적 유기체를 들 수 있는데, 인간의 행동은 이러한 체계로 응집된다.

행위자의 욕구성향을 실제로 또는 잠재적으로 충족 또는 박탈하고 행위과정에서 소비될 에너지를 공급하는 동기(Motive) 지향으로 행위자가 자신의 욕구성향체계와 관련해서 대상을 인식하는 인지(Cognitive) 지향, 행위자의 욕구성향이나 감정 혹은 정서적 의미를 부여하는 과정으로 정감(Cachectic) 지향, 대상의 선택과 관련해서 욕구충족을 극대화하려고 정감으로 좋아하는 대상에다 얼마만큼의 에너지를 할당할 것인지를 가려내는 선택적 기제로서의 평가(Evaluative) 지향 등이 있다.

행위의 목표나 수단, 충족시켜야 할 상황에서 선택의 준거, 표준, 규범에 따르도록 헌신케 하고 동기지향의 초점인 욕구(Needs)와 상반되는 것으로서의 어떤 사회적 규범이나 기준의 틀을 말하는 가치지향에는 개인의 인지적 판단의 타당성을 부여하는 표준들에 헌신케 하는 인지(Cognitive) 지향, 어떤 대상을 정감적으로 좋아하고 싫어하는 것이 적절하고 일관되는지를 가늠해 주는 표준들에 대한 헌신으로서의 감상(Appreciative) 지향, 선택의 결과로 행위자 개인 스스로나 그가 속한 사회체계의 통합이 좌우되는 경우에 그 결과에 대한 책임의 표준들에 대한 헌신으로서의 도덕(Moral) 지향 등이 있다.

사회체계론에서 사회체계는 본질적으로 행위자 간의 관계망상조직 혹은 상호작용의 망상조직으로 다양한 상황 속에서의 개인 행위자의 행

참고

탤컷 파슨스

1. 생애

파슨스(Talcott Parsons)는 1902년 12월 13일 콜로라도 스프링스(Colorado Springs)에서 태어나 1979년 5월 8일 독일에서 강의 여행 중 뮌헨(Munich)에서 사망했다. 그의 아버지는 조합 교회(Congregational Church)의 목사이자 학자였으며 나중에는 오하이오 마리에타대학(Maritetta College)의 인문대학장을 지냈다. 파슨스는 매사추세츠에 있는 애머스트대학(Amherst College)에서 생물학을 공부하였고 대학원에서는 경제학을 공부하였다.

1924년에서 1926년까지 유럽에서 보냈는데, 처음에는 런던대학 경제학부에서, 그 다음에는 서독의 하이델베르크(Heidelberg)에서 마르크스와 베버, 좀바르트(Sombart)의 연구에 포함되어 있는 자본주의이념을 중심으로 박사 학위논문을 쓰기 시작하였다. 그 후 애머스트에 돌아와 그 연구를 끝내고 1927년부터 하버드대학에서 경제학을 가르치기 시작했다. 1973년 은퇴할 때까지 하버드에 머물렀는데, 1931년에는 사회학과로 옮겨 1944년에 사회학 교수가 되었다.

2. 학문

탤컷 파슨스(1902-1979)는 미국의 사회학자 중 가장 독창적인 체계와 이론을 수립한 학자로 평가되고 있다. 파슨스는 공리주의, 실증주의, 관념론의 세 가지 주요 서구 세계 지적 전통에서의 뛰어난 사상가들의 장 · 단점을 분석하고, 이 세 전통의 주요 가정들과 개념들을 종합하여 사회학적 이론을 구성하였다. 그의 이론은 「행위의 일반이론을 지향하여」(1950) 및 「사회체제」(1951)를 중심으로 한 전기의 단계와 AGIL이론을 중심으로 그의 이론이 완성되는 후기의 단계로 구별되며, 내용적으로는 후기의 이론이 기능분석의 방법을 보다 원숙한 형태로 제시하고 있다. 그의 분석방법은 매우 추상적으로 논리적이어서 경험에 비추어 구체적으로 이해하기가 매우 어렵고 또 그가 사용하고 있는 용어 · 개념이 매우 난해하다는 정평이 나 있다. 그의 주요 저서로는 「행위의 일반이론을 지향하여」(1950), 「사회체제」(1951), 「사회행위의 구조」(1957), 「사회구조와 인성」(1966) 외에도 다수가 있다(이종각, 2000).

위를 상호 관련시켜 주는 개념적 틀을 제공하는 것이다. 파슨스가 주장하는 사회체계란 복수행위자의 상호의존적인 행위가 만들어 내는 통일된 전체이다. 또한, 사회체계는 다른 행위자들과 더불어 행위자의 환경을 구성하는 규범, 가치를 중심으로 구성되는데, 파슨스가 근본적으로 가정하고 있는 것은 각 행위자가 최대한의 만족을 목표로 하며 만일 한 행위자가 타인과 상호작용을 하여 만족을 얻었다면 그 행위는 반복될 것이라는 점이다. 파슨스는 체계의 균형성을 강조하는데 사회체계에서는 사회화와 사회통제가 균형을 유지하고 있다. 사회체계의 균형을 위해서는 기본적인 기능이 요구되는데 이를 네 가지 기능적 전제요건이라고 한다. 이것이 파슨스의 AGIL 이론인데 A(Adaptation)는 외적인 상황의 조건, 즉 환경에 대해서 적응하는 기능이며, G(Goal-Attainment)는 목표달성을 위해서 상황의 제 요소를 통제하는 기능이며, I(Integration)는 단위 간의 연대를 유지하고 통합하는 기능이고, L(Latency)은 잠재적인 유형의 유지와 긴장을 처리하는 체제유지기능을 의미한다. 파슨스는 어떤 수준의 체계이든 모든 체계는 생존하려면 AGIL의 네 가지 요구 또는 필수요건을 충족시켜야 하며, 각 경우마다 각각의 여건을 충족시키기 위해 특정한 하위체계가 발전된다고 주장한다.

파슨스와 실증주의자들 간의 차이점을 보면 다음과 같다.

1) 파슨스는 과학을 엘리트의 정당성과 사회통합의 근거로서 크게 강조하지 않았으나 직업주의를 새롭게 강조하였다. 따라서 실증주의에서 파슨스주의로의 전환은 엘리트의 정당성 원천이 과학에서 직업주의로 바뀌는 전환이 된다.
2) 실증주의가 진화론적인 성격을 띠고 있었던 반면에, 파슨스주의는 비진화론적인 성격을 띠거나 진화론적인 성격을 띠어도 지엽적인 것에 불과했다.

(4) 드리븐

드리븐(Robert Dreeben)은 학교가 무엇보다 강조해야 할 일은 학생들을 사회인으로 만드는 것이라고 보고, 학교에서의 규범학습을 강조하고 있다. 학교는 학생에게 4가지 사회적 규범능력에 따른 성취(Achievement)·보편성(Universalism)·독립심(Independence)·특수성(Speciality)을 내면화시키는 것이 중요하다고 보았다. "학교에서 무엇을 배우는가?"라는 질문에 대한 한 가지 대답은 학생들이 독자적으로 해야 할 일이 있다는 것을 배우게 된다는 것이다. 또 이와 함께 학생들은 다른 사람들이 이러한 독립심을 기대할 정당한 권리를 갖고 있다는 것을 배우게 된다. 특히 교육과 직업 사이를 비교해보면, 학교는 독립의 규범을 가르치고 있다는 것이 분명해진다. 학교가 제공해주는 경험은 크게 보면 직업을 위한 준비라 할 수 있다. 성취라는 규범도 학교가 가르치는 사회화의 내용이다. 많은 연구들은 성취동기가 기본적으로 부모의 육아방식에서 육성된다고 보고 있으나, 학교 또한, 성취의 규범을 중요한 교육내용으로 가르친다고 보았다. 독립의 규범도 가르치게 되는데, 학교생활 과정에서 개인에게 부여되는 과제 또는 과업을 수행하였을 때, 또는 수행하지 못하였을 때 개인에게 주어지는 보상에 대해 스스로 책임을 지도록 하는 사회화를 형성시킨다는 것이다. 특수성과 보편성은 어떻게 보면 양극으로 대립되는 것처럼 보일 수 있으나 보편성의 규범은 같은 연령의 학생들이 동일한 학습내용을 배우게 됨으로써 가르쳐진다. 또 학년이 높아갈수록 흥미와 적성에 맞는 분야를 집중적으로 학습해 갈 수 있도록 학교가 마련해 줌으로써 특수성의 규범을 배우게 된다. 이 같은 드리븐의 설명은 뒤르켐의 사회화를 동질성과 다양성의 차원에서 본 것과 기본적으로 같은 선상에 있다고 볼 수 있다.

마. 기능이론의 범주

기능이론의 범주에 들어가는 이론들은 원래부터 기능이론의 시작에서 학교교육의 정당성을 주장하기 위한 가정으로 출발한 것이 아니다. 단지 연구의 결과가 기능이론이 주장하는 내용을 정당화시켜주는 형태로 나타난 것이 원인이라고 할 수 있다. 그중에서 대표적인 이론들로 기술기능이론, 근대화 이론, 인간자본론 등을 들 수 있다. 각각의 이론들을 간략히 살펴보면 다음과 같다.

▣ 기술기능이론

기술기능이론은 제2차 세계대전 후 복구 과정에서 사회가 발달하고 산업화를 통한 경제가 성장하는 현장을 직시하면서 대두된 이론이다. 즉 산업사회의 성장과정에서 요구되는 기술수준이 점점 높아짐에 따라 기술이 매우 중요시되었다(1940-50년대의 미국과 영국). 이와 같이 생산체계의 기술에 대한 요구가 교육변화에 추진력을 제공하게 된다. 급속한 산업화 시대에는 숙련된 기술자와 직업적 전문가들을 요구하며, 교육체계는 이런 사람을 배출하는 데 공헌해야 한다는 주장이다.

기술기능이론(Technical-functional theory)은 1950년대에 클라크(Burton Clark)와 커(C. Kerr)가 제창한 이론으로서 그 주된 내용은 다음과 같다. ① 산업사회에 있어서 기술의 필요는 기술의 다양화에 따라 항시 높아간다. 여기에는 두 가지 과정이 내포되어 있다. 즉 ⓐ 낮은 수준의 기술을 필요로 하는 직업 비율은 감소되고, 고수준의 기술을 요하는 직업의 비율이 점차 증가된다. ⓑ 동일한 직업 내에서도 필요로 하는 기술의 수준이 점차 높아져 간다. ② 학교교육은 보다 높은 기술을 요하는 직업에 맞도록 특수한 기술이나 일반능력을 위한 훈련을 제공해 준다. ③

따라서 직업에 필요한 교육수준은 날로 높아만 가며 보다 많은 사람들이 오랫동안 학교에 머물러 있어야 한다(김신일, 2011: 189-190). 따라서 많은 사람들은 취업에 필요한 교육요구수준이 높아지므로 높은 교육을 받는다. 즉 산업구조의 변화가 학력상승을 유발한다는 것이다.

기술기능이론에서는 학교제도와 직업세계가 상호 밀접한 관계에 있음을 강조한다. 학교는 산업사회를 지탱하는 핵심장치로서, 사회에서 요구하는 직종수준에 맞게 학교제도가 발달하였다는 것이다. 즉 직업세계의 피라미드 구조처럼 학교도 마찬가지의 모습으로 발전하였다는 것이다.

이 이론의 특징은 기능이론의 관점에서 학교교육을 평가하였는데 슐츠(Schultz)의 인간자본론과도 유사하다. 기술기능론자들의 주장을 콜린스(Collins)는 다음과 같이 정리하였다. 산업사회에 있어서 직업의 기술요건이 과학기술의 변화에 따라 끊임없이 높아지므로 취업을 위한 교육의 요구수준이 계속하여 높아지고, 점점 더 많은 인구가 오랜 기간 동안 학교교육을 받게 된다는 것이다.

클락(Clack)의 「전문가 사회의 교육」(1962)에서 보면, "우리 시대는 유능한 기술자와 전문가를 계속하여 요구하고 있는 바, 이러한 인재를 양성하는 과업에 교육제도는 더욱 충실하여야 한다. 또한, 직업세계는 생산과 분배에 관한 기술의 진보 때문에 날이 갈수록 복잡해지고 전문화되고 있기 때문에 그에 따라 요구되는 교육수준 또한, 계속 상승하고 있다."고 하였다.

기술기능이론은 복잡한 산업사회에서 점차 기술수준이 높아짐에 따라 사회구성원으로서 역할을 다할 수 있도록 학교는 인지적 능력, 전문적 기술을 가르쳐야 한다고 주장한다. 이러한 기술의 필요가 증대됨으로써 이를 충족시켜주는 역할을 하는 학교가 팽창하게 된다. 산업사회의 직업구조는 특정한 종류의 능력을 필요로 하게 되며, 학교교육이 이를 충족시켜 주게 된다. 나아가 산업의 변화에 따른 직업의 변화는 새로운 기술을 필요로 하며, 이를 충족시켜 주기 위해 학교교육의 교육과정이 변하게 된다는 것이다.

이와 같은 기술기능이론을 현재 대한민국 상황에 비추어 보면, 4차 산업시대를 맞이하여, 기술개발 분야가 기계공업 중심에서 인공지능(AI), 반도체, 드론, 자율주행차, 전기(수소)차, 3D print, 바이오(Bio) 산업, 의·약학 분야로 확대되면서, 고등학교에서부터 과학기술교육 강화, 대학에서의 다양한 전공개설 등으로 교육에서도 사회와 기업의 요구에 적응하기 위한 인력 양성에 힘쓰고 있다. 결국 직업세계의 요구와 학교교육이 밀접하게 상호작용하면서 사회를 성장시키는 것이다.

이러한 기술기능이론에 대한 비판을 보면, 첫째, 기술사회를 향한 발전과정에서 갈등과 불화 측면은 외면한다는 점이다. 둘째, 학교의 팽창은 대중의 요구도 있지만, 지배계층의 특권유지 수단으로서 생산성 높은 노동자를 길러내기 위한 수단이었다는 점이다. 셋째, 직업세계의 기술수준이 학교교육 수준과 일치한다는 전제의 성립이 어려우므로 과잉 학력 현상은 기술기능이론의 입장을 대변한다고 보기 어렵다. 직업수준의 향상이 교육수준을 가져온 것은 15%이고 나머지 85%는 다른 요인에 의한 것이다(Folger & Nam, 1965)라는 주장도 있다.

■ 근대화 이론

근대화 이론가들은 경제 성장에 있어서 그 사회의 전통은 장애물과 같이 보았다. 근대화가 급진적인 변화를 가져오기 위해서는 전통 사회의 가치에 대한 희생은 당연하다고 생각했다(Majid Rahnema, 2003). 근대화 이론가들은 산업 사회와 전통 사회 간의 경제 격차가 실제 증가하는 경우는 산업화의 장점을 확보하지 않았기 때문이라고 생각했다. 그것은 현대적인 변화를 수용하지 못하는 전통 때문이라는 것이었다(Linden, Ian, 2003). 생활수준의 향상, 물리적인 교육인프라, 경제적 성장의 토대와 같은 것들은 그 사회의 주민들이 인식의 변화를 통하여 근대화를 이룩하여야만 가능하다고 본 것이다.

근대화이론은 사회는 내·외적 요인들을 다 함께 고려하면서 통합과 분화, 그리고 재통합을 통하여 진화의 길을 따라서 발전하고 있다고 본다. 대표적인 학자는 Inkeles, Smith, Meyer, Lipset, McClelland 등이 있다. 근대화 이론에 입각한 많은 연구들은 교육과 공장에서의 고용이 근대적 가치 습득과 직접적으로 관련되어 있다는 것을 나타내고 있다. 근대화 이론은 근대화 기관, 근대적 가치, 근대적 행위, 근대사회, 경제발전의 다섯 가지 변인 간에 직접적인 인과관계가 있다는 가정에 기초를 두고 있다([그림 2-1] 참조).

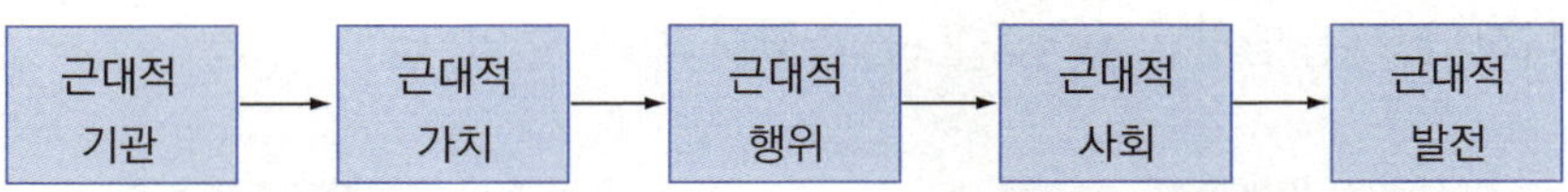

[그림 2-1] 근대화의 과정(Inkeles & Smith, 1974)

인켈레스와 스미스(Inkeles & Smith)는 근대화하는 것은 발전하는 것이며, 한 사회는 대부분의 사람들이 근대적 가치를 가지게 될 때까지는 발전할 수 없다고 주장한다. 근대적 가치의 창출은 인간의 계획 결과이며, 특수한 사회기관은 근대적 가치가 출현하는 데 매우 중요하며, 대표적 사회기관이 학교라는 것이다. 근대성(modernity)에 관한 초기의 대표적인 연구로 맥클리랜드(David McClelland)의 「성취사회」(The Achieving

Society, 1961)가 있다. 맥클리랜드에 의하면, 문명의 발생과 쇠퇴는 그 사회 내에 있는 대다수의 사람들이 소유하고 있는 개인적 가치관에 기인된 것이다. 그는 한 사회가 경제적 · 기술적 발전을 가능케 하는 성취동기라고 하는 성격적 특성이 있는데 이것은 사회화를 통하여 획득된다고 주장하고 있다.

대한민국의 역사를 예로 들어 보면, 일본은 1868년 메이지 유신을 통해 서구를 모방하는 근대화에 나서기 시작하였다. 서구 문물을 받아들여 그 동안의 전통적 제도와 생활양식에 서구식 변화를 추구한 것이다. 그 이전부터 조선에도 서구 열강의 세력들이 문호개방을 통한 문물교류를 원하였으나 변화를 두려워한 조정에서 쇄국정책(통상수교 거부정책)을 고집하다가 1894년에 일본의 개입으로 갑오개혁이 시작되었다. 근대화 시기에 일본은 개혁이 성공하였으나 조선은 개혁이 실패함으로써 망국의 아픔을 겪어야 하는 상황이 발생하였다. 근대화 출발 26년의 차이와 주체적 의지의 개혁과 외세의 영향에 의한 개혁은 성공과 실패의 결과로 나타났으며, 엄청난 후폭풍을 몰고 왔다고 볼 수 있다.

갑오개혁으로 보는 근대화(고종황제)

대한민국이 도약하기 시작한 시기는 1961년부터 경제개발 5개년 계획을 지속해서 추진하여 성공함으로써 30년 만에 한강의 기적을 만들어낸 대한민국의 현실은 교육제도의 변화와 더불어 학교교육을 통해 근대화 의식을 강조하고 실천하도록 사회화시킨 결과인 것이다. 그러나 근대화 이론은 가정이 너무 이상적이며, 전통을 무시한 서구 중심이라는 비판을 받는다. 그런데도 후진국에서 선진국으로 도약하는 모든 나라에서 근대화 이론가들이 주장하는 논리적 과정을 거친다는 점도 부인할 수 없다.

■ 인간자본론

D. Schultz

인간자본론(Human Capital Theory)을 체계화한 사람은 경제학자 슐츠(Theodore William Schultz)이다. 그는 1927년 사우스다코타주립대학을 졸업하고 1930년 위스콘신대학교에서 박사학위를 취득하였다. 아이오와주립대학과 시카고대학의 경제학과에서 교수로 재직했고, 1979년에 개도국 문제 고찰을 통한 경제발전연구로 노벨상을 수상했다. 슐츠(Theodore Schultz)는 인적 자본(human capital)에 있어서 투자의 개념을 확립한 대표적 학자이다. 그는 1961년 미국경제학회 회장으로서의 연설에서 사람들이 유용한 기술과 지식을 획득하는 것에 대해, 전통적으로는 이것들을 자본의 형태로 보지 않았지만, 사람들의 기술과 지식획득을 신중한 투자의 일부로 보아 이를 자본으로 취급해야 한다고 주장했다. 따라서 교육은 증가된 배당금(Increased Dividends)의 형태로 미래에 되돌려 받을 인간자본에의 투자로 보고, 인간이 교육을 통해 지식과 기술을 갖추게 될 때, 인간의 경제적 가치는 증가하게 된다고 주장하였다. 이 같은 관점에서 학력에 따른 수입의 차이는 교육에 의한 지식과 기술의 차이, 말하자면 생산성의 차이 때문이라고 설명한다.

「인간은 나면서부터 천부적으로 일정한 양의 잠재적 자본을 갖고 있다. 인간은 유년기, 학령기 및 초기 직장생활을 지나면서 타고난 자본을 더욱 증가시켜 간다. 그리고 학습이나 훈련이 시대에 뒤떨어진 것이 되거나 낡아서 활용하지 못하게 됨으로써 인간은 그 자본의 약화 내지는 퇴화를 맛보게 된다.」

인간자본론은 개인적 측면뿐만 아니라 국가발전에 있어서도 교육에 대한 투자와 국가의 경제적 발전 사이에 높은 상관관계가 있다는 것을 밝히는 데도 적용되었다. 실업가에게는 투자로서의 교육이 매력적인 구호가 되었고, 대학교수나 연구자들에게는 그들의 활동을 확장시킬 수 있도록 정당성을 부여받았다. 정치가들에게는 교육기회의 민주화에 대한 지지로 보였으며, 교육을 '원하는 자들'에게는 보수 좋은 직업을 얻을 기회가 확대되리라는 기대를 주었다. 1960년대 세계의 성장과정을 설명하는 데 매우 타당한 논리적/실증적 근거를 제공하였으며, 2차 대전 후 세계의 경제성장을 위한 노력과정에서 인간자본에 대한 투자는 성장을 위해 노력하는 거의 모든 국가들에게서 나타나는 공통적으로 적용되는 논리였다. 인간자본론자들이 주장하는 인간에 대한 투자를 그래프로 설명하면 [그림 2-2]와 같다. 18세 고교졸업 후 취업의 경우, 고졸자의 소득곡선, 22세 대학교육을 받을 때까지 직접비용(A)이 투자된다. 따라서 B는 포기된 소득이 되며, 이를 기회비용이라고 한다. 22세 대학을 졸업하고 나서 취업할 경우, 전체 수입과 승진 등에서 편익(C)이 더 많아진다는 것이다.

이러한 인간자본에 대한 투자의 편익이 확대되는 현상은 그 당시 성장을 추구하는 단계에 있던 모든 국가들에게 공통적으로 적용되는 현상으로서 국가에서 교육을 중시해야 하는 이유를 제공하는 데 매우 설득적이

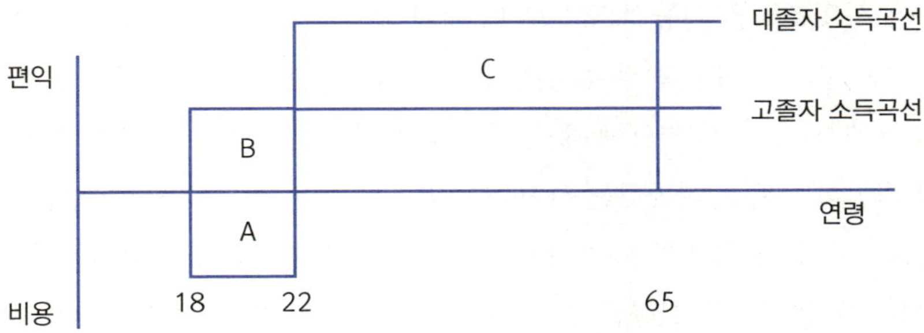

[그림 2-2] 고졸자와 대졸자의 소득 차이

면서, 실질적 증거를 제시해 주는 것이었다. 이러한 인간자본에 대한 투자 효과는 현재에도 후진국에서 개발도상국으로 성장하는 국가들에게 공통적으로 적용되고 있다. 우리나라는 교육제도의 체계화를 통해 후진국에서 선진국으로 성장할 수 있다는 증거를 보여준 대표적인 국가라고 할 수 있다.

※ 국민통합론

학력상승의 원인을 설명하는 이론으로 벤딕스(Bendix), 라미레즈(Ramirez), 메이어(Meyer) 등에 의해 주장되었다. 이것은 국가가 국민들의 이념적 · 정치적 통합을 추구하기 위해서 교육을 규제하고 장려한다는 것이다. 이 이론은 초등교육의 의무화와 중등교육의 확대를 설명하는 데는 유용하지만 고등교육의 과잉을 설명하는 데는 타당성이 결여되어 있다고 본다.

■ 기능이론 비판

기능이론에 대한 와쉐이(Warshay, 1975: 24-25)의 비판을 대부분의 학자들이 들고 있다. 그 내용을 정리해 보면, 다음과 같다. 첫째, 존재하는 모든 사회조직을 기능적으로 보며, 내적 요인을 설명하지 않는다. 둘째, 가치의 합의에 대한 가정이다. 실제로 사회에는 성질이 상반되는 가치들이 존재한다. 가령 집단에 대한 개인의 책임을 강조하는 사람들에 비해서 개인의 자유를 지지하는 사람들이 있음과 같은 경우이다. 기능이론은 사회의 통합과 합의를 지나치게 강조함으로써 학교교육의 규격화와 형식화, 획일화를 부채질하고, 사회의 이념, 목표, 규범 등을 과장한다. 셋째, 기능론적 설명은 그 설명방식의 약점 때문에 보수적인 편향성과 정치적 편견의 문제가 있다. 그런 설명방식으로 교육에 있어서 집단 간의 갈등을 외면함으로써 교육과정과 교육선발을 비롯한 교육정책의 결정과정에 대한 분석을 소홀히 하였다. 업적(또는 능력)주의 사회에 대한 전제와 교육선발이 능력본위로 이루어진다는 기본전제 때문에 선발과정의 귀속적 측면에 대한 관심이 소홀했다. 여러 교육문제들이 일시적 병리현상 또는 부분적 기능장애 정도로만 이해되기 때문에 부분적이고 점진적인 개선책의 개발에만 집중했다. 넷째, 기능이론의 핵심용어인 '기능'이란 말이 분명하지 않다. 기능이란 말로서 어떤 일을 설명하는 것은 그것의 원인을 설명하지 못한다는 약점이 있다. 또한, 어떻게 '기능의 확인이 가능한가?'라는 의문도 제기된다. 다섯째, 권력투쟁, 갈등, 일탈행동 등을 제대로 설명하지 못하고 병리현상으로 간주해버린다. 여섯째, 보수적이고, 목적론에 빠져있으며, 실증적인 부분이 취약하고 변화를 제대로 설명하지 못한다(김신일, 2010: 57).

따라서 기능이론은 체제지향 또는 체제유지 입장을 취하고 있으면서 사회변화에 미온적이고, 시대적 흐름을 제대로 설명하지 못하고 있다는 비판에 직면하게 되었다고 볼 수 있다. 그럼에도 불구하고 기능이론이 학교교육의 정당성을 설명하기 위해 제시한 핵심요인은 사회화와 인력의 선발·배치기능이라고 할 수 있다.

제2절 사회화와 선발 · 시험

가. 사회화

흔히 사회화라고 하면 문화화와 동일시된다. 테일러(Tylor)에 의하면 "문화란 사회의 성원으로서 인간이 획득한 믿음, 예술, 법률, 도덕, 기타 모든 능력과 습관을 포함하는 복합적 총체"라고 한다(김영찬, 1994: 62). 이러한 문화화를 사회학자들은 사회화라고 부른다. 즉 사회적 유산 또는 전통이라고 하는 문화의 한 부분을 학교에서 학생들에게 전달하는 것이 학교의 중요한 기능이라는 것이다. 단순한 예를 들어 보면, 한국사회에 사는 우리는 생활 속에서 알게 된 어른들을 보면 자연스럽게 고개를 숙이면서 인사를 하게 된다. 그러나 미국이나 유럽사회에서는 아는 어른들을 만나도 고개를 숙이면서 인사를 하는 것이 아니라 마주 보고, 상대방의 이름을 부르면서 인사를 한다. 이와 같은 행위들을 성장과정에서 자연스럽게 익혔다면, 문화화가 되는 것이다. 그러나 그러한 행위를 어린이들이 학교에 와서 선생님으로부터 배워서 행동하게 되면 그것은 사회화가 되었다고 말할 수 있으며, 학교교육의 역할을 통해서 이루어진 결과가 되는 것이다.

뒤르켐은 학생들이 특정 지역사회의 문화를 습득하여 일상생활에 적응해 나가는 감성과 신념을 형성시키는 것을 보편적 사회화라고 부르고, 특수한 조직에 들어가 적응해 나갈 수 있는 지식과 도덕을 습득하는 것을 특수 사회화라고 불렀으며, 이는 학교에서 가르치는 핵심기능이라고 하였다.

나. 교육선발과 시험

▣ 교육선발

터너(R. Turner, 1960)는 학교교육의 선발제도를 통한 사회이동을 두 가지 유형으로 구분 지었다. 어릴 적부터 재능 있는 자를 조기 선발하여 후원함으로써 사회의 성장과 발달을 촉진시키는 데 기여할 수 있는 능력을 향상하도록 도와주는 후원형 이동체제를 가진 나라로서 대표적으로 영국을 들었다. 반면에 개인의 능력을 대학교육을 받을 때까지 지속적으로 발현할 수 있도록 치열한 경쟁과정을 거치면서 개인의 사회적 이동을 가져오는 경쟁적 이동체제를 가진 나라로서 대표적으로 미국을 들었다. 이를 보완하여 확대 적용시킨 모형이 호퍼의 유형론이다(김병성, 2008: 148-151).

호퍼(E. Hopper, 1977)는 각국의 교육선발제도를 선발형식, 시기, 대상, 기준의 네 측면에서 분석하여 제시하고 있다. 먼저, 선발형식은 선발의 중앙집권화와 표준화의 정도에 따라 형식성이 강한 것에서 약한 것으로 나누고 있다. 호퍼는 프랑스, 스웨덴, 구소련은 중앙집권화와 표준화의 정도가 높고 서독, 호주, 영국은 중간 정도이며 미국과 캐나다는 낮은 것으로 분류했다. 둘째, 선발 시기는 초등학교 단계에서 중요한 선발을 실시하는 조기선발과 대학단계에 이르러서야 선발이 이루어지는 만기선발로 나눈다. 프랑스, 서독, 영국은 조기선발이고 미국, 캐나다, 스웨덴은 만기선발에 해당하며 소련과 호주는 중간 수준이다. 셋째, 선발대상은 특별한 자질을 구비한 사람만을 뽑아야 한다는 특수주의와 누구나 교육받을 가치를 지니고 있다고 믿는 보편주의로 나눈다. 전자가 정예주의로 흐른다면 후자는 대중평등주의로 흐른다. 서독, 프랑스, 영국은 전자에 해당하고 캐나다, 미국, 호주, 스웨덴, 구소련은 후자에 속한다. 넷째, 선발기준은 집산주의와 개인주의로 나눌 수 있다. 전자는 사회의 이익을 우선적으로 고려하는 기준이고 후자는 개인의 자아실현을 강조하는 기준이다. 집산주의 선발기준을 가지고 있는 나라는 구소련, 스웨덴, 영국, 프랑스, 서독이고, 개인주의 선발기준을 가지고 있는 나라는 미국, 호주, 캐나다 등을 들 수 있다. 이와 같은 호퍼의 설명방식은 한 나라의 모든 정치제도는 특정 한 가지 이념으로 모두 설명할 수 없으며, 다른 유형이 복합적으로 작용한다는 것을 말해주고 있다.

호퍼의 선발제도 유형분류에 따라 우리나라 교육선발의 특성을 분류하면, 중앙집권화와 표준화, 만기선발, 대상의 보편주의, 기준의 개인주의로 나타낼 수 있다(김신일, 1986: 177). 그러나 사회는 계속적으로 환경과 상황에 따라 변화되고 있으며, 그에 맞추어 사회의 선발체제도 지속적으로 변화된다고 볼 수 있다. 따라서 모든 영역에 부분적으로 걸쳐있으며, 특정영역이 국가의 정치, 경제 상황에 따라 확대되거나 축소되는 경향을 지닌다고 볼 수 있다.

▣ 시험의 기능

기본적으로 어떤 사회나 국가라 하더라도 일자리는 한정되어 있고, 일을 하려는 사람들이 많으면 선발의 과정을 거치게 되는데 그 대표적인 방법이 바로 시험이다. 시험은 선발에 있어서 가장 핵심적인 역할을 수행한다고 할 수 있다. 이러한 시험은 다음과 같은 역할을 하게 된다. 첫째, 시험은 학교의 정기적 행사이며, 선발에서 가장 핵심 역할을 한다. 둘째, 시험은 그 사회가 가지고 있는 지식과 가치관의 가장 명시적이고, 공식적인 절차가 된다. 셋째, 모든 사회는 선발을 위해 시험이라는 관문을 통과해야 하는 사회적 선발의 핵심기제가 된다. 넷째, 오늘날 너무 경직된 시험위주의 선발방식은 교육이 시험에 지배당하는 부작용을 가지고 있다(김신일, 2010: 327). 다섯째, 시험의 내용은 그 사회의 공식적 지식이 된다. 여섯째, 시험 내용은 응시자에게 동일하게 부여된다.

■ 시험의 교육적 기능

학교교육에서 없어서는 안 될 필요불가결한 것이 바로 시험이라고 할 수 있다. 이 시험의 과정이 없으면, 학교교육의 효과성에 대한 정도뿐만 아니라 나아가야 할 방향성을 잃게 되는 것이다. 따라서 모든 학교에서는 시험을 실시할 수밖에 없다.

이러한 시험의 기능을 몽고메리(Montgomery, 1978)는 교수-학습과정의 핵심부분으로 규정하고, 그 기능을 여섯 가지로 정리하였다(김신일, 2010: 326-328). 첫째, 자격부여 기능이다. 시험은 그 과정을 통과한 자에게 졸업장 또는 자격증을 부여한다. 따라서 그 졸업장이나 자격증을 가진 사람들을 보고 사회에서 한 개인의 능력을 판단하는 데 도움을 준다. 둘째, 경쟁촉진 기능이다. 시험은 타인과 선의의 경쟁을 통해 더 나아지려는 인간 본연의 경쟁심을 불러일으키는 역할을 한다. 셋째, 선발 기능이다. 시험은 사회의 직업적 지위에서 가장 적절한 사람을 선발하여 배치함으로써 개인을 유효적절하게 활용하는 기능을 한다. 넷째, 목표와 유인 기능이다. 시험을 통해 개인이나 집단의 목표설정과 유인체제에 대한 동기부여를 제공하게 된다. 다섯째, 교육과정 결정 기능이다. 시험을 통한 학생들의 성취도는 학교의 교육과정을 결정하는 데 핵심적인 역할을 한다. 여섯째, 학업성취 확인과 미래학습 예언 기능이다. 시험은 학생들의 학업성취도 정도를 알려주는 기능을 하며, 이를 통해 학생들의 미래학업 성취도가 어떠할 것인가에 대한 예측을 가능하도록 해 준다. 이들 여섯 가지 중에서 몽고메리가 가장 강조한 기능은 학업성취 확인과 미래학습 예언, 그리고 선발이었다. 또한, 시험을 통한 "경쟁촉진"은 한국 교육이 당면한 가장 큰 문제이기도 하다. 최근에 학생들은 교사가 가르치는 것을 모두 학습하는 것이 아니라 시험에 나오는 것만을 학습하며, 학교에서도 시험대비 위주의 수업을 진행하는 것은 한국교육의 고질적인 문제점이라 할 수 있다.

유네스코 보고서(UNESCO APEID, 1978: 1-4)에 있는 시험의 순기능과 역기능은 다음 〈표 2-1〉과 같다(김신일, 2010: 329).

〈표 2-1〉 시험의 순기능과 역기능

시험의 순기능
① 질적 수준을 유지한다. ② 학교 간 비교를 가능하게 한다. ③ 각 단계별로 이수해야 할 최저 학습수준을 지시한다. ④ 교수의 개별적 평가가 범할 수 있는 편견에서 탈피할 수 있다. ⑤ 학습자의 학업성취 수준을 파악할 수 있다.
시험의 역기능
① 암기력을 주로 테스트한다. ② 교육과정의 일부분만을 다룬다. ③ 선택적 학습과 선택적 교수를 부추긴다. ④ 시험기간에 공부를 집중시켜, 정상적 공부습관을 약화시킨다. ⑤ 시험의 결과가 사회적으로나 경제적으로 중요해짐에 따라, 학생들의 불안감을 조성하고 시험에 관련된 사람에게 비정상적 행위를 유발한다. ⑥ 교육과정, 교수방법 등에 관한 교육개혁을 가로막는다.

■ 시험의 사회적 기능

마르크스(Marx)는 시험의 사회적 기능에 대해 "시험은 지식에 대한 관료적 세례"라고 표현하였다. 즉 세속적 지식을 성스러운 지식으로 변형시키는 공식적 의식과 같다는 것이다. 일단 시험에 한번 출제되면, 그 지식의 품격이 높아지게 되고, 시험에 나오지 않는 지식은 중요성이 낮아진다고 지적하였다. 이와 같이 지식에 대한 시험의 기능은 사회문화적으로 중요한 의미를 갖는다. 그 기능은 다음과 같다(김신일, 2010: 332-338). 첫째, 사회적 선발 기능이다. 사회는 시험이라는 과정을 통해 점수가 높은 사람을 직업적 지위로 선발하는 역할을 한다. 둘째, 지식의 공식화와 위계화 기능이다. 모든 지식은 시험에 한번 출제되면 그 지식은 해당 분야에서 인정받게 되는 공식적 인정과정을 거친 것이 되며, 중요한 지식으로 인식되게 된다는 것이다. 셋째, 사회통제 기능이다. 사회통제의 중요한 방법의 하나로서 지식을 통제하는 것이다. 즉 한 사회가 추구하는 가치와 규범을 사회구성원들에게 내면화시키는데 시험에 출제되지 않으면 사람들은 중요하지 않은 지식으로 생각하는 경향이 있다. 따라서 시험이 규범과 통제의 기제로 작용하게 된다. 넷째, 사회질서의 정당화와 재생산 기능이다. 시험에 자주 출제되는 문제는 사회구성원들에게 당연한 것으로 인식하게 되며, 그것을 정당한 것으로 인식하도록 만든다는 것이다. 이러한 사람들이 후세에게 그 정당성을 다시 생활 속에서 자연스럽게 내재하도록 가르친다는 것이다. 이에 대해 그람시(Gramsci, 1971), 부르디외(Bourdieu, 1977), 푸코(Foucault, 1975)는 매우 정밀하게 분석하고 있다. 다섯째, 문화의 형성과 변화 기능이다. 아마도 한국사회에서 사교육을 통한 학습문화는 누구나 인정하게 될 것이다. 이러한 학원을 통한 사교육은 학교교육에서 이루어지는 시험에서 더 높은 성적을 받기 위한 수단으로 이루어지는 것이다.

이러한 시험을 통한 선발은 과거 한국과 중국의 과거시험 제도에서 출발한다. 과거를 통한 지배 엘리트 계급의 선발은 시험이라는 오랜 전통을 가지고 있다. 대부분의 지식은 관점이나 기준에 따라 달라지고, 논쟁 중이며, 새롭게 형성되는 과정을 거치면서 살아있는 지식이 된다. 그러

Levi-Strauss

나 이러한 지식들은 시험에 출제되지 않는다. '절대적 정답'이 될 수 있는 조건을 제시하기 어렵기 때문이다. 따라서 시험은 주체적 관점을 발달시키는 데 장애요소가 되는 측면도 있다. 또한, 객관식의 선택형 문항 평가 위주의 교육은 자유롭고, 개방적으로 사고하는 주체적 인간을 길러내지 못하고, 수동적 · 의존적 태도, 합리적 사고보다는 독선적 · 감정적 사고, 안정적 성격보다는 충동적 성격을 가진 인간으로 만들 가능성이 높다.

따라서 시험의 교육적 역기능과 사회적 문제를 해소하기 위한 다양한 노력이 이루어져야 할 것이다. 프랑스 인류학자 레비스트로스(Levi-Strauss)는 자신이 초등학교에서부터 대학에 이르기까지 일관되게 배운 것은 다름 아닌 하나의 사고방식이라고 술회한 적이 있다. 그 사고방식이란, 일단 하나의 주제가 주어지면 그 주제에 대해 서로 상반되는 두 개의 이론이나 사상 또는 주장을 상호 대비시켜 파악하고, 제3의 이론이나 사상의 가능성을 제시하거나 새로운 사상의 방향을 탐색하도록 요구하는 것이었다고 하였다(김신일, 2011: 331-337).

한국 사회에서도 이러한 차원을 깊이 인식하여 단순 반복적 암기 위주의 학습이 아닌 새로운 아이디어의 창출과 생활 속에서 유용한 지식을 습득시키는 학습방법을 형성할 수 있도록 하는 국가의 시험제도를 수정하는 노력이 이루어지고 있다. 이는 미국에서 객관식 시험을 전면 폐지한다는 방침에 따라서 나타나는 현상이다. 그러나 지금까지 주류로 이루어져 왔던 선택형 시험이 서술식이나 단답형으로만 출제될 경우, 채점관의 주관적 판단이 강하게 작용하게 되고 이는 부정이나 비리의 원인이 될 가능성이 크다는 것도 문제점으로 지적된다.

▣ 시험을 통한 선발과정의 변화

최근에는 과거부터 오랜 세월 동안 유지되어 왔던 전통적인 시험방식이 크게 바뀌는 추세에 있다. 다시 말하면, 그동안 많은 학자들이 문제점으로 제기하여 왔던 암기중심 시험에서 벗어나 실제 개인이 실행할 수 있는 역량을 알아보는 시험으로 바뀌어야 한다는 주장이 받아들여져 객관식 시험이 점차 사라져 가고 있으며, 논술, 수행과정 방식으로 시험 유형이 바뀌고 있는 것이다. 흔히 선진국이라고 일컬어지는 독일은 철저하게 글쓰기를 중심으로 시험이 이루어지고 있으며, 프랑스의 대학입학자격시험인 바칼로레아, 영국의 고교졸업자격 시험, 호주의 대학입학 논술시험, 미국의 SAT 모두 글쓰기를 중심으로 평가하는 방식을 취하고 있다. 다시 말하면, 선진국은 대부분의 시험에서 이미 객관식은 사라진 지 오래되었다고 볼 수 있다.

이러한 흐름에 발맞추어, 최근 일본에서도 대입시험에서 객관식 시험을 없애고, 서술형과 사고력, 문제해결력의 다방면을 평가하는 대대적인 교육개혁을 진행하고 있다. 단순히 대입시험과목의 일부를 바꾸는 것이 아니라 초중고 교육과정을 전반적으로 뜯어 고치는 '그랜드 플랜'으로 언론에서는 '교육유신'이라고 표현하고 있다. 일본의 교육개혁은 저(底)출산으로 생산가능 인구가 줄어들고 산업과 고용구조가 급변하는 상황에서 지금의 교육으로는 미래 인재를 기르기 어렵다는 절박함에서 출발한다. 일본 문부과학성은 2015년 대학입시 개혁안을 발표했고, 2016년 8월엔 새로운 초중고 입시 가이드라인을 공개하였다. 구체적인 내용을 보면, 새로운 입시제도를 2020년 말 대학입학시험을 치르는 중3학생들에게 적용되는데, 그동안의 시험제도 방식을 없애고, '대학입학공통시험' 제도를 도입하여 국어(일본어)와 수학 교과는 논술형으로 출제된다. 그 후 대학별 시험인 2차 시험도 다방면 평가로 바뀌게 된다. 대학별로 논술, 에세이, 프레젠테이션 등 다양한 시험유형을 활용하게 된다. 문부과학성측은 "현대사회의 복합적 문제를 풀 수 있는지 사고력과 문제해결력을 키워주자는 취지라고 밝혔다.

또 2019년 일종의 고교졸업자격시험에 해당하는 '고교기초학력진단평가'가 새로 도입된다. 이에 발맞추어 교육현장도 변하고 있다. 일본 정부는 2020년 초등학교, 2021년 중학교, 2022년 고등학교 대상 새로운 교육과정을 시행할 방침이다. 그 내용의 핵심은 학생들이 수동적으로 지식을 전달받는 방식에서 토론하고 자기 생각을 글로 쓰는 방식으로 바꿔 사고력을 길러 주자는 것이다. 대표적인 것이 IB(International Baccalaureat)프로그램의 도입이다. IB는 스위스 비영리 교육재단 '국제바칼로레아기구(IBO)'가 주관하는 시험 교육과정으로, 1968년 외교관 자녀 · 상사주재원 자녀 등을 위해 개발돼 현재 세계 146개국 3,700여 학교에서 100만 이상의 학생이 이수하고 있다. 일본 정부는 교육개혁의 일환으로 2015년 아시아 국가 최초로 공교육에 IB를 도입하였다. IB는 원하는 초중고교가 문부과학성에 신청하면 정부가 교사들을 연수시켜 준다. IB수업은 계속 읽고, 생각하고, 쓰고 발표하고 토론해야 한다. 기존 교육방식대로 공책에 필기하고 암기하는 것은 영어 문법 수업 정도에 그친다. '정답 하나만' 골라내는 기존 교육으로는 복잡한 현대사회에서 맞닥뜨리는 문제나 갈등을 풀 수 없다는 인식에서 나온 개혁이다(조선일보, 2017년 11월 2일자).

우리나라에서도 일본처럼 지난 수년 동안 주입 · 암기식 교육을 바꾸기 위해 교육과정과 대입제도 개편을 추진하여 왔다. 그러나 가시적인 성과는 나타나지 않고 있다. 대입수능시험은 시대적 흐름에 맞춘다는 명분으로 지속적으로 변화되어 왔으나 교과목의 변동과 수학능력시험 성적과 내신비율 반영을 중심으로 이루어졌으며, 둘 다 정답을 골라내는 객관식 유형에서 벗어나지 못하였다. 또한, 절대평가의 도입이 아닌 상대평가를 중심으로 학생들을 줄 세우기 위한 서열화에서 벗어나지 못하였기 때문에, 학교교육도 문제해결력이나 사고력보다 지식암기교육에서 벗어나지 못하고 있다는 지적이 꾸준히 제기되었다. 교육부도 이러한 지적을 수용하여 암기중심 교육에서 벗어나 창의 · 융합인재를 양성하기 위해 대입제도와 함께 개편하겠다고 2013년 발표하였다. 학교에서 수업에 학생이 직접 참여하는 활동을 늘리고, 고교생이 문과와 이과 구분 없이 사회과학을 공통으로 배우는 것을 특징으로 하는 2015년 개정 교육과정을 마련하여 2017년 초등학교 1학년부터 적용하였다. 또한, 중학교에서는 자유학기제(추후 학년제도 갈 예정)를 도입하여 자신의 진로 설정과 참여 학습활동을 확대하는 등 다양한 노력을 기울이고 있다. 그럼에도 대입제도의 개편은 그 필요성을 인정하면서도 공정성 우려 등으로 인해 아직도 안갯속을 헤매고 있는 실정이다. 그 후 2022년 개정 교육과정을 발표하였으나 디지털 교과서 도입 외의 커다란 특징은 보이지 않는다.

그럼에도 불구하고 평가에 대한 기본적인 방향은 첫째, 현재의 암기 중심에서 벗어나 새로운 아이디어를 제시할 수 있는 능력이나 역량을 평가할 수 있어야 한다. 둘째, 어려운 문제나 복잡한 문제를 회피하지 않는 문제해결능력을 길러줄 수 있어야 한다. 셋째, 불가능하다고 인식하는 상황에서도 포기하지 않고 가능성을 탐구하는 도전 의식을 가진 인재를 양성해야 한다. 이와 같은 평가 방법으로 방향 전환이 시급히 이루어지지 못하면 더 이상 국가의 미래를 보장하기 어렵다는 점을 인식해야 한다.

제3절 갈등이론

가. 등장배경

갈등이론은 기능주의 견해에 대한 비판에서 대두된 것으로 기능주의의 전제를 근본적으로 부정한다. 2차 대전 후 미국사회는 엄청난 성장과 발전을 하게 된다. 그러나 국가는 성장하고 있음에도 사회의 빈익빈부익부 현상은 오히려 더 심해지는 결과로 나타나며, 부의 편중 현상은 극심한 사회적 갈등으로 이어진다. 이러한 상황에서 부의 재분배와 평등, 갈등, 지역사회 등 사회적 문제 해결을 위한 대안 논리가 필요하게 되었다. 갈등이론에서는 갈등을 결코 비정상적인 것도 병리적인 것도 아닌 사회에 중요한 공헌을 하는 것으로 본다. 마르크스(Marx)와 베버(Weber) 등의 이론과 사상에서 연유하여 다렌도르프(Darendorf), 밀즈(Mills), 코저(Coser), 왈러(Waller), 보울스(Bowles), 진티스(Gintis) 등에 의하여 발전되었다.

나. 기본전제

갈등이론에서는 사회를 개인 간 및 집단 간의 끊임없는 경쟁과 갈등의 연속으로 본다. 인간이 소유하고자 하는 대상물은 제한되어 있고 인간의 소유욕은 무한한데, 이 모순을 해결할 길이 없으니 인간 간의 경쟁과 갈등을 불가피한 것이라고 전제하고 있다(김신일, 2011: 69). 사회의 모든 구성요소는 긴장, 경쟁, 갈등을 일으키는 원인이 되며, 사회는 언제나 변화의 과정에 있고 불일치와 갈등을 보인다. 즉 집단 간의 이해상충, 지배자와 피지배자와의 갈등, 권력다툼, 끊임없는 사회변동 등이 사회의 속성이다. 사회적 불균형 상태는 모든 사회에 내재되어 있고 사회는 그 구성원의 일부가 다른 일부를 억압 또는 강제하는 데 기반을 두고 있다. 즉 사회질서는 지배집단의 강제력에 의해 유지된다고 본다. 갈등이론은 마르크스의 상부-하부구조 모형을 그대로 받아들여 경제구조가 학교교육을 결정한다고 본다.

막스 베버(Max Weber, 1864-1920)의 갈등이론에 대한 기여는 뒤르켐보다 직접적으로 기여한 부분이라기보다는 비교적 교육에 대한 체계적인 논의를 제공하였다. 그의 사회학 영역에 관련된 연구는 교육에 많은 영향을 준 것으로 우리가 이해하는 데 기여했다는 것이다. 그는 업적주의(bureaucracy)에 대한 연구와 지위집단에 대한 관련성 개념이다. 실제로 그는 학교의 주된 행위는 교실 안팎에서 모두 지위문화(status culture)를 가르쳤다는 것이라고 한다(Collins, 1971: 1010). 그는 밀접한 관계와 개인의 관심에 대한 갈등 그리고 사회에 영향을 미치는 교육체제, 학교의 형태에 대한 지배집단의 목적과 관심에 대해 연구하였다. 베버는 사

※ W. Waller(1961)

학교를 하나의 사회적 제도로 보고 그 속에서 학생과 교사문화가 구분되어 서로 마찰 갈등을 빚는 현상을 지적하였다. 왈러는 학교는 하나의 강제적 기관으로서 상부에는 교사의 권위적 체제가 군림하고, 하부에는 아동이나 학생들이 예속되어 있다. 따라서 교사는 복종과 학습을 강요하고, 학생들은 교사의 지시나 의도와는 별도로 놀이나 비공식적 활동에 관심을 가지게 되므로, 두 집단 간에는 늘 이견과 충돌이 있게 된다는 것이다. 학교 · 학급에서의 교사 · 학생 관계는 일종의 제도화된 지배 · 복종의 관계로서 교사는 평가, 명령, 시험, 처벌, 질책 등의 강압적 메커니즘을 통하여 학생을 억압한다고 하였다.

람에 대한 인터뷰, 대규모 학교 조직, 상황을 낳는 것은 무엇인가 그리고 우리는 그 상황을 정의하거나 또는 어떻게 해석하는가에 대한 연구를 통합하여 접근한 유일한 사람이었다(Ballantine, 1997: 9).

베버는 마르크스주의를 과학적 엄밀성이 없는 형이상학적 사상으로서, 사회주의 혁명은 사회를 추상적인 두 개의 대립진영, 즉 부르주아와 프롤레타리아로 구분하지만, 그 내부에는 다양한 계층을 가진 사회적 다원성이 있다고 하였다. 사회변화는 사상가나 학자의 관념이나 사상으로 이루어지는 것이 아니라 관념들이 특정 상황에서 개인의 동의를 구할 때, 심리적 이해상황에서 자발적 결사체가 형성되어 동력을 얻게 될 때, 사회변화의 기폭제로 작용한다고 보았다.

다. 갈등이론의 범주

갈등이론의 범주에 들어가는 이론들은 사회의 불평등을 설명하기 위한 토대에서 출발하였다고 볼 수 있다. 제2차 세계대전 후 국가의 성장을 위해 노력한 그 결과들이 실제 기능이론에서 주장하는 것처럼 모든 국민들에게 평등한 기회가 주어지며, 사회가 발달하는 것이 아니라 빈익빈 부익부 현상을 발생시키면서, 교육, 경제 등 모든 부분에서 일어나고 있는 불공평한 사회현상을 설명하기 위한 것이었다고 보는 것이 타당하다.

▣ 재생산이론

재생산이론은 크게 경제적 측면과 문화적 측면을 모두 포괄하고 있다. 이러한 재생산이론을 설명하는 학자인 밀리반드(Miliband)는 국가란 어느 특정한 계급의 지배권을 보호, 유지시켜 주는 것을 목적으로 한다고 주장한다. 알튀세르(Althusser, 1971)는 국가를 단순히 부르주아의 이익을 대변하는 경제적 하부구조의 반영물이 아니라 상대적 자율성을 가진 존재로 보았다. 국가는 통치기구로서 두 가지 장치를 가지고 있다. 하나는 억압적 국가기구(repressive state apparatus: RSA)로서 경찰, 군대, 관공서 등이고, 다른 하나는 이념적 국가기구(ideological state apparatus: ISA)로서 교육, 종교, 법, 가족, 정치, 조합, 언론 등을 말한다. 이들 두 기구는 동일하지 않으며, 상부구조로서 이데올로기 부문은 경제부문에 대하여 높은 자율성을 가진다고 보았다.

■ 경제재생산이론

S. Bowles

마르크스의 상부-하부 구조관계에 관한 명제를 그대로 받아들여 교육의 구조가 생산관계에 대한 사회적 구조를 반영한다고 주장하는 것으로 보울스(S. Bowles, 1939~)와 진티스(H. Gintis, 1940~)가 "자본주의 미국사회에서의 학교교육(Schooling in Capitalist America)" 논문에서 그 증거를 제시한다. 학교는 학교 내 사회관계와 경제구조의 사회관계와의 일치를 통하여 경제적 생산관계를 재생산하며, 또한, 학생들의 계급에 기초한 성격적 특징들을 강화하여 불평등한 사회분업구조를 재생산한다는 이론이다. 학교에서 아동은 작업장에서 일하는 데 필요한 인성, 태도, 가치관 등을 배운다. 그 근거로 제시하는 주장을 보면, 첫째, 경제적 불평등과 개인적 발전은 주로 자본주의 체제를 규정하고 있는 시장, 재산, 권력관계에 의해 결정된다. 둘째, 교육체제는 경제적 불평등과 개인발전의 변화를 일으키는 독립변인이 아니다. 셋째, 교육체제의 목적은 교사나 행정가의 의식적인 의도로 이루어지는 것이 아니라 경제구조가 갖고 있는 사회적 관계와 교육체계가 지니고 있는 사회적 관계 사이의 대응관계를 통하여 이루어진다. 넷째, 재생산에 대한 교육의 기여는 합법화와 사회화라는 수단을 통하여 행해진다. 다섯째, 형식적으로 학교교육은 모든 사람들에게 개방되어 있고 사회는 누구에게나 능력과 업적에 따라 높고 권위 있는 지위까지 진출할 수 있는 기회가 개방되어 있는 것으로 가르치고 있다는 것이다.

또한, 대응원리는 자본주의의 위계적 생산관계를 학교교육에서 그대로 반영하고 있으며, 이를 통해 자본주의 지배체제를 정당화한다는 것이다. 교육의 사회적 관계와 노동의 사회적 관계의 대응적인 면은 크게 4가지로 살펴볼 수 있다.

(1) 학생은 노동자처럼 권한이 없다는 점
(2) 교육은 목적으로서가 아니라 수단으로 가능하다는 점
(3) 분업을 통하여 노동자의 임무가 제한되고 단결이 저해되는 것처럼 지식의 전문화, 단순화, 과도한 경쟁을 통하여 학생의 임무가 제한되고 단결이 저하된다는 점
(4) 교육수준은 직업구조에서의 수준에 그대로 대응한다는 점

그들의 주장은 학교가 자본주의 사회의 유지에 필요한 가치관과 성격적 특성을 주입시킨다는 것이다. 즉 학교가 교육을 통해 공장의 생산라인에서 단순노동자로 일하게 될 사람은 복종과 순응을 가르친다. 반면 회사의 경영자나 관리자로 일한 사람에게는 독립적인 사고력, 판단력, 창의력, 내면적 기준에 따른 행동 등을 가르친다는 것이다. 그리하여 학교교육에 접근할 수 있는 기회가 불공평하게 분배되기 때문에 학교는 결과적으로 계층불평등을 존속시키는 기능을 하고 있다고 지적하였다.

또한, 학교가 인재를 정확하게 선별하는 장치라고 주장하는 능력주의

교육관을 배격한다. 형식적으로는 학교교육이 모든 사람들에게 개방되어 있고, 능력과 학습의욕에 따라 보상하려는 것같이 보이고, 누구에게나 능력과 업적에 따라 사회적으로 높고 권위 있는 지위까지 진출할 수 있는 기회가 개방되어 있는 것으로 가르치고 있다. 그러나 학생들에게 고용기회가 공평하게 부여되고, 능력에 의한 사회이동이 가능하다는 것은 하나의 신화에 불과하다고 주장하였다. 결국 학교는 사회적 재생산을 공헌하는 데 기여하며, 교육의 내용도 특정계층의 지식을 형식적 교육과정에 투입하여 전수하고 있다고 비난하였다. 그 증거를 제시하는 '자본주의 미국에서의 학교교육(Schooling in Capitalist America)'이라는 논문에서 20년간 미국의 대학교육이 크게 확대되었음에도 불구하고 대학졸업과 사회계층 간의 상관관계가 조금도 변하지 않았다고 제시하고 있다.

그러나 2002년 그들의 재조명 연구("Schooling in Capitalist America" Revisited)에서는 기술(Skill)보다 개인특성(personality traits)이 노동시장에서 가장 큰 성공요인으로 나타났으며, 이는 과거 부모의 사회경제적 지위(SES: Social Economic Status)를 뛰어넘는 것으로 나타났다고 제시하고 있다. 그중에서 지능지수(IQ: intelligence quotient)의 상속 가능성은 매우 낮은 것으로 제시하고 있다.

P. Bourdieu

▣ 문화재생산이론

문화재생산이론의 대표적인 학자는 부르디외(P. Bourdieu, 1930-2002)와 번스타인(B. Bernstein, 1924-2000)을 든다. 부르디외는 교육은 계급에 따른 문화의 분배구조를 재생산함으로써 계급 간의 권력관계와 상징관계의 구조를 재생산한다고 규정하고 이러한 문화적 재생산을 설명하기 위해 문화자본(Cultural Capital)과 문화적 습성의 개념을 제시했다. 부르디외에 의하면,

문화가 중요하게 다루어져야 할 이유는 첫째, 일상생활의 내면화된 의식 체계이고, 가치체계이며 둘째, 지배계급이 문화전달을 통해 특정문화 형태를 유지 · 존속하기 때문이다. 어렸을 때, 개인이 습득한 문화는 일생동안 지속적으로 사고와 행위에 영향을 미치며, 쉽게 변화하지 않는다. 그리고 계층, 계급에 따라 문화는 각기 다른 형태를 띠게 된다. 또한, 지배계급의 문화가 주된 내용으로 전수되는 학교에서 다른 계급의 자녀들은 상대적으로 실패할 수밖에 없으며, 이것은 직업지위의 획득, 계급재생산까지 연결된다는 것이다.

이러한 문화자본은 개인이 속한 가정의 계급적 규율에 따라 각 개인이 전수받은 일련의 다양한 언어적, 문화적 능력을 의미하는데, 크게 세 가지 형태로 나누어진다.

(1) **구현상태**(무형자본): 무의식적인 행동습성을 획득하는 데 있어 개인에게 내면화되어 있는 것[아비투스(Habitues)적 문화자본]을 말한다. 이는 개인이 성장하면서 자연스럽게 습득하게 되는 자본을 말한다.
(2) **물화상태**(객관적 자본): 상징재의 형식을 취한 그림, 책, 사전, 도구, 기계 등을 말한다. 개인이 가진 물질자본을 의미한다.
(3) **제도화된 형태**(제도적 자본): 객관화된 형식을 취한 졸업장, 자격증 등을 말한다. 개인이 사회제도의 과정을 거쳐서 습득한 자본을 의미한다.

부르디외에 의하면 지배집단의 문화를 재창조하고 정당화하는 역할을 하는 기관으로서, 학교는 문화적 재생산의 기능을 통하여 지배계급의 권력과 특권을 무리 없이 다음 세대에 전달하도록 해주는 상대적 자율성

※ 아비투스(Habitues)적 문화자본

부르디외는 이 중 아비투스적 문화자본을 가장 중요하게 취급한다. 그의 독특한 개념인 아비투스(habitues)란, 각각의 계급 혹은 사회계급 내의 파벌들이 그들의 특징적인 문화양식이나 지배유형을 발전시켜 그 관점을 가지고 아동을 사회화시키고, 세계관을 형성해 나가는 것을 말한다. 아비투스는 내면화된 문화자본으로서 계급적 행동유형과 가치체계를 반영하고 있다. 학교는 지배계급의 문화를 강조하고 있으며, 계급적 배경이 다른 문화자본을 가진 아동들은 학업성취 면에서 열등할 수밖에 없으며, 나아가 미래에 차지할 직업적 지위에도 영향을 준다는 것이다.

※ 부르디외(Bourdieu) 상징적 폭력의 4가지 명제(이건만, 2011: 144-145)

① 교육적 행위(pedagogic action): 자의적인 힘(arbitrary power)에 의해 문화적 자의성(cultural arbitrary)을 강요하는 한 상징적 폭력이다. 이 명제는 폭력적 행위가 일반적인 사회성원, 가족성원, 제도화된 교육기관 등 어떤 주제에 의해 이루어지는 것이든 간에, 지배집단과 피지배집단 모두는 그들 집단의 문화적 자의성을 재생산하려는 의도를 갖고 있기 때문에 모든 교육적 행위는 자의적인 힘에 의해 문화적 자의성을 강요하는 특성이 있다.

② 교육적 권위(pedagogic authority): 교육적 행위는 상징적 힘이 행사되기 위한 사회적 조건으로서 반드시 교육적 권위를 함의하고 있으며, 그리고 교육적 행위를 담당하는 기관(agency)은 상대적 자율성이 있다는 것이다. 이 명제는 교육적 행위가 권력관계를 감춘 채 그 정당성을 갖기 위해서는 합리적으로 인정된 권위적 힘을 필요로 한다는 것을 표현한 것이다.

③ 교육적 일(pedagogic work): 교육적 행위는 교육적 일을 수반한다. 이 일은 지속적인 훈련의 결과로서 오랫동안 지속될 습성(habitues)을 형성하여 교육적 행위가 끝난 후에도 교육적 행위가 내면화된 문화적 자의성이 습성에 의해 영속화된다는 것이다.

④ 교육체제(educational system): 모든 교육체제는 그 체제의 존속을 영속화하는 조건을 생산하고 재생산해야 하는 구조와 기능을 갖고 있다. 교육체제의 본질적인 기능은 문화적 자의성을 고취시키는 것과 아울러 문화적 자의성을 재생산하는 기능을 수행하는 것이다. 문화적 자의성의 재생산을 통해서 재생산이 이루어지도록 하는 것이 교육체제의 기능이라는 것이다.

⇒ 부르디외의 문화 재생산과정 설명에서 학생들의 학교교육에서의 성공과 실패에는 가정의 문화가 지대한 영향을 미친다고 하였다(문화실조).

을 가진 학교 기관이라는 것이다. 부르디외는 문화란 특정한 의미체계를 가치 있는 것으로 스스로 정의하고 그 정의를 정당화할 수 있는 힘을 내포하고 있다고 하는데, 이러한 힘의 행사가 임의적 기준에 기초하였을 경우 이를 상징적 폭력(Symbolic Violence)이라고 한다. 상징적 폭력이란 어떤 힘을 행사하는 데 있어 그 힘의 행사에 근거가 되는 권력관계를 갖춤으로써 의미의 강제를 마치 정당한 것처럼 보이게 하는 것이다. 즉 지배계급의 문화자본과 문화적 습성(Cultural habitus)을 갖지 못한 학생들에게 교육내용이 강제로 주입되기 때문에 하층계급 학생들에게는 상징적 폭력이 된다는 것이다. 부르디외의 교육에 대한 주장을 보면 다음과 같다.

(1) 학습의 과정에서 성취의 과정에는 선진적 아동과 후진적 아동이 있다.
(2) 교육을 통한 성장은 아동이 가정으로부터 학습하는 문화에 의해서 강하게 영향을 받는다. 지배계급의 가정은 그들 자녀에게 교육을 통한 성장을 가져오는 데 유리한 문화적 자본을 형성해준다(가정교육의 중요성 강조).
(3) 교육문화는 지배문화와 유사한데, 지배계급의 문화는 학생들을 선(善) 또는 악(惡)으로 낙인찍는 기준이 된다.
(4) 교육은 그것이 의도한 것을 명확하게 가르치지 않는다.
(5) 교육은 외부의 간섭에 의해서 좌우되지 않도록 보장받고 있다. 왜냐하면 지배계급의 권력과 문화는 국가권력에 의해서 보장받고 있기 때문이다.
(6) 학교: 계급 중립적인 문화를 다루는 인정된 상대적 자율성을 가진 기관이다.

(7) 학교에서 다루는 교과과정 및 내용은 지배계급의 문화내용을 다룬다.

번스타인(Bernstein)은 학교가 재생산하는 문화자본이 경제적 생산관계와 무관한 것은 아니나 그 나름의 독자적 성격을 지니고 있다고 주장함으로써 부르디외보다 교육의 자율성을 더 강조하고 있다. 교육의 자율성을 강조한다고 해서 문화재생산과 경제재생산을 별개로 본 것은 아니다.

▣ 문화적 헤게모니 이론

Antonio Gramsci

미국의 전통적 교육과정이론인 타일러(Tyler)모형에 대한 비판과 잠재적 교육과정(Hidden Curriculum)에 대한 탐구 등에 의하여 출발하였다. 그람시(A. Gramsci)는 지배계급이 피지배계급으로부터 능동적 동의를 얻는 것을 가능케 하는 이론적, 실제적 행위의 복합체를 헤게모니(hegemony)라 하고 의식과 실천(praxis)을 강조하였다. 자본주의 사회의 계급지배 방식의 장점을 분석해 내면서부터, 교육의 중요성은 자본주의 사회의 이데올로기 통제에 의한 계급지배 방식을 보고 사회변혁을 위한 대항 이데올로기를 창출하는 프롤레타리아 지식인을 길러내는 것으로 보았다. 즉 기존 학교의 교육 내용은 교육과정이 자본주의 생산체제에 맞추어져 있어 교과를 통하여 자본주의 사회가 요구하는 계급 질서에 따라 지식과 기술을 가르친다는 주장이다(이건만, 2011:153-157). 애플(Apple)은 우리의 일상생활과 사회의식 속에 깊이 스며 있는 지배집단의 의미와 가치의 체계가 바로 헤게모니라 하였으며, 학교의 교육과정에는 헤게모니가 깊숙하게 잠재되어 있으므로 학교는 문화적, 이념적 헤게모니의 매개자로서 보이지 않는 가운데 사회를 통제한다고 하였다.

※ 문화적 헤게모니 이론에서 학교의 과정

학교의 과정을 문화적 헤게모니의 관점에서 파악하는 것은 그람시(Gramsci)와 알튀세르(Althusser)의 영향을 직 · 간접으로 받았음을 시사한다. 이들은 마르크스 이론 가운데 상부-하부구조의 이분법적 기초 위에서 상부구조의 개념을 발전시켜 학교의 기능을 설명하려 한다. 즉 학교는 정치 · 경제적 헤게모니를 유지하고 정당화시키는 역할을 한다고 본다.

문화적 헤게모니 이론들은 하부구조(경제)에 의한 교육을 포함한 상부구조의 결정론을 배격하고 상부구조와 학교의 상대적 자율성을 인정하는데, 이러한 문화적 헤게모니 이론은 지식인의 자율성과 학교의 자율성 기능에 대하여 한정적인 생각을 가지고 있다. 따라서 기본적으로 마르크스 이론의 범위를 벗어나지 않았다고 볼 수 있다.

▣ 종속이론

R. Prebish

1929년 10월 24일 뉴욕 월가의 뉴욕주식거래소에서 주가의 대폭락이 발단이 되어 시작된 대공황은 1939년까지 지속되었다. 1930년의 세계적 대불황은 남미경제에 커다란 타격을 가져다주었다. 종속이론은 2차 대전 후 남미의 빈곤현실에 입각한 원인분석과정에서 프레비시(R. Prebisch), 바란(P. Baran), 프랭크(A. G. Frank) 등에 의해 서구 자본주의 경제체제 중심의 발전이론에 대한 저항에서 출발하였다. 경제적 교환관계의 불합리성, 즉 중심부 국가의 수출주도형 성장론에 맞서 수입대체 공업화를 통한 성장을 옹호하였다.

종속이론(dependency theory)은 서구 자본주의 중심의 발전이론에 대

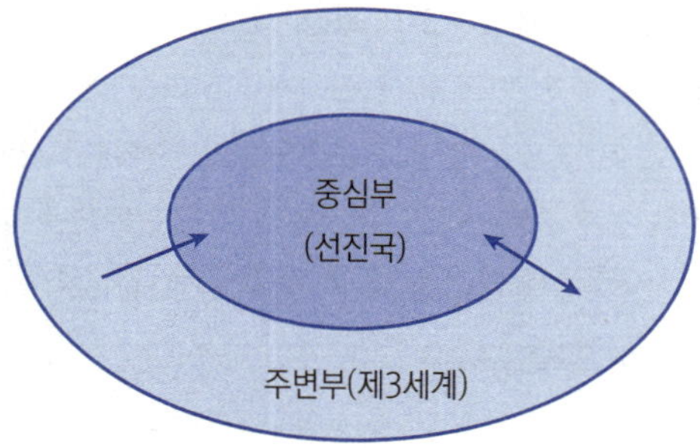

한 일종의 저항이론으로 출발한 것으로서, 마르크스주의에서 주요 분석 개념이나 준거의 틀을 차용하여 이론으로 승화시킨 것이다. 그 내용을 보면, 선진국에 종속된 주변국들은 경제적 수탈뿐만 아니라 내부구조 및 정치, 경제적, 정치적 정책결정, 교육문화 등에 선진국의 영향으로 말미암아 자국의 주체성을 알리는 것보다 선진국의 압력, 억압 또는 스스로 동화되어 선진국의 것이 우월하다고 여기게 되는 것을 의미한다.

이 이론은 마르크스의 분석개념과 준거의 틀을 이론으로 승화시킨 것으로 볼 수 있다. 선진국에 종속된 주변국들은 경제적 수탈뿐만 아니라 내부구조 및 정치, 경제, 교육 등에 대해 자국 것보다 선진국의 것을 우월한 것으로 느낀다는 점이다. 갈퉁(Johan Galtung, 1930-)의 중심부-주변부 관계(center-periphery relation)론으로 설명하며, 주변부 국가는 중심부 국가의 원료공급지 역할을 한다고 본다.

J. Galtung

종속이론에 대한 학자들의 비판을 보면, 역사발전의 단계성을 무시한 데서 이론적 결함이 있고, 자본의 유통과 교환과정을 지나치게 강조하였으며, 계급보다는 국가 간의 착취문제에 중점을 두고 있다.

또한, 계급 이익에 반하여 민주이익을 지나치게 강조한 것 등

1단계	원시공산사회
2단계	고대노예제 사회
3단계	봉건제 농노사회
4단계	자본주의 사회
5단계	공산주의 사회

[그림 2-3] Marx의 역사발전 5단계

은 종속이론이 관념론적 테두리를 벗어나지 못했다고 주장한다. 이러한 비판에 힘입어 새롭게 나타난 주장으로 산토스(Dos Santos)의 신종속이론, 카르도소(F. H. Cardoso)와 파레토(E. Faletto)의 종속적 발전론을 낳았다. 이는 외부요인보다 내부요인 분석에 초점을 둔다. 그동안 수십 년 동안 종속이론의 주장에 힘입어 선진국과 교류를 제한하고, 원료공급지로서의 역할을 하지 않기 위해 노력하였으나 오히려 자국의 경제난과 국민들의 궁핍을 초래하는 결과가 나타나자 그에 대한 원인분석 과정에서 자각이 일어난 결과였다.

1960년대 후반에 들어서면서 지금까지의 종속이론의 논리로서는 설명할 수 없는 상황이 남미의 몇몇 국가에서 나타났다. 브라질 경우, 경제의 정체성이 극복되고, 높은 산업성장이 일어났고, 일부 주변국에서는 제조업의 국내총생산 비중이 중심국의 비율과 비슷하거나 오히려 높아지기까지 했다. 이렇게 새롭게 출현한 주변부 국가의 산업화 현상이 발생하면서 종속이론의 수정이 불가피해졌다. 이러한 현상을 설명하기 위해 종속적 발전론이 등장하게 된다.

일부 주변부 국가들이 선진국과의 교류를 늘리고 그로 인해 갖게 되는 자금을 통하여 교육과 경제발전을 위한 산업화에 투자하여 일자리를 늘리고, 국민의 수준을 높이는 것이 국가의 성장을 가져오게 된다는 사실을 깨닫게 된 결과라고 볼 수 있다.

M. Carnoy

Fernando Cardoso(1931-)

Alfred Sauvy

▣ 문화제국주의

종속이론은 경제적 측면에 중점을 두었으나 일부 신마르크스주의자는 문화적 측면으로 확대하여 국가 간의 종속관계를 설명하고자 한 것이 문화제국주의(Cultural Imperialism)이다. 마틴 카노이(M. Carnoy)는 학교교육은 주변국 노동자들에게 중심국 자본가의 필요를 충족시키기 위한 장치로 도입한 것으로 보았다. 즉 토착민중을 제국주의적 식민지 구조에 편입시키기 위한 노력의 일부분에 해당된다는 것이다. 제3세계의 학교는 현재 서구의 식민종주국가에 대한 수동적인 자세를 요구받게 된다. 중심부 국가는 강력한 군사력과 경제력으로 주변부 국가에 경제원조 등을 통하여 소위 측근 세력이나 집단을 만들어 갈등을 조장하고, 신식민주의 역할을 강화시킨다. 주변부 국가의 민중들에게 자신들의 전통문화는 낡고, 열등하며, 중심부 국가의 문화는 세련되고, 우월한 것으로 인식시키며, 학교교육을 통해 외래문화 지향적으로 만들어 간다.

일제치하 한국의 사례에서 잘 살펴볼 수 있다. 중심부 국가는 제1세계(유럽, 미국, 일본)를 일컬으며, 제2세계는 구소련을 중심으로 한 동구권, 제3세계는 1952년 프랑스 역사학자 소비(Alfred Sauvy)가 처음 사용하였으며, 아시아, 아프리카, 중동, 남미 등 후진국으로서 주변부 국가를 지칭한다. 즉 선진국에 원료, 노동 공급처 역할을 하는 국가를 말한다. 마틴 카노이는 교육 분야의

※ Fernando Cardoso

1931년 리우데자네이루의 부유한 군인 가정에서 태어났다. 브라질 최고 명문대학인 상파울루대에서 사회학 박사 학위를 땄다. 브라질 34대 대통령이다. 그는 원래 종속이론의 대가였다. 젊은 시절 카를 마르크스의 자본론 3권을 완벽하게 분석해 명성을 얻었고, 다국적 자본주의의 제3세계 착취를 강하게 비판했다. 1964년 쿠데타로 집권한 군부 정권으로부터 박해를 받다가 칠레, 미국, 영국, 프랑스 등지로 망명을 떠났다. 1969년 프랑스 망명 생활 중 마르크스와 단절을 선언했다. 이후 그는 중남미도 사회 개혁을 통해 자본주의적 발전을 이룰 수 있다는 신념을 갖게 되고 종속이론에서 전향했다.1980년 망명 생활을 접고 귀국한 그는 1983년 상원의원에 당선된 후 민주화 운동에 나섰다. 1985년 군사정권이 막을 내린 뒤 1988년 민주사회당을 창당했다. 이어 1992년 외무장관에 올랐고 재무장관을 거쳐 1994년 대선에 출마, 경쟁 후보 룰라를 꺾고 집권했다. 1998년 룰라를 다시 이기고 재선에 성공했지만 아시아 외환위기 여파로 경제 위기에 봉착, 2002년 룰라에게 정권을 내줬다. 그의 뒤를 이어 받은 룰라 대통령이 카르도소의 정책을 그대로 계승하며 풍부한 자원과 인력을 바탕으로 브라질을 떠오르는 국가로 만드는 데 기여했다. 그러나 브라질 국민들은 룰라 대통령보다 브라질 경제를 재건한 카르도소를 더 존경한다고 한다.

주장에서 학교 바우처(school voucher)와 학교선택권(School choice)을 확대해야 한다고 주장하였다.

▣ 저항이론

'저항(Resistance)'이란 용어는 지루(H. Giroux)와 애플(M. W. Apple) 등에 의해 사용된 개념이라 할 수 있으며, 이는 학교교육에 대한 기능이론과 경제 및 문화재생산 등이 하나의 큰 사회나 지배집단과 인간의 반응이 수동적이라고 하는 데 대한 비판이론으로 나타난 것이라 하겠다. 그리하여 저항이론에서는 수동적이기보다는 오히려 주관적으로 판단하며 외부적 압력에 대해 저항하고 배우는 것은 가르치는 것과 다를 수 있음을 강조하고 있다.

저항이론에 대하여 프레이리(1985)는 저항현상을 의식화의 원리로 설명함으로써 학교교육에서의 저항현상에 대한 연구가 활발하게 이루어지게 되었다. 저항이론가들(참고: Giroux, 1983; Freire, 1985)에 의하면 저항은 다음 세 가지 속성을 구체화하고 있을 때 비로소 참된 저항의 의미를 지닌다고 설명하였다. 첫째, 공동체 문화 형성과는 무관해지려는 지배세력에 대한 철저한 의심과 비판, 둘째, 자성적 사고와 자성적 사고를 가능케 하는 이론적 준거의 탐색, 셋째, 자기 자신과 사회적 해방을 위한 도전, 항거의 요소가 내재해 있어야 하며, 저항은 근본 원리인 의식화(Radical consciousness raising)와 집단적 현실참여(Collective critical action)인 실천을 중요하게 내세우고 있다.

저항이론의 전개과정을 보면, 학교교육의 목표와 정치적 목표의 관련성으로 인한 정치적 색채와 이데올로기 문제를 제기하고 있으며, 저항의 기능과 가치에 대한 문제를 제기하고, 학교에 온 학생들의 의식을 일깨우고 실천을 중시해야 한다는 의식화 교육 문제와 학생의 자율성과 관련한 교육의 상대적 자율성 문제를 제기하고 있다.

저항이론가들은 학교교육 현장을 저항세력의 온상으로 만들기를 원하며, 이러한 입장에서의 학교교육의 유용론을 강하게 내세운다. 이러한 저항이론가들의 이론은 학교교육의 중립성을 내세우는 사람들에 의하여 많은 비판을 받게 된다. 그러나 저항이론가들은 이러한 비판에 대하여 다음과 같은 이의를 제기한다. 학교교육 목표 속에는 이상적인 사회, 정의사회실현, 의식개혁, 질서 확립 등이 포함되어 있고, 이러한 목표들은 곧 정치적 목표와 연결되어 있기 때문에 학교교육의 목표와 정치적 목표는 상호 불가분의 관계가 있어서 학교교육이 정치적 색채를 띠게 되는 것은 당연하다는 것이다.

학생들은 주체적 의지를 가진 존재이며 학교에서 주어지는 것을 수동으로 받기만 하는 존재가 아니라 비판하고 저항함으로써 선별하여 받아들이거나 거부하는 능동적 획득자로 보며, 지배계급 이익에 부합하는 내용을 전수하는 교사들까지도 지배이념에 저항하기도 한다고 주장한다.

저항이론의 문제점을 보면 다음과 같다. 첫째, 하위집단의 투쟁을 조성하고 강화하는 조건들의 역사적 발달과정을 적절하게 개념화시키지 못하고 있다. 둘째, 성(sex)과 종족(race)의 쟁점을 거의 설명하지 않는다. 셋째, 학생들의 반항행위들 중에 드러난 활동에만 초점을 맞추고 있다. 넷째, 지배가 인성구조에 어떤 영향을 미치는가에 관심을 기울이지 않는다. 다섯째, 저항하는 학생들을 통한 학교 및 사회의 변화 가능성을 얼마나 기대하고 있는가? 등이 있다.

P. Freire

저항이론의 대표적인 이론가 중의 하나인 프레이리(P. Freire)는 의식화를 강조한다. 인간은 현실세계와 상호작용하는 프락시스(praxis)의 존재라는 것이다. 근래에는 저항이론의 핵심을 의식화의 촉진으로 강조하면서 저항이론을 의식화이론이라고 보는 학자들도 있다. 교육은 의식을 고취시키고, 비판적 사고와 실천인을 만드는 의식화 활동으로 보기 때문이다. 프레이리 등 저항이론을 의식화이론과 동일시하는 학자들은 의식화 교육이론을 기초로 한 민중교육이 저항이론가들이 주장하는 교육문제를 해결해 주는 수단이 될 수 있다고 믿는다. 현 사회의 교육체제는 상부구조를 신비화시키는 장치의 일부분이다. 프레이리와 같은 마르크스주의자는 그런 체제들이 인간의 마음을 구속하는 데에서 생기는 '허위의식'을 제거하기 위하여 새로운 교육과정이 필요하다고 주장한다. 프레이리는 전통적인 교수개념을 "은행저축식 교육(banking education)"이라고 했다. 은행저축식 교육이란 지식을 학생들 머리에 저장시키는 방식으로서 저장된 지식을 필요에 따라 재생해내는 방식으로 이루어지는 것을 말한다. 이런 방식의 교육은 인간을 비인간화시키는 기능을 하며, 교사-학생 관계는 수직적 형태를 띠며 지배-복종 관계를 형성하게 된다고 프레이리는 말한다. 대안적인 교육을 제안하는 사람들은 그들의 이론을 어떻게 전개하고 있는가? 그들은 교과목중심의 교육과정은 주어진 상황을 재창조하기 위한 것이 아니라, 단지 되풀이하는 '논쟁적 지식'을 학생들에게 제공하는 것으로 보고, 이에 대한 대안으로서 주제중심으로 조직된 통합교육과정을 주장한다. 대화식 교사가 하는 일은 多학문적 합동연구자 집단의 일원으로서 탐구활동의 결과로 나타난 주제로 이루어지는 세계에서 자신이 획득한 것을 다른 사람들에게 강의하는 것이 아니라 문제형식으로 재현하는 것이다. 대화식 교사는 과연 어떤 방법으로 수업을 진행시켜 나가야 하는가? 이 질문에 대한 대답은 "문제제기식 교육방법을 통해서"라는 것이다. 즉 교사와 학생이 서로 협력하여 문제를 찾고 창조적이고 혁신적인 해답을 찾기 위해 노력해야 한다는 것이다. 문제제기식 교육(problem posing education)은 혁명적인 미래교육에 대한 방향성을 띠고 있으며, 교사-학생 관계는 수평적 형태로서 공동탐구자가 되므로 예언적이고, 희망적이라고 강조하였다.

윌리스(Willis, 1977), 에버하르트(Everhart, 1979) 등의 연구는 이데올로기적 헤게모니가 학교에서 어떤 저항에 부딪히고 있는가를 보여준다. 이들의 연구는 학교는 피지배계급들의 이데올로기적 저항이 지배계급의 헤게모니에 함몰되는 곳이라는 결과를 보여준다. 윌리스는 노동계급의 문화가 어떻게 노동계급의 학생들에게 집단적으로 형성되고 재생산되는가를 밝힘으로써 재생산 과정에서 문화적 요소의 역할을 분석하고 있다. 그는 영국의 한 도시(Hammertown)의 열두 명의 비학구적(non-academic)인 남학생들의 일상생활과 그들이 형성하고 있는 문화적 특성을 문화기술지 방법을 통해서 분석하였다. 그 결과를 간파(penetration)와 제한(limitations)의 개념으로 설명한다. 열두 명의 사나이들(lads)은 학교에서 대부분의 시간을 자신들의 집단 특성을 유지하는 데 보내고 있으며, 학교의 통제를 피하는 몇 가지 방법을 교묘히 이용하여 공부는 하지 않고 빈둥거리며 보낸다. 그들에게는 학교가 제공하는 진로지도와 학교 공부가 직접선택, 승진, 개인적 만족 등과 같은 것이 실제 사회생활에 많은 영향을 미친다고 해도 소용없다. 학교의 지도를 잘 따르는 학생들을 오히려 '범생이(ear'oles)'라며 빈정거린다. 그들은 이미 가정에서 부모나 친척, 아르바이트 등을 통해서 직업세계에 대한 정보와 경험이 학교가 제공하는 것들과 모순되는 것을 알기 때문이다.

자본주의 사회에서 노동 분화의 기본은 정신노동과 육체노동이며, 정신노동이 육체노동보다 더 위에 있다. 그들 학생들은 스스로의 선택에 의해 육체노동을 자신들의 직업으로 생각하고 있다. 이를 윌리스는 간파의 개념으로 설명한다. 학생들은 장차 직면하게 될 불평등한 현실을 미리 파악하고 있다는 것이다. 학생들은 미래 자신의 계급적 위치가 달라지지 않는다는 것을 알고 있으며, 학교는 복종과 순응을 강조하기 때문에 저항한다. 여기에는 제한도 기여한다. 즉 노동계급의 가정에서는 남성이 여성을 지배한다. 남성적 힘에 의한 여성의 지배를 상징한다. 따라서 사나이들은 육체적 힘을 필요로 하는 노동이 허약한 여성들이 하는 정신노동보다 우월한 것이라는 의식이 가정에서부터 무의식적으로 형성된다(이건만, 2011: 168-171). 청소년들의 생활 속에서 이미 사회적 계층화에 의한 정보의 전달로 인해 학교에서 복종과 순종을 통해서 자신의 목표를 정하고 노력을 한다고 해도 어느 정도의 사회적 지위를 획득하

참고

프레이리(P. Freire, 1921-1997)의 의식화

- 「Cultural Action and Containerization(1970.7)」, 「Pedagogy of the oppressed(1970)」
- 「Adult Literacy as Cultural Education for Freedom(1970.4)」, 「Pedagogy in Process」

1. 브라질의 교육자 프레이리(1921～1999)에게 있어서 현상학은 사회 변화의 철학이 된다. 대부분의 실존적 현상학자와는 다를지라도 프레이리는 부버처럼 사람이 세계를 다르게 보고, 세계를 변혁하며, 도처에서 인류의 운명을 개선시키기 위해 서로 싸워야 한다는 것을 믿고 있다. 프레이리는 인간은 본질적으로 활동적이며 탐구적이므로 독립적으로 주변 세계에 대한 우리 자신의 관점을 구성하여야 한다고 하였다. 특히 제3세계에 있어서, 심지어는 진보된 사회에서조차 사람은 억압적인 정부와 엘리트에 의해 '비인간화'되며, 억압적인 정부와 엘리트는 교육과 선전과 대중매체를 통해 사람들에 대한 억압자 자신의 견해를 그들에게 내면화시킨다는 것이다. 프레이리에 의하면 교육의 참된 목적은 사람이 자신과 자신의 삶의 세계를 새롭게 보고 그것을 변형시킬 수 있게 함으로써 사람들이 더 충만한 삶을 영위할 수 있게 하는 것이다. 이를 행하기 위해서는 빈자(貧者)와 힘없는 삶들이 지배 계층에 의해 자신에게 부여된 고정관념을 벗어나야 한다고 프레이리는 말한다.
2. 내면화된 억압자를 몰아내고 자신의 지각 능력을 회복하기 위해서 빈자는 전적으로 새로운 교육을 필요로 한다. 프레이리에 따르면 교육은 결코 중립적인 것이 아니다. 그것은 억압자의 이념을 강요하는 순응을 산출하는 '지배의 도구'이거나 대중이 자신의 상태를 반성하여 변화시킬 수 있게 하는 '자유의 실행'인 것이다.
3. 교육은 어떻게 '자유의 실행'이 될 수 있는가? 교육은 어떻게 학생이 압박자의 개념이 아닌 자기 자신의 개념으로 생각하도록 도울 수 있는가? 첫째, 프레이리는 교육이란 대등한 사람들 사이의 대화가 되어야 한다고 말한다. 교사인 내가 학생들에게 "이것이 네가 해야 하는 것이다"라고 말한다면, 학생은 자신의 세계를 다시 생각하거나 개조할 수 없게 된다. 그보다는 우리들

각자가 교사이자 학생이 되어야 한다. 학생은 자신의 세계가 어떤지를 교사가 알도록 도와주어야 하며, 교사는 학생이 불명료하게 보여준 것을 분명하고 명백하게 그에게 다시 제시해야 한다. 이러한 방식을 통해서 우리는 "모두가 성장하는 과정에 대해 공동으로 책임지게" 된다.

4. 우리는 사람들의 사실적인 경험에 초점을 맞춤으로써 억압자의 이상을 버리고 이러한 실제적인 경험을 사실 그대로 파악하고자 노력해야 한다. 우리는 "우리 자신의 문화를 항상 불확실한 것으로 보고, 문화를 경직시켜 우리를 강화시키는 신화를 거부함으로써 문화를 문제시하여야 한다." 결국 우리는 다른 상황에서 학습된 교훈을 단순히 재적용하지 말아야 한다. "실험은 이식될 수 없으며 재창조되어져야 한다." 마지막으로 우리 모두는 사람들의 상황을 '문제시'해야 한다. 우리는 상황을 외부에서 주어진 것이 아닌 개방되어 있고 결정되지 않은 것으로, 나아가 이해되어야 하고 실행되어야 할 것으로 대하여야 한다. 프레이리는 이러한 모든 과정을 '의식'(Containerization, Consciousness-raising)이라고 부른다.
5. 우리의 경험은 언어에 의해 형성된다. 왜냐하면 단어가 우리의 개념을 고정시키고 채색하기 때문이다. 억압된 사람들이 자신의 경험을 획득하려면 억압자의 언어를 버려야 한다. 그들은 자기 자신의 지각에 적합한 단어를 찾아야 한다.
6. 프레이리의 연구는 여러 면에서 칭찬할 만하다. 프레이리는 인간 해방을 위한 교육의 힘을 매우 신뢰한다. 그는 사람들이 그들 자신을 교육시킬 때에 한해서 교육이 인간을 해방시킬 수 있다고 주장한다. 그는 또한 실제로 사람들이 세계를 지각하고 사용하는 방식을 변경시킬 수 있다고 믿는다. 그는 교육이 자유를 위해 혹은 자유와 대립해서 존재할 때 그리고 현상 유지를 위해 혹은 현상 유지에 대립할 때 그런 의미에서 모든 교육은 정치성을 띠게 된다고 지적한다. 그는 교육의 '저축' 개념에 대해 놀랄만한 비판을 가한다. 결국 그는 독단적인 사람은 아니다. 독자에게 행동하는 방식을 말하는 것이 아니라 독자가 생각하도록 자극하고자 한다고 말한다.

면 하층계급 자녀들은 지위상승의 한계(limitation)가 있다는 것을 간파하고 있기 때문에 학생들은 학교가 요구하는 규범에 저항하게 된다는 것이다. 이러한 현실이 학교교육의 수용을 어렵게 하는 한계로 작용한다. 이와 같은 결과는 에버하르트(Everhart, 1979)의 연구에서도 밝혀졌는데, 미국의 중학교 학생들을 대상으로 이 노동계급의 자녀들의 생활을 관찰한 결과, 학교에서 대부분을 공부보다는 스포츠, 방과 후 계획, 비학술적 행사 등으로 보내고 있으며, 학교가 지시를 해도 건성으로 따를 뿐이었다. 이들은 학교의 공식적 이데올로기나 잠재적 교육과정을 수용하는 것이 아니고 마지못해 참아가고 있는 것이다(Everhart, 1979: 213-220). 결국 이들은 자신들 스스로 미래 직업을 간파하고 학교생활에 적응해 나가고 있다는 것이다.

▣ 지위갈등이론

지위갈등이론(Status-Conflict Theory)이 처한 입장을 보면 다음과 같다. 막스 베버의 전통에 따라 학교교육의 팽창과정을 지위, 권력 및 명예를 위한 집단 간의 결과로 교육을 설명하는 데 중요한 역할을 한 사람은 콜린스(R. Collins)와 헌(C. Hurn)이다. 콜린스에 의하면, 학교의 주된 활동은 교실의 안이나 밖에서 모두 특정지위문화를 가르치는 것이다. 학교는 기술적 지식을 전달하는 것이 중요한 것이 아니라 어휘 · 억양 · 의상 · 심미적 취향 · 가치와 예술 등의 지위문화를 중요시한다는 것이다. 콜린스는 교육체제를 형성하는 것은 '체제의 요구'보다는 갈등하는 이해관계인 것으로 본다. 즉 우월한 지배집단이 그들의 특권적 지위를 강화하기 위해 교육적 요구를 한층 더 상승시킴에 따라 보다 낮은 사회적 집단은 보다 많은 교육기회를 요구하게 된다는 것이다. 지금까지 학력은 높은 지위를 획득하는 수단으로 작용하여 왔으므로 학력이 부족하여 낮은 계층에 남아 있었던 집단은 보다 높은 학력을 획득하며 높은 지위를 얻으려 할 것이다. 그렇게 되면 기존의 높은 지위를 점유하고 있던 집단은 위협을 느끼고 자신들의 학력을 더욱 높일 것이다. 이것은 다시 낮은 집단에게는 보다 높은 학력을 요구하는 환경으로 작용하여 학력상승과 교육팽창을 요구하게 된다는 것이다.

지위갈등이론을 설명하기 위해, 콜린스는 '지위문화'라는 개념을 고안해 냈다. 그는 교육의 역사를 통해 학교는 특정 지위문화가 전달되는 곳이라는 점을 사립학교를 예를 들면서 밝히고 있다. 사립학교들은 대부분 종교적 신념이나 또는 설립자 정신을 보급시킬 목적으로 설립되었다. 이런 측면에서 보면, 학교는 권력 있는 지위집단이 그들의 자녀들에게 특정한 문화적 가치를 전수시키기 위해 설립된 것이라 할 수 있다.

지위갈등이론의 전개과정을 보면, 기업들이 대학졸업자를 선호하는 이유는 그들이 월등한 기술을 지니고 있다고 판단되어서가 아니라 대학교육이 기업주들이 가지고 있는 것과 흡사한 동기와 사회적 경험을 제공한다고 판단되기 때문이라고 한다. 학교가 가르치는 문화가 고용집단의 문화와 일치할 때 비로소 학교교육이 지위 획득에 중요한 역할을 하게 된다고 볼 수 있다. 학교는 지배문화를 전수하게 되고, 하류계층의 학생들도 지배문화를 갖기 위해 학교교육을 중시할 수밖에 없고, 그 결과 학교교육은 날로 팽창될 수밖에 없다는 것이다.

학교가 지배문화를 전수한다는 콜린스의 관점에 따르면, 학교교육의 팽창은 지배문화 또는 엘리트 문화의 요청에 대한 일반 대중의 반응으로 해석될 수 있다. 학교교육을 받은 사람들의 증가된 공급은 직업의 획득을 위한 수단으로서의 학교교육을 더욱 더 요구하기 때문에 학교교육의 팽창을 가속화시킨다. 대기업 및 인기회사들은 기업의 상대적 존경과 위신을 위해 학력조건을 높였다. 이제 학교교육은 직업획득을 위한 합법적 기준이 된 것이다. 이미 직업을 갖고 있는 많은 사람들에게도 승진이나 지위에 대한 상대적 위신을 위해 더 높은 수준의 학교교육이 필요하게 된다. 이처럼 조직 내에서의 지위 경쟁은 결과적으로 학교교육에 대한 수요의 증가를 부채질한다. 학교교육은 날로 팽창되고 학력 또한, 계속 상승하게 될 것이다. 따라서 앞으로 학력은 계속 높아질 것으로 전망한다.

라. 교육을 보는 관점

보울스와 진티스는 학교교육은 자본가 계층에게 새로운 태도와 가치관을 가르치고 기존의 계층구조를 정당화하고 지속시킨다고 비판한다. 이제까지의 갈등론적 교육이론은 기존 학교교육에 대한 비판에 주력함으로써 불평등의 정당화와 지배층 문화의 주입을 공격하고 있다는 점에서 긍정적인 평가를 받는다. 지배집단은 겉으로 드러나는 공식적 지배 메커니즘을 사용하지 않고도 문화를 보존, 분배하는 학교와 같은 기관을 통하여 사람들의 의식구조에 작용함으로써 사회통제를 지속시킨다고 본다. 사람들의 일상생활 속에 깊이 내재되어 있는 지배집단의 의미와 가치체계가 바로 헤게모니(hegemony)인데, 학교의 교육과정에는 헤게모니가 깊숙이 내재되어 있으므로 학교는 보이지 않게 사회를 통제한다. 현행 학교제도의 문제점을 학교와 사회와의 관계 속에서 찾으려고 하였다.

마. 학교를 보는 관점

갈등이론에서 학교를 보면 관점은 다음과 같이 정리될 수 있다. 첫째, 학교교육은 체제를 유지하는 데 필요하지만 객관적 · 중립적 기관이 아

※ 갈등주의 배경 대표 학자들

(1) 마르크스(Karl Marx, 1818~1883): 계급갈등론

마르크스의 계급갈등론은 경제갈등론으로 불리기도 한다. 그 이유는 계급이 발생하는 곳이 사회의 생산적 관계라고 보았기 때문이다. 그는 생산이 사회적 관계에서 비롯된 것으로서 사회에는 생산자 집단과 생산을 소유하고 통제하는 집단 등, 두 집단의 갈등이 사회발전의 원동력이 된다고 보았다. 마르크스에게서 계급이란 단순한 경제적 수입과 분배의 차이에서 생기는 불평등이 아닌 생산수단의 소유여부에 대한 개념화의 분석에 크게 점철되어 있으며 그 양상을 4가지로 설명한다. 첫째, 노동에 의한 생산물로부터의 소외, 둘째, 생산 활동 또는 노동 그 자체로부터의 소외, 셋째, 유적(類的) 존재로부터의 소외, 넷째, 인간으로부터의 소외이다.

(2) 막스 베버(Max Weber, 1864~1920): 권력갈등론

베버에게 사상적 영향을 끼친 것은 첫째, 마르크시즘, 둘째, 19세기 독일사상, 셋째, 딜타이, 넷째, 신칸트 학파이다. 그는 사회의 갈등현상을 인식하는 데 있어서 마르크스가 주장하는 계급갈등의 이론적 중요성을 인식하고 자본주의 사회를 분석의 시발점으로 삼았으나 부정적인 시각이 아닌 긍정적인 시각에서 분석하여 자본주의를 비합리적이고 모순된 체제가 아니라 합리적인 체제로 보았다. 또한 그는 계급보다는 계층개념을 선호하며, 계급을 생산관계나 생산력의 결과로 이해하지 않고 다양화현상으로 이해했다. 베버는 계급갈등이 중요하다는 것을 인정하면서도 이에서 탈피하여 계급을 재개념화하려고 시도했다. 이리하여 나타난 것이 권력의 개념이라 하겠다.

베버는 권력의 개념을 명령적 통제로 규정하고, 어느 시대 어느 사회이건 간에 명령을 하는 사람과 받는 사람이 있으며, 이러한 권력관계에는 저항과 반대를 무릅쓰고 강제하려는 힘의 움직임이 있었기 때문에 필연적으로 갈등을 자아내는 관계라고 보고 있다. 또한 인간에게는 합리적 행위(목적과 수단의 관계가 명확하고 합리적으로 선택되며 따라서 이성과 지성적인 판단에 의하여 이루어지는 행위)와

비합리적 행위(전통적이며 감정적이고 지성적인 행위)가 있다고 하였다.

베버는 합리적인 행위에 관심을 두고 종교와 윤리교육은 가치합리적 행위에 해당하고, 경제, 과학, 기술, 기능, 직업교육 및 지식의 영역은 목적합리적 행위이며, 예술은 감정적 행위에 가깝다고 했다. 따라서 교육활동은 목적합리성을 추구하는 행위이며, 그것을 바람직한 것으로 보았다. 그리하여 사회의 과정은 합리적이요, 교육은 인간의 합리성을 개발과 성숙을 목표로 하는 것이라 주장했으며, 지위를 결정하는 요소는 학벌, 종교, 인종 등이며 정치 및 권력체계의 다양성에 따라 권위의 표현방식과 내용이 다르다고 보고 있다.

(3) 게오르그 지멜(Georg Simmel, 1858-1918): 구조갈등론

지멜은 독일의 전통철학, 특히 칸트, 콩트, 스펜서의 실증주의와 다윈이즘의 영향을 받았다. 그는 사회를 상호작용의 체계로 간주한다. 그가 생각하는 사회학의 착안점은 심리학에 바탕을 둔 심적 상호작용이며 이를 사회화로 보고 있다.

모든 현상은 복합적인 형식적 요소들로 구성되어 있다. 따라서 사회학이 사회화의 형식, 즉 상호작용의 형식을 다루는 학문이라면 다른 사회과학, 즉 법학, 경제학, 정치학은 사회의 내용을 다룰 뿐이라고 하였다. 그는 갈등의 분석에서 긍정적이며, 갈등의 통합적 효과에 관심을 가지고 보았으며, 갈등은 반드시 마르크스의 주장처럼 격렬해지는 것이 아니라 사회 통합과 발전에 기여하며 긴장을 해소하는 기능이 있다고 보았다.

또한 갈등의 원인을 인간의 적대행동에서 나오는 것으로 보며, 이는 사회체제의 구조적 모순에서가 아니라 인간사회의 보편성으로 간주한다. 그는 경쟁도 마르크스처럼 부정적으로 보지 않고 갈등의 한 양식으로서 능동적이고 적극적인 효과를 갖는다고 보고 있다. 이러한 지멜의 갈등의 사회학은 심리적인 사태의 전제 위에 세워졌으며, 특히 갈등의 사회적 기능을 중시하고, 갈등의 원인과 결과를 총망라하고 있으며, 갈등의 사회통합적 측면을 강조하고 있다는 것이 특징이라 하겠다.

이외에도 사회적 질서는 사회 체계들이 모순 수준에 있는 다양한 형태의 권위적으로 조정된 체계에서 권위관계를 만들어 내는 과정에 의하여 유지되는 것으로 보는 다렌도르프의 변증법적 갈등론이 있으며, 갈등을 규범, 가치, 사회제도의 변동을 낳는 동력이라고 보는 코저의 기능적 갈등론이 있다.

종합하면, 갈등이론은 마르크스를 기점으로 하며 구조주의적 시각을 강조하는 부류와 인본주의적

시각을 강조하는 부류로 구별되고, 베버를 기점으로 하는 계층개념 중심의 지위집단이론으로 학교를 설명하는 부류로 나눌 수 있다. 또한 갈등이론은 교육과 사회 모두에게 계급갈등의 국면에 주목하고, 상호 대응구조에 역점을 두고 있다고 하겠다.

니라 지배집단과 관련을 맺고 있다. 둘째, 학교는 지배집단의 이데올로기를 전수하면서 불평등한 사회구조를 심화시키는 역할을 한다. 셋째, 학교는 업적주의를 정당한 것으로 인식시키며, 실패의 원인을 사회구조적 측면보다 개인의 노력과 능력부족으로 인식하게 만든다. 넷째, 학교에서 가르치는 교육내용은 인지적 능력향상보다 지배집단이 선호하는 가치, 태도, 규범을 주입한다. 다섯째, 학교는 기존의 불평등한 사회질서에 개인을 편입시켜 지배집단의 이익에 기여하는 도구적 기능을 하도록 만드는 장치 역할을 한다.

바. 비판점

갈등이론에서 주장하는 내용에 대해 학자들이 비판하는 것을 정리해 보면 다음과 같다. 첫째, 교육이론이 경제구조에 의하여 일방적으로 결정된다고 주장하고, 교육행위의 설명에 있어서 개인의 의지를 무시하고 사회적 조건만을 지나치게 강조하였다. 둘째, 사회구조를 단순히 이분법에 따라 설명한다. 사회를 오로지 지배자와 피지배자, 가진 자와 못 가진 자로 구분하고, 교육이 지배자에게만 봉사하는 것으로 단정함으로 사실을 왜곡, 과장하고 있다는 비판을 받는다. 셋째, 갈등과 세력경쟁을 지나치게 강조한 나머지 교육이 사회적 구속력을 높이고, 국가적 공동체 의식을 높이는 데 기여하는 점을 과소평가하고 있다. 히콕스(M. S. H. Hickox, 1982)는 특히 노동계층에 대한 교육이 그들의 계층위치를 고착화시킨다는 주장을 입증할 자료가 거의 없다고 비판하고 있다. 넷째, 교육선발의 불평등요소를 너무 강조함으로써 교육을 통한 능력과 재능의 선발을 제대로 인정하지 않으며, 사회적 상승이동에 기여한 학교교육의 성과도 무시하고 있다. 다섯째, 학교교육이 전통사회의 귀속주의 신분세습을 악화시키고, 업적주의 사회이동을 가능하게 만든 공헌을 전면적으로 부정하는 점에서도 비판받는다. 여섯째, 갈등이론에서는 교육체계의 내용을 분석하지 않음으로써 교육정치학 이론의 출현과 필요를 별로 느끼지 못하였으므로 만족할 만한 교육변동이론이 발전할 수 없게 하였다. 일곱째, 갈등론자들은 학업성취와 사회계급 간의 상관에 대한 문화결손이론의 설명을 거부함으로써 학교가 무엇에 책임이 있는지를 명백히 하지 못하는 상태에서 학교의 문제를 보는 입장을 취했다.

사. 갈등이론을 대변하는 대표 저서

▣ 교실의 위기(Crisis in the Classroom, 1971)

C. E. Silberman(1925-2011)

실버만(Silberman)은 「백인과 흑인의 위기(Crisis in Black and White, 1964)」, 「교실의 위기(Crisis in the Classroom: The Remaking of American Education, 1971)」라는 저술을 통하여 미국 교육의 위기적 상황을 경고하고, "인간교육으로의 방향전환"을 제시하였다. 실버만에 의하면 활발한 지적 탐구보다 단편적인 암기에 치중하는 교육은 어떠한 생산적인 가치도 지니고 있지 못하다고 보고, 피교육자의 성장가능성을 저해하는 당시의 교육을 '교실의 위기'라고 하였다.

실버만은 "학교의 사회적 평등장치 기능의 실패", "순종을 강조하여 창의성을 파괴하는 학교", "교실과 학교의 현실을 무시한 학자들 중심의 교육개혁의 실패" 등을 중점적으로 부각시키면서 '교실의 위기'를 강조하였다. 그에 의하면, 학교는 "호레이스 만이 학교의 사명이라고 한 '인간의 조건을 균등화하는 위대한 평형장치'로서의 기능은 고사하고 사람들 사이의 조건 격차를 그대로 존속시키고 있는 곳으로, 또는 적어도 그 격차를 줄이는 데에 거의 제구실을 못하고 있는 곳"(66-67)이다. 이렇게 본다면, 학교 혹은 교실의 본질적 기능은 붕괴된 것이 아니라 애초부터 제대로 이루어지지 않았다고 할 수도 있다. 그가 교육과정 실행에서 본 것에 따르면, 학교는 순종을 강요하는 교육을 하면서 아동의 창의성을 파괴하고 있다고 주장한다. 그에 대한 증거들로서 수업시간표, 능률을 위한 절차, 정숙의 강요 등을 들었다.

■ 학교는 죽었다(School is Dead, 1971)

라이머(Everett Reimer)는 일리치와의 대화와 토론 끝에 「학교는 죽었다(School is Dead)」라는 저술을 냈는데, 그의 교육론은 교육문제만을 따로 떼어서 보는 것이 아니라 사회 전체와 관련하여 보고 있으며, 건강한 학교의 소생을 기원하였다. 그는 이 책에서 학교의 네 가지 기능을 말하고 있다. 첫째, 학생보호기능, 둘째, 사회적 역할 선별기능, 셋째, 이론, 원리, 사상을 주입시키는 기능, 넷째, 지식과 기술을 개발시키는 통상적 의미의 교육 기능이다. 첫째, 학생의 보호기능은 가족 내에서 부모가 아이들을 돌보는 짐을 조금 벗어나게 해 주었지만 아이들을 돌보기 위해 필요한 재화를 벌어들이는 데 치중하고 있는 학교는 이미 죽었다는 것이다. 둘째, 사회적 역할 선별에서 승자가 있으면 좌절하는 패자가 존재하며, 이는 경쟁을 부추기는 결과를 낳았다. 결국 선별은 개인의 자유와 진보의 기회를 박탈하는 결과를 가져온다는 것이다. 셋째, 사상주입기능은 학교입학 전에는 스스로 익히려고 노력하지만 입학 후에는 학교에 모든 것을 의지하게 된다. 학교에서 배우는 것이 가장 중요하고 좋은 것이 된다. 학교는 위계질서의 가치, 교육과정의 주입을 받으면서 자기도 모르게 학교의 노예가 된다. 넷째, 지식과 기술을 개발시키는 기능은 학교가 공식적으로 표방하지만 결국은 이를 통해 개인의 경쟁을 유발시키는 원천이 된다. 이 결과로 일어나는 경쟁은 사회가 추구하는 적정선을 넘어서는 노력으로서 개인의 더 높은 지위획득과 관련이 있다. 결국 학교제도는 완벽하지 못하다는 것을 주장한다.

또한, 현대사회는 기회균등이 실현되고 있는 것처럼 착각하고 있으나, 사실은 가난한 사람이 돈을 내어 부유한 사람의 교육을 지원하는 결과를 초래하고 있으며 학교는 한편에서는 순종을, 다른 한편에서는 규정위반을 가르친다고 보았다. 즉 학교에서 강조하는 규범에는 절대적으로 순종하여야 하나 학교에서 크게 강조하지 않는 규범은 위반해도 된다는 것을 가르친다고 보았다.

오늘날 학교는 국가에 의하여 운영되고 있으므로 국가의 이념을 주입하고 있는데 이것은 중세의 종교와도 비슷한 역할을 하는 것으로 학교가 모든 가치와 규범을 규정하는 막강한 힘을 갖게 된 것을 의미한다.

따라서 학교는 중요한 교육자원을 누구에게나 접근할 수 있는 기회를 제공하는 조직망으로 바꾸어야 하며, 교육자원의 설계자와 관리자가 필요하며, 개인의 교육계획을 효율적으로 도와줄 수 있는 교육인력의 재조직과 보편적 교육을 위한 재정의 배분이 잘 이루어져야 한다고 주장한다.

■ 탈학교사회(Deschooling Society, 1977)

이반 일리치(Ivan Illich, 1926-2002)는 학교교육의 폐지를 주장한 극단론자로서 "학교는 가르치는 것을 배우는 것으로, 상급학교 진학을 교육으로, 졸업장을 능력으로, 그리고 언어의 유창성을 새로운 것을 구안해 내는 능력으로 오해하고 있다."고 비판한다. 그러나 모든 학교를 없애야 한다고 주장한 것은 아니며, 그가 없애야 한다고 규정한 학교는 현상학적으로 규정하고자 했던 학교라는 조건에 한정하고 있다. 즉 어학, 음악, 댄스 등과 같이 학습의 대상에 따라서는 학교에서 하는 학습이 더 효과적이거나 또는 학교를 필요로 할 수도 있다는 것이다. '탈학교 사회'란, 단순히 사회에서 '학교'를 없애는 것을 의미하는 것이 아니라 '탈학교화를 지향하는 사회'를 의미한다. 그것은 '탈학교화되고 있는 사회(deschooling society)'가 '학교화된 사회(schooled society)'와 대응하고 있다는 점에서도 알 수 있다. 일리치는 현대문명을, 그리고 현대의 사회와 문화 및 그 에토스의 비판과 극복을 목적으로 삼고 있으며, 그를 위한 패러다임으로서 학교제도를 선택한 것이다.

Ivan Illich

오늘날 문맹퇴치를 위한 의무교육의 확대가 후진국에서 활발히 이루어지고 있으나, 후진국은 선진국과 같이 의무교육을 실시하는 것이 불가능할 뿐만 아니라 오히려 빈부 간의 갈등만을 초래한다고 보았으며, 또한, 학교교육의 목적은 유용한 기술의 습득, 인지적 성숙, 지적인 자율성 등에 있으나 오늘날 학교는 오히려 관료적이고 기계적인 세계관을 가르쳐 준다고 본다.

국가는 아동들에게 의무교육을 강조하지 말아야 하며, 진정한 교육목적을 달성하려면, 학교에서 읽고, 쓰고, 문제를 푸는 등 기초기능을 배울 것이 아니라 특수기술연마를 위하여 세워진 대안적 친목기구(특수기술센터: 직업훈련원 등)에서 더욱 쉽고 유용하게 배울 수 있다고 하면서 특수기술센터(대안적 친목기구)에 대한 교육을 주장하였다.

제4절 신교육사회학

가. 등장배경

신교육사회학의 등장배경은 크게 네 가지로 나타난다. 첫째가 영국의 종합중등학교 개혁의 실패였다. 두 번째는 지식사회학의 대두이다. 셋째는 현상학의 등장이다. 넷째, 해석 패러다임의 영향을 들 수 있다.

(1) 영국의 종합중등학교개혁 실패

영국에서는 1944년 교육법에 의하여 복선형의 중등교육제도를 실시하였다. 즉 초등학교 6년을 이수한 후 각 지역별로 실시되는 "만 11세 시험"에 의하여 그 시험성적에 따라 우수한 자는 고전중등학교(grammar school)에, 중간 수준인 자는 기술중등학교(technical school)에, 열등하거나 빈한한 자들은 현대중등학교(modern school)에 다닐 수 있도록 한 제도인데, 이 제도 시행결과 중 · 상류층 자제들은 대부분 고전중등학교에 입학하여 대학진학의 기회가 부여되었으나, 하류층 자제들은 교육기회가 제한되는 현상, "11세 시험"에 의하여 사회계층이 지속되는 불평등 현상이 발생하였다.

교육불평등에 대한 1959년 크로우더 보고서(Crowther Report) 등의 연구에서는 기능주의적 관점에서 학교교육의 불평등을 시정하기 위하여 학교를 복선형에서 단선형으로 통합하는 "종합중등학교" 제도를 시행하였다. 이 제도의 시행으로 불우한 환경을 가진 아동들에 대한 교육기회의 확대가 기대되었다. 그러나 학제를 단선화시킨 이 제도를 시행한 후에도 각종 자료에 의하면 교육불평등이 지속되고 있는 것으로 나타났다. 그중에서도 노동자 계층의 자녀들에게서 학교에 입학하기 전부터 형성된 문화적 결핍으로 인하여 학업성취가 부진하다는 결과로 나타났다. 그리하여 노동자 계층의 자녀들에게 보상교육 프로그램이 실시되었다. 그럼에도 불구하고 노동자 계층의 자녀들은 여전히 학업성취가 부진하였다. 이러한 시점에서 영과 번스타인은 학교에서 전달되는 '지식', 곧 교육과정의 분석에 집중하였다. 영(Young)이 1971년에 편집한 [지식과 통제(Knowledge and Control)]는 교육사회학에 새로운 관점을 대두시켰으며, 이를 계기로 학교지식, 즉 지식사회학적 관점을 적용한 신교육사회학의 논의가 본격화되었다(이건만, 2011: 205). 이에 따라 외형적, 제도적인 측면보다는 학교 내부에서 이루어지는 현상에 관심을 가진 연구들이 등장하게 되었는데, 이것이 바로 신교육사회학이다.

(2) 지식사회학의 영향

K. Manheim

만하임(K. Manheim, 1893-1947)의 지식사회학(Sociology of Knowledge)은 보편적으로 타당하다고 생각하는 지식과 이론은 절대적인 것이 아니라 사회적 세력관계를 반영한 것이라는 점이다. 이와 같은 지식관은 신교육사회학의 교육과정에 관한 연구에 많은 영향을 주었다.

지식사회학이 주는 의의는 '지식'의 궁극적인 유효성이나 무효성에 관계없이 한 사회 속에서 '지식'으로 여겨지는 모든 것에 관심을 두어야만 한다는 것으로, 인간의 사고와 그것이 발생하

참고

지식사회학의 형성과정(진원중, 1985: 60-62)

Ⅰ. 형식사회학(Formale Soziologie) - 1920년대까지

협의 의미로는 짐멜(G. Simmel, 1858-1936)의 사회학 체계를 의미하였다. 광의의 의미로서는 독일의 퇴니에스(Ferdinand Tönnies, 1855-1936)의 순수사회학(純粹社會學, reine soziologie)에서부터 베버(M. Weber, 1864-1920)의 이해사회학(理解社會學, verstehende soziologie), 피어칸트(Alfred Vierkandt, 1867-1953)의 현상학적 사회학(現象學的 社會學, Phenomenology Sociology), L. von Wiese(1876-??)의 관계사회학(關係社會學, Beziehungssoziologic)을 포함하고, 프랑스의 비제(G. Tarde, 1843-1904)의 심간심리학(心間心理學, Psychologie intermentale)을 포함한다. 미국의 심리학적 사회학(Psychological Sociology)의 대표자들도 일종의 형식사회학파에 포함된다. 스몰(Albion W. Small, 1851-1926), 기딩스(Franklin H. Giddings, 1855-1931), 쿨리(Charles H. Cooley, 1864-1929), 로스(Edward A. Ross, 1866-1951), 엘우드(Charles A. Ellwood, 1873-1944) 등이 있다. 이들은 다소 차이는 있으나 그 공통점은 다음과 같다. 첫째, 사회학 고유의 대상으로서 사회적인 것(das Soziale)으로 삼는다. 지멜은 das Soziale를 "사회화의 형식"이라고 하여 그것은 상하관계 · 경쟁 · 모방 · 분업 · 교환 · 대표 등으로 하고, 이러한 것은 국가 · 경제단체 · 종교단체 · 학교 · 가족 속에서 모두 볼 수 있는 사회의 형식이라고 하였다. 둘째, 사회학은 사회의 기하학(幾何學)이 그러한 것과 같이 현실에는 존재하지 않는 사회의 순수형식만을 취급하는 것이라고 한다. 셋째, 역사적인 분석이 아니고 심리학적 분석에 중점을 두었다. 막스 베버의 '가치에서의 자유'를 들 수 있다. 넷째, 순리론(純理論)적인 연구이다. 이러한 형식사회학에 반대하는 입장을 취하는 것이 사회의 내용, 즉 문화를 중시하는 문화사회학이고, 지식사회학은 문화사회학의 일종이다.

Ⅱ. 문화사회학(Cultural Sociology) - 1920년대 이후

협의 의미로는 알프레드 베버(1868-　)의 문화사회학(Kultursoziogie)과 피어칸트(1867-　)의 사회사회학(Gesellschafte soziologie)과 문화사회학(Kultursoziogie), 미국의 문화사회학(Cultural Sociology)을 의미하는 민족지 또는 문화인류학적인 색체가 강한 연구를 의미한다. 그러나 광의의 의미로는 독일의 셸러(Max Scheler, 1874-1928), 만하임(Karl Mannheim, 1893-1947)의 지식사회학(Wissenssoziologie)과 프라이어(H. Freyer, 1887-　)의 현실과학으로서의 사회, 프랑스의 뒤르켐 학파, 미국의 긴즈버그(Morris Ginsberg, 1889-1970), 오

그번(William F. Ogburn, 1886-1959), 소로킨(Pitirim A. Sorokin, 1889-1968), 말리노프스키(Bronistaw Kasper Malinowski, 1884-1942)의 기능주의 학파의 사회인류학, 보아스(Franz Boas, 1858-1942)의 미국역사학파(American Historical School)의 문화인류학 영향하에 있는 1930년대 문화주의 인류학적 경향도 포함된다.

문화인류학은 광의의 의미에 포함되는 여러 사회학은 모든 점에서 동일하지는 않다는 점이다. 독일 문화인류학의 일반적 특색은 역사철학적, 사회학의 실천적 경향이 강하며, 영국과 미국의 문화인류학의 일반적 특징은 문화인류학적, 사회학의 실증주의적 성격이 강하기 때문이다. 공통점으로는 첫째, 사회의 종합적 인식을 꾀하고 있지만 그것은 정치 · 경제 · 도덕 · 종교 등의 모든 과학을 인정한다. 단순한 백과사전식 종합사회학(초기의 사회학)이 아니다. 기능주의적 파악을 특색으로 하고 있다. 그에 속하는 학자들은 뒤르켐(E. Durkheim, 1858-1917), 말리노프스키(Bronislaw Malinowski, 1884-1942), 긴즈버그(Morris Ginsberg, 1889-1970), 만하임(Karl Mannheim, 1893-1947), 소로킨(Pitirim A. Sorokin, 1889-1968) 등이 있다. 둘째, 특정 시대 · 민족 · 지역에서 인간생활양식의 특질의 실증적인 탐구(現地調査)를 중시하였다. 셋째, 연구의 실용화이다. 사회학의 정치성이나 현실지도성을 강조하였다. 프라이어(Hans Freyer, 독일, 1887-1930)는 "현실과학으로서의 사회학"에서 사회학은 "사회적 현실의 과학적 자각이다"라고 한 것이 이를 잘 증명한다.

Ⅲ. 지식사회학자

지식사회학자로 불리는 대표적인 사람들은 다음과 같다. 첫째, 셸러(Max Scheler, 1874-1928)의 1924년의 논문 "지식사회학의 문제"에서 사회학을 두 가지로 나누었다. 하나는 실재사회학(Realsoziologie)으로서 종족(種族) · 권력(權力) · 경제(經濟)의 사회학이고, 다른 하나는 문화사회학(Kultursoziologie)으로서 지식(知識) · 종교(宗教) · 예술(藝術)의 사회학이었다. 그는 문화사회학의 일부분으로서 지식사회를 주제로 하여 문화적 요인으로서의 지식이 실재적 요인에 의하여 어떻게 제약되는가를 검토하였다. 그는 콩트와는 달리 종교 · 형이상학 · 과학은 문화적 단계를 이루는 것이 아니고, 각각 독자의 가치를 갖고 양립하는 것이라고 보는 독자적 해석을 내놓았다. 둘째, 만하임(Karl Mannheim, 1893-1947)은 1933년 독일로부터 영국에 망명하였다. 런던대 교수를 역임하였으며, 베버(A. Weber)의 문화사회학에서 출발하여, 독특한 지식사회학의 구상을 제시하였다. 그의 지식사회학은 내용적으로는 이데올로기의 발전을 의미한다. 지식사회학의 궁극의 목표는 지식의 역사적인 전체적 총관(總觀)을 제시하는 데 있다고 주장하였다.

는 사회적 배경과의 관계를 다루고 있는데, 보다 일반적인 문제, 즉 사고의 실존적인 결정에 사회학적 초점을 맞춘다. 즉 지식의 사회성에 초점을 두고 있다는 점이다. 다시 말하면, 실제 사회를 살아감에 있어서 유용한 지식을 중심으로 학교에서 다루고, 학생들에게 가르쳐야 한다는 것을 강조하고 있다. 지금까지 학교교육은 미래에 펼쳐질 인간이 추구하는 이상향을 중심으로 다루는 경향이 많았다는 점에 주목하고, 학교교육은 학생들이 학교를 졸업하고 난 뒤에 사회에서 유용하게 활용할 수 있는 지식을 중심으로 가르쳐야 한다는 점을 강조한 것이다. 대표자로는 만하임(K. Manheim)과 셸러(Max Scheler) 등이 있다.

이러한 지식사회학의 특징은 인간의 사유와 지식을 사회적 맥락에서 연구하는 사회학의 한 영역이라는 점이다. 둘째, 인간의 전체 의식구조는 사회 제반 조건에 의하여 규정된다는 가정에서 출발한다. 즉 이것은 인간의 사고 양식과 인간의 사회적 생활조건 사이에는 어떤 구조적 일치가 있다는 것이다. 셋째, 지식의 상대성을 주장함으로써 기존의 지식관을 부정한다. 즉 지식은 사회적으로 구성되는 것이므로 역사와 사회를 초월한 보편타당한 절대지식은 있을 수 없다고 본다. 넷째, 셸러(Scheler)는 상층계급과 하층계급은 사회적 생활조건의 차이 때문에 서로 다른 사고방식과 의식구조를 가진다 하였다.

이러한 지식사회학의 유용성은 사회관계가 옳고 그름에 영향을 미치는 방식의 기술과 구조적 분석을 통한 순전한 경험적인 연구영역에 초점을 맞추었으며, 이러한 상관성이 지식의 타당성에 대해 갖는 관계에 대한 인식론적 연구의 영역이 된다. 또한, 지식과 존재의 관계를 과학의 차원에 끌어들임으로써 사회적 규정이라는 문제를 해결하고자 했다.

(3) 현상학

현상학(現象學, phenomenology)이란 용어는 독일의 물리학자이며 철학자였던 람베르트(Johann Heinrich Lambert, 1728~1777)가 1764년 신 기관(Neues Organon)에서 현상학이란 명칭을 처음 사용하였다. 그는 본체(本體)의 본질을 연구하는 본체학과 구별하여 본체의 현상을 연구하는 학문을 현상학이라고 하였다. 그 후 후설(Husserl)에 의해서 발달하였는데, 말 그대로 현상을 연구하는 학문을 의미한다. 기본적으로 환경과 인간의 상호작용을 설명하는 이론이다. 예를 들면, 과거에 내가 사랑하는 사람이 있었고, 그 사람과의 추억을 만들었다고 가정하면, 그 추억에 대한 의미는 고정 불변하는 것이 아니라 나(I)라는 주체에 의해 시간이 흐름에 따라 늘 새로운 의미가 부여된다. 환경에 대해서도 인간의 의식은 그와 같은 주관적 의미의 부여과정이라고 보는 것이 후설의 현상학이다.

현상학자들은 모든 지식이 인간의 의식에 의해 구성된다고 보고 그 모든 지식은 주체와 관련이 될 때만 이해될 수 있다고 말했다. 현상학에서는 생활세계가 모든 이론이나 지식의 근거가 된다고 보고, 생활세계를 표출시켜 그 본질적 구조를 탐구한다. 본질적으로 구조란 개체를 통해 상호 주관적으로 이루어진다. 따라서 상호 주관성이 강한 논의는 지식교육이 교사와 학생의 의식과 관련하여 이루어져야 한다는 근거를 제시한다.

후설은 "선입견이 아닌 연구하고자 하는 사물의 본성에 따라야 한다."고 주장한다. 그는 우리의 의식은 언제나 무엇에 대한 의식이며, 이 세계는 의식이 부여하는 의미를 통해서만 비로소 이해될 수 있다고 본다. 단, 주관적 객관이 분리해서 있을 수 없으며 대상 없는 의식은 공허하고 의식 없는 대상은 무의미하다는 것이다. 이것이 현상학의 기본명제이다.

사물세계는 인간이라는 주관에 대한 의미체계이며, 이 의미는 사물세계 안에서 인간이 취하는 태도와 관점에 따라 다르다는 것이다.

외면으로 나타나는 인간 행태를 관찰함으로써 모든 것은 이해, 판단, 예측할 수 있다는 실증주의의 오류에 반하여, 감각적인 관찰에 의해서는 이해되지 않는 인간의 내면적인 세계의 의미까지도 이해하고 파악하려는 방법을 사용한다. 현상학적 접근법은 인간 중심적이고, 기술문명과 물질주의, 관료제화 등에 의해서 초래되는 비인간화 또는 인간소외의 본질을 파헤치는 데에 중점을 두었으며, 실증주의, 계량주의 방법을 비판하면서 등장한 이론이다.

후설(E. Husserl, 1859-1938)의 현상학 후설은 인간에게는 존재하는 것의 실재적이고 객관적인 세계가 존재하지만 그것은 오직 의식을 통해서만 알 수 있는 것이며, 의식은 언제나 무엇인가에 대한 경험의 대상을 지향하고 있다고 본다. 후설의 현상학은 인간의 반성능력을 강조한다. 철학의 본질과 목표가 무엇이든 철학적 활동을 가능하게 해 주는 인간의 능력이 있다면 그것은 반성능력이다. 동물들은 인식능력은 있으나 인식을 계속 진행시킬 수 있는 반성능력은 없다. 반성은 되돌아보는 것, 즉 특정상황이나 사건에 대해 되돌아보고 문제를 해결하여 유사한 상황에서 실천할 수 있는 통찰의 과정이다. 따라서 철학이란 반성에 대한 통찰의 추구이며, 반성의 정신을 개발시켜야 한다고 강조하였다. 이러한 인간의 반성정신을 가장 잘 구현한 학자가 후설이다.

E. Husserl

슈츠(A. Schutz, 1899-1959)의 사회현상학 초월적 자아의 본질적 구조를 탐구하고자 하는 후설(Husserl) 프로그램을 자연적 태도의 체계적 기술로 방향전환을 시도함으로써 선험적 현상학을 사회과학과 연결시킨 것이 슈츠였다. 미국의 사회철학자인 슈츠는 특히 의식의 성질에 대한 후설의 통찰력과 베버(Weber)의 이해사회학적 방법론을 비판적으로 종합함으로써 '자연적 입장의 구성적 현상학'을 만들고자 하였다. 슈츠에 의하면 사회과학의 목적은 "사회적 현실에 대한 조직된 지식을 획득하는 것"이다. 사회적 현실은 "동료들과 상호작용관계로 연결되어 있는 일상생활을 하는 사람들의 상식적 사고에 의해 경험된 것으로서 사회 문화적 세계 내에 있는 대상과 사건의 총합"이다.

특징 미시적 사회분석의 근거를 마련하였으며, 교육문제의 자원을 상호주의 차원으로 분석하였다. 주체자의 의식보다 수용자의 관점과 역할을 부각시켰다. 문제점으로는 현상을 직접 대면하지 않을 가능성이 있고, 상대주의에 빠질 수 있는 한계가 있다.

참고

사회명목론과 사회실재론 구분

(1) 사회명목론(社會名目論, Social Noumenalism)은 사회는 명목일 뿐이며, 실재하는 것은 오직 개인이기 때문에 개인이 사회보다 우위에 있다고 보는 사회이론을 말한다. 방법론에서도 이 입장은 개인을 분석의 단위로 삼고 개인의 가치와 의미의 주체가 된다. 또한 사회를 개개인의 총화나 개인 간의 상호작용의 축적으로 보는 경향이 있다. 사회계약설이나 공리주의 이론에 이러한 관점이 잘 나타나 있다.

(2) 사회실재론(社會實在論, Social Realism)은 사회가 개개의 구성원들과는 별개의 독자적 실재를 가지고 있다고 보며, 따라서 개인보다 사회를 우위에 두는 입장이다. 사회만이 참다운 실재의 의미를 가진다고 본다. 사회유기체론에 이러한 견해가 잘 나타나 있다.

(4) 해석 패러다임의 영향

해석 패러다임은 기존의 규범적 패러다임(기능이론, 갈등이론)과는 다르게 어떤 현상을 볼 때 구조적 · 제도적 관점보다는 미시적 · 내부적 측면에 관심을 갖는 것으로 신교육사회학의 교육 내적 현상분석에 많은 도움을 주었다.

나. 주요관점

신교육사회학은 교육현상을 분석하는 데 있어 두 가지 측면에서 관점의 전환을 가져왔다고 볼 수 있다. 첫째는 학교지식을 누구의 관점에서 볼 것인가? 하는 점이다. 이것은 기존 학교교육과정의 지식이 지배계급 중심으로 구성되어 있음을 지적한 것이다. 다시 말하면, 노동자 계급과 일반대중의 문화와 역사는 지금까지 교과서 내용의 선택과정에서 배제되어 왔음을 의미한다. 둘째는 신교육사회학은 문화전달 과정으로서의 학교교육에 관한 논의를 가정과 같은 귀속적 요인 · 개인적 요인에서 벗어나 정치적 문제로 확장시켰다는 점에서 관점의 전환을 가져왔다. 노동자 계급 자녀의 낮은 학업성취에 대한 원인 분석에서 구조기능주의 학자들은 '가정문화'를 지적했다. 학교지식에 대한 탐구에서 부르디외와 번스타인 역시 '가정문화(home culture)'의 가치를 중심으로 논의를 전개하였다(이건만, 2011: 206).

신교육사회학은 기능이론과 갈등이론이 관심을 갖지 않았던 학교내부의 과정, 즉 학교의 교육과정, 교사와 학생의 상호관계, 교사가 학생에게 갖게 되는 고정관념과 평가기준 등에 새로운 관심을 갖는다.

신교육사회학자들은 학교에서 가르치는 지식이 보편타당한 것이 아니라 지배집단의 이해관계를 반영한 지식으로, 지배집단에 유리한 지식들이 교육내용으로 선정된다고 본다. 따라서 학교교육에서 지배집단은 높은 성취를 보이며 하류층은 낮은 성취를 보인다고 하였다.

교실 안에서도 교사와 학생 간에 이루어지는 상호작용은 학생들의 사회계층에 의하여 영향을 받는다고 보는데, 이와 같은 상호 간의 호감은 결국 학업성취를 높이게 된다고 하였다. 교사가 특정학생에 대해 “저 학생은 공부를 잘할 것이다”(자기충족예언)라고 생각하거나 또는 “문제학생이다.”(낙인)라는 생각을 가질 때, 이것은 학교생활에 많은 영향을 준다. 학생의 교사와의 상호작용의 결여는 학교생활에서 자신감의 상실로 이어지기 때문이다.

사회가 발달함에 따라 학교가 부모의 사회적 지위를 상속하는 수단으로 활용되고 있다는 증거는 영국뿐만 아니라 미국에서도 마찬가지로 나타났다. 이러한 연구결과에 직면하여 영국과 미국의 교육사회학은 서로 다른 방향에서 활로를 찾기 시작하였다. 영국은 지식사회학의 영향을 받아 교육과정에 관심을 가졌고, 미국 학자들은 갈등이론에서 불평등한 사회제도에서 찾고자 했다(김신일, 2011: 33-35). 영국의 학자들이 가졌던 학교 내부의 관심은 교육과정과 교사-학생 상호작용이었다. 비슷한 시기에 미국의 일부 교육과정 학자들도 교육과정을 새롭게 조망하기 시작하였다. 이들은 문화와 지식, 교육과정에 관한 정치적 담론과 교육과정 연구를 긴밀히 연결시키고자 시도하였다(Apple, 1997; Halsey et al, 1997; 김신일, 2011). 미국의 이와 같은 연구 동향을 교육과정사회학 또는 비판적 교육과정이론이라고 부른다(김영화, 2011: 373). 결국 신교육사회학과 교육과정사회학은 학교의 내부에서 이루어지는 교육과정과 교사-학생 상호작용에 탐구의 초점이 있으므로 용어만 다를 뿐 같은 의미를 지닌다.

학교의 교육과정에 관심을 가졌던 대표적인 학자들은 고버트(D. Gorbutt: 신교육사회학이라는 용어를 처음 사용함), 번스타인(B. Bernstein),

로톤(D. Lowton), 이글스톤(J. Eglestone) 등 여러 학자들에 의해 발전되어 왔으며, 미국에서도 종전의 교육사회학과 전통적인 교육과정이론을 비판하면서 학교지식과 교육과정에 대한 사회학적 연구가 대두되기 시작하였다. 교육과정을 설명하기 위한 두 가지 이데올로기 모형으로 수용적 관점(received perspectives)과 반성적 관점(reflective perspectives)으로 단순화시켜 설명하고자 한다(이경섭 외, 1989).

수용적 관점에 대한 주장을 보면, 전통적 시각에서는 학교에서 아동들에게 가르칠 지식 혹은 교육내용에 대하여 어떠한 태도를 취할 수 있는가? 그동안 전통적 교육을 수용하는 입장의 학자들은 학교에서 가르치는 지식에 대하여 매우 합리적인 것으로 받아들여 왔으며, 교과서에 제시된 교육내용에 대하여 별다른 문제를 제시하지 않은 채 거의 무비판적으로 수용해 왔다는 것이다.

교과내용에 대해서도 교사 나름대로의 방식으로 재해석을 시도하거나 사회학적인 검토보다는 대체로 다음과 같은 태도를 취해왔다. 첫째, 학교 교육내용에 대하여 이미 주어진 것으로 간주한다. 학교에서 가르칠 교육내용은 교과서에 실리게 된다. 교과서에 실리는 교육내용은 교육부의 엄밀한 편찬과정을 통하여 정선된 것이다. 교육부에서 결정한 교육내용은 국가, 사회, 아동들에게 꼭 필요한 것들로 매우 적절하게 구성되었다고 믿는다. 따라서 이미 결정되어 교과서에 실린 내용에 대하여는 문제를 제기하지 않고 거의 무비판적으로 받아들인다. 둘째, 학교 교육내용에 대하여 가장 합리적인 것으로 믿는다. 적어도 교과서에 실려서 학생들에게 가르쳐지려면 수많은 현존 지식과 이론 중에서 가장 합리적인 것으로 선정되어 합리적인 방법으로 조직되었을 것이라고 가정할 수 있다. 전통적 교육론에서는 이러한 가정을 받아들이기 때문에 학교교육 내용에 대하여 가장 합리적인 것으로 받아들이고 있다. 셋째, 학교 교육내용에 대하여 진리에 가까운 것으로 본다. 교사들은 미성년자인 아동들에게 가르치는 학교의 교육내용에 대하여 거기에는 적어도 오류가 없으며, 사실에 입각하여 진실성이 확보된 지식들이라고 본다. 따라서 전통적 교육관에서는 학교 교육내용을 진리에 가까운 것으로 보게 된다. 넷째, 학교 교육내용에 대하여 거의 절대적인 것으로 취급하며, 학교에서 가르쳐야 할 교육내용은 학생용 교과서와 교사용 지침서에 안내되어 있다. 교사가 그 내용에 대하여 가감하거나 임의로 재해석하는 일은 매우 위험한 것으로 생각하며, 상부에서 일단 결정해준 교육내용에 대하여는 거의 절대적인 것으로 취급한다. 다섯째, 학교 교육내용에 대하여 보편타당한 것으로 해석한다. 국가에서 국민을 대상으로 교육시키는 교육내용은 특히, 국정교과서의 경우 어떤 특정인이 아니라 대한민국 국민이라면 누구에게나 똑같이 적용되는 내용으로 취급한다. 따라서 이러한 시각을 가진 교사들은 학교 교육내용에 대하여 대체로 보편타당한 것으로 해석을 한다.

따라서 전통적 관점에 대한 시각에서 벗어나서 도전적인 시각에서 학교의 교육과정을 바라보아야 한다고 주장하는 것이다. 이러한 입장이 반성적 관점이다. 반성적 관점은 지식사회학의 영향을 받아 이를 수용하는 입장에서 교육과정을 새롭게 바라보고자 하였다.

지식사회학에서는 학교에서 가르치는 지식은 영원불변하고 보편타당한 진리라고 믿는 전통적 지식관을 비판하며, 지식은 사회적 상황에 의해 제약을 받는 하나의 이데올로기일 수 있기 때문에 학교에서는 왜곡된 지식체계인 지배 이데올로기를 전수한다고 주장한다. 지식사회학은 또한, 학교에서 이 지식을 보편적이고 타당한 신념으로 받아들여 학생의 사회적 배경과는 무관하게 학생들에게 강요할 가치가 있다고 여기기 때문에 이 가치는 이미 확립된 것으로 인정하여 이 지식을 어떻게 하면 효과적으로 가르칠 것인가에만 몰두하였다고 비판한다. 지식사회학에서는 학교에서 가르쳐야할 지식관에 대하여 이와 같이 비판하면서 지식이 가지고 있는 일반적 특성에 대하여 다음과 같은 새로운 입장을 취한다. 지식사회학에서 견지하고 있는 지식의 일반적 특성을 지식의 상대성과 가변성으로 설명할 수 있다.

지식의 상대성은 다음과 같이 설명된다. 자연과학, 수학적인 지식 중에는 시공을 초월한 절대적인 지식이 존재할 수 있지만, 우리가 접하는 많은 지식에 있어서는 절대적이기보다는 상대적인 지식들의 경우가 더 많다. 최근에 국가 간(대한민국과 일본, 중국과 일본)에 교과서의 내용에 대한 시비가 일어나고 있다. 과거 국가 간에 일어났던 역사적 사건들은 각국의 입장에서 볼 때 각각 다른 지식으로 해석되기 때문이다. 예컨대, 8.15 해방이 우리에게는 주권을 되찾는 커다란 민족적 쾌거인 데 반하여 일본에게는 쓰라린 국가적 패배였다고 해석된다. 지식은 그 사회의 사회적 산물로서 상대적 특징을 가지고 있다고 보는 것이 지식사회학자들의 견해이다. 따라서 상대적 가치가 있는 지식을 어떤 집단에 일방적으로 강요한다거나, 다른 집단의 지식을 가치 없다고 무시하는 일은 정당하지 못한 것이다.

또한, 지식의 가변성은 다음과 같이 설명한다. 우리 사회에서 통용하고 있는 지식은 일단 한번 인정되면 계속해서 불변하는 진리로 간주되는가? 아니면 "진(眞)"으로 판명되어 보편적으로 통용되고 있는 지식도 그것이 다른 지식으로 대체되거나 다시 "위(僞)"로 판명되어 폐기되고 변화할 수 있는가? 우리 사회는 계속해서 새로운 지식들을 개발, 모색해 나가고 있지만 일단 "진(眞)"으로 받아들여진 지식은 결코 번복하지 않으려는 속성을 가지고 있다. 따라서 한번 통용된 지식은 계속해서 그대로 통용되며 학교에서도 교과서에 일단 제시되고 실린 지식에 대해서는 가변적

이기보다는 불변하는 지식으로 간주하는 경향이 있으며, 사회과학적 지식이나 자연과학적 지식도 마찬가지라는 것이다.

번스타인은 사회언어분석(社會言語分析, Social-Linguistic Analysis)에서 출발하여 교육과정의 조직형식과 사회적 지배원리의 관계에 관한 연구를 거쳐, 한 사회의 지배관계(支配關係)가 전수되는 기제(機制)를 밝히는 이론의 추구로 자신의 학문 영역을 확대시켜 왔다.

번스타인은 교육과정을 분석하는 데 분류(Classification)와 구획(Frame)의 개념을 사용한다. 분류는 교과목 간, 전공분야 간, 학과 간의 구분, 즉 구분된 교육내용들 사이의 경계의 선명도를 의미한다. 구획은 교과목 또는 학과 내 조직의 문제로 가르칠 내용과 가르치지 않을 내용의 구분이 뚜렷한 정도, 계열의 엄격성, 시간배정의 엄격성 등을 말한다. 즉 교육내용의 선정, 조직, 진도 등에 대하여 교사와 학생이 가진 통제력의 정도를 말한다. 구획이 강하면 교사나 학생의 욕구를 반영하기 어렵다.

분류와 구획을 조합하여 보면 다음과 같다.

① 강한 분류 · 강한 구획　　② 강한 분류 · 약한 구획

③ 약한 분류 · 강한 구획　　④ 약한 분류 · 약한 구획

번스타인은 ①과 ②를 집합교육과정, ③과 ④를 통합교육과정으로 불렀다. 집합교육과정은 엄격하게 구분된 교과목, 전공, 학과들로 구성되며, 상호교류가 거의 없다. 횡적 관계보다 종적 관계가 중시되며, 상급과정으로 점점 더 전문화된다. 학생과 교사들은 소속 학과에 대한 강한 충성심이 요구된다. 위계질서는 엄격하고 뚜렷하며 학생 스스로 선택, 결정할 수 있는 것은 거의 없다. 통합교육과정은 집합교육과정과는 대조적이다. 교과목 및 학과 간 구분이 뚜렷하지 않아서 횡적 교류가 많다. 교

과목은 상위개념으로 묶이게 된다(역사, 지리, 정치, 경제 ⇒ 사회생활). 인간관계는 횡적 관계가 중시된다. 교사와 행정가 사이에서 교사의 권한이 확대된다(김신일, 2011: 414-417).

종합하면 번스타인은 교육내용보다 내용의 조직 원리를 중시하였다. 즉 교육과정의 조직원리가 사회질서의 기본원리를 반영하고 학생들에게 그 원리를 내면화시킨다고 보았다. 사회부문 간 분류가 강한 시대에는 교육과 생산 간의 구분이 분명하기 때문에 교육내용 및 교수활동에 관한 결정이 교육담당자들의 영향력 아래서 이루어지므로 교육의 자율성이 크다. 반면에 교육과 생산 간의 경계가 약한 시기는 관계가 밀착되어 자율성을 잃게 된다. 즉 교육내용의 적합성은 생산구조(사회경제적 구조)에 예속되어 실제 교육상황을 결정하는 힘은 외부로부터 오게 된다. 이를 사회적 통제라고 번스타인은 말한다.

따라서 기존의 전통적 관점에서 학교교육과정을 바라볼 것이 아니라

참고

로톤(D. Lowton)의 지식 발달수준 5단계

수준 1: 사회 내 현재의 교육구조 및 조직이 불공정한 사회적 現상태(statuesque)를 유지시키는 데 기여하는 수준, 이 수준은 특히 지식의 사회적 분배와 같은 문제에 관심을 두고 있다.

수준 2: 특히 교육의 내용-학교가 전달할 지식의 선별-이 당연시되거나 용인되지 않고, 비판적인 검토를 거쳐야 할 문젯거리로 삼는 수준, 이 수준에서는 '무엇이 우리 사회 내의 지식 및 지식의 계층구분을 설명해 주는가?'와 같은 문젯거리에 관심을 갖게 된다.

수준 3: 교육통제상의 편의를 위해 임의적이고 인위적인 교과구분이 생겨나는 수준

수준 4: 모든 지식이 사회적으로 구성되는 수준

수준 5: 지식뿐만 아니라, 합리성 그 자체도 단순히 관습일 뿐이라고 생각하는 수준(이경섭 외, 1989: 91)

참고

교육과정에 대한 상반된 관점

전통적 교육과정 관점 (수용적 관점)	신교육사회학자들의 관점 (반성적 관점)
(1) 과학적 지식이 교과과정의 핵심이며, 형식적 교과과정을 중시한다. 조직화된 교수전략에 따라 전달한다. (2) 지식은 객관적으로 정당화된 것이고, 학교는 지식을 가르치는 곳이다. 과학적 · 객관적 · 조직적인 교과과정 구성을 강조한다. (3) 지식은 각 교과형으로 분류할 수 있다. (4) 학습결과에 대한 측정과 과학적 평가에 큰 비중을 두고 있다. (5) 교육내용의 보편성 · 교육평가의 보편성 · 교육목표의 보편성 등의 원칙을 강조한다.	(1) 신교육사회학자들은 교육과정에서 다루는 지식은 특수 사회계층의 영향력을 받고 있다는 것에 불과하다고 본다. (2) 신교육사회학자들은 교육과정 계획이나 교과의 우선순위를 정하는 일이 결코 객관적일 수 없다고 진단한다. (3) 지식사회학의 관점을 취하고 있는 신교육사회학자들은 교육과정을 사회권위 · 권력 · 사회계층 · 학교조직 간의 연계관계에서 파악할 수 있다고 볼 수 있다. (4) 사회에 따라 지식은 상대적인 것이 많이 있으며, 교과서의 지식이 무조건 “참”이라고 가르치는 것은 타당하지 못하다.

새로운 시각에서 학교의 교육과정을 바라보고 문제가 있으면 적극적인 의지를 가지고 해결해 나아가야 한다는 점을 강조하고자 한 것이라고 볼 수 있다.

이러한 신교육사회학의 의의를 이종각(2004)은 다음과 같이 정리하였다. 첫째, 지식의 사회성과 의식의 존재구속성을 지적하면서 지식은 그 지식이 생산된 사회구조를 반영함을 강조하였다. 신교육사회학은 지식을 역사적, 사회적 생성물로 보았다. 따라서 지식으로 구성된 교육내용을 자명하거나 당연한 것으로 받아들이지 않고 이에 대해 의문을 제기하고 분석하였다. 둘째, 지식, 문화, 이데올로기, 규범과 규정 과정을 통한 지배와 억압구조를 드러냄으로써 교육과 사회불평등의 관계에 대한 이해의 지평을 확대시켰다. 셋째, 교육내용과 과정 등 미시적인 학교내부 현상의 이해에 관심을 기울임으로써 교육제도와 기능의 이해에 초점을 맞춘 거시적 관점의 교육사회학의 한계를 극복해 주었다. 넷째, 교육과 사회불평등 관련 연구에서 개인주의적이고 능력주의적인 분석을 비판하고 역사적이고 구조적인 분석의 필요성을 인식시켜 주었다(김영화, 2011: 374-375).

반면에 이 연구들은 교육과정의 문제를 드러내어 비판할 뿐 교육과정을 어떻게 구성하여 가르쳐야 하는가에 대한 현실적 대안을 제시하지 못하고 있다고 비판받고 있다.

다. 신교육사회학자

(1) 영(M. F. D. Young)

1970년에 개최된 영국 사회학회의 교육사회학회의에서 발표된 여러 논문을 편집하여 만든 「지식과 통제: 교육사회학의 새로운 방향」이란 책을 계기로 해서 신교육사회학이 급격히 발달하였다.

영은 그의 저서에서 종래의 교육사회학은 사회계층과 교육기회 분배 문제에만 집착한 나머지 학교 내부 현상에는 등한시하였으나, 이제부터는 교육기관에서 가르치고 있는 지식의 사회성에 눈을 돌려야 하며, 결국 교육사회학과 지식사회학이 한 학문임을 인식하게 될 것이라고 역설하면서, 지식사회학적 시각에 입각하여 학교 내에서 진행되는 교육과정을 연구하고 이에 대해서 해석할 것을 주장하였다.

(2) 번스타인(B. Bernstein)

번스타인은 학교교육을 아동의 언어와 관련시켜 연구하였는데, 사회계급과 어법에 관한 연구는 계급을 재생산하는 사회의 구조와 과정을 통합해서 연구할 수 있는 가능성을 시사한다.

학교의 교육과정이 지배집단의 어법을 수용하여 지배집단 자녀들이 학업성취를 유리하게 하고 있으며, 중산계층은 정교한 어법을 구사하여 그들의 아동에게 유리한 학습상황을 초래함과 동시에 노동계층 아동은 제한적 어법을 사용하여 학교 학습상황에 부적응하게 함으로써 중산계층 아동이 학업성취에 보다 우월할 수 있게 한다고 주장한다. 학교의 교육내용과 내부현상에 대한 연구를 강조하였으며 특히 교육내용의 연구는 교육사회학에서 차지하는 중요성을 인식시키는 데 결정적 공헌을 하였다.

라. 신교육사회학 이론의 범주

상호작용 이론에 대한 접근은 2차 대전 이후에 확산되었으며, 사회·심리적 질문이 강조되었다. 교육사회학자들은 학생의 태도와 성취, 학생의 가치, 학생의 자아개념, 자신의 포부에 대한 노력 그리고 학생 성취와 관련된 사회경제적 지위(socioeconomic status)에 대한 집단 간(동료, 교사-학생, 교사-교장)의 상호작용에 초점을 맞추었다. 교육사회학에서 유용한 두 가지 상호작용 이론은 교환이론(exchange theory)과 낙인이론(labeling theory)이다. 낙인이론에서는 학생들을 좋든 나쁘든 교사의 기대를 신뢰하고 행동하게 된다고 본다. 교환이론에서는 우리의 상호작용에는 비용과 보상이 포함되어 있다는 가정을 한다. 개인 간의 상호작용에는 개인과 집단의 의무로 묶여 있다. 예를 들면, 학생은 학습을 해야 하고, 교사는 보상을 해야 한다. 행위에 대한 보상은 계속되어야 한다. 이러한 상호작용 이론은 교실에서의 역동성을 이해하는 데 유용하다(Ballantine, 1997: 11). 또한, 미시적 접근을 통해 주어진 환경에 적응과 극복을 해 나가는 개인의 생활과 삶에 중점을 두고 설명하고자 하였다.

▣ 상징적 상호작용론

George Herbert Mead

의의 상징적 상호작용론에서 인간은 동물과는 판이하게 다른 특유한 능력이 있고 그 사회적 상호작용의 본질을 밝히려 하고 있다. 상징의 해석자인 인간은 사물이나 인간의 행동의 의미를 해석하는 힘이 인간의 가장 핵심적이고, 두드러진 특징이다. 미드(M. Mead)에 의하면 사람에게는 특수한 능력이 있는데, 그것을 정신(Mind)이라고 하며 그 주변의 대상에게 상징(Symbol)을 부여함으로써 의미를 찾고, 언어라는 의사소통의 상징적 수단을 이용하여 추상적 상징을 해석할 능력을 가지고 있다고 하였다. 미드(George Herbert Mead)로부터 출발하여 그의 제자인 블루머(H. Blumer, 1900-1987)에 의해 체계화되었으며, 쿨리(Charles Horton Cooley)의 도움을 받고 미드(M. Mead)가 발전에 크게 기여했다.

상징적 상호작용론의 출현 상징적 상호작용론(Symbolic Interaction)은 사회적 교환이론의 의미를 포함하고 있다. 상징적 상호작용론은 일상적인 상호작용이나 소통(communication) 안에서 상호성을 중시하면서 공동으로 구성되는 사회적 세계를 만든다고 본다. 그러나 사회적 교환이론에서는 상호작용을 대치나 보수의 교환으로 보아 최소의 대가로 최대의 보수를 얻는 상호작용을 중심으로 설명한다.

상징적 상호작용의 기본원리를 보면 다음과 같다.

(1) **사고능력** 이는 인간 사회에서 개인들이 사회현실을 구성하는 단위 또는 상호 작용하는 단위로서 사회적 상호작용을 통해서 형성된다고 보고 있다.

(2) **사고와 상호작용** 블루머는 이를 둘로 구분하여 비상징적 상호작용, 즉 몸짓으로 하는 대화와 상징적 상호작용, 즉 정신적 사고과정을 포함하는 것으로 분리하고 있다.

(3) **의미와 상징의 학습** 인간은 사회적 상호작용을 통해 의미와 상징을 학습하며, 상호작용을 하는 동안 또는 사회화를 겪는 동안 그들이 어떻게 의미와 상징을 하는가에 관심을 둔다.

(4) **행위와 상호작용** 미드는 인간의 행동을 외면적 행동과 내면적 행동으로 구분하였는데 상호작용론자들은 내면적 행동에 관심을 둔다.

(5) **선택** 각 개인은 자신과 상호작용할 수 있는 능력을 가지고 있으므로 이를 바탕으로 자신에게 주어진 상황에서 자신의 해석을 기초로 선택을 한다는 것이다.

(6) **자아** 쿨리는 우리가 우리 스스로를 볼 수 있는 능력을 '영상자아(looking glass self)'라는 개념으로 표현하면서, 다른 사람이 나를 보는 방식대로 내가 나를 보게 된다고 하였다. 블루머는 인간이 자기 자신의 행위의 대상이 될 수 있음을 의미하고, 인간은 자기 자신을 위해서 행동하며, 남을 상대로 행동하면서도 자기 자신을 이끌어 가는 마음이 곧 자아인 것으로 본다.

Charles H. Cooley

(7) **집단과 사회** 행위자 간의 상호작용으로 인해 집단이 형성된다고 보며 사회생활이란 타인에게 무엇을 해야 한다고 행위 주체자가 규정하면서 동시에 타인의 규정과 판단을 해석하는 결정 과정이라는 것이다(김병성, 1992).

이러한 상징적 상호작용론의 교육적 측면을 보면, 자아의 발달이 어린이가 성장하면서 또래집단, 부모 등과 상호 작용하면서 형성되는 것으로 보며 의사소통이 되지 않는 유아시절에도 몸짓으로 그 의미를 나타낼 수 있다는 것이다. 특히, 교사와 학생의 상호작용에 있어서 학생은 교사의 기대에 따라 학습하며 교사가 학생에게 요구하는 것이 무엇인가를 학생이 알게 될 때, 학생은 교사의 기대에 부응하려고 노력한다는 것이다. 이러한 것들은 의식적, 무의식적으로 이루어지며 흔히 자기충족예언이라 알려진 것을 중시하는 것이다.

교육에 주는 시사점을 보면, 지금까지 당연시되는 것으로만 여겨져 왔던 학교사회의 실재들이 학교구성원들의 상호작용에 의해 규정되고 있다는 것을 보여 주며, 학교에서 상호작용을 통해서 어떤 사물이나 사람에 대하여 의미나 기대를 갖는다는 것을 의미하며, 특히 학구적 규범은 학생에게 내면화되어 학습행동의 준거로써 활용하여 학습활동의 사회화에 영향을 주고 있다고 하겠다.

M. Mead

미드(M. Mead, 1901-1978)의 상징적 상호작용론 미드가 가진 상징적 상호작용론에 대한 시각은 언어나 기타 상징 속에 담겨진 사회적 기대를 인간이 학습함으로써 사회성을 배우게 된다는 것이다. 그리하여 다음과 같은 가정으로 접근한다. 인간유기체는 생물학적 유약함 때문에 생존하기 위해서는 집단적 맥락 속에서 협동해야만 한다. 유기체 내부에서 유기체들 사이에서 협동을 용이하게 하고 생존 혹은 적응을 촉진시키는 행위들은 지속될 것이라는 점이다. 따라서 이러한 주장을 뒷받침할 수 있는 구성개념은 a) 인간정신이란 환경 속에서 대상을 지시하는 상징을 사용하는 능력, 대상들에 대한 행위의 대안적 노선들을 은밀히 시행해

보는 능력, 부적절한 행위노선들을 제외하고 명백히 드러낼 수 있는 행위노선을 선택할 수 있는 능력이다. b) 자아란 한 유기체가 성숙함에 따라서 각 상호작용적 상황에서 특정한 타자(他者)로부터 도출해낸 과도기적인 자아상(自我象)들이 어떤 한 형태의 대상으로부터 자기 자신에 대한 안정화된 상태로 이루어진다는 것이다.

이러한 자아의 발달에 대해 미드(Mead, George. H, 1934)는 쿨리의 영상자아 개념을 한층 발전시켜 자아의 형성에 역할의 기능을 강조하면서, 아동의 자아발달 과정을 3단계로 나누어 설명하였다. 첫째, 유희(놀이)단계이다. 놀이를 통해 타인의 역할 수행을 모방하는 과정에서 타인의 입장에 대해 학습하게 된다는 것이다. 둘째, 게임(경쟁)단계이다. 야구와 같은 게임을 하면서 자신의 역할을 내면화하고 수행하면서 동시에 다른 사람의 역할도 인식하게 된다. 셋째, 일반화된 타자(generalized other)의 단계이다. 자신을 둘러싸고 있는 문화에 포함된 일반적 가치들과 도덕, 규범들을 습득하게 된다(손장권 외, 1994).

미드는 인간의 자아는 다른 사람과의 상호작용 속에서 형성되는데, 이 과정에서 자신을 다른 사람의 입장에서 볼 수 있게 된다는 것이다. 즉 자신을 객관화해서 볼 수 있다는 것이며, 그중에서 가장 중요한 역할을 하는 것은 상호작용을 위한 언어라고 한다.

■ 낙인이론

의의 낙인이론의 시조는 리머트(Edwin Lemert)로서 학생의 일탈행위에 대한 이론이라 할 수 있다. 그는 일탈행위를 사회적 반응에 의해 규정되는 것으로 보고, 일탈의 빈도와 성격은 일탈자의 역할과 더불어서 사

참고

마거릿 미드(Margaret Mead, 1901-1978)(출처: 네이버캐스트)

1925년 한 백인 여성이 카메라와 타자기를 가지고 사모아 섬에 도착했다. 그리고 문명화된 사회가 아닌 여전히 원주민의 전통이 남아 있는 곳을 찾아 들어갔다. 20세기 초, 여성의 사회적 역할이 극히 제한적이었던 시기, 변변한 교통수단도 없었던 때에, 24세의 이 여성은 박사학위 논문을 쓰기 위해 안락한 미국 동부 아이비리그대학의 상아탑을 벗어나 멀리 뉴질랜드 인근의 폴리네시아로 연구여행을 온 것이었다. 그곳에서 그녀는 연구주제인 사모아의 청소년과 서구의 청소년의 성장 과정에서의 동질성과 차이성을 찾으려 했다.

수개월 동안 사모아 섬에 머문 그녀는 서구의 청소년과는 상당히 다른, 비교적 갈등 없는 성장기를 겪는 사모아의 청소년들을 보면서 하나의 결론을 내렸다. 사춘기의 행동을 결정하는 주요 원인은 생물학적인 것이 아니라 바로 한 사회가 가지고 있는 '문화'라고 생각한 것이다. 이때의 조사와 결론을 바탕으로 그녀는 미국으로 돌아와 [사모아의 성년(Coming of Age in Samoa)]이란 책을 출판했다.

이 책은 당시 미국사회에 큰 파문을 일으켰다. 미국 사회가 이전까지 고수해왔던 육아와 교육 방법이 재고되었고, 성 역할이 본능이 아니라 한 사회의 문화가 가진 이데올로기 교육에 의한 것이란 이론은 여성운동가들에게 큰 영향을 미쳤다. 그녀는 미국에서 가장 유명한 인류학자를 넘어 미국 사회의 대표적인 지식인으로 떠올랐다. 그녀는 바로 20세기 문화인류학의 대모이자, 교육사회 운동가로 널리 알려진 마거릿 미드(Margaret Mead, 1901~1978)이다.

마거릿 미드는 필라델피아의 비교적 유복하고 자유로운 분위기의 가정에서 맏딸로 태어났다. 아버지는 경제학자로 유명한 와튼스쿨의 교수였고, 어머니도 석사학위를 가진 학구파였다. 그녀의 어머니는 결혼을 하고 다섯 아이를 낳으면서 중도에 공부를 포기했는데 그것을 평생의 한으로 여기고, 마거릿 미드를 비롯한 자신의 딸들은 당시의 일반적인 미국 여성의 삶과는 다르게 살기를 원했다고 한다.

마거릿 미드의 정서적인 부분을 채워준 사람은 그녀의 친할머니였다. 평생을 교사로 살았던 할머니는 다정다감한 성격에 부드러움을 잃지 않았지만, 의지가 강하고 사회활동에 적극적인 사람이었다. 마거릿 미드는 이렇듯 학구적이며 자기 주관이 뚜렷한 어머니와 할머니의 영향을 받으며 자라나 대학에 진학했다.

그녀가 처음 진학한 대학은 아버지의 모교였던 명문 사립 드포 대학(DePauw University)이었다. 대학에 진학하면서 좀 더 깊은 차원의 학문 탐구를 꿈꿨던 마거릿 미드에게 당시 드포 대학의 분위기는 그녀가 기대했던 것과는 사뭇 달랐다. 남학생들은 공부보다는 사회진출을 위한 인맥 쌓기에 더 골몰했고, 여학생들은 예쁘게 차려입고 괜찮은 남자들을 만날 생각만 하는 것처럼 보였다. 학과에서 성적은 톱이었지만 마거릿 미드는 학교 전체 분위기에 적응하지 못했고, 요즘말로 하면 왕따를 당했다. 이때의 경험이 마거릿 미드에게 큰 영향을 주었다. 따돌림을 당하는 사람이나 따돌리는 사람 모두에게 이러한 행위는 마음에 큰 상처를 남기고 삶에 악영향을 미친다고 생각한 마거릿 미드는, 훗날 사회적 발언권이 강해졌을 때 특히 교육 분야에 많은 관심을 기울였다.

드포 대학에 적응하지 못한 마거릿 미드는 뉴욕에 있는 명문여자대학인 버나드 대학(Barnard College)으로 옮겨갔고 거기서 운명적으로 자신이 몰두할 학문을 찾았다. 본래 작가가 되고 싶어 영문학과에 들어갔던 마거릿 미드는 자신의 글쓰기가 그다지 문학적이지 않다는 사실을 깨달았고, 사회과학 분야에 대한 연구로 장래 희망을 바꾸었다. 이때 버나드 대학과 학점 교환을 하던 인근 컬럼비아 대학에서 당시 미국 문화인류학의 창시자였던 프란츠 보아스(Franz Boas, 1858~1942)와 그 조교 루스 베네딕트(Ruth Benedict, 1887~1948)를 만난 마거릿 미드는 자신의 관심과 신념, 당시 학자로서 사회적 의무를 다할 수 있는 학문으로 인류학을 선택했고 거기에 매료되었다.

대학을 졸업한 뒤 마거릿 미드는 컬럼비아 대학원에 진학했고, 프란츠 보아스의 지도하에 석사 학위를 땄다. 학문에 열정적이었던 그녀는 인류학 공부를 통해 사라져가는 세계 각 지역의 문화를 기록할 필요성을 누구보다도 절실히 느끼고 있었다. 지도교수였던 프란츠 보아스는 여성이며, 당시 이미 결혼했던 그녀의 입장을 고려해 미국에서 인디언 문화를 연구할 것을 권하였지만, 그녀의 개인적인 여건은 학문적 열정을 이기지 못했다. 1920년대 당시에 여성이 미지의 세계로 현장 조사를 떠난다는 것은 상상하기 매우 어려운 일이었지만, 마거릿 미드는 사모아로의 연구여행을 감행했다.

사모아에서 수개월을 보내는 동안 마거릿 미드는 사모아 섬의 청소년들을 관찰하면서 사춘기의 심리적 갈등이 특정한 문화 상황과 어느 정도 관계가 있으며, 성장단계의 육체적 변화와의 관련은 어느 정도인가를 연구하였다. 이 연구에 연장하여 마거릿 미드는 개인은 자신이 속한 사회의 문화형식과 어떤 식으로 관계를 맺고 갈등하며 이를 체화하는가를 연구했는데, 이 테마는 마거릿 미드 평생의 연구 주제가 되었다. 사모아에서의 연구는 앞서 말한 한 권의 책으로 나왔고 이는 미국 사회에 커다란 반향을 일으켰다.

이론적으로 문화와 인간의 관계를 백번 떠드는 것보다 마거릿 미드가 현지에서 조사한 근거를 바탕으로 한 문화와 인간의 인성 형성에 대한 연구는 사람들에게 더 설득력 있게 다가왔다. 박사학위를 딴 마거릿 미드는 1926년부터 1928년까지 미국 국립 역사박물관에서 일하기도 했지만, 이 외에는 최초의 사모아 현지답사 이후 14년간 거의 대부분을 해외의 문화를 찾아다니며 현장연구에 몰두했다. 그녀는 5차례 긴 연구여행을 통해 사모아, 뉴기니, 발리에서 원주민 부족을 관찰・연구하고 아메리카 인디언에 대한 연구를 보태 총 8개의 종족을 연구하였다.

이 연구들은 책으로 출판되었는데, 1928년에 나온 첫 저서 [사모아의 성년]을 비롯하여 교육을 비교 연구한 [뉴기니아에서의 성장(Growing Up In New Guinea)](1930), 남녀의 성 기질 비교연구서인 [세 원시 부족 사회의 성과 기질(Sex and Temperament in Three Primitive Societies)](1935)과 [발리인의 성격: 사진을 통한 분석](1942)이 그것이다. 이 책들은 모두 미국 사회뿐만 아니라 세계적으로 큰 반향을 일으켰다. 이 책들의 주요한 문제의식은 문화의 학습과 교육에 대한 것이었다. 마거릿 미드는 어느 종족이나 어린이의 인성형성에는 부모와 가르치는 사람의 역할이 크다는 것을 발견했고, 아이가 편견이나 바람직하지 못한 특성에서 벗어나 성장하려면 부모나 가르치는 사람, 즉 교사부터 그 가치관을 바르게 바꾸기 위해 노력해야 한다고 보았다.

이론적으로는 누구나 알지만 확연한 증거가 있는 것이 아니었던 이런 주장들은 단출한 원시 부족사회의 사회적 특성을 통해 그 근거를 제시함으로써 사람들로부터 설득력을 얻었다. 더불어 마거릿 미드는 자신이 관찰한 각 부족들에게서 발견되는 성 역할에 대한 관찰을 통해 남성과 여성의 성 역할과 지위는 생물학적인 것에서 연유한 것이 아니라, 문화에 의해서 결정되며 세계 어디서나 남녀가 모두 같은 성 역할을 가지는 것이 아니라는 연구 결과를 내놓았다. 이 연구 결과는 당시 남녀의 고정적인 성 역할에 대한 인식을 깨뜨렸으며, 여성해방론자들의 많은 지지를 받았다.

마거릿 미드는 문화상대주의를 통해 최선이나 최고의 문화는 있을 수 없으며 세계의 모든 문화들은 서로 존중받고 이해되어야 한다고 주장했다. 이러한 마거릿 미드의 문화상대주의는 이후 인류학에 있어서 기본전제가 되었다. 1928년에 출판된 [사모아의 성년]. 마거릿 미드는 사모아 섬의 청소년 연구를 통해 인성과 성 역할은 타고나는 것이 아니라 후천적인 교육에 의해 형성되는 것임을 밝혔다.

마거릿 미드는 현장 조사 기간 동안 세 차례 결혼하고 이혼을 했다. 당시 미국의 보수적 관점에서 세 차례의 이혼은 그야말로 악명이었다. 책을 출판하면서 유명세를 타고 사회적 영향력을 가지고 있던 마거릿 미드에게 기자들이 '왜 세 번이나 이혼했냐'고 묻자 '당신들은 왜 내가 세 번이나 뜨겁게 사랑했다는 사실은 잊었냐'고 항변했다는 에피소드가 말해주듯이, 마거릿 미드는 자신의 삶에 있어서도 매우 용감했으며, 당당했다. 그러나 그녀는 훗날 회고를 통해 사회운동에 참여할 때에 자신의 이혼 경력이 혹여 그녀가 몸담은 사회운동에 반대하는 사람들에게 가십거리로 이용되어 악영향을 미칠까 우려했다고 밝히기도 하였다.

젊은 시절 현장 답사 이후, 마거릿 미드는 세 번째 결혼에서 얻은 딸을 키우며 이후 인류학 연구와 사회활동을 병행하면서 여생을 보냈다. 그녀는 14년간의 현장 답사 경험을 미국사회에서 일어나는 여러 가지 현상에 적용해 연구를 이어갔다. 특히 다민족 사회인 미국에서 소수민족이나 이주민을 주요 연구 대상으로 삼았으며, 2차 세계대전 이후 미국사회의 문제점을 해결하기 위해 그간의 연구경험을 통해 해법을 찾으려 노력했다.

그녀는 사회문제 해결을 위한 학문 간 통합과 유대를 주장했으며, 학문이 학문에만 머무르지 않고 적극적으로 사회 문제에 해답을 제시해주어야 한다고 생각했다. 그녀는 소수집단과 다수집단 간의 문제뿐만 아니라 세대 간의 격차, 남녀 간의 차이와 차별의 문제, 인종 간 관계 개선, 환경보호, 과학의 자유, 정신 건강문제, 교육 등등 수많은 분야에 다양한 관심을 보였고 이를 인류학적 해법을 통해 풀어 보려 했다.

그 결과, 그녀는 컬럼비아 대학의 교수로 있으면서 수많은 박물관의 고문직을 수락했으며, 방송에 출연해 강의를 하고, 강연회를 열었고, 책을 출판하는 등 사회적 운동을 펴나갔다. 이는 현대사회의 문제를 인류학적 접근을 통해 풀어보려는 시도였으며, 많은 사람들이 인류학을 접하면서 개인과 사회가 가진 문제와 그 해결법을 인류학적 관점에서 이해하고 찾아볼 수 있게 하기 위한 노력이었다.

마거릿 미드가 미친 영향은 학문 사회나 서구 사회에만 그친 것은 아니었다. 1978년 마거릿 미드가 췌장암으로 죽었을 때, 그녀가 현지조사를 위해 머물렀던 파푸아뉴기니의 마누스 섬에서는 그를 위한 장례식을 치르고 애도를 표했다. 그것은 대추장이 서거했을 때 치르는 5일장이었다.

Howard S. Becker

회적 반응에 의해 주로 형성된다는 생각에 기초를 두었다. 베커(Howard S. Becker)는 사회학적으로 일탈자가 되는 과정은 역동적, 상호작용 과정이며 그것은 경력이라고 부르기에 충분할 정도로 질서정연한 순서로 시간이 지남에 따라 형성된다고 했으며, 규칙을 깨뜨리는 사람들 모두가 일탈자라는 낙인을 받는 것이 아니라 도덕적 규칙의 규정과 집단은 정치적 행위의 결과라고 지적했다. 따라서 일탈행위의 의미는 관련된 사람들에 대해서 시간의 경과와 더불어 변화될 수 있는 것으로 보았다.

내용 낙인이론은 학교교육에서 학생들이 이미 불량학생이라고 인정받는 학생들 스스로 자기발전에 대한 의욕을 상실하며 점점 더 타락되어 간다는 것이며, 사회에 나아가서도 인정받지 못하고 급기야는 사회를 부정적으로 보게 되어 사회의 규범과 제도를 무시하는 일탈자로 나아간다는 것이다. 그리하여 교사는 학생에게 공평하게 대하여 학생들의 사기를 저해시키지 않도록 주의해야 한다는 관점에 커다란 경각심을 일으킨 이론이다.

그러나 최근에 와서는 모든 문제 학생들이 그렇게 되는 것이 아니라 시간의 경과에 따라 변화될 수 있는 것으로 보고 있다. 하지만 학생들이 어떻게 변화되고 개선되어 나아가는지는 단정 지어 설명하지 못하고 있다. 또한, 변화되지 않고 성인이 되어서도 범죄자로 생활하는 등 개인에 따른 다양한 사례를 한마디로 설명하기 어려우며, 그 영향이 학교교육의 영향뿐만 아니라 가정배경, 교사의 태도, 학교의 방임, 친구, 주변 환경 등 다양한 요인이 원인으로 발생하게 되므로 개인의 상황에 맞는 처방을 하기 어렵다는 난점이 존재한다.

▣ 교환이론

George C. Homans

의의 인간이 사회생활 과정에서 이루어지는 모든 사회행위를 주고받는 교환행위로 보는 호만스(George C. Homans, 1910-1989)가 정립한 이론이다. 호만스는 경제적인 개념에 입각하여 인간이란 이윤을 추구하는 존재로서 자신이 지출한 원가나 투자액에 비하여 반드시 이윤이 있다고 판단되어야 행동을 취하는 것이며, 일반적으로 최대한의 이익(maximum profit)을 기대하고 행동을 한다고 보았다. 이러한 인간의 행위에 호만스는 학습이론을 적용하여 학습자가 과거에 보상을 받은 경험이 있는 활동은 반복할 가능성이 크다고 주장한다.

내용 오늘의 교환이론(交換理論, exchange theory)은 개인과 개인의 관계뿐만 아니라 사회적 상호작용의 한 형태로 이해되고 있다. 개인 간의 원만한 관계에서도 물질적이거나 정신적인 보상을 기대하고 관계한다고 보고 있으며, 개인과 집단, 집단과 집단의 관계에서도 어떤 보상, 즉 물질적인 것뿐만이 아니라 권력·명예·지위 등을 얻으려는 기대 때문에 교환관계가 성립된다는 것이다. 이 이론은 타인과의 관계는 물론 사회조직 속에서 홍정과 타협을 통하여 서로 주고받게 되어야 관계의 유형이 유지된다는 것을 시사하고 있다(교육학용어사전, 1995). 교환이론은 사람들이 행동으로부터 얻는 이득과 손실에 기초하여 합리적인 계산을 한다고 본다. 예를 들어 내가 아내와 가족들에게 얼마의 시간을 투자할 것인가를 결정하는 데 있어서 그렇게 함으로써 직장에서 일을 열심히 못하게 된다는 손실과 가족에게서 받는 사랑, 존경과 같은 보상과 비교하여 합리적인 선택을 한다는 것이다. 직장에서의 손실, 즉 빨리 승진을 못하거나, 월급을 적게 받거나, 동료에게서 존경을 받지 못하게 되는 것이 가족으로부터의 보상보다 크다고 생각된다면 가족에게 시간을 적게 투자하게 된다는 것이다.

교환이론에서는 사람들이 서로 보상과 벌을 제공한다는 중요한 사실을 고려한다. 교환이론에서는 인정, 사랑, 지위, 승인과 같은 사회적 강화를 중요시하면서 서로 간에 상호작용하는 사람들이 상호 간에 보상과 강화를 제공한다는 것을 강조한다. 예를 들면 부부간의 관계는 서로 간에 제공되는 강화라는 행동의 상호유형을 통해 분석된다고 한다. 교환이론은 이와 같이 사람들은 보상을 받기 위해 사회관계를 형성하고 유지한다고 본다. 인간은 자신들의 행위가 보상받는 정도에 따라 상호행위를 지속하는 것이다. 만약 보상이 기대되지 않는다면 그 관계는 위험해지고 변화의 가능성이 커지게 된다.

교육에서도 학교에서 이루어지는 교사-학생의 관계를 예를 들면, 수업시간에 항상 교사와 잘 마주치게 되는 자리를 선택하는 학생은 교사의 눈에 띄게 되어 관심을 받게 되며, 이는 곧 성적 향상이나 친밀감, 동기유발 등으로 보상을 받게 되므로 학생은 항상 그 자리를 선택하게 된다. 교사 또한, 자신의 수업을 원만하게 진행할 수 있는 위치에서 학생이 관심을 가지고 학업에 열중해야 수업을 더 열정적으로 이끌어 갈 수 있다. 이러한 행위는 교사와 학생 모두에게 이익이 되는 결과로 나타나기 때문에 같은 행위가 반복되는 것이다.

비판 교환이론은 인간을 지나치게 단순하게 취급한다는 비판도 받고 있으며, 상징적 상호작용처럼 자아에 대한 정교한 이론이 없다. 교환이론은 인간의 행위에 자아통제와 같은 것이 작용된다고 암묵적으로 보기는 하지만, 그것이 어떻게 창조되고 작용하는지를 논리적으로 설명하지는 못한다. 교환이론의 또 다른 심각한 문제는 이득과 손실의 계산이라는 단편적이고 편중된 측면의 강조에 있다. 교환이론가들은 이것이 인간 행동의 유일한 동기가 된다고 한다. 상징적 상호작용론은 인간의 동기에 있어서 보다 다양하고 사회적인 측면을 강조한다. 사람들이 이득과 손실을 계산한다는 것은 확실하다. 그러나 인간은 다양한 상황에서 손실을 무릅쓰고 남을 돕는 이타행위를 하고, 협동적이며, 사회관계를 수용한다. 요약하면, 개인은 가족, 친구와 승진, 경제적 이득과 같은 선택의 상황에서 무조건 승진이나 경제적 이득을 선택하지 않는다는 것이다. 즉 가족이나 친구와 같은 요인은 승진이나 경제적 이득 요인보다 더 중요하게 인식할 수도 있다는 점이다.

▣ 민속방법론

의의 민속방법론(Ethnomethodology)이란 말은 최초로 가핑클(H. Garfinkel, 1967)에 의해서 사용되었다. 1960년대 후반 가핑클은 영국을 중심으로 맥을 잇고 있는 상징적 상호작용론과 현상학을 종합하여 민속방법론으로 발전시켰다. 민속방법론의 이론적 구조의 형성은 사회학에서 후설의 현상학을 인식론적 관심에서 사회학적 관심으로 옮겨 놓은 슈츠(A. Schutz, 1967)의 공로에 크게 힘입었으며, 인류학에서 기어츠(C. Geertz, 1973)에 의해 더욱 정교화되었다. 민속방법론은 민족지, 민속학 등으로도 불리는데, 인간 행동을 의미의 구성체로 보고, 이 의미구조와 관련된 사회적 맥락에 관심을 둔다. 즉 민속방법론은 사회적 상황의 참여자가 사회적 상황에 부여하는 해석, 즉 의미 구조를 탐구하는 방법이다.

H. Garfinkel(1917-2011)

James Spradley

민속방법론은 인류학의 민속지에 그 토대를 둔다. 민속지(Ethnography)는 현지조사에 바탕을 둔 여러 민족의 사회조직이나, 생활양식의 기술을 목적으로 하는 인류학의 한 분야로서, 스프래들리(J. Spradley, 1967)는 민속지는 문화인류학의 목표인 인간 행위의 유사점과 차이점을 설명, 비교, 분류하는 것이라 하였다. 또 민족지라고도 하는데, 민족지란 현장연구 혹은 참여관찰과 유사개념(Wax, M. & Wax, R. 1979)이며, 복잡한 문화 그물로 파악되는 인류학의 연구방법(C. Geertz, 1973)이라 할 수 있다. 민속지는 그 밖에 사례연구, 현지연구, 자연적인 방법, 참여관찰, 반응평가, 질적 방법 등과 유사개념으로 사용되고 있다.

민속방법론은 보통 사람들이 일상적 생활체계의 의미를 구성하는 데 사용하는 상식적 실천과 상식적 방법론을 연구하는 것이다. 따라서 방법론에 치우쳐 있다고 볼 수 있으며, 전체를 보면 후설의 현상학적 환원론을 활용한다. 사회적 실재 중에서도 가장 중요한 실재라고 할 수 있는 자연적 태도를 중요시한다. 인간의 능동적 의식을 강조하는 슐츠의 현상학적 관점을 계승하고 있다. 민속방법론의 특징으로서는 장기적, 집중적, 참여관찰법으로 탐색적, 개방적, 총체적 접근방법을 사용하며, 복합적인 연구방법이나 기술을 사용한다.

교육에서는 주로 교실상황에서 학생 개인의 행동성향을 분석하고 그 원인을 찾아내는 데 적용되는 경향이 많다. 특정 학생의 행동성향을 학

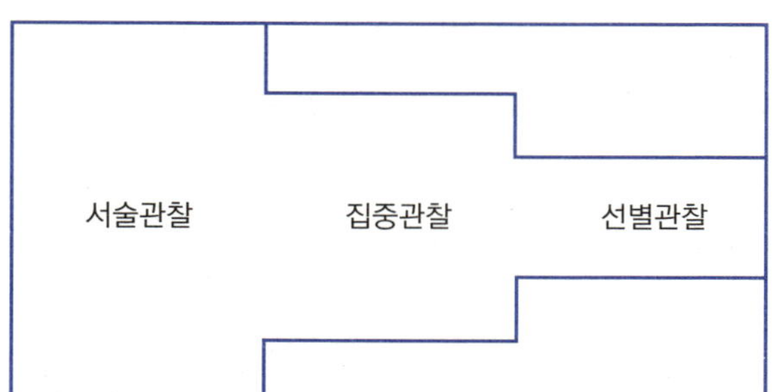

[그림 2-4] 참여관찰의 3단계

업성취나 친구관계 등 관찰 가능한 입장에 초점을 맞추는 것이 아니라 가정배경과 실제 생활과정에 총체적 관심을 가지고 종합적으로 접근한다.

▣ 해석학

해석학의 사상은 멀리 그리스(Greece)까지 거슬러 올라가지만 학(學)으로서의 체계화는 19세기에 와서 뵈크(A. Böckh)에 의하여 이루어졌다. 해석학이란 인식론이나 존재론의 입장에서 그 논의가 제기된 것이 아니라 철학적인 방법론의 문제로서 인문과학의 방법문제와 관련하여 등장한 것으로, '해석하는 방법'이라는 개념의 해석학이 새로운 철학적인 의미를 소유하게 된 것은 슐라이어마허(F. Schleiermacher, 1768-1834)와 딜타이(W. Dilthey, 1833-1911)에 의해서이다. 딜타이는 처음 해석학이라는 말을 자연과학에 대립하는 정신과학의 방법론에서 사용하였으나 후에 삶 자체가 해석학적이라고 하였다.

W. Dilthey

해석학은 기본적으로 텍스트(text)의 의미를 이해하고, 해석하기 위한 학문이다. 따라서 언어, 대화 및 해석이 중요하다. 대화와 언어가 중요한 이유는 텍스트와 해석하는 사람 그리고 대화하는 사람을 연결시켜 주는 매개체이기 때문이다.

슐라이어마허(1768-1834)의 해석학 슐라이어마허(Friedrich Schleiemacher)는 인간의 이해 자체를 처음으로 문제로 삼았다. 그는 해석학을 해석법(Auslegungskunst)이라고 하였는데, 이는 성경을 비롯한 고전들을 가장 올바르게 이해하기 위한 방법을 탐구하는 것이라 하였으며, 해석학의 창시자로 인식된다. 성서

F. Schleiermacher

해석 과정에서 해석학적 순환의 개념을 만들었다.

딜타이의 해석학 딜타이에게 있어 보다 근본적인 것은 삶 자체가 해석학적인 것이라는 점으로, 그에게는 삶의 이해에 관한 것이 문제였다. 딜타이는 내적, 역사적인 삶의 구조를 삶의 이해에 선행하여야 할 것으로 보아 삶의 범주들을 발견하려 하였다. 해석학을 인간학으로 확대 적용하여 철학적 해석학을 창시하였다. 그의 해석학의 특징은 자연과학의 방법인 "설명"과 인간학의 방법인 "이해"를 구별하였으며, 상징의 의미와 구체적 · 역사적 상황 속에서의 표현의 관계를 문제화하였다.

하이데거(Martin Heidegger)는 그의 존재론의 방법을 '해석학적 현상학'이라 부르고, 해석학을 인간의 역사적 세계를 심리학적으로 해석하는 딜타이의 방법에서 존재의 의미를 실존론적으로 해석하는 철학 자체의 방법으로 심화시켰다.

H. G. Gadamer

오늘날 유명한 성서 해석학자인 가다머(H. G. Gadamer)는 '선(先) 이해'를 적극적으로 해석의 전제로 인정하는 하이데거의 '해석학적 순환' 사상을 그의 저서 「진리와 방법」(1960)에서 '전통'의 적극적 이해에 적용하여 일반적인 해석학의 이론을 확립하였으며, "지평융합(Horizont-verschmelzung)"이란 개념을 만들어 냈다. 지평융합이란 두 개의 지평, 곧 내가 살아가고 있는 현장과 성경이 서로 융합하지 않으면 아무 의미가 없다는 것이다. 예를 들면, 그림을 해석한다고 할 때, 그에 필요한 관람자의 마음자세를 함축하고 있다. 그것은 사랑이고, 이해이고, 개방성을 가리킨다. 즉 그림을 이해하기 위해서는 해석자가 개방적 사고로 다가가야 한다는 말이다. 그래야만 주체(작가)와 객체(관람자) 사이를 가로막는 그 어떤 장벽들이 제거되어 서로 진실한 만남을 통한 이해를 가져올 수 있다는 것이다. 그림을 해석한다는 것은 곧 그림에 대한 말을 걸음과 동시에 귀를 기울이는 것이 된다. 그것은 관람자의 사랑과 이해를 전제로 하는 것이다.

주요개념으로는 텍스트, 해석(interpretation), 체험, 추체험(추상적 체험: 저자의 정신적 과정을 다시 체험하여 재구성하는 경험), 해석적 이해(체험의 표현을 통해 다른 사람의 정신을 파악하는 과정), 텍스트 분석(text analysis: 문자 또는 비문자로 된 신화, 사상, 이야기 등을 해석함), 담론 분석(discourse analysis) 등이 있다(김병욱, 2012: 306-308).

■ 신교육사회학 연구에 대한 비판

신교육사회학은 문제제기와 연구가능성을 명료하게 보여주었으나 연구에 비경험적인 요소가 많고 재현가능성과 반증가능성은 약하며, 사변적 수준에 머무르고 있다는 점에 대해 비판받고 있다. 또한, 극단적 상대주의는 연구의 일관된 전제를 유지하기 어렵게 만들고 있으며, 종래의 교육사회학에 대해 도전적, 대결적 자세를 강하게 나타내고 있어 양자간에 보이는 시각의 차이점과 모순에만 과민하게 반응하는 경향이 있다는 점이다. 뿐만 아니라 학문적 연속성과 유사성에 혼란을 초래할 가능성이 있다는 점도 문제점으로 지적된다.

마. 교실사회학

교실사회학은 교실 내에서의 교사와 아동의 상호작용을 민주적이고 평등적인 입장에서 개선해나가야 한다는 것으로 교실 내 교사와 아동의 상호작용의 변화와 개선에 중점을 둔다.

(1) 자기충족예언

사회학자 머튼(Merton)이 처음으로 사용한 자기충족예언(self-fulfilling prophesy)은 어떤 우연한 근거에서 한 예언이 형성되면 그 예언이 바로 자아실현을 위한 강력한 수단이 된다는 것이다. 예를 들면, 교사가 칭찬하면 학생은 교사에게 칭찬을 받기 위해 더 열심히 공부하는 것을 말한다. 대표적인 연구로서, 로젠탈(R. Rosenthal)과 제이콥슨(L. Jacobson)의 오크(Oak) 초등학교 실험연구가 있다. 그 결과를 보면, a) 교사가 학생을 어떤 가능성의 소유자로 보고 그에게 어떤 기대를 거느냐 하는 것이 실질적으로 학생의 성장 및 학업성취에 적지 않은 영향을 준다는 것을 재인식할 필요가 있다. b) 하급학년 어린이들은 높은 기대를 표시함으로써 쉽게 영향을 줄 수 있으나, 그러한 기대를 제거할 경우 기대특전현상이 쉽게 사라진다. c) 상급학교 어린이들은 높은 기대에 쉽게 영향을 받지 않으며, 한번 받은 영향의 효과는 오래 지속된다. d) 사회계층이 낮은 가정의 어린이일수록 교사의 기대가 더욱 더 잘 전달되어 학업성취에 도움을 줄 수 있다. e) 소수민족 어린이들의 기대효과가 높게 나타난다(멕시코계).

이러한 자기충족예언을 수업 현장에 적용하면, a) 수업을 시작하기 이전에 한 학급진단 속에서 높은 지적 성취를 할 것이라고 교사가 기대하는 학생들은 결국 높은 지적 성취를 거둘 것이고, 반면에 낮은 성취를 하리라 생각한 학생들은 낮은 지적 성취를 한다는 것이다. 이것을 피그말리온 효과(pygmalion effect)라고도 부른다. b) 머튼은 한 예언이 형성되면 그 예언이 바로 예언 자체의 실현을 위한 강력한 수단이 된다고 하였다. c) 샤피로(Shapiro)에 의하면 의약적 처방(醫藥的 處方)이란 다름 아닌 자기충족을 의미한다. 약이 병을 낫게 한 것이 아니라 먹었으니까 나을 것이라는 기대의 안도감이 병을 낫게 한다는 것이다. 이것을 플라시보 효과(Placebo Effect)라고 한다. d) 올포트(Allport)에 의하면 전쟁을 기대하는 나라가 전쟁에 뛰어든다고 하였다. e) 행동과학의 분야에서는 호손 효과(Hawthorne Effect)로 논의된다. f) 블룸(Bloom)은 교사의 자기충족예언은 학습실패의 원인이 된다고 주장했다. 왜냐하면 교사는 학생 중 1/3은 충분한 학습, 1/3은 어느 정도의 학습, 1/3은 학습실패를 기대하는데 이것이 자기충족예언을 나타내어 학기말의 성적도 같은 분포로 나타나기 때문이다. g) 버나드 쇼(Bernard Shaw)는 「피그말리온(Pygmalion)」이라는 희곡에서 여주인공 엘리사의 고백을 통해 사람은 주변 사람들의 기대에 따라 행동한다고 주장하였다.

(2) 교사기대 연구

교사의 기대는 학교 학생들의 학습풍토에 영향을 준다. 학생들의 학구적 규범에 주는 영향이라고 할 수 있는데, 학구적 규범이란 학습에 대한 학생들의 독특한 감정과 태도로 학교에 따라 다르며, 구체적으로는 등위의 표준, 숙제에 투여하는 시간 및 학업의 중요성에 대한 인식 등이다. 이러한 학구적 규범은 교사기대에 의하여 영향을 받으며, 학업성취에 많은 영향을 준다. 또한, 학생들의 학문에 대한 자아개념과 학구적 무력감에도 영향을 준다. 이에 대한 대표적인 연구들을 보면 다음과 같다.

1) 자기충족예언에 관한 초기연구

자기충족예언의 개념은 머튼(Merton)이 사용하기 시작한 개념으로 학습실험, 의약치료, 사업경영, 국제관계 등에서 실험이나 실제현상으로 입증되었다.

(a) 머튼(Merton)의 예화: 어떤 은행이 파산하리라는 소문은 그 은행에 예금한 예금자들의 인출급증으로 결국 은행이 파산하게 된다는 것이다.

(b) 샤피로(Shapiro)의 플라시보 효과(Placebo Effect, 위약효과): 약을 먹은 후 병이 낫는 것은 약의 효능보다는 약을 먹었기 때문에 나을 것이라는 기대 때문이다.

(c) 올포트(Allport)의 전쟁기대이론: 상대국가가 전쟁을 일으킬 것이라는 기대가 한 나라로 하여금 전쟁준비상태에 들어가게 하고, 이것은 다시 상대나라에 전달되고 확인되어 상호 간에 무력을 증대시켜 결국은 전쟁이 일어났다.

(d) 동물학습: 쥐를 두 집단으로 나눈 후 한 집단은 영리한 쥐, 다른 집단은 영리하지 못한 쥐라고 사육사에게 알려준 결과, 영리한 쥐라고 알려준 집단의 쥐가 높은 변화를 보였다.

2) 로젠탈과 제이콥슨(R. Rosenthal & L. Jacobson)의 학습실험

미국 샌프란시스코 교외의 오크(Oak) 초등학교에서 전교생을 상대로 비언어적 지능 검사를 한다고 광고한 후 각 학급에서 약 20%씩의 학생을 무작위로 추출하여 실험집단으로 삼고, 이들의 명단을 각 학급의 교사들에게 돌리면서, "이 학생들은 이번에 실시한 검사결과 지능이나 성적이 크게 향상된 것으로 판명된 학생"이라고 알려주었다. 이러한 실험결과, 실험집단 학생들의 평균성적이 훨씬 높았다.

이 실험은 학년별, 능력학급별, 남 · 여별, 인종별로도 비교 연구한 결과, (a) 저학년(1, 2학년)에서 실험집단과 통제집단의 차이가 크다. (b) 중간능력 반에서 차이가 크게 나타났으나 인종집단에 따라서는 다른 결과도 나타났다. (c) 인종 간에도 차이가 나타났으나 통계적 유의도는 낮은

참고

노시보 효과(nocebo effect)

아무리 좋은 약을 먹어도 환자가 효과를 의심하면 치료가 되지 않는 현상을 말한다. 실제 사례를 보면, 첫째, '사형수에게 두건을 씌우고 정맥을 끊어서 사형을 집행할 것이다'라고 말한 뒤에 진짜 정맥은 자르지 않고, 상처만 낸 후에 상처 위에서 물을 흘려 양동이에 물이 떨어지는 소리가 나도록 했더니 사형수는 자신의 몸속에서 피가 빠져 나가는 것처럼 인식한 후에 정말 죽고 말았다. 둘째, 냉동창고에 실수로 갇혀서 저체온증으로 실제로 사망한 사람이 있다. 하지만 이 냉동창고는 실제 고장으로 인해 가동되지 않았으며, 내부 온도가 낮지 않았고, 창고의 크기도 매우 커서 산소도 부족하지 않았는데, 냉동창고가 실제로 가동된다고 생각한 이 사람은 창고 벽에 "점점 추워진다." "숨쉬기 힘들다"는 글을 써 놓은 채 죽고 말았다. 그 외에도 의사의 오진으로 인해 죽은 사례 등 많이 있다.

수준이다. 그중에서도 (d) 특히 낮은 사회적 계층(멕시코계) 학생들에는 기대효과가 탁월하였다.

3) 리스트(Rist, 1970)의 실제학습장면 비교연구

리스트는 흑인학생만 다니는 초등학교에서 교사들이 학생들을 어떻게 구별하고 각각 다른 기대를 형성하는가를 관찰하는데, 연구결과 교사들이 신입생들을 3집단으로 구분하는 것을 발견하였는데, 구분기준은 대개 어린이들의 계층배경이었다. 또한, 입학초기에 형성된 학생구분은 학년이 달라지거나 교사가 달라져도 거의 큰 변화가 없음을 발견하였다.

4) 교사기대의 근거

퍼셀(C. H. Persell)의 연구에 의하면, 교사의 기대차이는 학생들에게 의식, 무의식중에 전달되어 학급 내 상호작용 및 수업실천, 평가방법 등에 반영되어 결과적으로 학생들 간 학업성취의 격차를 가져온다고 하였다. 교사기대의 근거로는 (a) 교사의 인적 특성 (b) 사회 및 학교 내부에서의 사회적 편견과 사회적 경험 (c) 지능이나 문화실조와 같은 교육적 개념과 신념들 (d) 집단편성, 사회계획과 같은 교육구조 등을 제시하고 있다.

브로피와 굿(J. E. Brophy & T. L. Good)의 연구에서는 학급 내에서 교사와 학생 1대 1의 행동분석(Dynamic Interaction Analysis) 결과 교사는 성취 지향적이고, 의존적이라고 밝혔다. 고분고분하면서 교사의 지도에 잘 따르는 학생에 대해서는 긍정적 기대를 가진다. 그러나 독립적이고, 창의적이며, 다루기 힘든 학생에 대해서는 부정적 기대를 갖는다는 결론을 얻었다. 또한, 이러한 기대들은 학생들의 학습능력과는 별개라고 하였다.

5) 자기충족예언의 특성

(a) 자기충족예언은 예언이나 평가, 예언이 발생하는 과정의 두 부분으로 나누어진다. (b) 자기 충족된 예언은 대개 무의식적으로 이루어지며 왜곡된 판단은 편견이나 상투적인 태도 때문에 발생하는데 그 효과 측면에서는 긍정적인 측면보다는 부정적 측면이 문제이다. (c) 자기충족예언은 개인뿐만 아니라 집단에도 작용한다.

(d) 보통의 경우 자기충족예언은 지속적인 효과를 초래하고, 누적적인 결과로 이어진다. (e) 블룸(Bloom)의 연구에 의하면 모든 학생들은 그 나이 수준에 맞는 목표를 성취할 수 있음에도, 그들의 능력이 과소평가되고 있다고 한다. (f) 머튼(Merton)에 의하면 자기충족예언은 부정적인 것보다는 긍정적인 측면이 좋다고 한다. (g) 교사기대는 중류가정 학생들

보다는 저소득층 자녀 및 소수민족 자녀들에게 더 많은 영향을 주며, 부모들의 평가나 기대도 역시 자녀들에게 영향을 준다. (h) 학구적 규범, 학구적 자아개념, 학구적 무력감 수준 등이 학교마다 다르므로 자기충족 예언의 효과에도 영향을 준다.

6) 교사기대의 전달방식

교사들이 어떤 특정학생이나 학급에 대하여 갖는 기대는 교사 자신이 의식하지 못하는 상황에서 전달되는 경우가 많다. 교사들의 학생들에 대한 낮은 기대는 다음과 같은 행위로 나타난다. 첫째, 교사의 질문에 대하여 학생이 정확하게 답변했을 경우 이에 대한 칭찬의 양과 질이 감소한다. 둘째, 가르치는 내용이 감소한다. 셋째, 학생이 실제로 받는 수업의 양이 감소한다. 넷째, 반응기회(학생이름 부르는 횟수, 질문횟수 등)가 감소한다. 다섯째, 학구적 내용의 비중이 줄어들고, 비학구적 내용이 늘어난다. 여섯째, 언어적, 비언어적으로 학생을 수용하는 정도가 감소한다. 일곱째, 비언어적 단어가 줄어든다(눈 마주침의 양, 옆으로 다가오는 정도, 머리 끄덕임 등). 여덟째, 일반적인 격려와 지지가 감소한다. 아홉째, 높은 수준의 학력평가가 감소한다.

또한, 교사기대의 영향력은 학생에 따라 다른 영향을 미친다. 즉 학생의 연령, 친구 간에 인정되는 정도, 교사가 존경받는 정도, 지역사회의 가치, 주류를 이루고 있는 학교학습 풍토 등에 의하여 학생들에게 미치는 영향력이 다르다.

7) 교사의 학습기대 효과

교사의 학업성취에 대한 기대의 정도는 결과적으로 학생의 성적에 커다란 영향력을 미친다. 교사의 학습기대 효과는 구체적으로 교사의 수업

행동, 즉 수업계획, 자료준비나 자료 제시방법, 수업에 임하는 시간 그리고 학생과의 상호작용 과정 등에 차이를 가져온다. 브로피와 굿(Brophy and Good)의 연구결과는 다음과 같다. 첫째, 교사는 학급의 수업에서 학생들의 학습행동에 차이를 기대하며, 교사는 자기의 기대수준에 따라 학생들을 다르게 취급한다. 둘째, 학생 역시 교수의 기대수준에 맞게 반응함으로 해서 어떤 학생의 수업행위는 더 강화되며 다른 행위는 수정 또는 약화된다. 셋째, 결과적으로 교사의 기대로 인해 어떤 학생의 학습행위는 더 촉진되고 어떤 학생의 학업성취는 약화된다.

(3) 번스타인(B. Bernstein)의 사회언어연구

번스타인에 의하면 각 사회계층마다 언어를 사용하는 어법이 다른데, 지배계층은 자신들이 사용하는 정교한 어법을 학교교육의 내용으로 선택하게 하여 학교교육에 있어서 높은 성취를 보이고, 이와 같은 높은 성취는 결국 높은 사회적 지위를 정당화하게 되므로 학교교육은 결국 언어사용 방법을 통하여 지배집단의 지위를 영속하는 수단으로 활용된다는 것이다. 대화의 과정에서 어법의 차이가 학생들의 학업성취에 영향을 주는 것은, 어법은 각각 특수한 인지적, 정의적, 평가적 특징을 갖고 있기 때문에 어법의 차이는 결국 성취의 차이를 가져온다는 것이다. 피지배집단의 자제들은 주로 제한적 어법을 사용하여 학교에서의 교사-학생, 학생-학생의 상호작용과 학업과정에서 불리하게 작용한다는 것이다.

번스타인에 의하면 중상류집단이 사용하는 언어는 「공식어」 또는 「표준어」로, 하류층이 사용하는 언어는 「대중어」 또는 「비속어」로 분류할 수 있다고 하겠다. 공식어와 대중어의 특징을 보면 다음과 같다.

1) 공식어

- 정확한 문법적 어순과 구문으로 내용이 명백히 전달된다.
- 복합문을 사용함으로써 논리적 강조가 명백히 드러난다.
- 논리적 관계나 시간적/공간적 접근을 표시하는 전치사가 빈번히 사용된다.
- 비인칭 주어가 빈번하게 사용된다.
- 많은 형용사와 부사들이 신중하게 선택되어 사용된다.
- 개인감정의 표현이 문장의 내적 구조나 문장 사이에 명백히 드러나 있다.
- 상징적 표현에서 각각의 언어가 가지고 있는 미묘한 어의가 세밀하게 구별된다.
- 언어가 복잡한 인지위계를 표현함으로써 경험을 조직하는 수단이 된다.

2) 대중어

- 구문형성이 졸렬하고, 대체로 문장이 짧고, 문법적으로 미완성 문장이다.
- 단순한 접속사가 반복적으로 사용된다.
- 언급되는 주제를 명백히 한정시키는 데 필요한 종속절이 거의 사용되지 않는다.
- 계속적인 언어표현에서 형식상의 주어가 일관성 있게 사용되지 않는다.
- 형용사와 부사의 사용이 딱딱하고 제한되어 있다.
- 조건절과 문장의 주어로서의 비인칭 주어가 거의 사용되지 않는다.
- 동조기대적인 언어가 빈번히 사용된다(이것은 안 그래? 그렇지? 알겠

공식어	대중어
• 문장이 길다. • 논리적, 체계적이다. • 수식어가 많다. • 비인칭어를 많이 쓴다. • 전치사를 많이 쓴다. • 문장이 유연하다.	• 문장이 짧다. • 논리성, 체계성이 약하다. • 수식어가 적다. • 상투적인 관용어를 많이 쓴다. • 단순한 접속사를 많이 쓴다. • 구문 형식이 졸렬하다.

지? 등과 같이 상대방에게 동의하도록 요구하는 말이다).

- 상투적인 관용적 표현을 빈번히 사용한다.
- 개인감정 표현이 문장조직 속에 명백히 드러나지 않고 애매하게 들어있다.

(4) 교사-학생 상호작용 연구

교실 수업에서 교사-학생, 학생-학생 간의 언어적 상호작용은 학습에 매우 중요한 요인이다. 교사가 학생들을 여러 집단으로 분류(또는 범주화)하고 있는데, 분류에 따라 수업과정에서 다른 대우를 받는다. 이런 차별적 대우는 자아개념과 학업성취도에 영향을 준다. 교사의 범주화 준거는 학생의 가정 배경, 옷차림, 외모, 언어 사용능력 등이 포함된다. 교사의 기대가 학생들에게 전달되어 교사의 기대가 자기충족예언으로 나타난다. 즉 교사가 낮은 학업성취를 기대한 학생에게 높게 기대한 학생들보다 학습에 불리한 방법(언어와 행동)으로 대함으로써 결국 낮은 학업성취를 보인다는 것이다. 교사와 학생 사이의 사회적 교섭은 학생들의 사회경제적 배경을 바탕으로 차별적으로 불평등하게 구조화되고 있고, 차별적 상호작용 과정은 교사의 기대효과에 의한 것이며, 교사의 차별적 기대에 따라 학생의 학업성취 결과는 악순환된다고 주장한다. 교실 내에서 교사는 학생과의 상호작용을 이루는데, 그 과정에서 상호작용의 형태에 따라 각기 다른 학업성취를 가져오게 하는 데 영향을 준다는 것이다. 즉 학생은 의사소통 과정에서 교사의 기대를 유추하여 그 기대에 맞는 행동을 하게 된다는 것이다. 교사-학생의 사회적 상호작용 과정에서 교사의 기대는 불평등하게 이루어질 때 여러 가지 교육적 문제가 파생될 수 있는데, 학생의 가정배경, 계열 등에 따라 분화될 수 있으며, 특히 언어적 상호작용을 통하여 많은 차별이 일어나는데 이 차별은 학업성취와 함께 악순환된다.

영국에서는 중등학교의 계열화에 따라 학생을 유형화하여 분석한 연구가 레이시(Lacey, 1977)와 하그리브스(Hargreaves, 1977)에 의하여 시도되었다. 이 연구는 학내에서 학생집단을 학생의 성적이나 성격에 따라 분류하는 구별짓기(Differentiation)와 학생의 문화에 따라 분류하는 양극화(Polarization)의 두 가지 방식으로 분류되고 있음을 지적한다.

리스트(Rist, 1970)의 연구에서 교사는 학생의 가정 배경, 옷차림, 외모 그리고 언어사용 능력에 따라 학생을 분류하며, 그 분류 결과가 학생의 학업성적의 성패에 결정적 영향을 주고 있음을 발견하였다. 그리고 리스트는 학생의 학업부진은 교사에 의한 학생 분류에 영향을 받는 것으로 보고 있다.

하그리브스 등(Hagreaves, Moster, Hellock, 1975)은 학생의 일탈행동이 구체적인 학교 규칙의 위반으로 인한 것이라기보다는 교사가 학생의 행동을 일탈로 규정하는 태도에 의하여 판단됨을 발견하였다. 이들의 유형화 과정 세 가지 단계를 보면, 제1단계로 교사가 학생을 처음 만나 그들에 대해 가정하기 시작하는 탐색(Speculation) 단계, 제2단계로 교사가 학생에 대한 인상을 명료화(Elaboration)하는 단계, 제3단계로 교사가 학생을 범주화하여 공고화(Stabilization)하는 단계로 이루어진다고 한다(이종각, 2011: 212). 그 과정에서 교사는 자신의 역할을 규정하는 세 가지를 들고 있는데, '사자길들이기형(liontamer), 엔터테이너형(entertainer), 낭만가형(romantics)'을 들고 있다.

케디(Keddie, 1970)의 연구에서도 학교에서 가르치는 지식이 교사가 학생을 범주화하는 것과 상당히 관련이 있음을 밝히고 있다. 연구에서는 교사-학생 간 상호작용은 학생의 질문에 대하여 교사는 학생의 범주화에 따라 각기 다른 의미를 부여하고 각기 다른 반응을 하고 있다는 것이다. 능력이 높게 범주화된 학생이 말했을 때 지식으로 여겨지던 것이, 능력이 낮게 범주화된 다른 학생에 의하여 말해졌을 때 묵살되기도 한다는 사실을 지적한다.

조기선발에는 학생의 능력 이외에 가정의 문화적 배경의 영향이 작용하며, 좋은 학교에 선발된 학생에게는 엘리트 의식과 긍정적인 자아개념을 심어주는 반면, 좋지 않은 학교에 선발된 학생에게는 부정적인 자기기대를 갖게 하는 효과를 가지고 있다고 보고되고 있다. 이와 같은 학생들이 교사에 의해 다르게 분류될 때 학생들은 서로 다르게 취급되고 있다는 사실은 매우 중요하다.

낙인이론은 사회학자 고프만(E. Goffman)에 의하면, 한번 낙인찍히면 그 학생은 자신이 정말로 아무것도 할 수 없는 바보라고 생각하고 행동한다고 하였다.

참고

교육사회학의 접근방법

기존 교육사회학 접근적인 기능이론과 갈등이론이 거시적인 접근이라면, 신교육사회학은 미시적인 접근이다.

1. 거시적 접근
   (1) 거시적 접근은 기능이론과 갈등이론 모두가 해당되는 접근형태로, 사회를 하나의 실체(Reality)로 보는 관점에서 출발한다.
   (2) 뒤르켐(Durkheim)에 의하면 사회는 개인들의 단순한 집합 이상인 하나의 실체로서 개인의 행동이나 사고에 영향을 준다고 한다.
   (3) 기능이론의 입장에서는 전체 사회체제 구성요소 간의 조화, 균형, 안정 등에 초점을 두는 반면, 갈등이론의 입장에서는 전체 사회체계 구성요소 간의 변화, 대립, 갈등 같은 문제에 관심을둔다.

2. 미시적 접근
   (1) 미시적 접근에는 신교육사회학적 접근이 이에 해당하며, 사회를 하나의 실체로 보는 것이 아니라 단순히 개인의 합이 모여서 만들어진 것으로 본다.
   (2) 베버는 사회를 연구함에 있어 전체적인 구조, 체제, 제도 같은 것을 통해서는 사회를 이해할 수 없으며 개인의 행동을 구체적으로 연구해야 사회를 이해할 수 있다고 본다.
   (3) 신교육사회학에서는 교사와 학생 간에 이루어지는 상호작용, 학교에서 학생들에게 구체적으로 가르치는 지식 등에 초점을 두고 연구한다.

거시적 접근	미시적 접근
• 교육과 사회관계에 대한 접근 • 연역적 접근과 사고 • 양적 연구에 의한 이론 형성 • 자연과학적 법칙에 의한 교육 및 사회현상규명	• 교육의 내적 과정에 대한 접근 • 귀납적 접근과 사고 • 질적 연구에 의한 해석적 기술에 치중 • 사회적 현상과 관계에 대한 변증법적 규명

참고

거시적 접근과 미시적 접근의 차이

마틴 햄머슬리(M. Hammersley)는 미시적 접근과 거시적 접근의 차이점을 다음과 같이 제시하고 있다.

(1) 사회학적 연구에서 결정론을 거시적 접근이라고 하면, 자유의지론(자유론)은 미시적 접근이다.
(2) 사회학의 목적 도출을 위해 사회현상 중심이면 거시적 접근이고, 사회화 과정이나 사회적 복합성 중심이면 미시적 접근이라고 본다.
(3) 반(反)경험적 자료에 의해 검증되는 이론은 거시적이고, 모든 자료가 이론에 기초한 내적 일관성에 의해 판단하면 미시적 접근이다.
(4) 사회학자가 과학적 이론을 발전시키기 위해 참여자의 관점이 신비주의적이거나 이데올로기적이면 거시적이고, 참여자의 해석이 감각적 기초에 의존하면 미시적 접근이라고 할 수 있다.
(5) 사회적 사실을 국가나 사회의 구조의 산물로 해석하면 거시적이고, 소집단이나 조직의 특성이나 개인적 특성에 의거하여 합리적 해석을 하면 미시적 접근이라 할 수 있다.

토론 및 논술

1. 기능이론이 교육에 주는 시사점과 교사의 역할에 대해 말해보자.

2. 기술기능이론이 한국사회에 주는 시사점과 앞으로 나아갈 방향성에 대해 말해보자.

3. 인간자본론이 한국의 경제발전에 기여한 시사점에 대해 말해보자.

4. 갈등이론이 교육에 주는 시사점과 교사의 역할에 대해 말해보자.

5. 보울스와 진티스의 경제재생산론을 실제 한국사회의 교육현실과 관련지어 학교교육이 나아갈 방향에 대해 말해보자.

6. 번스타인의 문화재생산론이 학교교육의 학업성취도에 주는 영향에 대해 말해보자.

7. 종속이론(제국주의)이 한국교육에 주는 영향에 대해 말해보자.

8. 한국사회에서 개인의 지위 상승이동이 이루어지는 현상에 대해 지위갈등이론이 적용되는 사례를 말해보자.

9. 상징적 상호작용론이 학업성취에 주는 영향에 대해 논하시오.

10. 시험이 학생과 교사 및 학부모, 사교육에 미치는 영향과 바람직한 변화의 방향에 대해 논하시오.

제3장

교육평등론

제1절 교육평등관의 발달

제2절 교육기회 측정지표

제3절 교육격차 인과론

제4절 엘리트주의와 평등주의

제5절 교육선발과 배치

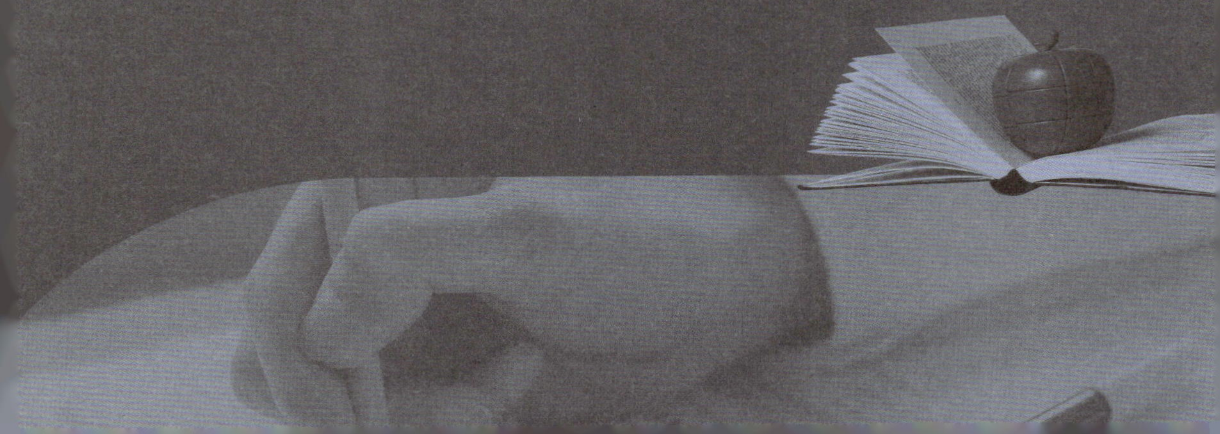

제3장 교육평등론

제1절 교육평등관의 발달

가. 콜맨의 교육평등관

교육의 성장과 산업의 발달은 자유와 평등의 확산에 기여하게 되었으며, 사회 전반에 걸쳐 제도적 평등이 이루어지는 동력을 제공하였다. 사회보장법이 1935년 제정되어 시행되고 있었으나 도시인구 증대, 이민, 경기변동으로 인한 실업, 빈부격차, 범죄 등으로 형식적으로 진행되던 상황에서 1960년대 연방정부의 지원 하에 민간복지기관이 양산되면서 본격적인 토대가 마련되었다.

콜맨(J. S. Coleman)은 미국사회의 평등이 진행되는 과정을 다음과 같이 구분하였다. 첫째, 산업화 이전의 단계로서, 초기 미국사회는 영국을 중심으로 유럽에서 넘어온 이민자들이 주류를 이루었기 때문에 교육에 대한 평등 개념이 형성되지 않았다. 원주민과의 갈등과 거주지의 확대로 인한 인구이동으로 사회변동이 심한 시기였다. 따라서 산업화 이전의 교육은 가정에 책임이 있었기 때문에 학교교육의 평등문제에는 관심을 두지 않았다. 둘째, 산업혁명 이후의 초기 산업화 단계이다. 이 당시에는 매사추세츠 교육령이 공표(1852년)되었으나 개인의 능력에 따라 교육의 기회는 당연히 차별이 있어야 된다는 입장을 가지고 있었다. 그러나 학교교육이 발전하던 초기 단계이기 때문에 초등교육을 의무화하여 누구나 취학하였으나 대다수의 국민은 초등교육으로 끝나고 중등교육과 대학교육까지 받는 것은 상류계층이 대부분이었다. 셋째, 제2차 세계대전 이후 최근까지의 입장이다. 모든 사람에게 교육기회를 허용해야 한다는 주장으로 사회·경제적 제약 때문에 교육을 못 받는 일이 없도록 무상교육을 실시하고 각종 지원제도를 마련함으로써 교육을 받을 만한 지적 능력을 소유한 사람이라면 누구나 적절한 수준과 종류의 교육을 받을 수 있게 하였다. 넷째, 교육결과의 균등까지 포함하는 적극적 입장을 들 수 있다. 미국의 경제가 급속도로 성장하면서, 교육의 목적은 학교에 다니는 데 있는 것이 아니라 사회에서 살아가는 데에 필요한 것을 배우는 데 있으므로, 배울 것을 누구나 제대로 배울 수 있게 해주어야 한다는 단계이다. 존 롤스의 정의론 영향을 받아 미국 사회에 커다란 반향을 불러 일으켰으며, 사회복지제도를 강화해 나가는 토대가 되었다고 볼 수 있다(김신일, 2010: 277-288).

그러나 최근 유럽 선진국에서 나타나고 있는 복지혜택의 축소 경향은 국가의 재정적 어려움에 따라 제도가 변화될 수 있다는 점은 아직 보편복지의 일반화가 이루어지지 못한 국가에서는 한 번쯤 심사숙고해야 할 부분이 있다고 하겠다.

나. 후센의 교육평등관

후센(T. Husen)은 사회상의 흐름과 관련지어 세 가지의 평등관을 제시하고 있다. 첫째, 보수주의적 평등관이다. 그는 제2차 세계대전까지의 지배적인 교육평등관으로 인간의 생득적 능력의 차이를 인정하고 그 능력에 따라 교육이 달라져야 한다고 주장하였다(콜맨의 2단계에 해당). 둘째, 자유주의적 평등관이다. 모든 사람이 평등하게 태어났기 때문에 사회생활의 출발점에 있어서 똑같은 기회가 주어져야 한다는 입장이다(콜맨의 3단계에 해당). 셋째, 보상적 평등관이다. 적극적 의미의 기회균등의 입장으로 교육기회뿐만 아니라 교육결과의 균등까지 포함하는 입장이다(콜맨의 4단계에 해당).

다. 스미스와 오를로스키의 교육평등관 분류

스미스(smith)와 오를로스키(Orlosky)는 평등관을 새롭게 정리하였다. 첫째, 도덕적 평등(Moral Equality)으로서, 어떤 아동도 발달의 객체로서, 어떤 다른 아동들보다도 더 가치가 있는 것은 아니라고 주장하였다. 따라서 모든 아동은 평등한 대우를 받아야 한다고 보았다. 둘째, 평등의 법칙(Rules of Equality)으로서, 아동에게 적용되는 법칙은 모든 아동들에게 똑같이 적용되어야 한다고 보았다. 셋째, 기회의 평등(Equality of Opportunity)으로서, 모든 아동에게 학습기회는 동등하게 부여되어야 한다고 보았다. 넷째, 실재적 평등(Substantive Equality=결과의 균등)으로서, 모든 아동에게 동일한 수준의 지식과 기술을 가르쳐야 한다고 보았다. 이는 후센의 보상적 평등관에 해당하는 개념으로 볼 수 있다.

라. 존 롤스의 정의론

J. Rawls

존 롤스(J. Rawls)는 결과의 평등을 지향하는 보상적 평등주의 입장을 강조한다. 그는 부자가 점점 더 부자가 되고 빈부의 격차가 점점 더 심화되는 것을 용인하고 있지만, 그것은 가장 가난한 자들에 대한 물질적 배려가 항상 나아져야 한다는 전제를 가

참고

존 롤스(John Rawls, 1921-2002)의 정의론 (A Theory of Justice, 1971)

1921년에 태어나 코넬, MIT를 거쳐 현재 하버드대학 철학과 교수를 거쳤다. 정의론(1971)이 발간되고 10년이 지나는 동안 이 책과 씨름을 벌인 논문만 2,000개가 넘었다. 롤스는 무엇보다도 영어권에서 가장 영향력 있는 도덕 이론인 공리주의와 대결했다. 공리주의는 18세기 후반과 19세기 초반에 벤담과 밀에 의해 창시되었다. 공리주의는 행위의 규범들이 유용한 것으로 드러나면, 즉 행위의 규범들이 공동의 이익에 봉사한다면, 그것은 정당한 것으로 간주된다. 공리주의는 항상 행위의 결과에 주목한다. 그러나 결정적으로 그러한 결과는 '개개의 시민'을 위한 것이 아니라, 벤담의 도덕적 행위의 목적과 척도는 '최대 다수의 최대 이익'이라고 정식화한 '공동체 전체'를 위한 것이다.

롤스는 공리주의의 순수한 이론과 거리를 두기 시작했다. 어떤 한 행위는 우선 그것의 유용성이라는 관점에서가 아니라, 그러한 행위가 인정된 규칙들에 따른 것인가 하는 관점에서 검토되어야만 한다. 롤스는 1955년 자신의 논문 〈규칙의 두 개념〉에서 그가 주장하는 규칙이 어떠한 종류인가를 명확하게 밝히고자 시도했다. 그것은 소위 '사회적 실천'을 확립하는 것이다. 그는 규칙을 모든 사회에 도입해 우리에게 규정된 상황 속에서 규정된 행위를 하도록 하게 하는 행동 양식으로 이해 했다. 내가 누군가와 계약을 체결하고 난 다음 계약 체결의 결과나 유용함이 갑자기 의심스럽다고해서 간단히 계약을 폐기할 수는 없는 것이다. 나는 계약이 이행될 수 있는 게임 규칙을 지켜야 하는 것이다. 이렇게 해서 롤스는 일종의 '규칙 공리주의'에 도달한다. 이에 따르면 사회의 행복은 이성적인 사회의 규칙 체계의 준수에 달려 있다.

"한 사회의 정의는 어떻게 정의될 수 있을까? 공리주의자들이 했던 것처럼, 우리는 사회 전체의 행복에 한 사회의 정의를 어떻게 종속시킬 수 있는가?"

롤스는 가능한 한 커다란 사회 전체의 복지를 축적하는 일과 우리의 정의감이 무조건적으로 조화를 이룰 수 없다는 결론에 도달한다. 공리주의적 척도에 따르면, 예를 들어 소수가 매우 많은 것들을 소유하고 다수가 거의 소유한 것이 없는 경우나 노예 노동을 통해 전체의 행복을 증가시킬 수 있다는 경우를 철저하게 용인할 수 있을 것이다. 그러나 롤스는 이러한 공리주의적 귀결을 배제한다. 그에게 정의란 모든 시민들의 존엄성이 소위 전체의 행복에 의해서 침해될 수 없는 그런 것이다.

따라서 롤스는 각각의 시민들이 지닌 침해될 수 없는 권리나 사회적 권익 보호에 관해 충분히 이론적으로 뒷받침할 수 없는 공리주의와 결별한다. 이제 그의 물음은 다음과 같은 것이 된다. 각 개인의 권리뿐만 아니라 욕구를 적절하게 고려할 수 있는 '공정으로서의 정의'에 어떻게 이론적인 기초를 세울 수 있을까?

정의의 원리들에 관해 원초적 상태에 놓여 있는 사람들은 '무지의 베일'의 상태에서 행동해야만 한다. 다시 말해, 원초적 상태(original position: 사회계급적 처지, 자연적 자산, 타고난 능력 등)에 있는 사람들은 나중에 사회에서 차지하게 될 어떤 위치, 즉 성공한 사람이나 부유한 사람의 위치를 모르는 그러한 상태에서 행동해야 한다는 것이다.

롤스에 의하면 원초적 상태는 '숙고의 균형'에 기초한다. 다시 말해 이것은 각각의 참여자들이 상황에 맞추어 갖게 되는 정의에 대한 다양한 생각들 사이의 균형을 말하는 것이다. 롤스는 상호 대립적인 이익과 숙고를 검토할 경우 최소 위험의 전략을 따라야 한다고 믿는다. 그는 여기에서 경제적 결정 이론의 도움을 받는다. 예를 들어 만약 내가 주식을 사고자 한다면, 주식을 선택할 수 있는 여러 가능성이 존재할 것이다.

내가 최악의 경우를 대비해 주식을 산다고 한다면, 그러한 경우에는 급격한 주가의 상승이나 갑작스러운 하락의 위험이 없을 것이다. 그러나 커다란 위험 부담을 안고 주식 투자를 할 수도 있는데 그때에는 엄청난 이익이나 손해를 볼 수도 있다. 첫 번째의 전략을 '최소의 극대화'로부터 도출되는 '최소극대화 전략'이라 할 수 있다. 그것과는 반대로 내가 나중에 빈손이 될지도 모름에도 불구하고, 가능한 한 가장 커다란 이익을 얻기를 바라며 투자하는 것을 '최대극대화 전략'이라 할 수 있다.

롤스에 따르면 인간은 원초적 상태에서 최소화 전략을 따르게 된다. 왜냐하면 인간은 나중에 자신이 어떤 사회적 위치에 놓이게 될지 알 수 없기 때문이다. 따라서 인간은 성공적인 삶을 살 수 없을 경우를 대비해 그러한 원칙을 선택하게 된다. 롤스는 이것으로부터 두 개의 유명한 정의의 원칙에 도달하게 된다.

1. 각각의 인간들은 평등한 기본적 자유를 가장 포괄적으로 보장해 주는 (사회의) 전체 시스템에 대해 동등한 권리를 가져야 하며, 이 권리는 모든 사람이 실행할 수 있는 것이어야 한다.
2. 사회적/경제적 불평등은 다음과 같은 성질을 지닌 것이어야만 한다.
   a) 그러한 불평등은 '저축 원칙'의 제한 아래서 (사회적으로) 최소 수혜를 받는 사람에게 최대 이익을 가져다 줄 수 있어야 한다.
   b) 그러한 불평등은 공정한 기회의 균등에 따라 모든 사람에게 개방된 직위, 직책과 결합되어야만 한다.

롤스는 첫 번째 원칙으로 고전적 자유주의에 의지하고 있다. 모든 시민은 다른 시민과의 자유와 일치할 수 있는 한에서 기본적 자유권과 시민권에 대한 최대의 원칙을 요구한다. 이러한 시민의 기본적 권리와 자유는 모두에게 동등해야만 하며 침해될 수 없다. 두 번째 원칙에서 물질적 재화의 처리와 관련된 다음과 같은 정의의 두 관점을 다루고 있다. 그 두 관점은 특히 사회적 약자를 고려하는 '분배적 정의'와 모든 시민에게 교육과 사회적 참여의 가능성을 열어주는 '기회의 정의'이다. 그러므로 여기에서 평등과 박애라는 옛 가치가 다시 문제된다.

롤스에 의해 새롭게 강조된 것은 2a에 등장한 소위 '차등의 원칙' 혹은 '구분의 원칙'이라 불리는 것이다. 이러한 원칙을 통해서 사회는 고전적 자유주의와 반대로 항상 판단의 결정적 기준으로 사회적 약자의 처지를 주목해야 할 의무가 있다. 그러한 기준 안에서 '최소극대화 전략'과 사회국가의 이념이 실현된다. 만약 내가 두 개의 사회 가운데 하나를 결정해야 한다면, 즉 내가 매우 부자가 될 수는 있지만, 빈곤으로 추락할 수도 있는 사회와 다른 한편으로 재산의 양이 제한되어 있지만, 가난한 자를 위해 사회적 안전장치가 훌륭하게 정비된 사회 중에서 하나를 결정한다면, 나는 후자의 사회를 결정할 것이다. 이런 방식으로 최상의 사회적 안전장치가 보장되는 사회가 선택될 것이다. 그는 부자가 점점 더 부자가 되고 빈부의 격차가 점점 더 심화되는 것을 용인하고 있지만, 그것은 가장 가난한 자들에 대한 물질적 배려가 항상 나아져야 한다는 전제를 가지고 있다.

롤스가 생각한 사회에는 자유와 사회적 정의와 경제적 성과가 서로 연관되어 있지만, 거기에는 우선순위가 있다. 맨 처음으로 자유, 그 다음으로는 사회적 정의 그리고 경제적 성장이다. 롤스가 결코 비효율적 경제나 적자 경제를 감내해야 한다고 주장하는 것이 아니라는 점을 밝히기 위해, 이러한 일련의 순서들을 다른 측면에서 기술할 수 있다. 사람들은 경제적으로 성공한 사회의 건설로 방향을 잡아야만 할 것이다. 그런 다음 이러한 사회는 자유권을 침해하는 일이 없이 확실한 사회적 분배를 통해 수정될 수 있어야 한다.

이러한 원칙에 따라 조직된 사회는 여러 가지 본질적인 점에서 현대 서구의 민주주의와 매우 유사하다. 믿음, 양심, 언론 그리고 집회의 자유와 같은 근본적 자유들은 헌법에 의해 보장되어야 할 뿐만 아니라, 현실에서도 보장되어야 한다.

만약 모든 합법적 수단이 고갈되었을 경우, 롤스는 시민들에게 시민 불복종의 권리를 부여했다. 궁극적으로 시민의 자유권은 국가의 요구에 맞서 우선권을 가진다. 로버트 노직과 같은 신자유주의 철학자들과 마이클 왈저와 같은 공동체주의의 대표자들은 무엇보다 롤스가 대표하는 정의론의 사회 복지 국가적 지향에 대해 비판을 가했다. 민주주의를 자명한 것으로 받아들인 다음, 그 밖의 다른 복잡한 특수한 물음들에 몰두하는 것만으로는 충분치 않다는 것을 롤스는 《정의론》을 통해 일반 대중에게 설득시켰다. 민주주의가 성취되고 지속되려면, 논리적 확신이 관습을 대신해야 한다고 강조했다. (인터넷 자료)

참고

마이클 샌델의 정의론

마이클 샌델(영어: Michael J. Sandel, 1953년-)은 미국의 정치철학자이다. 오늘날 대표적인 공동체주의자, 공화주의자이며 자유주의에 대한 비판가로 유명하다. 현재 미국 하버드 대학 교수로 재임 중이다.

미네소타 주의 최대의 도시인 미니애폴리스에서 유태인 집안의 첫번째 아들로 태어났다. 1975년에 파이 · 베타 · 카파의 회원으로 브랜다이스 대학을 졸업하고, 로즈 장학금으로 영국 옥스퍼드 대학교 발리올 칼리지에서 박사학위를 얻었다.

샌델의 사상은 미국에서 자유주의와 신자유주의를 비판한다. 미국의 주류 정치철학인 자유주의를 비판하면서, 미국 사회가 안고 있는 각종 사회적 병폐는 만연된 개인주의와 자유주의가 근본 원인이라고 분석한다. 존 롤스의 《정의론》을 정면으로 비판하면서 명성을 얻은 그는, 자유주의자들의 개인에 대한 추상적 이해는 본래의 인간성과는 거리가 먼 왜곡된 인식이라고 말한다. 즉 자유주의자들이 가정하는 사회 이전에 존재하는 원자화된 인간상은 지나친 가상적인 전제에 불과하며, 진정한 인간의 실질은 공동체인 사회와 떨어질 수 없는 존재로서 사회 내에 존재하는 다양한 가치관의 영향을 받아 비로소 하나의 개인으로 형성된다고 주장한다. 추상적 · 독립적인 자아로서의 개인(무연고적 자아)이 아닌, 사회공동체의 맥락과 맞닿아 있는 연고적 자아를 강조한다. 이러한 인간관에 기초하여 사회적 연대와 시민적 덕목을 강조하는 공동체주의를 주장한다. 탈냉전 이후 전 세계적으로 영향력이 확대하고 있는 신자유주의에도 강력한 비판을 가하고 있다.

샌델은 하버드 대학에서 정의(Justice) 강좌를 20여 년간 맡고 있으며 만여 명이 넘는 학생들이 수강해 하버드 역사상 가장 많은 학생들이 들은 강좌 중 하나로 손꼽히고 있다. 2007년 가을 학기에는 1,115명의 학생이 수강하였고, Harvard Extension School을 통해 온라인으로도 제공되었다.

그는 한국에서도 강연을 했다. 2005년에는 대한민국을 방문하여 한국철학회의 주최로 열린 다산기념 철학 강좌에서 '시장의 도덕적 한계', '자유주의와 무연고적 자아' 등의 강연을 한 바 있다. 그는 강연에서 "돈으로 살 수 없는 것과 살 수 있는 것이 철학적으로 구분된다. 시장논리가 확장되어가고 있는 오늘날에도, 돈으로 살 수 없는 것이 존재하며 이러한 가치들에까지 시장논리가 침범해서는 안 된다"고 역설했다. (인터넷 자료)

그렇다면, 샌델이 말하고자 하는 정의란 무엇인가? 2009년 출판된 《정의란 무엇인가》는 2010년 대한민국에 번역되어 인문학 서적으로는 베스트셀러 1위를 차지하여 화제가 되었다. KBS의 책 읽는 밤에서는 샌델의 이 책을 다루면서 2010년 대한민국에서 왜 다시 정의가 논의되고 있는지에 대한 배경과 책의 의미에 관해 패널들이 토론을 나눴다. 2011년 4월, 대한민국 판매량 100만 부를 돌파했다. 1990년대 이후로 인문학 서적의 판매량이 꾸준히 줄었으며, 교양인문학 서적으로는 이례적인 일이라고 한다.

영미권에서는 10만 부 이하로 저조한 판매량을 보였으나, 유독 일본과 대한민국에서 많이 팔렸다고 한다. 그의 정의에 대한 결론은 궁극적으로 주장하는 답이 없다. 답을 찾고자 한다면 그의 주장을 보고 해석을 해서 결론을 이끌어내야 한다. 그렇다면 그의 정의에 대한 결론은 공동체주의인가?에 대한 애매한 담론만 던질 뿐 아직도 그에 대한 명쾌한 결론을 내리는 학자는 없다. 샌델 스스로 결론을 내어 놓지 않기 때문이다.

그의 주장에 대해 제2차 세계대전 이후 신생 강대국으로 커진 미국이 타국에서 낡은 문화의 벽을 깨며 전파할 필요가 있었던 것이 개인주의의 자유가 아니었을까? 결과적으로 효과가 있었다. 따라서 '전근대적이다'로 격하된 전통이 붕괴된 공동체의 덕과 윤리는 개인주의와 자유주의의 세련됨으로 신생 미국을 문화적, 정치적, 군사적 강대국으로 인식하게 만드는 데 크게 기여했다고 본다. 앞으로의 세계는 통신기술의 발달과 거대자본의 흐름으로 거칠 것 없는 평탄화가 되어간다. 그러므로 미국 내부에서 필요한 것은 공동체의 결속과 애국심의 강조가 훨씬 더 큰 이익을 가져올 것이란 관점이 있지 않을까? 하는 입장에서 샌델의 정의론을 보는 학자도 있다.

참고

황경식 교수는 정의가 아니라 덕(德)(조선일보, 2012. 8.4)

존 롤스가 스승인 서울대 황경식 교수는 정의보다 덕(德)을 내세운다. 한국에서 샌델 '정의' 열풍은 열망 표출이 아닌 마케팅 결과로 본다. 사회에서 말하는 정의에 대한 지식이 없는 사람은 없다. 단지 정의를 알고도 정의를 행하지 않는 건 덕(德)을 익히지 않았기 때문이다. 한국은 부모와 자식 간에 서로 지나치게 의존하는 경향이 사회적 문제를 일으키며, 이를 해소하기 위해서는 부모를 교육해야 자녀의 퇴행을 막을 수 있다고 본다.

"샌델은 내가 1980년 하버드대에 있을 때 처음 만나 교분을 이어왔다. 5년 전 초청 강연도 시켰다. 그때도 같은 정의를 얘기했지만 미풍도 없었다. 그 뒤 책 한 권으로 그만한 붐(boom)이 일었다는 건 연구 대상이다. 정의에 대한 열망이 컸고 책을 통해 그게 해소됐다? 그랬으면 얼마나 좋을까. 샌델은 명문 하버드대의 명강사다. '명' 자가 두 번 들어간다. 한국인의 명품 선호가 작동한 건 아닌가. 출판 기획 마케팅에 춤추는 얄팍한 지적 풍토가 아쉽다."

마이클 샌델의 '정의란 무엇인가' 이전에도 한국에는 '정의론'이 있었다. 황경식(65) 서울대 교수의 거의 평생에 걸친 연구 주제가 '정의론'이었다. 그 논리를 발전시킨 끝에 '덕(德 · virtue)의 윤리'에 가 닿았다. 40년이란 긴 여정이었다. 국내 도덕철학계 원로인 황 교수는 올해 정년을 맞는다. 그는 40년 동안 정의만 팠다고 말하는 정의론의 대가라고 할 수 있으며, 한국 정의론의 시발점에 서 있는 학자이다. 그가 오랫동안 연구한 정의론을 요약하면 다음과 같다.

> "인생의 경주는 근원적으로 불평등한 것이다. 인생의 불평등한 초기 조건을 두고 우리가 인간적으로 대처하는 방식에 대해 정의를 문제 삼을 수 있다. 경쟁의 공정성을 보장하는 것이 정의의 중요한 요구 중 한 가지다. 하지만 애초부터 경쟁력이 없거나 취약한 사람도 있다. 불리한 천운을 타고난 사람들을 배려하는 것도 정의의 또 다른 요구다. 이 때문에 최소 수혜자에 대한 결과적 보상이 필요한 것이다."

정의론에서 '덕윤리'로 옮아간 것은 왜, 언제인가. "롤스의 정의론을 1977년 완역한 후 한국사회에 합당한 정의가 무엇인지 공부해왔다. 정의가 무엇인지 아는 것도 어렵지만 정의를 실현하는 것이 더 어렵다는 생각을 많이 하게 됐다.

몰라서 정의가 없는 게 아니라 아는 만큼이라도 실천이 안 돼서 사회가 불의한 것 아니냐, 알아도 행하지 못하는 이유가 뭐냐, 고민하게 됐다. 2000년대 들어와 동서 덕윤리 비교 연구에 관심을 쏟았다. 본래 소규모 전통 사회는 덕윤리 중심이었다. 근대로 오면서 배경이 다양한 사람이 이합집산(離合集散) 하는 시민사회가 되면서 공동 규범으로서 의무가 부각됐다. 도덕이 최소화한 것이다. 하지만 오늘날 최소한의 시민 윤리만으로는 부족하다는 반성에 따라 국제적으로도 전통 덕(德)윤리에 다시 관심이 쏠리고 있다."

황경식 교수는 젊어서 '정의론'에 빠졌다가 '덕의 윤리'로 회귀했다. "대학시절 사서삼경을 읽던 중 '덕' 자에 끌려 호를 '수덕(修德)'이라 지은 적이 있다. 예고된 행로였는지도 모르겠다."고 했다.

이번에 '덕윤리의 현대적 의의'(아카넷)를 냈다. 덕윤리란 무엇인가. "옳은 것을 알고도 의지의 나약이나 감정의 갈등 때문에 실행에 옮기지 못하는 경우가 많다. '도덕적 실패(moral failure)'라 한다. 정의를 실행하는 데는 인지적 각성 외에도 강한 의지와 균형 잡힌 감정이 필요하다. 부단한 연습과 훈련을 통해 습관화해야 한다. 서양의 아리스토텔레스는 어릴 적 습관을 대단히 강조했다. 동양에서는 한발 더 나아가 덕 수양이 평생 계속돼야 한다고 생각했다. 논어의 서두가 '학이시습지(學而時習之) 불역열호(不亦雪好)', 배우고 때로 익히면 또한 즐겁지 아니한가? 이다. 반복해서 자기화하는 것이 중요하다. 수영을 아는 것과 익혀서 자기 걸로 만들어 물에서 노는 것은 차원이 다르다."

그렇다면 왜 굳이 도덕적으로 살아야 하나? "아리스토텔레스는 덕을 인간다운 존재가 되는 기술이라고 했다. 피리를 연습해야 잘 불듯, 사람도 사람답게 살기 위해서는 인간적 기술을 연마할 필요가 있다는 뜻이다. 도덕적으로 살면서 행복에 이르기 위한 기술이다. 도덕적으로 살면서도 행복하게 살 수 있어야지 억지스러운 도덕적 삶은 높게 보지 않았다."

현대사회가 사람을 도덕적으로 살기 어렵게 만드나. "현대사회의 문제는 '익면성(匿面性 · faceless)'이다. 정보화 사회는 그것이 극대화된 사회다. 익면성이 갖는 긍정적 해방적 기능을 최대한 살리되 부정적 범죄적 기능을 최대한 견제하는 것이 정보사회 윤리의 과제다."

황 교수는 국내 도덕 교육에 대해 할 말이 많았다. "무엇보다 지금 식의 가정교육은 문제다. 한국인은 너무 가족 의존적이다. 부모는 자식만 알고 애들은 자기 부모만 안다. 두 쪽 다 사회화가 안돼 있다. 부모들이 흔히 아이들 기죽일까 걱정하는데 기(氣)란 무서운 것이다. 원색적인 기가 살면 그 기는 부모한테까지 간다. 이(理)로 순화된 기(氣)가 중요하다. 가정교육 이전에 부모 교육이 먼저 이뤄져야 한다. 부모 교육이 안 된 상태에서 가정교육은 더 퇴행을 낳기도 한다. 부모나 자식이나 자율적 인격체로 독립해야 한다."

요즘 경제 민주화, 복지론이 무성하다. 자본주의는 근본적으로 비도덕적인 것 아닌가. "자본주의는 인류 다수의 물질적 환경을 개선하는 데 엄청난 기여를 했다. 단순히 비도덕적이라고 폄하할 게 아니다. 다만 부의 불공정한 분배는 걱정해야 한다. 공정이 공평에 의해 보완될 때 정의는 충족된다. 롤스가 말한 '최소 수혜자 최우선 배려' 원칙에도, 사회적 천부적 운도 공유 자산으로 봐야 한다는 도덕관, 박애가 깔려 있다"(조선일보, 2012년 8월 4일자, A14면).

이와 같이 황경식 교수가 정의에 대한 대안으로 덕을 말하는 것은 한국사회의 문화적 토대와 앞으로 나아갈 방향에 있어서 우리가 어떤 생각과 행동을 하여야 하는지에 대한 인식을 돌아보게 한다.

지고 있다. 그가 주장하는 보상적 평등주의에 의하면, 사람들은 각기 다른 잠재능력을 가지고 서로 다른 환경에서 태어난다. 어떤 사람은 명석한 두뇌를 가지고, 어떤 사람은 뛰어난 손재주를 가지고 태어나지만, 다른 사람은 그런 능력이 다소 모자라게 태어난다. 이와 마찬가지로 어떤 사람은 훌륭한 환경에서 태어나고, 어떤 사람은 불우한 환경에서 태어난다. 이와 같이 누가 어떤 능력을 가지고 어떤 환경에서 태어나느냐 하는 것은 마치 '자연의 복권추첨(natural lottory)'과 같다. 그러므로 높은 잠재능력을 가지고 태어났거나 훌륭한 가정에서 태어난 사람은 복권에 당첨된 것과 마찬가지이므로 불리한 사람들에게 어느 정도 적선(積善)을 하는 것이 도리에 맞는다는 것이다(Rawls, 1971). 그러나 능력주의에서는 이와 같은 보상적 평등주의가 잘못되었다고 비판한다. 사람은 능력에 따라 활동하고 그 업적에 상응하는 분배를 받는 것이 타당하다는 것이다(김병성, 2004: 376-377).

이러한 롤스의 정의론은 거의 30년 세월 동안 대중의 평등의식을 지배하여 왔으며, 아직도 그 영향력은 전 세계 모든 나라에 매우 크게 미치고 있다. 국가의 상황에 따라 빈부격차가 큰 사회에서는 그의 주장이 더욱 더 큰 설득력을 지닌다.

마. 정의를 실현하는 원칙

(1) 절차적 정의

절차적 정의(procedural justice)란 보상 또는 나눠 가질 몫, 곧 사회재화의 분배를 결정하는 수단이나 절차가 공정한가와 관련된 정의를 뜻한다. 대표적 인물로 노직(R. Nozick, 1938-2002)을 들 수 있다. 그는 능력, 기능, 여타 자원 등에서의 개인차 때문에 불평등이 존재할 수밖에 없으나 그 절차가 정의로우면 불평등 현상은 용인될 수 있다고 본다(Nozick, 1974). 재화의 분배에서 불평등이 존재한다 하더라도 그것이 동의와 자유에 기초하여 출발점이 공정하다면, 정의롭다는 것이다. 예를 들면, 등록금 납입 능력에 차이가 있을 수밖에 없지만, 학부모나 학생의 학교선택권을 보장하고 학교의 학생선발 절차가 정의로우면 비싼 사립학교 선택은 문제가 없다고 보는 것이다(김병욱, 2012; 117-118).

(2) 분배적 정의

분배적 정의(distributive justice)란 보상이나 나눠 가진 몫의 분배 결과가 공정한 정의, 곧 '결과의 평등'을 의미한다. 분배적 정의는 실질적 평등을 뜻하기에, 산술적 평등이나 사회적 약자들의 이익을 최대화하는 일과 직결된다. 분배적 정의를 강조한 사람은 롤스인데, 그는 사회적 약자의 이익을 최대한 보장해야 한다고 말한다.

분배적 정의는 공동의 이익을 강조할 때도 쓰이는 개념이다. 예를 들면, 학교선택권을 제한하는 정책일지라도 그것이 열악한 상황에 있는 학생들과 전체의 이익을 보호하는 것이라면 허용된다(Hallinan, 1994: 5197-5201). 이는 마치 전체의 이익을 해치는 범법자가 처벌받는 것이 공정한 것과 다를 바 없다.

한편 드워킨(R. Dworkin, 1931-)은 자유나 권리가 아니라 재산과 같은 자원을 분배하는 일에서의 정의를 분배적 정의로 본다(Dworkin, 2005: 13-15). 그는 어떤 자원이 완전히 평등하게 분배된 경우만 분배적 정의라고 본다(염수균, 2005: 15-16). 분배적 정의란 한마디로 물질적 평등인 셈이다. 또한, 그는 자원의 분배와 관련하여 복지의 평등과 자원의 평등을 중시한다. 자녀에게 재산을 어떻게 물려줄 것인가를 예로 들어보자. 실업자인 자녀에게 재산을 더 많이 준다면 복지의 평등을 고려한 셈이고, 자녀들의 형편을 고려하지 않고 자녀들에게 그냥 똑같은 재산을 물려준다면 자원의 평등을 고려한 셈이다. 다만, 드워킨은 복지의 평등을 거부하고 자원의 평등을 선택한다(염수균, 2005: 16-17; 김병욱, 2012: 117-118).

바. 교육평등관 분류

교육기회는 기회의 평등과 내용의 평등으로 나눌 수 있다. 기회의 평등은 다시 허용적 평등과 보장적 평등으로 나눌 수 있다. 내용의 평등은 다시 과정의 평등과 결과의 평등으로 나눌 수 있다(김신일, 2010: 279-288).

먼저, 교육기회의 허용적 평등은 모든 사람에게 동등한 기회가 주어져야 한다는 관점이다. 주어진 기회를 누릴 수 있느냐 여부는 개인의 역량과 형편에 달린 것이고, 법이나 제도상으로 특정집단에게만 기회가 주어지고 다른 집단에게는 금지되는 일은 철폐되어야 한다는 신념이다. 그렇다고 해서 모든 사람이 같은 양과 수준의 교육을 받아야 한다고 생각하지는 않았다. 사람은 각기 다른 수준의 능력과 다른 종류의 재능을 타고난다고 믿었기 때문이다. 다만 이제까지 신분 · 성 · 종교 · 지역 · 인

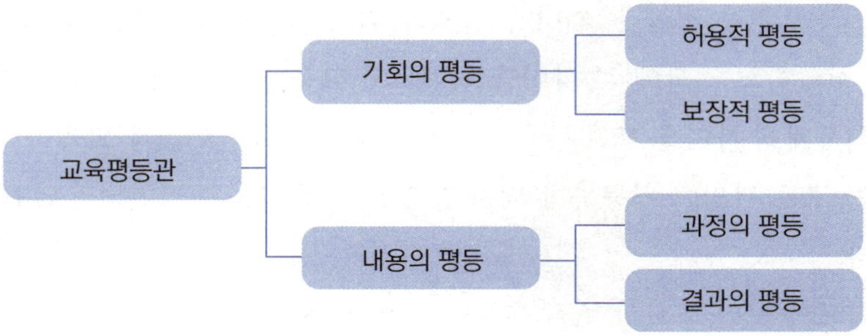

[그림 3-1] 교육평등관의 분류

종 등을 이유로 차별해 오던 것을 철폐함으로써 누구나 원하고 또 능력이 미치는 데까지 교육을 받을 수 있도록 허용하자는 것이다.(※ 제도적 차별 없이 동등한 기회제공, 능력과 형편에 따른 교육기회의 차이는 존재)

교육기회의 보장적 평등은 허용적 평등관을 일체의 제도적 차별을 철폐함으로써 모든 사람에게 교육받을 기회를 열어주는 데 기여하였다. 그러나 교육받을 기회를 열어주는 것만으로는 교육평등의 실현이 불가능하다는 것이 곧 밝혀졌다. 학교에 다니도록 허용되었다 해도 경제적 능력이 없는 하류계층 자녀들은 교육을 포기할 수밖에 없기 때문이다. 벽지나 외딴 섬에서 사는 어린이들은 그곳에 학교가 없기 때문에 다닐 수가 없었다. 그러므로 교육평등을 실현하기 위해서는 취학을 가로막는 경제적 · 지리적 · 사회적 제반장애를 제거해 주어야 가난한 집의 수재나 산골의 어린이들도 학교에 다닐 수 있음이 드러났다. 즉 취학을 보장해 주는 대책이 필요하다는 생각으로 확산된 것이다(※ 취학을 보장해 주는 대책의 시행, 중등교육 무상화).

교육과정의 평등은 교육조건에 주목한다. 콜맨(1966)은 "교육기회의 평등은 단지 취학의 평등만이 아니라 평등하게 효과적인 학교를 의미하는 것이다."와 같이 중학교에 다닌 것만으로 평등이 아니라는 것이다. 학교의 시설, 교사의 자질, 교육과정 등에 있어서 학교 간의 차이가 없어야 평등이라는 것이다. 왜냐하면, 학교 간의 차이는 그 자체도 문제려니와, 상급학교 진학에 큰 차이를 가져오기 때문에 결국 상급학교 교육의 기회분배에 차이를 가져온다. 그러므로 학교의 교육여건과 교육이 진행되는 모든 과정이 평등하게 되지 않으면, 교육평등은 실현되지 않는 것이다.

학교에 따라 교사의 질적 수준이 다르고, 시설이 다르고, 주변 환경이 다른 것을 학부모들이 문제 삼기 시작한 것이다. 그러한 학교차가 교육결과에 차이를 가져온다고 생각하였기 때문이다(※ 학교 간의 차이 제거, 그러나 가정배경과 친구의 영향이 큼).

교육결과의 평등은 학교의 교육조건이 평등화되어도 교육결과 간의 평등이 보장되지는 않는 것으로 밝혀지자, 교육결과, 즉 학업성취의 평등을 위한 적극적 조치를 취해야 한다는 주장이 나타났다. 교육을 받는 것은 단순히 학교에 다니는 데 목적이 있지 않고, 배워야 할 것을 배우는 데 목적이 있으므로, 교육결과가 같지 않으면 결코 평등이 아니라는 의식이 형성된 것이다.

교육평등의 문제가 여기에 이르면 한층 더 복잡해진다. 각기 능력이 다른 사람을 같은 학습수준까지 끌어올리려면, 똑같이 이루어져서는 불가능하기 때문이다. 능력이 낮은 학생에게는 교사가 더 많은 시간과 노력을 기울여야 한다. 우수한 학생보다 열등한 학생에게 더 좋은 교육조건을 제공하지 않으면 안 된다. 이것은 일종의 역차별(逆差別)이다. 이러한 사상을 "보상적 평등주의(redemptive egalitarianism)"라고 부른다.

결과의 평등을 위한 교육으로 저소득층의 취학 전 어린이들을 위한 보상교육(compensatory education)을 들 수 있다. 미국의 Project Head Start, Middle Start Project, 영국의 교육우선지역(EPA: Educational Priority Area) 사업 등은 모두 불우계층의 취학 전 어린이들에게 기초학습 능력을 길러주어서 이들이 학교교육에서 뒤떨어지지 않도록 예비적 조치를 취하려는 것이다.

이 외에도 사회개혁에 의한 평등을 주장하는 학자들도 있다. 이들은 대부분 현실 교육체계의 변화로는 교육의 평등을 달성할 수 없다는 인식을 가진 사람들이다. 대부분 갈등론자들이라고 할 수 있으며, 이들의 주장을 보면, 교육불평등은 사회불평등을 반영하는 것이기 때문에 혁명이나 사회개혁을 통하여 사회구조를 평등하게 만드는 것이 최선의 방안이라는 인식을 하고 있다. 현재와 같은 자본주의 경제체제로는 교육불평등이 지속될 수밖에 없다는 것이다. 그러나 개혁에 의한 평등의 문제는 개혁 이후에 있다. 사회개혁을 통해 불평등이 해소된다는 것은 짧은 기간 동안만 가능할 뿐 그 상황이 지속되면 또 다른 불평등을 낳게 된다는 점이다.

※ 적극적 차등원칙: 출발점에서의 불평등을 적극적으로 보상하여 결과적으로 학업 성취나 사회적 지위획득의 불평등 기회를 동등하게 해주어야 한다는 것을 말한다.

사. 국가별 빈곤퇴치 프로그램

가난의 대물림을 끊자!는 운동으로 시작된 저소득층 자녀에 대한 교육과 복지혜택을 주자는 노력은 1964년 미국에서 빈곤에 시달리는 흑인 어린이들에게 도움을 주자는 취지에서 시작된 헤드 스타트 프로그램(Head Start Program)에서 출발했다.

이러한 빈곤 아동문제에 주목한 이유는 출산율 저하로 인적자원이 갈수록 적어지는 원인이 가장 큰 이유가 되었다. 이들을 방치하면 나중에 복지예산으로 지탱해야 할 짐이 되지만 빈곤 세습을 차단해 줄 수 있다면 인재로 길러낼 수 있다는 인식을 하게 된 것이다.

유럽연합(EU)은 최근 사회적 배제(Social Exclusion)란 개념을 빈곤(Poverty)을 대신해 사용한다. 굶어 죽을 정도의 절대 빈곤이 사라진 상황에서 더 이상 배고픈 아이에게 구호품을 전달하는 방식으로 접근해서는 안 된다는 판단을 한 것이다. 복합적인 사회경제적 차별의 문제로 바라보기 시작한 것이다.

(1) 미국의 헤드 스타트 프로그램(Head Start Program)

취학 전 빈곤 아동에게 언어, 보건, 정서 등의 포괄적 서비스 제공을 위해 빈곤의 악순환을 끊겠다는 취지로 1964년 시작된 빈곤대물림 차단을 위한 아동 보육 프로그램이다. 정부의 지원은 꾸준히 늘어나고 있으며, 1993년에 27억 달러였던 것이 2003년에 66억 달러로 증가했다.

1964년 시작한 "헤드 스타트(Head Start)"는 미연방 프로그램 중 대표적인 아동 관련 정책이다. 이 프로그램은 3-5세의 빈곤 어린이들이 나중에 학교수업을 잘 이해할 수 있도록 도와주는 무상교육을 실시한다. 이를 위해 미국 전역에 설치된 18,000여 곳의 헤드 스타트 센터에서 간단한 산수, 알파벳, 독서지도, 언어발달 등의 프로그램이 제공되어, 빈곤 · 이혼 가정의 5세 이하 어린이와 그 부모를 대상으로 공급되고 있으며, 교육지원 · 상담치료를 벌여 해마다 어린이 40만 명이 혜택을 받고 있다. 이 정보 정책으론 미국의 빈곤문제를 해결할 수 없을 것이라는 회의론이 없지 않지만 어느 정도 성과를 거두고 있다. 이 운동은 학교 다니기 전부터 일반아동과 빈곤아동의 발달 격차를 최소화해야만 빈곤을 예방할 수 있다고 보고 있다.

(2) 영국의 슈어 스타트 프로그램(Sure Start Program)

2004년부터 영국의 모든 3-4세 아동들은 무상교육을 받고 있다. 이전에 빈곤지역을 지정하여 아동들의 교육우선지역의 혜택을 주던 것을 1997년부터 점차 확대시켜 2004년에 전 지역으로 확대하였다. 이 정책을 통해 소위 하위 계층 20% 지역에 살고 있는 14세 이하 아동과 그 부모에게 보육, 인력, 시설 확대, 방과 후 프로그램 운영, 실직 부모 구직활동 등을 지원한다. 97년 보육시설 한 곳당 9명의 어린이를 담당하는 것이 시설을 늘려 현재는 5명으로 줄었다.

영국의 "슈어 스타트(Sure Start)" 정책은 1997년 영국 총리실 산하 독립 기구인 "사회적 배제 위원회(Social Exclusion Unit)"가 맡고 있다. 위원회에는 보건부, 교육고용부, 환경교통부 등 6개 정부부처와 민간단체가 참여하고 있다. 이들은 생활보호 아동의 교육 · 정서 · 장애 · 구직 문제에 대한 정책을 수립하고 재정을 지원한다. 2002년 250개 지역에서 각종 프로그램이 실시되고 있으며, 2004년 4월부터 3-4세의 모든 아이들은 무상교육을 받고 있다. 말하기나 듣기, 사회성이 부진한 빈곤층 아이들을 도와 인생의 '확실한 출발'을 보장하는 것이 이 정책의 핵심이다. 영국정부는 이를 통해 2010년까지 빈곤아동을 반으로 줄이고 2020년에는 제로로 만들겠다는 계획이다.

(3) 캐나다의 페어 스타트 프로그램(Fair Start Program)

캐나다의 "페어 스타트(Fair Start)"는 1996년 한 지역사회에서 시작되어 전국으로 확산되었다. 페어 스타트는 18개월부터 취학 전까지의 아동에게 시력 · 청력 · 사회성 · 언어능력 · 체력 · 손놀림 등 여섯 가지 검사를 무료로 받게 하는 프로그램이다. 구호는 "5살 이전의 시기가 인생을 좌우한다"이며, 뇌의 75% 이상이 5세 이전에 발달하기 때문에 문제를 조기에 발견, 치료해 주로 빈곤 아동에게 '공정한(fair)' 출발을 보장한다는 것이다. 페어 스타트를 처음 제안한 것은 1996년 선더베이시 레이크해드 학교협의회이며, 이후 보건소 · 비영리단체가 후원하면서 캐나다의 복지모델로 자리 잡았다. 현재 선더베이시에서는 7개 지역 단체가 페어스타트 위원회를 구성하고 있다. 파렐은 2003년 취학 전 아동 중 페어 스타트를 거친 비율은 88%에 달한다면서 "2002년에는 2,045명 중 149명이 언어능력, 58명이 사회성 문제가 발견돼 치료를 받았다"고 성과를 설명했다. 페어 스타트의 핵심은 기관 간 협력과 교사 · 치료사 · 상담원 등의 자발적인 봉사라고 덧붙였다.

(4) 한국의 위 스타트 프로그램(Welfare Education Start: We Start)

한국의 경우는 "위 스타트(Welfare Education Start: We Start) 운동"이 2004년 5월 3일 발족하였다. 빈곤아동 100만 명에게 교육과 복지혜택을 주자는 운동으로 교육부와 보건복지부의 후원 아래 31개 사회단체가 참여하여 발족하였다. 인생의 출발선에 있는 빈곤층 어린이들에게 장차 가난에서 벗어날 수 있도록 기본적인 교육 · 복지 기회를 마련해 주자는 취지인 것이다. 부모의 가난이 대물림이 되는 이유는 교육과 복지가 부실하기 때문으로 보고 이들이 사회적으로 정상적인 혜택을 받을 수 있도록 지역교육 복지 네트워크를 만들어 마음의 상처를 치료하여 건정한 인성을 가진 인간으로 육성하자는 것에 목적을 둔 것이다. 즉 빈곤층 아이들에게 교육과 복지 측면에서 공정하고 확실한 출발선(Start line)을 보장해 줘 성인이 되었을 때, 가난에서 벗어날 수 있게 해 주자는 선진국의 취지를 본받아서 민간단체의 주도로 시작된 운동이다.

그 외에도 정부의 보건복지부에서 운영하는 드림 스타트가 있다. 빈곤가정 아동의 보건, 복지, 교육 등에 중점을 두고 있으며, 2007년 16개 시범지역을 선정하여, 운영한 후 2008년부터 시작되었으며, 지속적으로 확대되고 있다. 지방자치단체에서 운영하고 있으며, 해가 거듭되면서 소기의 성과를 거두고 있다.

※ 미국 · 영국 등에 비해 빈곤문제가 심각하지 않은 일본의 경우는 출산율 저하에 대처하기 위해 저소득층 가정에 보육비를 지원하는 "엔젤 플랜(Angel Plan)"을 1994년 시작했다.

아. 교육평등과 사회평등과의 관계

교육평등 자체에 대한 논의뿐만 아니라 교육평등의 실현과 사회평등의 실현에는 어떤 관계가 있는가에 대한 논의도 매우 중요하다. 글레너스터(H. Glennerster, 1979)는 교육이 사회적 불평등에 대처하는 역할을 사람마다 다르게 보고 있음을 지적하고, 이를 다섯 개의 관점으로 정리하였다. 첫째, 구시대의 관점으로 각 신분계층마다 다른 교육을 실시함으로써 계층질서를 유지한다는 것이다. 그러므로 불평등을 해소시키는 것이 아니라 존속시키는 역할을 수행하는 셈이다. 둘째, 능력주의 관점으로, 학교는 사람들의 능력을 선별하여 각자에 알맞은 수준의 교육을 시켜 유능한 자는 높은 사회적 지위에 배치되고, 무능한 자는 낮은 사회적 지위에 배치하는 역할을 담당한다는 것이다. 즉 교육이 능력주의 사회의 핵심장치로 기능한다는 것이다. 셋째, 평등주의 관점으로 모든 사람에게 교육기회를 평등하게 제공함으로써 사회의 기존 계층구조를 변화시킬 수 있다는 것이다. 즉 불우계층을 교육을 통하여 상승 이동시켜 모두가 평등한 사회가 되도록 만든다는 것이다. 넷째, 마르크스주의 관점으로, 교육은 자본주의 사회의 지배집단에 봉사하므로 혁명에 의한 사회변혁이 이루어지지 않고는 사회의 평등화는 불가능하다는 것이다. 자본주의 사회의 교육은 사회불평등을 재생산할 뿐이라는 주장이다. 다섯째, 현실적 평등주의 관점으로, 교육은 여러 사회제도 가운데 하나로서 고유한 가치를 지니고 있으므로 모든 사람에게 평등한 교육기회를 주어야 하지만, 평등교육이 반드시 평등사회를 가져오는 것은 아니라는 것이다.

그 외에도 평등사회를 지향하기 위한 국가별 제도를 보면, 프랑스의 교육우선지역 정책(1981)년 시행, 교육방향법(1989), 이민자 자녀를 위한 기회평등법 개정(2008) 등이 있으며, 독일은 1960년대부터 노동자 자녀 교육지원, 김나지움 등록금 폐지, 1970년대 대학등록금 폐지, 연방교육지원법 제정, 1980년대 저소득층 및 외국인 지원 등의 제도와 온종일 학교(Ganztagsschule) 운영, 이민자 가정 아동 및 청소년 지원 등이 있다. 또한, 북유럽 국가들의 교육(복지)제도는 이미 많이 알려져 있다. 그러나 모든 제도와 복지시스템은 해당 국가가 처한 역량과 사회문화적 인식과 참여, 실천 역량 등 복잡한 요인이 서로 얽혀 있어 제도만으로 성공하기는 어려우며, 복지제도가 부족하다고 국가의 성장이 뒤처지는 것도 아니라는 점을 인식할 필요가 있다. 오히려 국가의 성장은 개인의 성공에 대한 의지와 실천, 성장을 위한 사회분위기와 열정이 영향을 크게 주는 경우도 있다는 사실이다.

제2절 교육기회 측정지표

교육기회 측정지표들은 국가 간 교육에 대한 비교를 할 때 주로 사용된다.

가. 취학률

사회 계층별로 전체 취학 대상인구 중 몇 %가 학교에 취학하고 있는가를 살펴보아 교육기회가 어느 정도 균등하게 분배되고 있는지 측정하는 것이다.

예 상류계층은 70%가 취학하고 있는데, 하류계층은 30% 정도 취학하고 있다면 교육 기회가 균등하지 못하다는 해석을 할 수 있다.

나. 진학률

사회 계층별로 취학한 학생 수의 몇 %가 진급하고 있는지를 살펴보아, 계층별로 큰 차이가 없으면 교육기회가 균등하게 배분되고 있다고 할 수 있다.

예 상류계층의 아동은 70% 진학하고 있는데 하류계층의 아동은 30%만 진학하고 있다면 교육기회가 균등하지 못하다.

다. 교육선발지수

전체 학생에 대한 집단별 학생 구성비의 전체인구에 대한 해당집단 인구 구성비의 비율로 나타내며, 인구비례 점유율로서 가장 많이 이용한다.

예 전체 학생 가운데 아버지의 직업이 전문직인 학생이 20%인데, 전체 인구 가운데 전문직 직업인이 10%라고 하면, 전문직은 인구비례의 자기 몫의 두 배에 해당하는 교육기회를 차지하고 있는 셈이다.

라. 탈락률

사회 계층별로 진급에서 탈락한 낙제자와 퇴학자의 비율을 살펴보아 교육의 기회균등을 측정하는 방법이다.

마. 지니계수(Gini Coefficient)

지니계수는 본래 경제적 소득의 분배 상황을 말해 주는 지수를 말한다. 이것을 교육기회의 분배상황 측정에 빌려온 것으로, 집단별 선발지수를 모아서 하나의 종합지수로 표시한 것과 같은 것이다.

지니계수를 측정하는 방법은 각 집단이 차지하고 있는 교육 기회의 양과 인구비례를 차지했을 때의 양 사이의 차이를 수치로 측정한 것이다.

$$\text{지니계수} = \frac{K}{\triangle SUT_2} = \frac{A}{A+B}$$

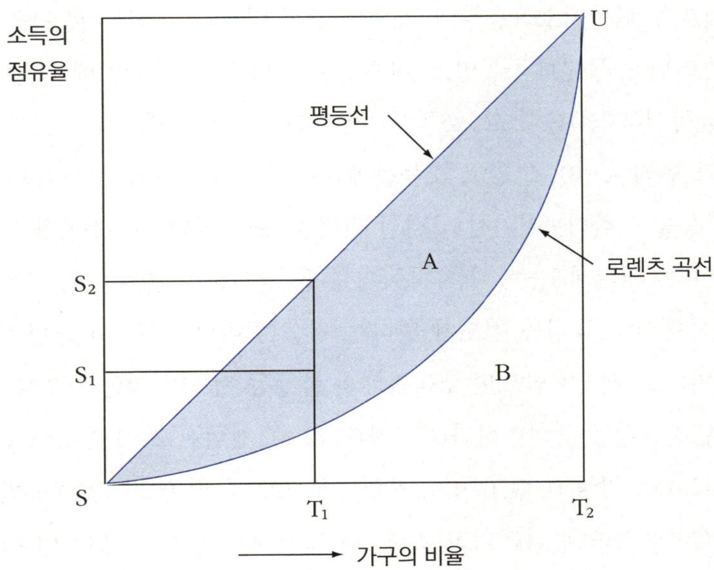

그림에서 S→U(평등선)의 방향은 수입이 가장 낮은 사람으로부터 가장 높은 사람 순서대로 배열한 것이다. 소득의 점유율은 소득이 가장 낮은 사람부터 높은 사람의 순으로 전체 국민소득에서 차지하고 있는 비율을

나타낸다. 전체인구의 반인 T_1은 완전히 평등한 사회라면 S_2 정도의 소득을 점유하여야 한다. 그러나 현실적으로는 S_1 수준의 소득정도만 점유(현실)하고 있으므로 소득분배가 불평등하다는 것이다.

지니계수는 이탈리아 인구 · 통계 · 사회학자 지니(Corrade Gini)가 소득분포에 관해 제시한 통계적 법칙인 '지니의 법칙'에서 나온 개념이다. 빈부격차와 계층 간 소득분포의 불균형 정도를 나타내는 수치로, 소득이 어느 정도 균등하게 분배되어 있는지를 평가하는 데 주로 사용되어 왔다. 이를 통해 근로소득 · 사업소득의 정도는 물론, 부동산 · 금융자산 등의 자산 분배에 대해서도 어느 정도 파악할 수 있다. 지니계수의 계산 방법은 먼저 가로축에 저소득층부터 고소득층 순서로 인원 분포도를 그리고, 세로축에는 저소득층부터 소득액 누적 백분율(소득누적비율)을 그린다. 그러면 소득분배곡선인 로렌츠곡선이 나오는데, 여기에 가상 소득분배균등선(45°선)을 긋고, 소득분배균등선과 가로 · 세로축이 이루는 삼각형의 면적(A+B), 그리고 소득분배균등선과 로렌츠곡선 사이의 면적(A) 비율을 구한다. 여기서 구해진 면적 비율이 지니계수(불균형 면적, A 영역)이다. 지니계수는 0과 1 사이의 값을 가지는데, 값이 0에 가까울수록 소득분배의 불평등 정도가 낮다는 것을 뜻한다. 보통 '0'은 완전평등을 의미하고, 0.4가 넘으면 소득분배의 불평등 정도가 심한 것으로 보며, '1'은 완전불평등을 의미한다(두산백과, 2016). 한국은 2021년 0.333, 일본 0.334(2018), 미국 0.395(2019), 프랑스 0.292, 독일 0.289(2018), 핀란드 0.269(2018) 등으로 나타나고 있다. 위 그림에서 볼 때, A 면적이 확대될수록 불평등이 심화(불균형 면적이 넓어짐)됨을 뜻하며, 이는 로렌츠곡선이 아래로 늘어진다는 것을 의미한다.

예를 들면, 사람 10명과 돈 1,000원이 있다. (1) 10명이 공평하게 100원씩 나누어 가지면 지니계수는 '0'이 된다. (2) 1명이 1,000원을 가지면 지니계수는 '1'이 된다. 그러나 (1)은 인간의 속성 때문에 현실적으로 불가능하며, (2) 또한, 1명이 나머지 9명을 모두 소유하거나 죽지 않으면 불가능한 일이다. (1)과 (2) 모두 현실에서는 불가능하므로 (1)에 가까우면 불평등의 정도가 낮고, (2)에 가까우면 불평등의 정도가 높다는 것이다.

여기서 소득의 점유율 대신에 교육의 점유율을 대입하면 교육의 기회 분배 현황을 알 수 있다. 즉 가정이 부유한 집안의 자녀들은 경제적 지원이 풍부하므로 계속교육의 기회가 확대되고, 빈곤한 집안의 자제들은 불평등한 소득배분으로 인하여 교육을 받을 수 있는 기회가 감소된다는 것을 알 수 있게 된다.

제3절 교육격차 인과론

학교교육을 통해 이루어지는 교육격차는 어제오늘의 이야기가 아니다. 시대를 넘어서 항상 제기되는 문제이고, 그 해소방안이 지속적으로 나타나고 있음에도 불구하고, 한 가지 문제를 해결하고 나면 또 다른 문제가 나타나는 어쩌면 영원히 해결할 수 없는 딜레마인지도 모른다. 이러한 교육격차에 대해 지금까지 사회적으로 인식되어왔던 주장들을 알아본다. 첫째, 지능결핍론, 둘째, 문화환경결핍론, 셋째, 교사결핍론이다(김병성, 2004: 381-386).

가. 지능결핍론

미국의 교육심리학자로 알려진 아서 젠센(A. R. Jensen, 1969)은 인간의 생태적 소질에 관한 논문에서 유전요인이 약 80%, 나머지 20%가 개인의 사회적 · 문화적 · 신체적 형성 제 환경의 영향으로 제시하고 있다. 그의 스승이었던 아이젠크(H. J. Eysenck, 1971) 역시 개인의 지능적 유전은 80%이고, 환경에 의한 것은 약 20% 정도라고 하여 유전이 인간형성에 큰 힘을 가지고 있다고 하였다. 그러나 이러한 주장으로 인해 학계와 대중들로부터 많은 비판을 받기도 했다. 라이트와 스미스(Light & Smith, 1969)는 젠센의 측정방법의 오류를 지적하면서, 유전에 의한 영향 45%, 환경 31%, 유전과 환경의 상호작용 20%, 오차 4%라고 하여 유전에 의한 영향을 훨씬 축소하였다. 그럼에도 불구하고 유전은 가장 높은 영향을 주는 것으로 나타났다.

나. 문화환경결핍론

문화환경결핍론에 대한 주장은 콜맨보고서(Coleman Report)로부터 나왔다고 할 수 있다. 콜맨보고서에서 나타난 결과를 보면, 첫째, 학생의 가정배경은 학생의 학업성취에 영향을 미치는 가장 중요한 요인이며, 이것은 학생이 학교에 다니는 동안 계속하여 영향을 미친다. 둘째, 학교의 물리적인 시설, 교육과정, 교사의 질 등은 성적에 매우 미미한 영향을 주는데, 이 중에서 교사의 질은 학교의 다른 특성요인에 비하여 상대적으로 성적에 주는 영향이 크다. 셋째, 학생집단의 사회적인 구조는 가정환경과는 별도로 학교의 다른 어떤 요인보다도 학생의 성적에 미치는 영향이 크다. 넷째, 학생이 환경을 통제할 수 있다는 신념과 태도는 학생의 성적과 매우 관계가 깊다. 다섯째, 학교특성 변인 중에서 학생구성과 교사의 질이 성적에 주는 효과는 있으나 전체적으로 10% 정도의 변량밖에 설명해 주지 못하는 것으로 나타났다.

그 후 콜맨보고서(1966)는 변인의 조합에 문제가 있다고 보고, 이 데이터를 재분석한 젠크스(Jencks, 1972)의 분석결과는 첫째, 인지능력의 불평등을 설명해 주는 정도는 가정배경요인(60%), 유전요인(35-50%), 학교의 질(40%)의 순이다. 둘째, 학업성취에 영향을 주는 원인은 가정배경, 인지능력, 인종 차, 학교의 질(2% 정도)의 순으로 보았다. 셋째, 결론적으로 학교는 학업성취 향상에 거의 영향을 주지 못한다고 하였다. 이를 뒷받침하는 증거가 계속 나타나는데, 영국의 플라우든 보고서(Plowden Report, 1967)는 초등학교 학생을 표집하여 부모의 태도, 가정환경, 학교특성 변인 등 104개의 변인을 투입하여 연구하였다. 그 연구의 결론은 사회계층이 높을수록 부모의 자녀교육에 대한 포부수준 및 관심도가 높았고, 좋은 학교에의 진학을 원했으며, 학업성취(독서능력)의 격차를 설명해주는 데에 부모의 태도(흥미, 포부), 가정환경, 학교의 특성 순으로 나타났다. 나머지 변량 3-5%는 학생 개인 간의 특성 및 격차에서 기원한다.

IEA(International Association for the Evaluation of Educational Achievement, 1967)의 국가관 · 학교 간 분석 결과에서도, 가정의 사회문화적 배경이 40% 이상, 학교환경과 교육 프로그램이 20% 정도, 기타 태도나 동기요인이 5~10% 정도로 나타났다.

다. 교사결핍론

각종 원인들이 제시되는 과정에서 교육에 대한 책무성은 결국 교사에게로 집결되는 형태의 연구가 나타났다. 맥딜과 릭스비(E. L. McDill & L. C. Rigsby, 1973)의 연구에서는 학생들의 학업성취는 학생의 학업적성, 학구적 가치지향성, 가정의 사회경제적 배경, 학교풍토, 학생집단의 지위

※ 콜맨보고서(Coleman Report, 1966)

콜맨(James S. Coleman)과 동료 연구진들은 미국 내 6개 주요인종 및 소수 민족집단(minority group) 간의 학교 간, 지역 간에 존재하는 교육기회와 효과의 불균등 현상 및 원인을 밝히는 데 목적을 두고 연구하였다.

이들은 미국 내 4,000개 학교의 625,000명 학생들(1, 3, 6, 9, 12학년)과 교사 60,000명을 대상으로 학업성취에 영향을 미치는 103개의 변인들을 연구한 결과는 1,300페이지에 달하며 548페이지의 통계 자료까지 삽입한 방대한 보고서를 내놓았다. 이 보고서를 흔히 Coleman Report라고 부른다. 이 보고서는 「교육기회의 평등(Equality of Educational Opportunity, 1996)」으로 출판되었다.

이 연구는 그동안 사회과학계에서 가장 연구비를 많이 들인 연구, 가장 표집이 큰 방대한 연구라는 기록을 남겼다. 무엇보다도 이 연구가 발표된 미국사회에 커다란 논쟁을 불러일으켜 유명하다. 이 보고서가 논쟁의 핵으로 등장하게 된 이유는 다음과 같다. 즉 연구의 가설이었던 학교시설과 교사 봉급 등 교육투자경비의 불평등이 학생의 학업성취에 미치는 효과는 오히려 미약하고 그 대신 학생의 가정배경(60~80%)과 동료집단의 영향이 크다는 것이다. 그중에서도 학생의 가정배경 영향의 비중이 더 크다고 보고하고 있다.

그리하여 1970년대에는 사회계층과 교육 사이의 관련성 논의에서 사회구조 그 자체를 비판하는 논의가 전개되었다. 노동계층 자녀들은 교육에 의하여 그 계층의 특성을 '학습'하게 되고 학교가 노동시장에 필요한 능력을 길러주고 있으며 현존하는 사회의 불평등을 그대로 영속화시키는 역할을 하고 있다는 내용이 여러 후속 연구들에 의해 지지되어 왔다. 오늘날에도 계속적인 논란이 되고 있다.

구성요소 순으로 영향을 미친다는 결과가 나타났다. 학생의 개인적 투입변인을 통제할 때 학습풍토요인(학교의 학습 환경 특성)이 성적에 큰 영향을 주는 것으로 밝혀진 것이다. 이 연구 결과는 학교풍토는 학생의 능력수준, 사회경제적 배경, 학구적 가치지향성 등과 관계없이 학업성취에 독립적인 영향을 주고 있음을 실증적으로 제시해 주었다.

브루코버와 슈나이더(Brookover & Schneider, 1975)의 연구에서도 학교의 심리적 풍토인 교사의 기대, 평가, 학생의 풍토 지각 등이 학교 간의 성적 차이를 설명하는 중요한 요소로 나타났다. 그 뒤 브루코버 등(1979)은 후속연구를 통해, 학생의 배경 및 학생집단 구성(인종 구성비)은 학업성취의 상당한 부분을 설명해주고 있는 것으로 밝히고 있다. 그러나 학교의 사회심리적 요인을 통제한 후에 이러한 요인들이 학업성취를 설명하는 부분은 매우 적다. 즉 학교풍토의 하위변인 중에서 학업성취에 가장 큰 영향을 주는 것은 학생의 학구적 무력감, 학생에 대한 현재의 평가 및 기대, 학구적 규범 등이라는 것이다. 브루코버의 연구결과는 학교의 학습 환경 및 풍토요소는 학생의 출생배경에 못지않게 학업성취에 영향을 주는데, 이것은 학교의 문화적 · 규범적 · 사회심리적 풍토요인이 학교의 학업성취에 영향을 주고 있음을 의미한다. 학교의 사회심리적 특성은 학교구성원의 학습에 대한 기대, 신념, 평가, 정서적 분위기 등으로 나타나게 된다고 보았다.

더불어서, 콜맨 보고서의 내용과 관련지어보면, 학교의 학업성취 격차는 주로 가정배경인 것처럼 알려져 있었으나, 최근에는 학교의 사회 · 심리적인 환경, 즉 교사의 교육효과에 대한 신념, 가치체계, 학급 내에서 교사와 학생의 상호작용 그리고 학교구성원의 학구적 규범 등에 의하여 영향을 받는다는 것이다. 최근 학교폭력이 사회문제로 대두되고 있는 상황에서 보면, 학교폭력에 노출되는 정도가 낮은 학교의 학생들 성적이 더 좋은 결과를 보여주고 있다는 점도 이러한 것을 뒷받침하는 결과로 해석될 수 있다.

▣ 교사의 기대효과

학업성취에 교사의 기대효과를 보면, 과거에는 교사의 수업방법이나 학생의 특성이 학업성취에 미치는 영향 등에 관한 연구가 많이 진행되었으나, 최근에는 교사가 가지고 있는 학생 개개인에 대한 지각이 학업성취에 많은 영향을 주는 것으로 알려지면서 이에 관한 연구가 진행되고 있다. 교사가 학생들에게 "학생들의 학업성취를 향상시킬 수 있다."는 기대를 갖게 되면 학생들의 학업성취가 실제로 향상된다는 연구 결과가 로젠탈과 제이콥슨(R. Rosenthal & L. Jacobson, 1968)의 자성예언(self-

※ Pygmalion effect

그리스신화에 나오는 조각가 피그말리온의 이름에서 유래한 용어이다. 조각가였던 피그말리온은 아름다운 여인상을 상아로 조각하고, 그 여인상을 진심으로 사랑하게 된다. 여신(女神) 아프로디테(로마신화의 비너스)는 그의 사랑에 감동하여 여인

상에게 생명을 주었다. 그 후 두 사람은 결혼을 하여 낳은 아들이 파포스였고, 아프로디테에게 파포스라는 마을을 만들어 바쳤다. 이처럼 타인의 기대나 관심으로 인하여 능률이 오르거나 결과가 좋아지는 현상을 말한다. 1968년 하버드대학교 사회심리학과 교수인 로버트 로젠탈(Robert Rosenthal)과 미국에서 20년 이상 초등학교 교장을 지낸 레노어 제이콥슨(Lenore Jacobson)은 미국 샌프란시스코의 한 초등학교에서 전교생을 대상으로 지능검사를 한 후 검사 결과와 상관없이 무작위로 한 반에서 20% 정도의 학생을 뽑았다. 그 학생들의 명단을 교사에게 주면서 '지적 능력이나 학업성취의 향상 가능성이 높은 학생들'이라고 믿게 하였다. 8개월 후 이전과 같은 지능검사를 다시 실시하였는데, 그 결과 명단에 속한 학생들은 다른 학생들보다 평균 점수가 높게 나왔다. 뿐만 아니라 학교 성적도 크게 향상되었다. 명단에 오른 학생들에 대한 교사의 기대와 격려가 중요한 요인이었다. 이 연구 결과는 교사가 학생에게 거는 기대가 실제로 학생의 성적 향상에 효과를 미친다는 것을 입증하였다.

fulfilling prophecy)연구, 블룸의 완전학습(B. Bloom, 1976) 등의 연구에 의하여 밝혀졌다. 여기서 교사의 기대가 학업성취에 미치는 효과를 피그말리온 효과(Pygmalion Effect)라 부른다. 이들의 연구에 의하면「저학년」,「하류계층의 자녀」일수록 교사기대의 효과는 더욱 크게 나타난다는 결과를 보여준다.

이러한 교사의 기대가 교육에 주는 시사점을 보면, 교사의 기대치는 결국 크든, 적든 간에 학생들의 학업성취에 직·간접적으로 영향을 주는데, 교사들이 학생들을 지진아나 무능아로 평가하여 그들의 학업성취에 낮은 기대를 가질 경우 학생들은 학구적 무력감(Sense of Futility)을 갖게 되어 결국 학업성취를 저하시키게 될 수도 있으므로 부정적 측면에서의 기대치를 최소화하여 학생의 노력, 능력에 따른 학업성취가 가능하도록 하여야 한다.

라. 학급문화와 학교풍토

교실문화가 학업성취에 미치는 영향에 대해. 콜맨은 학교의 분위기를「학생문화(Student Culture)」에 초점을 두어 연구하였고, 브루코버(W. Brookover)는 학교분위기를「학교풍토(School Climate)」에 초점을 두어 연구하였다. 콜맨은「청소년사회(The Adolescent Society)」라는 저술에서, 학교에서 학생들이 공통적으로 가지고 있는 가치관, 태도, 생활양식 같은「학생문화」가 학교에서 학생들의 생활과 태도에 영향을 미쳐 성적에 영향을 준다고 하였다. 브루코버의 학교풍토(School Climate) 연구는 학교의 분위기를 학교풍토의 개념으로 정리하면서 학생들의 학업 성공에 대한 교사의 기대, 학생의 학습능력에 대한 교사의 평가, 교사의 평가와 기대에 대한 학생의 지각(知覺), 학생의 무능력감 등을 중심으로 학교의 풍

참고

브루코버(W. Brookover)의 학교풍토

학생풍토	• 학구적 무력감 • 잠재적 평가 및 기대 • 학생이 지각한 현재의 평가/기대 • 교사의 기대압력과 규범에 대한 지각 • 학업성취를 강조하는 학구적 규범
교사풍토	• 대학진학에 대한 능력, 평가, 기대, 교육의 질 • 고교졸업에 대한 현재 기대와 평가 • 학력증진에 대한 교사와 학생의 기대 일치도 • 교장의 기대에 대한 교사의 지각 • 학구적 무력감
교장풍토	• 질적 교육에 대한 부모의 관심 및 기대지각 • 학력증진을 위한 노력 • 현재의 학교 질에 대한 학부모와 교장의 평가 • 학생에 대한 현재의 기대 및 지각

토지수(風土指數)와 학업성취와의 관계를 연구하였다.

그러나 맥딜(E. L. McDill)은 학생문화는 학업성취에 영향을 주기는 하지만 그리 큰 것은 되지 못한다고 하였다. 또한, 학교의 분위기 자체도 학생들의 사회 계층적 배경, 현재의 성적 등에 의하여 영향을 받고 있다고 하였다.

그 외에도 학생들의 학업성취에 영향을 미치는 요인들은 학급편성, 학급규모, 학교환경, 교육조건 등이 영향을 준다.

학급편성 흔히 능력별로 학급을 편성하는 경우, 즉 우수한 학생은 우수한 학생끼리, 열등한 학생은 열등한 학생끼리 반을 편성하여 가르치는 것이 훨씬 능률적이고 효과가 높다고 생각한다. 그러나 실제의 연구결과에 의하면 우리가 흔히 학급편성 방법의 차이 때문에 성적의 차이가 나타난다고 믿었던 것들은 사실 교사의 차이, 과목내용의 특성상의 차이 등에 의하여 영향을 받는다는 것으로 밝혀지고 있다.

그 이유인즉 교사들은 학생들이 학구적이라고 판단되면, 더 열성적이고 다양한 기법을 동원하는 반면에 학생들의 학업능력이 낮다고 판단되면 소극적이고 형식적 수업을 한다는 것을 보여주는 것이다.

학교규모 한 학급에 학생이 너무 많으면 교사의 주의력과 지도력이 분산되므로 학생들의 성적이 낮아질 것이며, 반대로 학생 수가 적으면 성적이 높아질 것으로 생각한다. 그러나 일반적으로 사람들이 생각하는 것처럼 학급규모가 적을수록 학생의 성적이 올라간다는 것을 획일적으로 주장할 수는 없다. 연구결과들을 살펴보면 학급규모가 작을수록 학업성취가 높아진다는 결과를 얻은 연구도 있고, 반대로 학급규모가 클수록 학업성취에 도움이 된다는 연구도 있다. 국제학업성취도 평가위원회 (IEA: International Association for the Evaluation of Education Achievement)의 여러 보고서는 학급규모의 차이가 학업성취의 차이에 영향을 미치는 증거를 찾아볼 수 없다. 이러한 결과는 학교풍토뿐만 아니라 교사의 학생에 대한 애착, 학부모의 관심 등 다양한 요인이 영향을 미치기 때문에 어느 한 가지 요인으로 학업성취의 결정을 내리기는 어렵다는 것을 보여주는 것이다.

학교환경 학교환경은 학교 자체를 둘러싸고 있는 환경으로, 학교의 특성에 영향을 미치고 학교의 특성은 다시 학생들의 학업성취에 영향을 미친다. 보일(Boyle)에 의하면 학교의 교육조건이 동일한 상황에서도 학생들의 사회계층배경에 따라 학업성취가 달라지지만, 달라지는 정도가 학교환경의 한 요인인「지역사회의 크기」에 의하여 영향을 받는다고 하였다.

교육조건 학교의 교육조건은 학교의 시설, 학교의 재정, 학교의 교육과정, 교구, 교사의 수와 교육경제 등 교육에 투입(Input)되는 요인들이다. 흔히 학교의 교육조건이 학업성취에 지대한 영향을 미치는 것으로 생각한다. 따라서 학교 간의 성적격차를 해소하기 위해서는 제일 먼저 학교 간의 교육조건을 동등하게 만들어야 한다. 학교의 교육조건이 학생들의 학업성취에 커다란 영향을 미치는 것으로 흔히 생각하지만, 젠크스(C. Jencks), 사이몬(J. Simons) 등의 연구에 의하면 학교의 교육조건은 학생들이 학교에 입학하면서 갖고 들어오는 지적인 요인보다는 훨씬 적게 영향을 미친다고 보고하는 연구들도 있다. 그러나 학교의 교육조건이 학생들의 학업성취에 영향을 전혀 미치지 않는다고 생각해서는 안 된다. 왜냐하면 학습의 조건이나 상황이 학교에 따라 다를 수 있기 때문이다.

▣ 교육의 기회균등 실천 접근방안

학생 개개인의 잠재능력을 최대한으로 발휘할 수 있도록 자원을 배정하고 뒷받침해 주어야 하며, 모든 학생으로 하여금 최저학습 수준에 도달할 때까지 교육자원을 투자해 주어야 한다. 모든 교육을 정규 학교교육에만 치중해 오던 지금까지의 교육정책을 누구나 원하면 언제 어디서나 계속 교육의 기회를 얻을 수 있는 평생교육체제로 바꿔야 한다. 또한, 교육기회의 양적 · 질적 기회균등의 실현을 위하여 농촌과 도시, 지방과 서울 간의 교육시설이나 인적 투자의 격차를 줄일 수 있도록 교육투자의 적극적인 증가가 있어야 한다. 지금까지 강화되고 있는 부모의 사회경제적 지위 요인이 자녀들의 학업성적에 미치는 영향을 최소로 줄여야 하며, 학업 부진아들을 위한 특별 교육과정이나 교육방법을 개발해야 한다. 특히 지능지수가 낮은 학생들이나 특수교육대상 학생들을 위한 교육과정 및 교육방법의 새로운 개발에 많은 교육투자가 있어야 한다. 이를 위해, 장학제도를 늘려 빈민층 학생들이 장학금을 받아 학업을 계속할 수 있도록 해야 하고, 남녀 성별 간의 교육기회 격차를 좁혀야 한다. 남녀의 성별로 볼 때 초등학교와 중학교에서는 균형을 유지하다가 고등학교 이상 상급학교로 올라갈수록 교육기회의 남녀격차가 커지는 경향이 있으므로 성별에 상관없이 교육기회가 개방 · 확대되어야 한다.

이와 같은 교육기회 균등을 실현하기 위해서 선행되어야 하는 문제는 교육재정의 문제이다. 교육재정이 확보되어야 모두에게 혜택을 주는 제도의 정비와 교육적 실천이 가능해질 수 있기 때문이다. 이에 대한 문제점을 해결하기 위해서는 정치와 정부, 국민이 모두가 교육의 문제를 가장 우선순위에 두고 실천하려는 의지가 선행되어야 가능성의 문이 열린다.

제4절 엘리트주의와 평등주의

국가의 성장과 발전을 위해 나라마다 서로 다른 정책을 취하는 것은 당연하다. 지금까지 특징적으로 나타나는 정책은 엘리트 양성 위주의 정책과 평등중심의 정책이 대조를 이루면서 나타나고 있다고 볼 수 있다.

엘리트주의 교육관 국민 개인이 받는 교육수준은 그가 장래 경제적 생산에 기여할 능력을 얼마만큼 갖느냐에 따라 정해진다고 볼 수 있다. 지능이나 학습능력은 오로지 유전적 요인에 의하여 정해지므로 사람에 따라서는 일정 한도 이상의 교육을 받아도 쓸데없는 것이 된다고 본다. 따라서 미래 엘리트 자리를 차지해야 할 능력을 가진 사람들을 그러한 능력을 갖지 못한 사람들로부터 조기에 선발해야 한다. 이렇게 함으로써 능력이 탁월한 사람에게는 지도자로서의 자질을 함양케 하고, 능력이 떨어지는 사람은 이들을 따르게 해야 한다. 따라서 엘리트주의 교육에서 선발은 가능한 한 범위 내에서 빨리 하면 할수록 좋다고 생각하며, 교육선발 유인체제는 여러 가지로 분화된 복선형 교육제도를 지지하는 경향이 있다. 이 입장은 유럽의 선진국들에서 과거에 이루어졌으나 최근에는 모든 나라에서 복선형 교육제도를 폐지하였다.

평등주의 교육관 국민은 평등하게 교육을 받아야 한다는 입장이다. 개인이 타고날 때부터 가지게 되는 능력은 후천적으로 발전시킬 수 있기 때문에 모든 국민들이 평등한 대우를 받게 되는 교육적 환경을 제공하여야 한다는 입장이다. 이러한 기회균등에 입각하여 개인이 최대한의 노력을 통하여 이룩한 성취를 통하여 사회적으로 선발하는 것이 타당한 것으로 보는 입장이다. 따라서 이 입장의 선발관은 가능한 범위 내에서 보다 오랫동안 교육을 받는 것은 모든 사람의 권리라고 본다. 지능과 학습능력은 환경적 요인에 의해서 많은 영향을 받는다. 따라서 개인에게 적절한 교육을 실시함으로써 개인의 자아실현에 도움을 주어야 한다. 또한, 장래 엘리트 자리를 차지할 사람들은 될 수 있는 한 오랫동안 그 이외의 사람들과 함께 배우고 놀 수 있도록 해야 한다. 그렇지 않으면 엘리트는 대중과 접촉을 잃게 되며, 대중은 과도하게 움츠러들어 자발성을 잃고 만다. 따라서 평등주의 교육관에서는 직업적 선발이 이루어지는 시기는 늦을수록 좋고, 교육선발체제는 단순할수록 좋다는 입장을 지지한다.

참고

사회명목론과 사회실재론 구분

구분	엘리트주의 교육관	평등주의 교육관
선발기준의 강조점	개인의 능력	교육받을 권리
능력에 대한 관점	선천적 · 유전적 요인이 결정적	환경적 요인이 결정적
직업적 분화와 관련된 선발 시기	조기선발 / 분리교육	만기선발 / 통합교육
교육선발유인체제	복선형	단선형
대표국가	영국, 프랑스, 브라질, 이탈리아	미국, 스웨덴, 캐나다, 한국 (복선형적 요소가 가미되어 있음)

일반적으로 2차 대전 이후, 엘리트주의 교육관이 지배적이었던 유럽의 대부분의 국가에서는 교육의 기회균등이라는 측면에서 평등주의 교육관을 받아들여 교육의 대중화를 기하는 쪽으로 변화하였다. 반면에 평등주의 교육관이 지배적이었던 국가에서는 교육의 질적 향상 및 고급두뇌의 개발이라는 측면에서 엘리트주의 교육관을 가미하는 쪽으로 발전하는 경향이 있다.

제5절 교육선발과 배치

학교교육을 통한 선발과 배치에 대한 인식은 기능이론과 갈등이론의 입장에 따라 달라질 수 있다. 여기서는 두 입장에 맞추어 살펴보기로 한다. 먼저 기능이론 입장에서의 선발과 배치에 대해 살펴보면, 학생선발의 의미는 첫째, 학생들을 능력의 종류와 수준에 따라 분류함으로써 학습자에 대한 진단기능을 한다. 둘째, 학생선발은 직업세계가 필요로 하는 사람들을 분류하는 여과 기능을 한다. 셋째, 사회선발은 사회적 희소가치의 차등적 분배에 대한 합리화 기능을 한다. 즉 사회적 희소가치의 분배가 능력에 따른 교육경험의 결과라는 것을 암암리에 일반화시킴으로써 계층 간 · 집단 간 갈등을 완화시키고, 사회적 체제유지를 합리화시키는 기능을 한다. 학교는 능력 있는 사람을 분류, 선발하는 합리적인 체제로서 능력에 따라 높은 사회적 지위를 점할 수 있도록 해 준다. 넷째, 학생선발은 능력별 분류에 의한 서로 다른 교육적 성취는 장래 성인사회의 직업적 분화에 도움을 준다고 보고 있다.

[그림 3-2]에서처럼, 아동들의 적성에 맞는 학습기회를 제공하기 위해서는 능력과 가정환경을 고려하여 능력에 따라 분류하여, 그에 맞는 교수방법과 교과내용을 선택해야 교육효과가 극대화된다고 주장한다. 따라서 능력이 다른 아동은 서로 다른 교육적 성취를 통해서 능력에 맞

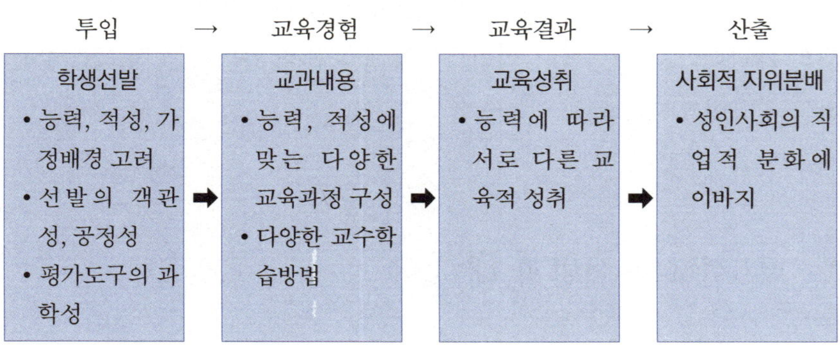

[그림 3-2] 기능주의의 능력별 선발에 따른 사회진출도

는 사회진출의 기회를 가지게 됨으로써 성인사회의 직업적 분화에 공헌한다는 것이다. 이러한 기능이론의 관점에서는 교육을 통하여 사회 구성원 각 개인의 능력에 따라 자아실현에 도움을 줄 수 있고, 나아가 사회발전에 공헌할 수 있음을 상정하고 교육기회 확대를 주장한다.

그러나 갈등론적 입장에서는 기능론적 입장과는 다른 입장을 취한다. 갈등이론에서는 과연 학교가 학생들을 올바로 선발하고 있으며, 선발기능을 통해 사회이동을 원활히 수행하고 있는가? 학교는 불평등한 구조적 모순을 얼마나 완화시키고 있는가?에 대한 물음에서 출발한다. 갈등이론에 의하면, 학교에서 이루어지는 선발과정은 불평등하게 이루어지고 있으며, 선발의 척도로써 업적주의 이념 또한, 공정하게 적용되지 않는다고 주장한다. 즉 학교교육의 선발과정은 지배계층에 유리하게 편성되어 있으며, 피지배계층의 아동은 학교교육에 대한 적응력에서 불리할 수밖에 없다는 것이다. 실제 학교교육은 인지적 기술보다 가치·태도·규범 같은 비인지적 요소를 강조하고 있다는 것이다. 또 업적주의 이념을 바탕으로 한 지적 기술에 대한 평가도 표면상 공정성을 띠고 있으나 그 경쟁과정에서 지배계층이 유리할 수밖에 없는 위장된 평가 이데올로기에 불과하다는 것이다.

이러한 갈등이론의 입장에서 학교의 선발기능에 대한 비판을 살펴보면, 다음과 같이 정리될 수 있다. (가) 사회는 능력주의 원칙에 따라 개인의 업적을 중심으로 사회적 지위가 배분되지 않는다. (나) 선발도구에 대한 비과학성 및 선발내용의 계층 간 편파성을 들어 선발방법이 비객관성이라는 것이다.

보울스와 진티스 등의 경제재생산론자들에 의하면, 학교의 선발과정은 지배계층이 자신들의 특권을 유지하기 위한 것으로 보고 있다. 학교교육을 통해 하위계층을 효과적으로 탈락시킴으로써 그들에게 순종·

복종 · 열등감을 조장하여, 자신들의 지배적 위치를 정당화한다. 따라서 학교의 선발과정은 지배계층에게 유리하게 편성된 불평등한 위계구조를 심화시키는 기능을 한다. 결국 학교교육은 사회평등을 실현하는 제도적 장치라기보다는 사회불평등을 재생산하는 도구적 장치에 불과하며, 선발과정은 이러한 기능을 수행하기 위한 지배전략에 불과하다는 것이다.

또한, 부르디외 같은 문화재생산론자들은 학교교육에서 관심을 기울이고 있는 것은 상류계층의 문화적 풍토이며, 학교에서 가르치는 것은 지적 능력보다는 상류문화를 은밀하게 주입시키고 있다고 한다. 학교교육에서 문화자본이 풍부한 아동은 학업성취에서 상대적으로 유리한 입장에 놓이며, 나아가 미래에 차지할 사회적 지위도 높을 가능성이 많아진다. 즉 학교는 지배계층이 선호하는 문화를 전수하고 있으며, 어렸을 때부터 이런 문화에 익숙한 아동은 쉽게 학교교육에 적응할 수 있다는 것이다. 결국 학교교육의 선발과정은 지배계층에게 유리할 수밖에 없으며, 불평등한 구조를 유지하는 데 도움을 주는 도구적 수단이라는 것이다.

그렇다면 갈등론적 입장에서 학생선발의 비판에 대해 구체적인 내용을 보면, 다음과 같은 내용을 들고 있다. 첫째, 학교교육의 선발과정은 대부분의 특권지배층 자녀에게 유리하다. 왜냐하면, 선발과정의 내용들이 그들이 가정에서 경험하는 문화내용이기 때문이다. 둘째, 어떤 문화적 지위를 확보하고 있는 특권지배층은 그들의 지위를 정당화하기 위해 학교교육을 이용한다. 셋째, 유효하고 효율적인 지배를 하기 위해, 또 하류층의 충성이나 노력을 얻기 위해 특권지배층은 학교교육에서의 선발이 공정한 것처럼 정당화한다. 그러나 사실은 특권지배층 가정의 문화적 전통의 합리성을 학교교육에 투사시키고 있는 것이다. 넷째, 기존 엘리트들은 자기의 권력이 도전을 받아 빼앗기는 일이 없도록, 종속적이고 대항적인 집단에서 지도자가 될 수 있는 인재를 선발하여 이들을 학교를 통하여 동질화시켜 문화재생산을 영구화하고 있다는 것이다.

기능이론과 갈등이론의 선발관 차이 기능이론과 갈등이론은 학교의 학생 선발과 배치에 대해서도 서로 다른 입장을 견지하고 있다. 그 차이를 몇 가지로 정리하면 다음과 같다. 첫째, 기능이론은 사회체제의 유지 및 안정을 직업적 분화와 연결시켜 학교교육의 선발을 인력분배라는 관점에서 설명하고 있으나, 갈등이론에서는 정치 · 경제 · 문화와 교육과의 관계에서 선발과정에 내포된 불평등 요인을 지적함으로써 기능주의적 선발관을 비판하고 있다. 둘째, 기능이론에서는 교육기회의 확대로써 평등사회 이상실현을 낙관하고 있는 반면에 갈등이론에서는 이를 허구라고 비판한다. 셋째, 기능이론에서는 개인의 능력이나 적성을 고려하여 능력별 반 편성 등을 교육적 선발에 고려하고 있으나, 갈등이론가들은 이를 교사의 편의, 학교당국의 학사행정, 학교와 유관한 의사결정체의 압력에 의한 것으로 보며, 나아가 기능이론에서 주장하는 학교의 선발과정에서 고려되는 능력별 분류에 따른 최적의 교육기회 확대는 기능주의의 또 하나의 교육신화라고 주장한다. 또 갈등이론에서는 아동의 능력평가에 사용되는 측정도구의 객관성과 과학성을 의심한다. 갈등론적 관점은 학교교육과 내적과정에 관계되는 교육내용에 대한 이론을 체계화함으로써 학교교육의 선발에 포함된 내용을 다룬다는 점에서 중요하다고 볼 수 있다. 넷째, 갈등이론가들은 교육기회 선발과 분배를 교육결과 평등화의 개념으로 파악하고, 능력별 최적 교육기회 확대에 대한 설명을 포기한다 (송병순, 1992).

이와 같이 기능이론과 갈등이론의 주장은 사회의 전반적인 부문에서 상반되는 입장을 보이는 경향이 있다. 이러한 대립과 갈등을 통해 일방적 정책이나 발전 방향이 사회에 긍정적으로 기여하게 되어 결국 서로를 보완하면서 제도의 변화를 통해 사회가 성장하게 된다.

토론 및 논술

1. 교육평등관이 발달하는 과정을 알아보고, 대표적인 학자들의 주장을 말해보자.

2. 교육평등관에 대한 기준을 알아보고, 국가별 빈곤퇴치 프로그램의 효과에 대해 말해보자.

3. 교육격차를 설명한 원인과 결과에 대해 사회적 흐름과 그 이유를 말해보자.

4. 교육격차를 줄일 수 있는 현실적 방안을 자신의 경험을 토대로 논하시오.

5. 엘리트주의와 평등주의 중심 정책의 장단점을 말해보고, 우리나라가 나아가야 할 방향에 대해 논하시오.

6. 교육선발과 배치의 실제 한국사회의 진행과정을 예를 들어 보고, 문제점을 해결할 수 있는 방안을 제시해보자.

제4장

문화와 사회화

제1절 문화의 특징

제2절 문화기대와 문화변동

제3절 문화지체와 문화실조

제4절 사회화

제5절 사회변화와 사회통제

제6절 지위와 역할 및 아노미

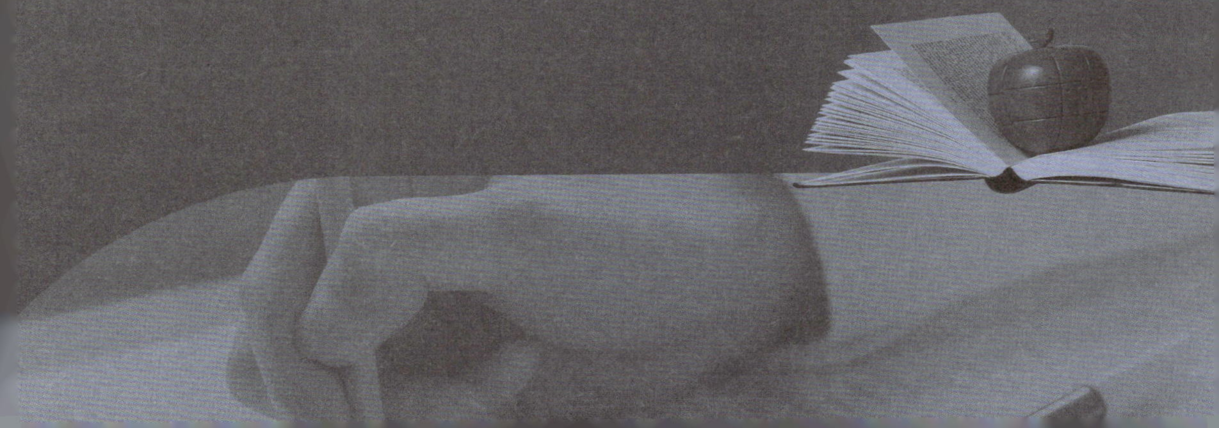

제4장 문화와 사회화

문화란 인간이 한 사회에서 태어나 성장하면서 습득하게 되는 자연스런 학습의 과정을 통해 습득되는 것을 말한다. 그러나 사회화는 학교라는 기관을 통해서 학습자들이 그 사회에서 살아가기 위한 생활양식을 습득하는 과정에서 교육을 통해 이루어진다는 부분에 초점을 맞추고 있다. 이렇게 본다면 내용은 동일하지만 초점이 어디에 있느냐에 따라서 문화화 또는 사회화라고 그 명칭을 달리하는 차이가 있다. 문화화 과정에서도 교육은 이루어지며, 사회화 과정에서도 자연스런 학습이 존재한다. 단지 문화인류학자들은 문화화라고 부르고, 사회학자들은 사회화라고 부르는 차이점이 존재할 뿐이다.

제1절 문화의 특징

문화란 일정한 사회집단이 공동으로 가지고 있는 사고, 행동, 인성, 도덕 등을 포함하는 모든 생활양식이다. 이와 같은 한 사회의 생활양식은 선세대가 후세대에게 전달해 주는 문화전계가 자연스럽다. 그러나 모든 사회의 문화는 다른 사회의 문화와 접하게 되면서 자신의 생활양식에 맞는 변화를 가져오게 된다. 이를 문화접변이라고 한다.

이러한 문화의 개념에 대해 학자들의 주장을 살펴보면, 테일러(E. B. Tylor)는 '문화란 지식, 신앙, 예술, 도덕, 법률, 습관 및 사회성원으로서의 인간이 획득한 그의 기능 및 관습을 포함한 복합적 전체(Complex Whole)'라고 하였다. 위슬러(Wissler)는 '문화란 사회구성원들이 학습과 모방을 통하여 획득한 이념, 감정, 습관적 행동을 포함하는 전 생활양식'이라고 하였다. 린톤(R. Linton)은 '문화란 사회구성원들이 학습과 모방을 통하여 획득한 이념, 감정, 습관적 행동을 포함하는 전 생활양식'이라고 하였다. 말리노스키(B. Malinowski)는 '문화란 인간의 이념, 기술, 신념, 습관, 도구, 산물, 신술, 공예 등과 관습에 의하여 규정되는 인간 활동의 모든 결과 등을 포함하는 복합적 전체'라고 하였다. 클럭혼(C. Kluckhohn)은 '문화란 인간이 사회성원으로서 획득한 모든 관습, 신념, 예술, 공예 등과 관습에 의하여 규정되는 인간 활동의 모든 결과 등을 포함하는 복합적 전체'라고 하였다. 베네딕트(R. Benedict, 1887-1948)는 '문화란 인간이 사회구성원으로서 획득한 모든 습관을 포함하는 복합적 전체'라고 정의하고 있다(김영찬, 1994).

문화의 내용은 학자들의 주장에 따라 다양하게 구분될 수 있으나 일반적으로 인식되는 세 가지 요소들로 구분해서 살펴보고자 한다. 첫째, 기술적인 구성요소를 의미하는 물질문화의 영역을 들 수 있다. 둘째, 제도문화 측면을 들 수 있다. 셋째, 관념문화 측면을 들 수 있다.

먼저 문화의 내용을 보면, 첫째, 기술적인 구성요소로서 물질문화를 들 수 있다. 인간의 기본적 욕구충족을 위해 제작, 사용하는 모든 것들을 들 수 있으며, 농경시대에 사용하던 농기구를 포함한 모든 도구, 의복, 주택, 음식, 그 밖의 생활에 필요한 재화와 이를 만들고 사용하는 기술이 생활 속에서 형성된 습관들을 말한다고 할 수 있다. 둘째, 제도적인 구성요소로서 제도문화를 들 수 있다. 사회제도는 그 지역의 환경과 생활양식이 혼합되어 만들어진 사회 구성원들의 행동 기준과 관련된 요소이다. 가장 대표적인 가족, 친족, 혼인, 정치, 경제, 법률, 교육 제도 등을 형성하는 생활 습관을 말한다. 셋째, 관념적인 구성요소로서 관념문화를 들 수 있다. 개인의 삶에서 관념이란 삶의 의미와 방향을 제시해 주는 역할을 한다. 모든 나라는 신화, 전설, 철학, 언어, 문학, 예술 등을 가지고 있으며, 이를 토대로 국민들이 자기 존재의 의미를 느끼며 삶을 살아가게 된다.

삶의 과정에서 나타나는 특징적인 현상을 보면, 한국인은 정(情), 일본은 와(和), 중국은 관시(關係)를 든다. 한국인의 정은 나눔의 정서를 담고 있다. 산으로 둘러싸인 지리적 환경과 토양은 오랜 세월 동안 어려운 생활을 할 수 밖에 없는 환경으로 인해 함께 나누지 않으면 살아가기 힘든 여건이었던 것이다. 그로 인해 한국인들은 구분하고, 끊는 것보다 나누고 잇는 것에 가치를 부여한다. 따라서 우리나라에서는 나누고 이어야 사람의 도리를 한다고 평가한다. 반대로 말하면, 맺고 끊는 것이 분명한 사람은 사람의 도리를 다하지 못 하고 덧정 없다는 소리를 듣게 된다. 그로 인해 온정주의가 작동하며, 공사의 구별이 명확해야 하는 상황에서도 계속적인 비리가 발생하는 것도 이러한 저변에 흐르는 정(情)의 문화가 작동하기 때문이다. 일본에서는 '와(和)'의 문화가 저변에 흐르고 있다. 이는 전체를 중심으로 서로 구속되는 것이다. '와'는 둥글고 균열이 없음을 의미하며, 빠져나오거나 다투는 상황에 알레르기를 보인다. 따라서 일본에서는 정해진 규칙에 순종하고 인내하는 것을 구성원의 첫 번째 덕목으로 그에 구속됨을 사회의 근간으로 삼는다. 이는 반대로 말하면 불화(不和)를 야기하는 구성원은 시시비비를 떠나 배신자로 비난받고 배척된다. 따라서 개인의 주장과 행위보다는 전체를 중시하는 언행을 보이게 된다는 것이다. 중국의 관시(關係)는 관심(關心)을 주고받는 사이를 뜻한다. 중국어의 관심은 흥미(interest)라는 뜻도 있지만, '챙기는 마음(caring mind)'의 뜻이 앞선다. 따라서 중국에서 관계가 형성된다는 것은 서로 관심을 두는 즉, 챙기는 사이가 된다는 뜻이다. 이는 반대로 말하면 관계가 없으면 서로 관심을 두지 않는다는 의미이다(조선, 2017.11. 24). 중국에서 무관심은 '흥미 없음'을 넘어 '나는 너를 챙기지 않을 것임'을 뜻한다. 이와 같은 관계형성은 고대 로마의 클리엔테스 관계(동양에서의 가신그룹과 비슷)와 유사한 의미로 이해할 수 있다. 고대 로마제국에서도 귀족들 간의 관계는 공적인 관계보다 사적인 관계를 우선하는 경우가 많았다. 일종의 공생관계라고 할 수 있었다. 이러한 관계형성 문화는 공적인 상황에서도 공적인 행위보다 사적인 관계를 우선하도록 하는 경향이 높았으며, 이와 같은 관계형성은 동서고금을 막론하고 있어 왔다. 시대적 환경이 공적인 관계보다 가까이 있는 사적인 관계를 우선시하는 사회적 상

※ 문화 상대주의: 어떤 나라의 생활양식도 그 나라의 상황을 고려해서 평가되고 이해되어야 한다는 것이다. 이와 같이 한 사회의 문화를 그 사회의 입장에서 이해하려는 태도를 문화 상대주의(文化 相對主義)라고 한다.

- 문제점: 문화 상대주의 개념이 야기하는 주된 문제점은 문화 상대주의는 사회와 문화의 비교를 못하게 한다는 점이다. 즉 서로 다른 기준을 가지고 규칙이나 법칙을 발견하는 것은 타당하지 못하다는 것이다.

※ 자문화 중심주의: 자기 문화를 가장 우수한 것으로 믿는 나머지, 자기 문화의 관점에서 다른 문화를 부정적으로 평가하는 태도를 가리킨다.(국수주의)

- 문제점: 자기 문화의 우수성에 지나치게 집착하는 자문화 중심주의적인 태도는 사회 통합을 위한 중요한 무기는 될 수 있지만, 국제적인 고립을 자초하여 국가 간의 이해와 협력을 저해하거나 자기 문화의 발전을 위한 비판적 안목을 갖는 데에는 방해 요인이 된다.

※ 문화 사대주의: 다른 어떤 사회의 문화만을 가장 좋은 것으로 믿고 그것을 동경하거나 숭상한 나머지, 오히려 자기의 문화를 업신여기거나 낮게 평가하는 태도를 가리킨다.

- 문제점: 문화 사대주의는 문화의 주체성을 상실하게 하는 문제점이 있다. 그 이유는 환경과 상황 조건이 다른 타 문화가 우리의 생활 문제를 해결해 줄 수는 없기 때문이다.

황이 만들어낸 결과물이라고 할 수 있다. 이와 같은 관계형성의 특징은 그 나라가 처한 지리적, 사회적 환경이 오랜 세월이 지나면서 점차 문화적 특징을 형성하게 된 것이다. 사회가 발전하면서 조금씩 변화된 모습으로 진화되어 왔을 뿐 아직도 인간사회에서는 보이지는 형태로 작동하고 있으며, 개인은 서로 도움을 받고 도움을 주면서 살아가고 있다는 점이다.

사회가 기후, 인구, 전쟁, 기술발달 등 다양한 원인으로 변화하게 되면, 그에 적응하기 위한 인간의 행위도 변화하게 되며, 그 과정에서 삶의 새로운 양식이 발현하게 된다. 그와 같은 생활이 지속되면 정착이라는 단계를 거치며, 대부분의 사람들에게 인지되고 행동하게 되면서 생활 속에서 새로운 문화가 탄생하게 되는 것이다.

이와 같은 문화가 가지는 가장 큰 특성을 몇 가지로 살펴보면 다음과 같다. 첫째, 창조성이다. 문화의 가장 중요한 특징은, 문화는 인간이 생활 속에서 만들어낸 창조물이라는 것이다. 동물은 자연조건에 순응할 능력만 타고나지만 인간은 자연적 · 사회적 조건에 적응하기 위해 주변의 상황이나 규범을 만들어낸다. 둘째, 후천성을 지닌다. 문화는 인간이 태어나면서 가지게 되는 것이 아니다. 인간은 누구나 태어난 후 사회 속에서 타인과 상호작용을 하면서 그 사회의 문화를 학습하게 된다. 셋째, 축적성이다. 인간은 기존의 문화내용에 계속 새로운 내용을 첨가한다. 이러한 첨가과정을 거쳐 문화는 축적되고 다양해져 간다. 넷째, 공유 · 보편성을 지닌다. 개인의 독특한 신념이나 윤리는 문화가 아니지만 그러나 사회 구성원들이 모두 유사하게 느끼고, 생각하고, 행동하는 생활습관은 문화가 된다. 즉 다수가 공유하는 신념이나 관습은 문화가 된다. 따라서 문화는 한 사회의 대부분의 구성원들이 함께 공유하는 특징과 보편성을 지닌다. 다섯째, 체계성이다. 문화는 사회의 다른 부분들과 서로 관련을 맺으며 종합적 체계 속에서 조화를 이루는 방향으로 형성된다. 즉 문화는 역사적 · 지리적 · 자연적인 여러 상황이 복합되어 하나의 체계를 형성해나가는 것이다. 여섯째, 다양성이다. 모든 문화는 상대적이며 다양하다. 즉 어느 한 사회의 문화가 절대적 가치일 수는 없다. 일곱째, 변동성이다. 문화는 새로운 지식이나 경험을 첨가하며, 계속 변해간다. 따라서 새로운 문화를 계속적으로 만들어낸다.

제2절 문화기대와 문화변동

문화기대란 문화 인류학상의 술어(述語)로서 문화가 그 속에 태어나 개인에게 그와 같은 방식 또는 행동양식으로서 행동할 것을 기대하고 요구하는 것을 의미한다. 이것은 개인들이 사회생활을 하는 데 불가피한 기초적 조건이 되는 것으로서 뒤르켐은 이를 '문화가 갖는 구속(Constraint)'이라고 하였다.

이러한 문화기대는 몇 가지 유형으로 구분해서 생각해 볼 수 있다. 첫째, 강제적 기대(Compulsory Expectation)이다. 이것은 마치 물리적 자연의 강제력에서 보는 것과 같은 완전한 기대로서 개인이 피하려고 해도 도저히 피할 수 없고 좋든 싫든 간에 좇아야만 하는 기대이다. 징병제 국가에서 군에 입대하는 것을 말한다. 아무리 훌륭한 선수나 연예인이라 하더라도 국가의 병역의 의무를 다하지 않는 것에 대해서는 용납하지 않는다. 둘째, 임의적 기대(Permissive Expectation)이다. 강제적 문화기대를 갖는 이외의 문화기대는 개인이 무엇을 어떻게 할 것인가에 관해서 선택의 자유를 갖고 있는데 이것을 임의적 기대라고 한다. 셋째, 외적 기대(External Expectation)이다. 개인의 내부적인 자발성과는 무관하게 순전히 밖으로부터 주어지는 기대이다. 이때 우리는 항상 문화기대를 느낀다. 즉 개인이 하고 싶은 일이 아니더라도 외부로부터 주어지는 기대 때문에 어쩔 수 없이 행동하게 되는 일들을 말한다. 넷째, 내적 기대(Internal Expectation)이다. 개인의 자발성에 입각한 문화기대를 말하거나 또는 외적 기대의 내면화가 이루어졌을 때의 기대를 말한다. 즉 본인 스스로 하고 싶은 동기가 형성되어 자신이 만족하기 위해서 하는 행위들을 말한다. 자발적인 봉사활동이나 유명 인사들의 겉으로 드러나지 않는 기부행위 등을 들 수 있다.

이러한 유형뿐만 아니라 사회통제의 수단으로 문화기대가 사용되기도 한다. 문화가 개인들에게 이와 같은 문화기대를 갖는 까닭은 사회의 통제를 위해서이다. 사회통제란 사회가 질서를 유지하고 그 존속을 꾀하기 위하여 존재하는 사회적인 제약이다. 가정문화는 어린이들에게 각각 문화기대를 갖고 그들을 구속함으로써 가정을 통제해 나가려고 하며 질서를 유지하려고 한다.

또한, 문화기대는 주변인과 평균인을 양산하게 된다. 평균인(Average Man)은 문화기대에 어울리는 인간, 즉 기대된 행동을 기대된 방법대로 행동하는 사회적으로 승인된 인간을 말한다. 평균인이 되도록 하는 데 있어서는 교육의 힘이 크게 작용한다. 그 이유는 교육이 의도적 · 계획적으로 문화기대를 가지고 평균인의 인간성을 형성하기 때문이다. 주변인(Marginal Man)은 둘 또는 그 이상의 감동적인 사회문화적 체계의 틀 속에서 다양한 가치를 내면화시킴으로써 어느 한 가지에도 만족하지 못하는 사람이다. 주변성(Marginality)이란 개념에서 파생된 주변인은 팍(Park)이 처음으로 발전시킨 용어이다. 주변인은 때로는 복잡한 성격구조를 갖고 있거나, 지속적이고 일관성 있는 행동을 하지 못하는 경우가 많은 것으로 알려져 있다. 즉 주류문화 속으로 동화되지 못하고 동떨어진 행동을 하는 사람들을 가리킨다.

문화변동이란 하나의 문화유형이 대내·외적인 원인으로 다른 형으로 근본적으로 변화하는 것을 의미한다. 이러한 문화변동의 요인은 다양한 형태를 지닌다. 먼저, 발명과 발견이 있다. 발명은 그때까지 없었던 문화요소를 새로 만들어 내는 것으로 물질적인 것일 수도 있고, 종교나 이념같이 관념적인 것일 수도 있다. 발명의 형태는 1차 발명과 2차 발명이 있다. 1차 발명은 그때까지 전혀 없었던 새로운 문화요소나 원리를 만들어 내는 것을 말한다(활의 1차 발명은 어떤 사람이 가늘고 긴 나뭇가지를 구부려 그 양 끝에 끈을 팽팽하게 매었을 때에 이때까지 몰랐던 힘의 원천을 발견함으로써 이루어졌을 것이다). 2차 발명은 이미 존재하거나 알려져 있는 문화요소나 원리를 조합·응용하여 새로운 문화요소를 만들어 내는 경우이다. 즉 활의 원리를 응용하여 여러 가지 현악기와 기계류를 발명한 것 등이다.

발견은 이미 존재하고 있지만 아직 세상에 알려지지 않은 어떤 것을 찾아내거나 알아내는 행위이다. 즉 비타민이라는 영양소의 존재, 태양의 흑점, 새로운 섬의 존재 등을 알아내는 것은 발견에 속한다.

이렇게 형성된 문화는 한곳에 계속 머물러 있는 것이 아니라 전쟁이나 사람들의 이동으로 인해 자연스럽게 다른 지역으로 전파가 된다. 한 사회의 문화요소들이 다른 사회에 전해져서 그 사회의 문화에 정착되는 현상을 문화전파라 한다. 이러한 전파의 종류에는 직접전파와 간접전파, 자극전파가 있다. 먼저, 직접전파는 이민·식민·전쟁·교역·상호왕래·선교활동 등 이웃하고 있는 두 문화체계 간의 직접적인 접촉에 의한 전파이다. 예를 들면, 중국으로부터 한자와 유교가 전파된 것, 일본에 불교를 전파한 것 등이다. 둘째, 간접전파는 매개체를 통하여 간접적으로 이루어지는 전파이다. 예를 들면, 인쇄물, 라디오, TV, 유튜브(youtube)

등을 통한 정보 · 사상 등의 전파를 말한다. 셋째, 자극전파이다. 다른 사회의 문화요소로부터 아이디어(idea)를 얻어서 새로운 발명이 일어나는 것으로, 두 문화체계 간에 직접적인 접촉이 일어났을 때, 어떤 문화요소가 전해지면서 새로운 발명이 일어나도록 자극하는 경우로 전파와 발명이 복합되어 일어난다. 예를 들면, 아직 고유의 문자를 가지지 못한 사회가 다른 나라의 문자를 접하게 되면서 자극을 받아 고안해 낸 새로운 문자나 외래종교에서 아이디어를 얻어 새로이 등장한 각종 신흥종교 등을 말한다.

이러한 문화변동의 양상은 몇 가지 흐름으로 나타난다. 첫째, 문화의 내재적 변동을 들 수 있다. 문화의 내재적 변동은 발명과 발견을 통해 새로이 문화과정에 등장한 문화요소가 그 문화체계 안에 널리 확산되어 기존의 문화요소들과 상호작용을 하는 과정에서 일어나는 변동을 문화의 내재적 변동이라 한다. 둘째, 문화접변을 들 수 있다. 즉 문화의 접촉을 통한 변동으로서, 성격이 서로 다른 두 개의 문화체계가 장기간에 걸쳐서 전면적인 접촉을 함으로써 문화요소가 전파되어 일어나는 변동을 말한다. 이에 대한 문화변동의 형태는 1) 자발적 문화접변: 개인이나 집단 간의 직접적인 접촉에 의해서든, 대중매체를 통한 간접적인 수단에 의해서든, 새로이 접하게 된 문화요소가 기존의 방식보다 더 효과적이라고 판단되면 사람들은 그런 문화요소를 자발적으로 수용하게 된다. 이는 이민사회에서 일어나는 문화접변, 중국이나 러시아의 우리 동포들이 오랫동안 모국문화와 직접적 접촉 없이 살게 되면서 현지의 문화요소들이 많이 추가되어 점차 민족문화의 양식들이 변해 가는 현상을 말한다. 이러한 자발적 문화접변에서는 문화통합의 정도가 강하게 나타난다. 2) 비자발적 문화접변(강제접변): 정복, 식민지 통치의 경우에는 강제성을 띤 외부압력에 의한 문화접변으로 피지배 사회에서는 전통문화 회복을 위한

※ 문화관련용어

① 문화전계(Enculturation): 어린이가 그들의 문화를 획득하고 내면화하는 과정(=사회화 과정), 한 사회에서 계승·발전시키고자 하는 문화 내용

② 문화접변(Acculturation): 둘 이상의 문화가 장기간의 접촉에 의해 생기는 문화변동

③ 문화전파(Culture Diffusion): 문화접변보다 광의의 개념으로서, 개인적 접촉·이주 등을 통해서 발생하며, 모든 종류의 문화모방, 문화차용, 문화전이 등을 포함하는 개념이다.

④ 자극전파(Stimulus Diffusion): 다른 문화에 속한 문화요소에서 아이디어를 얻어 새로운 발명이 일어나는 것으로 문화의 어떤 요소가 다른 문화에 알려지면, 후자에게 새로운 발명이 일어나도록 자극하는 경우를 말한다. (퓨전요리 등)

⑤ 문화습성(Culture habitues): 한 사회의 문화적 요소를 습득하여 자연스럽게 사고하고 행동하는 것을 말한다.

복고운동이나 지배사회의 문화에 대한 전면적 거부운동이 발발하기도 한다. 이러한 강제적 문화접변에서는 물질 또는 기술적 문화요소를 쉽게 수용하나 비물질적 문화요소는 복고운동, 거부운동이 일어난다. 셋째, 문화의 진화를 들 수 있다. 장기간에 걸친 완만한 문화변동을 문화의 진화라 한다. 인류문화가 원시상태에서 현대문명에 도달하기까지는 인류의 역사와 함께 생활방식이 진화해 왔다고 볼 수 있다. 넷째, 문화의 개혁을 들 수 있다. 단기간에 걸친 급속한 문화변동을 문화의 개혁이라 한다. 예를 들면, 조선시대의 갑오개혁 등을 들 수 있다. 다섯째, 의도적(계획적) 변동을 들 수 있다. 문화변동은 자연발생적일 수도 있지만, 때로는 의도적으로 계획해서 단기간에 일어날 수도 있다. 우리나라의 각종 지역사회개발사업들은 의도적으로 계획된 문화변동의 예(새마을 운동)라고 할 수 있다. 또한, 의도적·계획적 변동은 정부의 정책이나 사회적인 대

중운동 등으로 추진될 수 있는데, 국민 대다수의 합의와 참여가 있어야 문화가 의도된 대로 변동하게 된다.

문화는 그 대상에 따라서 대중문화와 학생문화로 구분하기도 한다. 대중문화는 대중사회의 현상으로 대중매체를 통해 형성되며 산업사회 이후의 특징적인 현상 중의 하나를 일컫는다. 학생문화는 청소년, 특히 학생들에게 독특하게 존재하는 부분문화의 하나로서 좀 더 넓게 잡아 중·고등학생 이상의 젊은이들의 문화를 망라하여 청소년문화라고 부르기도 한다.

제3절 문화지체와 문화실조

문화는 항시 변동의 과정에 있다. 그러나 이러한 변화의 흐름에 개인이나 사회는 제대로 적응하지 못하는 경우가 발생되기도 하며, 또 지연되어 변화하는 경우도 일어나게 마련이다. 이러한 현상을 가리켜서 문화지체라고 한다. 즉 문화지체란 문화의 구성 부문 간의 변동률의 차이로 말미암아 생기는 시간적 문화격차를 말한다. 다시 말하면, 물질문화와 정신문화의 발달속도에 차이가 있는 것을 의미한다. 오늘날 어린이나 청소년 등 젊은이들은 컴퓨터를 통한 인터넷이나 핸드폰을 자연스럽게 사용하면서 당연한 것으로 생각하지만, 어른들은 그에 대한 활용능력이나 필요성을 크게 인식하지 못하는 경우 적응하려는 노력을 게을리하게 되므로 스마트폰 문화에 적응이 늦어지는 경우를 말한다.

이러한 문화지체의 요인으로서 정신문화 중 특히 적응문화(기술·지식·경험)에 있어서 발명/개혁의 결여와 정신문화의 문화적 타성, 문화저항의 방해 등이 커다란 원인으로 작용한다. 이러한 문화지체를 해소

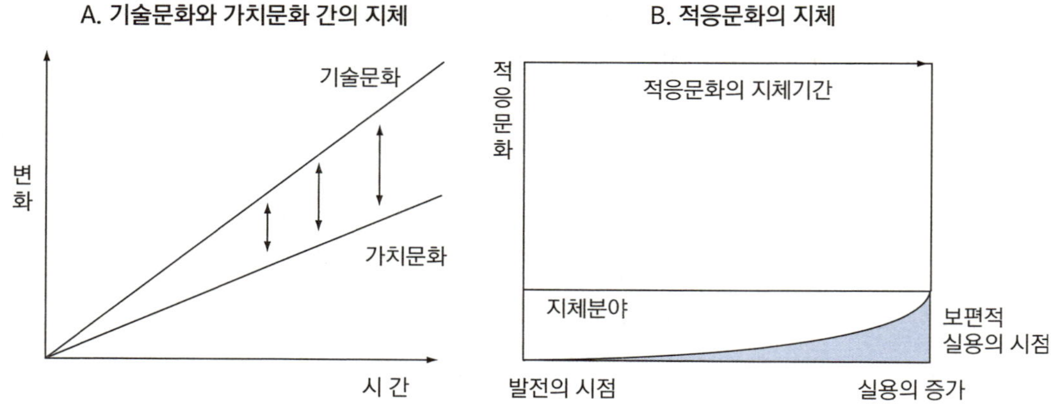

[그림 4-1] 문화지체

하기 위하여 교육은 사회의 문화지체가 가급적 적게 일어나도록 노력하고 이를 확보하지 않으면 안 된다. 따라서 교육을 통해 문화변동의 방향 제시 역할을 수행할 필요가 있다. 이러한 문화지체를 설명하는 대표적인 학자로서 오그번과 오타웨이가 있다. 오그번(W. F. Ogburn)은 문화지체를 정신문화와 물질문화의 부조화현상(Anomie)이라고 보았다. 오타웨이(Ottaway)는 문화변동은 기술 · 가치 · 사회력에 의하여 이루어진다고 하였다.

문화실조는 문화의 영양실조를 의미하는 바 인간발달에 요구되는 문화적 요소의 결핍과 과잉 그리고 시기적 부(不)적절성으로 인하여 나타나는 지적, 사회적, 인간적 발달의 부분적 상실, 지연, 왜곡현상을 의미한다. 이러한 문화실조 아동의 공통적인 특성을 보면, 첫째, 문화실조아는 지진아일 경우가 대부분이다. 둘째, 문화실조아(文化失調兒)는 언어적 능력이 결핍되어있다. 셋째, 문화실조아는 공부하는 방법에 대한 정보가 없다. 넷째, 문화실조아는 부정적인 태도를 가지는 경향이 높다.

문화실조아를 위한 교육(Program)내용으로는 첫째, 입학하기 전 또는 입학 후의 아동에게 많은 내용의 문화적 경험을 제공한다. 둘째, 아동의 포부수준과 직업적 희망수준을 높여 준다. 셋째, 창의적 활동을 도와줄 수 있는 특별 커리큘럼을 보충적으로 실시한다. 넷째, 특별히 학습지진 현상을 나타내 보이는 교과는 교정학습이 필요하다. 다섯째, 문화실조아 학부모들의 학교에 대한 부정적 태도를 가진 자녀에 대한 낮은 기대수준을 바꾸도록 대화로써 노력한다. 더불어서 아동기에 다양한 여행이나 경험을 통해 그 사회의 문화적 특성을 풍부하게 습득하는 것이 아동들에게는 매우 중요하다.

제4절 사회화

사회화란 한 인간이 그가 태어난 사회나 사회집단의 삶의 방식을 배우는 과정으로서 사회 안에서 올바르게 기능할 수 있게 되는 것을 의미한다. 즉 그 사회에서 옳다고 생각되는 행동유형, 가치관 또는 감정을 배우며 자기의 것으로 내면화하는 과정을 의미한다. 다시 말하면 사회화는 한 인간이 그 사회의 문화를 습득해 사회구성원이 되어 가는 과정이다.

사회화에 대한 학자들의 정의를 보면, 먼저, 맥넬(E. B. McNeil)은 사회화란 한 인간의 사회적 자극에 대한 감수성을 획득하고 사회집단에서 다른 사람과 함께 행동하고 공존하는 것을 학습하는 과정이라고 하였다. 레빈(Lewin)은 사회화란 가치, 신앙, 태도 그리고 다른 문화적 요소 또는 생활의 제(諸) 형식을 학습하는 과정이라고 한다. 쿨리(C. Cooley)는 자아와 타인과의 접촉에서 사회적으로 형성되는 모든 것을 사회화로 보았다.

※ 밴듀라(Bandura)의 사회화연구

1. 공격성: 공격성의 사회화는 부분적으로 조작적 조건형성에 의해 이루어진다.
2. 성(性)역할: 성(性)특질은 유전적 요소도 있지만, 특히 사회화 과정과 모방에 의해 획득 · 수행된다.
3. 자기강화: 사람들은 사회화됨에 따라 자기규제 패턴을 확립하여 그 기준을 바탕으로 스스로 보상과 벌을 주는데, 이러한 기준은 보상과 벌의 산물이고 모델의 영향에 의해 채택된다.
4. 친사회적 행동: 적당한 모델에의 노출에 의해 친사회적 행동이 쉽게 영향을 받는다. 이는 행동의 시범과 설교에 의해서도 이루어지는데 시범이 설교보다 더 강력하다.

사회화를 형성시키는 기관으로서는 먼저, 1차 기관으로 가정이 있다. 가족과 지역사회는 유아기와 유년기에 있는 어린이들이 그 사회의 상황에 맞게 가장 기본적인 사회적 행동을 학습하게 되는 기관으로 작용한다. 2차 기관으로는 어린이집, 유치원, 학교, 동료집단, 직장, 대중매체 등을 들 수 있다. 2차 기관을 통해서도 사회화는 계속 일어난다. 특히 오늘날과 같이 복잡하고 다양한 사회에서는 사회화를 전문적으로 담당하는 학교나 학원과 같은 2차 사회화 기관의 중요성이 강조되고 있다.

사회화 기관을 공식기관과 비공식기관으로 분류하면, 공식기관으로서는 유치원, 학교, 학원, 직업훈련소 등과 같이 사회성원들의 사회화를 주목적으로 하여 조직된 집단이나 기관을 들 수 있다. 비공식적 기관으로서는 가족, 친족, 놀이집단, 지역사회, 회사, 대중매체 등과 같이 다른 주된 기능을 수행하면서 부수적으로 사회화 기능을 담당하는 집단이나 기관을 들 수 있다.

사회화의 학습방법으로는 가장 대표적이고, 우선적으로 습득하게 되는 것이 바로 모방학습이다. 인간은 자기에게 유리한 타인과 보상을 받을 수 있는 타인을 모형으로 삼아 칭찬과 보상을 받기 위해 타인의 행동을 모방하는데, 이것은 인간의 학습유형 중 가장 기본적인 행동으로 가정에서는 부모의 행동을, 학교에서는 교사나 다른 학생의 행동을 모방하여 사회적 행동을 학습하게 된다. 그 외에도 모형학습과 역할학습이 있다. 모형학습은 모방학습과 거의 같은 뜻을 가지나 모방학습보다는 좀 더 넓은 의미를 가지며, 모방할 타인을 어떻게 선택하느냐의 과정까지를 포함하는데 동일시(Identification)로 설명되기도 한다. 역할학습은 어떠한 지위를 차지한 사람이 그 지위에 요구되고 기대되는 행동을 학습하고 수행하는 과정을 의미하며, 개인의 성격 등에 따라 역할 학습이 촉진되기도 하고 저해되기도 한다. 또 역할학습은 역할 기대가 분명할 때, 한 지위에 요구되는 기대가 일치할 때, 과거에 학습한 역할과 새로이 학습할 역할이 서로 관련성이 있을 때, 학습 후에 보상이 따를 때 더욱 촉진된다.

이러한 사회화가 형성되는 과정을 보면, 먼저, 의미 있는 타자(Significant Others)의 영향을 들 수 있다. 어린이가 그 집단이나 사회의

〈표 4-1〉 모형학습과 역할학습의 비교

특징	모형학습(Modeling)	역할학습(Role Learning)
의의	다른 사람의 행동 · 사고 · 생활양식 등을 모형으로 삼아 그것을 자신의 일부분이 되게 하는 학습과정	한 개인의 사회 속에서 갖는 지위에 부여된 권리와 의무를 학습하는 것
촉진 방법	자기와 유사한 사람, 서로 간에 마음이 잘 통하는 사람, 지위 · 권력 · 능력이 있는 사람을 동일시하므로 바람직한 인간을 대면시켜준다.	역할기대에 대한 능력을 길러주고, 부모들이 의도적으로 좋은 모범을 보여야 하며, 교육적 기회를 많이 준다.

생활방식을 배우는 것은 주로 다른 사람을 통해서이다. 그러나 모든 사람이 똑같이 영향을 주는 것은 아니다. 여기에서 「의미 있는 타자」는 어린이에게 감정적으로 밀착하여 그의 발달에 커다란 영향을 미치는 사람을 의미한다. 의미 있는 타자는 어린이에게 세상이 무엇인가를 알게 하며 그의 태도와 행동을 위한 모델 구실을 하는데, 직접적인 교수를 통해 어떤 역할행위를 가르치기도 하며 어린이들 앞에서 그의 행동을 보여주거나 그의 느낌이나 태도를 보여줌으로써 어린이를 가르치게 된다. 그 외에도 일반화된 타자들이 있다. 미드(M. Mead) 이론 중심개념의 하나인 「일반화된 타자(generalized other)」는 행위자의 행동이 별개의 개인들로서 그 대상자들을 판단하기 때문이 아니라, 일반적으로 어떤 특정한 경우에 사람들이 어떻게 행동할 것인가를 판단함으로써 일어나는 점을 지적해주는 용어이다. 다시 말하자면, 일반화된 타자는 그 사회의 가치와 문화에 따라 행동하는 것으로 개개인의 머리에 각인된, 즉 자아에 반영된 다른 사람의 모습이다. 사회화 과정에 특히 중요한 역할을 하는 것은 언어이다. 언어는 사회적인 것이며, 어린이는 사회가 용인하고 있는 규칙들을 배우고 자기의 역할을 수행하는 데 있어 「일반화된 타자」를 염두에 두고 반응하게 되는 것도 바로 그 언어를 통해서 이루어진다. 개인의 순수한 「주체로서의 나(I)」는 이론적으로 사회적 지향이 없는 단지 충동에 의해서만 행동하는 자아이다. 반면에 「대상으로서의 나(Me)」는 사회에 적응하고 사회의 요구를 대표하는 자아이다. 일반화된 타자는 「대상으로서의 나」에 반영되는 것이다. 상황이나 사회에 따라 이 두 가지 「나」 사이의 균형은 다르다. 이와 같이 사회화를 형성시키는 것을 교육적 차원에서 보면, 사회성을 발달시키는 것이다.

사회성 발달 인간의 성숙 과정에서 타인과의 관계형성을 통한 삶의 과정을 말하는 것으로 사회화와 동일시된다. 성숙이론에 따르면 루소(J. J. Rousseau)의 자연적 발달 이론, 다윈(C. R. Darwin), 흄(D. Hume), 게젤(A. L. Gesell) 등의 이론에 근거를 둔다. 이와 같은 인간 발달의 과정에 대해 사회학습이론을 주장하는 밴듀라(A. Bandura)는 타인의 행동을 관찰하고 모방하는 과정에서 사회화가 이루어진다고 보았으며, 정신분석학적 접근에서 프로이트(S. Freud)는 타인과의 동일시 과정을 통해 타인의 행동을 모방함으로써 사회화가 이루어진다고 보았다. 인지발달이론에서는 연령이 증가함에 따라 인지가 발달하면서 친사회적 행동이 증가하는 것으로 보고 있다. 이들 이론들은 모두 인간의 성장과 발달에 초점을 두고 있으나 그 보는 각도의 차이로 인해 성장의 과정을 서로 다르게 해석하고 있다. 그러나 이와 같은 이론들은 사회화에 초점을 두는 것으로 사회성과는 차이가 있다고 할 수 있다. 다시 말하면, 사회성 발달(사회화)과 사회성의 차이점은 사회성 발달은 학교교육에서 학생들의 성장에 초점을 두고, 교육을 강조하는 발달적 측면에 중점을 두는 입장이지만, 사회성은 학생들이 학교교육을 받으면서 형성되어야 할 영역에 대한 문제를 가리킨다. 부연하면, 사회성 발달은 발달이론에 토대를 두고 교육의 효과를 설명하려고 하지만 사회성은 학교교육에 토대를 두고 교육의 성과를 설명하기 위한 영역으로 구분될 수 있다는 것을 의미한다.

다시 말하면, 사회성은 사회 환경 속에서 자신의 생명을 유지하고 안정을 얻기 위해 적응해 나가는 능력을 말하며, 사회성이 좋다는 것은 타인과 잘 어울리며, 스스럼없이 대화할 수 있는 능력이 있고, 협동심과 사교성이 강하고, 자기통제(self-control)를 잘할 수 있는 능력을 갖추어 사회에서 요구하는 기준에 잘 적응해 나아갈 수 있는 능력의 토대를 말한다고 할 수 있다. 이렇게 본다면, 사회화는 개인의 특성이 형성되는 과정을 교육에 중점을 두고 설명하는 것이며, 사회성은 개인이 생활 속에서 타인과의 관계형성을 위해 요구되는 능력, 즉 대인관계, 협력성, 사교성, 자기통제 등의 요인에 의해 나타나게 되는 개인의 정의적 특성을 의미하는 것이다.

제5절 사회변화와 사회통제

사회변화란 인간 사회생활의 전체 또는 부분에 걸쳐서 시간적으로 어떠한 차이를 나타내는 일련의 현상으로 사회현상이나 문화의 변화를 의미한다. 이러한 사회변화의 과정을 보면, 사회변화는 항상 지속되고 또 변화된다. 그럼에도 불구하고 사회변화를 다루는 학자들은 사회의 변화과정을 그 당시 사회의 변화에 초점을 맞추어서 기술하고 있다. 먼저, 콩트(A. Comte)는 신학적 단계에서 형이상학적 단계로, 그 다음은 실증주의적 단계로 변해간다고 보았다. 퇴니에스(F. Tönnies)는 공동사회(Gemeinschaft)에서 이익사회(Gesellschaft)로 변화해 간다고 하였다. 쿨리(C. Cooley)는 1차 사회에서 2차 사회로 변해간다고 하였다. 마인(H. S. Maine)은 신분사회에서 계약사회로 변화한다고 하였다. 스펜서(H.

Tönnies entkd(1855-1936

Max Scheler(1874-1928)

Henry S. Maine(1822-1888)

Spencer)는 군사형 사회에서 산업화 사회로 변해간다고 보았다. 독일의 철학자이자 사회학자인 막스 셸러(M. Scheler)는 혈통우위사회에서 권력우위사회로 갔다가 종국에는 경제우위사회로 간다고 보았다. 로스토(W. W. Rostow)는 전통적 사회에서 과도기적 사회를 거쳐 사회가 한층 발달하는 도약사회로 가서 성숙사회에서 마지막으로 고도성장 사회로 간다고 보았다. 뒤르켐은 사회변화를 연대개념으로 설명하였다. 1차 집단 중심, 즉 가족 중심의 기계적 연대 개념을 가진 사회에서 점차 사회가 발달하고 성장하면서, 2차 집단 중심의 유기적 연대를 가진 사회로 변화한다고 보았다.

이러한 사회는 대부분 개방 지향적 사회구조를 가지고 있다. 개방사회란 업적에 의해서 지위가 결정되고 사회이동이 가능한 사회를 말한다. 개방사회는 그 구성원 개개인들이 자신의 행위에 대하여 책임을 질 뿐만 아니라 자신이 독자적인 판단을 내릴 수 있다. 그러나 폐쇄사회는 귀속적 요인에 의해서 지위가 결정되며 사회이동이 불가능한 사회이다. 부, 권력 그리고 지위가 본질적으로 세습되는 사회로서 유능한 사람들이 엘리트로 이동할 기회가 거의 주어지지 않고, 물려받은 특권이나 기득권으로 자신의 무능력을 방어하고 또 가난하기는 하나 똑똑한 사람들이 자기 능력에 맞는 위치로 상승하는 것을 어렵게 만드는 사회이다. 이러한 사회의 계급구조는 항상 변화되는 형태를 띤다.

사회변화를 유발하는 요인들을 살펴보면, 첫째, 자연적 · 생물학적 요인으로서 인구의 증가 및 감소, 기후의 변화, 토양 침식, 환경 파괴, 이민, 인종 문제 등을 들 수 있다. 둘째, 기술적 요인으로서 산업사회의 여러 기술과 지식의 발달이 원인으로 작동한다. 최근에 새롭게 등장하는 정보화 관련 융합기술로 탄생되는, 인공지능, 자동차, 드론, 고속열차 등은 인간의 삶을 획기적으로 바꾸어 놓게 될 것이다. 셋째, 문화적 요인으

참고

사회변화 관련 이론

(1) 진화이론: 스펜서와 뒤르켐은 사회진화를 처음으로 주장하면서, 한 사회는 단순한 사회로부터 필연적으로 점차 복잡한 사회로 진화한다고 설명했다.

(2) 순환이론: 오스발트 슈펭글러는 그의 저서 서구의 몰락(1918년 1권, 1922년 2권)에서 모든 문화는 두뇌의 알파 리듬이나 전류의 순환과 흡사하게 흥과 망, 전진과 후퇴의 규칙적인 과정을 거치게 된다고 주장했다. 슈펭글러의 세계관은 기본적으로 인간의 문화도 생물 유기체와 마찬가지라는 인식에 기반해 있다. 즉 인간의 문화도 생물체처럼 발생, 성장, 쇠퇴, 멸망 등의 과정을 거친다는 것이다. 슈펭글러는 여러 문명의 발전과정에는 유사점이 있기 때문에 정치, 경제, 종교, 예술, 과학 등 다양한 사상(事象)의 문명비교를 통해 어떤 사회가 전체 문명사에서 어느 단계에 이르고 있는지를 파악할 수 있다고 주장했다. 이것이 바로 문명의 흥망에 관한 학문인 '문화 형태학'이다.

(3) 균형이론: 생물학에 있어서의 공생(共生)의 개념에 그 기초를 두고 있으며, 한 부분의 변동은 균형이 이루어질 때까지 다른 부분의 보충적 변동을 가져오게 한다는 주장이다. 파슨스(Parsons)는 이 개념을 사회에 적응시켜 체제이론(System Theory)을 정립하였다.

(4) 갈등이론: 균형이론과 상반되는 이론으로서 사회제도는 원래부터 불안정하고 갈등과 투쟁은 정당시되며 변동은 필연적인 것으로 본다. 마르크스(Marx)는 투쟁 없이는 진보가 없다고 외치면서 계급투쟁을 주장했다.

로서 한 사회가 다른 사회와 상호 접촉을 가짐으로써 변동을 경험하게 되는 문화접변이 있다. 또한, 사회구성원들의 가치, 태도에 따라 사회변동이 일어나며, 사회구조와 문화가 어떠하냐에 따라서도 사회변동은 이루어진다. 즉 사회구조가 개방적이냐 폐쇄적이냐에 따라서 변동의 속도가 달라진다. 또 다른 변화는 문화전파를 들 수 있다. 문화접변과 유사한 면이 있으나 특정인이나 특정세력에 의하여 타 문화의 요소들이 채택된다는 점이 다르다.

사회의 변화 정도에 따라 그 사회에 주는 영향도 달라진다. 문화지체(Cultural Lag)는 문화의 어느 한 면이 다른 면에 뒤떨어져 있을 때를 의미하는 것으로서 이 개념은 일찍이 오그번(W. F. Ogburn)이 최초로 소개한 개념으로 그는 오늘날 급격한 기술문명의 발달에 비해 정신문명이 뒤따를 수 없게 지체되어가고 있다고 하였다. 또한, 사회변동은 필연적으로 사회문제를 발생시킨다. 사회변화의 정도가 너무 강하게 되면, 사회적 해체와 사기저하가 나타난다. 어느 사회의 문화이든 간에 새로운 문화가 들어오면 어느 정도는 기존문화를 파괴하는데, 이 현상을 우리는 사회적 해체(Disorganization)라고 한다. 이와 같이 안정적인 문화의 해체는 사람들로 하여금 안전감(Sense of security), 사기, 그리고 생의 목적에 커다란 위협을 가하게 된다.

이와 같은 사회변화의 유형을 구분하여 보면, 첫째, 공존적 변화가 있다. 공존적 변화는 신 · 구 사회상이 상호영향을 주어 다소 변하지만, 서로의 특성을 유지하고 서로 의존적인 관계에 서서 공존하는 것이다. 둘째, 흡수적 변화가 있다. 흡수적 변화는 크고 강한 쪽에 약한 것이 흡수되어 자기 특색을 보존하면서도 전체적으로 보다 크고 높은 사회체제 속의 한 부분으로 되는 것이다. 셋째, 소멸이 있다. 소멸 변화는 두 문화가 상호 접촉하여 변화할 때, 한쪽이 소멸(대등한 입장에서)하여 완전히 그 자취를 감추고 다른 문화의 일부분이 되어버리는 것이다. 넷째, 발전(혼합) 변화가 있다. 발전 변화는 신 · 구문화의 장단점을 조화시켜서 하나의 새로운 형태의 문화로 변화하는 것이다.

이러한 사회는 변화과정에서 사회의 성장과 발전을 위해서 통제도 하게 된다. 사회통제를 보는 입장은 거시적 개념과 미시적 개념으로 구분지을 수 있다. 거시적 개념은 사회통제를 거시적 수준에서 그 의의를 찾으며 이질적 부분의 통일수단, 또는 개인을 사회화시키는 수단으로 보는 입장을 말한다. 미시적 개념은 사회통제는 사회화과정과 구별하여야 하는데, 사회화는 사회질서의 체계와 합치되는 역할을 구성단위에서 습득시키는 과정이며 사회통제는 이미 소정의 역할을 습득한 단위가 그 역할에서 일탈(Deviation)하거나 또는 일탈할 가능성이 있을 때, 일탈을 교정 또는 예방하는 과정을 말한다.

이러한 사회통제에 대한 학자들의 정의를 보면, 먼저, 젠킨스(J. C. Jenkins)는 사회통제란 개개인의 행동을 사회적인 이상과 목적에 일치시키는 과정과 수단의 전부이며, 이때 사회적인 이상과 목적을 사회의식이라고 한다. 이 사회의식은 개인의식을 구속하고 통제한다. 다음으로 브라운(P. Brown)은 사회통제란 사회 또는 사회 내의 하위집단이 그 구성단위인 개인이나 집단 측의 기대를 일치시키는 과정의 총체로 보고 있다.

사회통제의 유형을 보면, 로스(Ross)는 윤리적 통제와 정치적 통제로 구분하였다. 윤리적 통제는 도덕적 의식에 의하여 성립되는 것으로 도덕적 질서를 확보함이 그 목적이다. 예를 들면, 여론, 암시, 개인적 이상, 사회, 종교, 예술, 사회적 평가에 의한 사회통제 등이 그 예이다. 정치적

〈표 4-2〉 사회의식과 사회통제

사회의식	사회통제
• 집단의식의 사고 · 감정 · 행동에 대하여 구속 · 통제를 가한다. • 사회의식의 내용은 문화이며, 사회의식이 갖는 구속의 내용은 곧 문화기대이다. • 뒤르켐은 이를 집합표상이라고 했다.	• 사회통제는 사회의식, 문화기대에 개인들로 하여금 사회적 동조를 강제하는 사회화 작용에 의해 이루어진다. • 브라운은 이를 사회, 사회 안의 하위집단이 그 구성단위인 개인이나 집단의 기대를 튼튼하게 일치시키는 과정의 총체라고 했다.

통제는 의도적으로 선택된 통제방법으로, 소수자의 이익이나 사회의 이익을 위해서 사용된다. 예를 들면, 법률, 신념, 의식, 교육 등을 말한다. 브라운(Brown)은 강제적 통제와 설득적 통제로 분류하였다. 강제적 통제는 외적 제재가 가해지는 통제이다. 경찰, 군대 등을 통해 이루어지는 것을 들 수 있다. 설득적 통제는 외적인 제재가 가해지지 않는 선택적, 임의적인 통제이다. 교육, 종교, 규범 등을 통하여 이루어지는 것을 들 수 있다.

사회통제의 형태를 보면, 먼저 예방적인 사회통제는 물리적 통제수단(금지, 억압, 신체적 고통, 위협 등)과 심리적 통제수단(선전, 치료, 설득 등)이 있다. 둘째, 교정적인 사회통제: 일탈자에 대해 어떻게 교정하느냐 하는 모델을 파슨스(T. Parsons)가 연구하였는데, 여기에서 일탈행동은 사회질서나 규범에서 일탈하는 행동을 뜻한다. 파슨스의 일탈행동의 교정을 위한 모델은 다음과 같다. (가) 일탈자의 행동허용: 통제자는 일탈자의 일탈적 동기를 전면적으로 허용함으로써 일탈자의 통제자에 대한 공격적 · 방어적 경향을 완화한다. (나) 의존적 욕구기대: 일탈자의 통제자에 대한 의존적 욕구를 기대함으로써 일탈자는 다른 사람들에 대한 신뢰와 애착을 회복한다. (다) 조건부 보수부여: 신뢰와 애착에 의한 인격적 결합이 성립하였으므로, 허용의 한계를 정하고 일탈적 동기에 대하여서는 이것을 금지하는 보수를 제공해도 일탈자는 통제자로부터 떠나지 않는다. (라) 강화: 일상적인 역할 기대에 동조하는 행동을 실천하고, 이 행동이 성공하면 보수를 주어서 정상적인 행동양식을 강화한다. 셋째, 사회통제로서의 정치는 힘의 행사에 의한 통제이며 밖으로부터의 통제이고 위로부터의 통제인데, 이것은 체제나 제도의 변혁을 직접대상으로 하는 통제수단이다. 넷째, 사회통제로서의 교육은 밖으로부터의 통제가 아니라 안으로부터의 통제이고 위로부터가 아니라 아래로부터의 통제이며, 권력에 의한 통제가 아니라 사랑에 의해서 이루어지는 통제이다.

제6절 지위와 역할 및 아노미

가. 사회적 지위와 역할

흔히 사회적 지위라 함은 사회 속에서 한 개인의 위치를 의미한다. 여기에서 주요 지위라는 개념은 사회적 정체성을 결정하는 데 중요한 구실을 한다. 이 지위에 따른 사회적 역할이 서로 다르게 된다는 것이다. 사회적 역할이란 각각의 사회적 지위에 연관된 규범적인 행동 유형을 의미하는 것으로 아버지로서 해야 할 또는 하는 일, 학생으로서 해야 할 또는 하는 일, 연예인으로서 하는 일 또는 해야 할 일 등 바로 사회적 역할을 가르치는 것이다. 역할의 사회학적 의미는 그것이 사회적 지위와 관련하여 각자가 연출해야 하는 것을 제시해 주는 데에 있다. 역할과 연극이 다른 것은 모든 사람이 어떤 특정의 사람이 정하는 바에 따라 행동하는 것이 아니라, 사회의 일반적인 기대와 문제에 대한 반응으로서 역할을 수행한다는 점이다. 역할은 일반성의 정도에 따라 사회적으로 규정되는(또는 이상적인) 역할, 개인에 의해 인지되는 역할, 개인에 의해 실제 수행되는 역할의 세 가지로 나눌 수 있다.

또한, 역할은 기대와 지각의 개념이 존재한다. 사람은 누구나 상대방에 대해 기대하는 부분이 있다. 즉 부모님에게는 자녀를 사랑으로 돌보아주실 것을 기대하게 된다. 그러한 기대에 대해 실제 부모님께서 자녀를 키우는 과정을 보고 느끼는 부분이 기대지각이다. 동일한 현상을 보고도 어떤 이는 훌륭하다고 생각하고, 또 어떤 사람은 보통이라고 생각한다. 따라서 역할기대는 주변 사람이 역할수행자에게 요구하는 역할의 범위를 의미하고, 역할지각은 역할수행자 스스로가 느끼는 역할의 범위를 의미한다고 볼 수 있다.

그러나 이러한 역할수행 과정에서 인간은 누구나 갈등을 겪게 된다. 이러한 갈등은 하나의 역할을 수행하는 과정에서 다른 역할수행이나 심리과정과 모순을 일으켜서 개인이 부적응하거나 긴장을 경험하는 경우를 의미한다. 역할의 긴장과 갈등은 사회변동이 심할 때, 즉 많은 역할이 새로 생성되고 변화할 때 특히 심하게 나타난다. 또 역할의 분화가 크게 일어날 때도 역할 사이의 긴장과 갈등은 고조된다. 이러한 역할갈등은 다음과 같이 이해될 수 있다.

역할기대 − 역할인지(행동) = 역할갈등

역할갈등의 유형을 보면, 첫째, 역할 내(役割 內) 갈등을 들 수 있다. 특정한 역할수행자의 역할이 역할전달자의 역할기대와 양립할 수 없는 경우에 쉽게 일어난다. 예를 들면, 학교의 교장선생님은 상담교사에게 학칙을 위반한 학생을 엄하게 다룰 것을 기대하는 데 반해, 상담교사는 학칙의 강화는 생활지도 원리에 어긋난다고 생각하는 경우이다. 둘째, 역할 간 갈등은 특정한 역할수행자가 맡은 복수의 역할에 대한 기대들이 상충하는 경우에 일어난다. 예를 들면, 직장인으로서 초과근무까지 해야 한다는 역할 기대와 가장으로서 가족들의 문제에 많은 관심을 가져야 한다는 역할 기대가 상충하는 경우이다. 셋째, 역할·인성 간 갈등은 역할요건이 역할수임자의 개인적 윤리관이나 가치관에 맞지 않을 때 생긴다. 예를 들면, 어떤 회사의 중역이 회사에 유리한 계약을 체결해야 할 임무를 맡고 있지만 특정한 계약내용이 개인적 윤리관에 배치될 경우이다.

그러나 이러한 역할수행이 실천과정에서 모호한 상황은 수시로 일어난다. 역할 모호성은 보통 역할수행자가 역할을 어떻게 수행해야 하느냐에 대하여 충분한 정보가 주어지지 않을 때 또는 타인이 기대하는 역할기대와 본인이 생각하는 역할 기대가 다를 때, 타인이 기대한다고 해도 실제 그것을 어떻게 하여야 하는지 모를 때, 직무에 대하여 개인과 타인이 생각하는 바가 다를 때 발생한다.

역할갈등과 모호성을 비교해 보면, 역할 갈등은 조직의 하위계층에서, 역할 모호성은 상위계층에서 더욱 심각한 문제로 제기된다. 그러나 조직의 하위계층에서는 정해진 규칙 등에 의한 역할이 명확히 규정됨으로써 역할모호성은 큰 문제가 되지 않으나, 갈등의 요인을 제거할 수 있는 권한이 부여되지 못하므로 역할갈등이 중요한 문제가 된다.

나. 아노미(Anomie)

E. Durkheim

그동안의 삶의 과정에서 형성된 가치관이 붕괴되고 삶의 목적이나 꿈이 상실됨에 따라 사회나 개인에게 나타나는 불안정 상태를 말한다. 신의(神意)와 법의 부재를 뜻하는 그리스어 아노미아(anomia)에서 유래한 말이다. 에밀 뒤르켐(Emile Durkheim)의 '자살론'(1897)에서 유래되었다고 본다. 아노미 현상이 나타난 가장 큰 원인은 산업의 급속한 발달이라고 보는 것이 타당한 것으로 보인다.

산업의 발달로 인한 급속한 사회의 변화는 자연스럽게 우리의 생활과 습관을 바꾸게 된다. 즉 자연스럽게 문화의 변동을 가져오게 되는 것이다. 출퇴근 시간, 약속, 상거래 등 인간 삶의 모든 부분을 변화시키게 된다. 이러한 변화의 과정이 급속도로 이루어지게 되면, 그 변화의 과정에 적응하는 데 어려운 사람들이 생겨나게 된다. 이들은 사회에 적응하려는 노력을 하는 것이 아니라 더 이상 자신의 존재의 의미를 느끼지 못하고 가치관과 정체성의 혼란을 가져오게 된다. 뒤르켐은 19세기 프랑스의 급격한 사회변동에 적응하지 못하고, 자살하는 사람들이 급속도로 늘어남에 주목하여, 그동안 가지고 있던 가치관의 붕괴가 이루어지는 현상에 주목했다.

사회의 급격한 변화에 따른 인간의 가치관이 변화를 따라가지 못하여 생활 속에서 가치관의 혼란이 일어나는 상태를 아노미라고 부른다. 이러한 아노미는 뒤르켐이 유럽의 자살에 대한 현상을 연구하면서 발견하였다. 생활 속에서 개인이 가지고 있던 가치관이 붕괴되어 행동이 무절제하게 되고, 범죄 · 비행 · 자살 · 노이로제 등 탈선행동에 빠지기 쉬운 상태를 말한다. 이런 상태에 놓인 사람이 나타내는 불안, 집단규범으로부터의 고립감, 목표상실증 등이 나타나며, 이를 심리적 아노미라고 한다. 사회병리학의 기본개념으로 정치체제의 이완 · 이행 등의 과도기, 경제의 고도화 · 관리사회화 등에서 오는 개인의 무력감, 문화적 목표나 가치의 다원화가 그 원인이다.

즉 사회적으로 중요시되는 가치를 누구나 획득하고 싶어 하지만, 사회구조상 사회경제적 지위가 상위에 속하는 사람들은 이러한 목표를 추구할 기회가 더 많고 하위집단의 경우 이를 획득할 수 있는 기회가 제한되므로 하위집단의 학생들은 자신의 목표와 현실의 수단 사이에서 괴리를 느낌으로써 아노미를 체험하게 되어 비행을 저지르게 된다는 이론으로서, 범죄사회학에서 주로 다룬다.

이러한 아노미 현상에 대해 미국에서 크게 기여한 학자는 머튼(Robert Merton)이다. 미국의 아노미 이론에 대한 가장 중요한 공헌은 1938년에 초판이 발간된 고전적인 논문인 사회구조와 아노미(Social Structure and

R. Merton

Anomie)에서 미국의 사회학자 로버트 머튼에 의해 이루어졌다. 머튼은 뒤르켐의 아노미이론을 일탈행위를 설명하는 개념으로 도입하여 일탈 행동의 일반이론을 정립하는 데 기여하였다.

머튼은 아노미의 원인을 연구하는 데 구조적 목표(cultural goals)와 이 목표의 실현을 가능하게 하는 제도화된 수단(institutionalized means)이라는 두 개의 중심개념을 사용하였다. 머튼은 아노미의 원인을 '문화적 목표와 제도화된 수단 간의 괴리(disjunction)'에서 파악하려고 하였다. 즉 아노미는 제도화된 수단을 희생시키면서 문화적 목표가 과도하게 강조되는 특정한 불균형을 지칭한다. 머튼에 의하면 아노미 현상은 사회가 문화적으로 강조하는 목적을 달성하기 위한 정당한 방법을 갖고 있지 않은 사람들에게 가장 심각하게 나타난다고 한다. 사람들은 그 사회의 기준에 의해서 받아들여지는 제도화된 방법, 합리적 수단들로 그 목적을 달성할 수 없다면 목적달성을 위해 비합법적인 수단을 동원하게 된다. 이와 같이 수단보다 목적을 지나치게 강조하게 되면 사회통제 구조를 붕괴시키는 아노미가 일어난다. 예를 들면 사회는 사회구성원들에게 부를 획득하도록 강요하고, 이를 위한 부당한 방식들을 제공한다면 많은 사람들이 규범을 무시하게 된다. 결국 이러한 상황에서는 구성원 자신의 이익추구와 자신에게 가해지는 제재에 대한 공포가 유일한 통제기제가 되면서, 일탈행위가 대량적으로 발생하는 것이다(일종의 긴장이 발생한다). 따라서 사회적 행동은 예측할 수 없게 되며 이러한 아노미 현상으로 인해 비행 · 범죄 · 자살이 나타난다. 이에 대하여 머튼은 다음과 같이 지적하였다. "문화적으로 도입된 성공목표에 대한 강조가 그에 호응하는 제도적 강조로부터 이탈하게 되면, 기만과 부패와 사악함과 범죄, 즉 모든 금지된 행위들이 더욱 더 일반화되는 것이다(Merton, 1938)."

또한, 머튼의 아노미이론에 따르면, 계층적 지위가 낮은 사람들이 일탈행동을 더 많이 범한다고 한다. 왜냐하면 이들은 문화적 목표와 제도적 수단 간의 괴리에 연유한 일탈의 압박을 더 많이 받기 때문이다. 즉 문화적 목표가 일률적으로 강조되면서 제도적 수단이 사회구조상으로 불균등하게 배분되어 있는 상황에서는 그러한 수단에 접근하기 힘든 하류층일수록 위법적인 방식으로 목표달성을 추구하게 되는 것이다.

또 머튼은 개인이 문화적 목표와 제도화된 수단 간의 괴리에서 발생하는 아노미적 상황에 어떻게 적응하고 있는지에 대하여 다음과 같은 5가지 개인적 적응 양식을 제시하고 있다.

- 동조형(순종형, Conformity)

문화적 목표와 제도적 수단을 모두 수용하는 적응 양식이다. 그러나 어느 사회에 있어서도 가치체계의 완전한 합의가 이루어진 상태는 발견하기 어렵기 때문에 머튼의 관심은 동조형보다 다음에 서술될 4가지의 일탈적 적응형태에 쏠리고 있다.

- 혁신형(Innovation)

문화적 목표는 수용하면서도 목표에 이르는 제도화된 수단은 거부하는 유형이다. 이는 목표를 달성하기 위한 효율성이 강조되며, 목표달성을 위해서는 비합법적 수단도 가리지 않는 적응형태이다.

- 의례형(Ritualism)

사회가 강조하는 문화적 목표에 대해서는 무관심하거나 거부하면서 제도적으로 마련된 수단과 절차에 더 집착하는 유형이다. 머튼은 이것의 전형적인 예를 관료들의 행태에서 찾고 있는데, 이들은 조직체가 추구하는 목표에는 무관심하고 그 목표를 달성하는 수단인 형식적인 절차와 규정에 더 집착한다.

- 은둔형(Retreatism)

현실을 도피하는 양상으로 나타나며, 문화적 목표와 제도적 절차 및 수단을 모두 거부하는 유형이다. 알콜중독자, 은둔자, 방랑아 등이 여기에 속한다.

- 반항형(Rebellion)

기존 사회의 문화적 목표와 제도화된 수단을 모두 거부한다는 점에서는 은둔형과 유사하나, 이와 달리 기존의 것을 새로운 것들로 대치하려는 유형이다. 따라서 안정된 사회의 입장에서는 위협세력이 된다. 급진적 사회운동가, 여성해방운동가, 히피 등이 이에 속한다.

이와 같이 뒤르켐의 아노미이론을 일탈행위 설명에 이용한 머튼의 연구는 그 후 코헨(A. Cohen)의 비행소년의 하위문화, 클로워드(R. A. Cloward)와 올린(G. Ohlin)의 일탈이론, 사이크스(Sykes)와 마짜(D. Matza)의 일탈이론으로 계승, 발전되었다.

이러한 아노미 현상은 21세기에 접어들면서 또 다른 형태로 나타나기 시작하였다. 그것은 바로 컴퓨터와 전자통신기기의 발전이다. 이러한 과학기술의 급격한 진보와 사회적 행위의 변화에 기성세대가 적응하기 힘들게 됨으로써, 컴맹, 넷맹, 폰맹 등과 같은 신조어를 낳았으며, 빠른 정보통신기술의 발달은 청소년과 기성세대에게 학교 및 사회에 대한 부적응과 불협화음으로 인하여 일탈 및 자살의 증가를 가져오는 데 영향을 미치고 있다.

참고

머튼(R. Merton)의 아노미론에 대한 논의

첫째, 머튼의 아노미이론은 어느 사회에서나 문화적 목표나 가치에 대한 기본적 합의가 이루어지고 있다는 공통가치설을 전제하고 있다. 예를 들면, 미국 사회에서는 부(富)의 성취에 바탕을 둔 목표가 모든 계층의 성원들에 의해 보편적으로 수용되고 있다는 것이다. 그러나 이러한 계층의 고하를 막론하고 모든 인간이 일률적으로 물질적 성공이라는 목표를 내면화하고 있다는 주장은 경험적 근거가 다소 희박하다. 태판(Tappan, 1960)은 현대 개방사회의 하류층이나 중류층은 머튼이 생각한 것처럼 그렇게 출세 지향적이거나 상승이동 지향적이 아니라고 주장하였다. 또한 허쉬(Hirsch, 1969)의 연구에서도 청소년 비행이 부를 성취하는 문화적 목표에 대한 좌절된 반응(frustrated response)이라는 가설을 지지하는 경험적 근거가 별로 없다고 밝혔다. 둘째, 머튼의 아노미 이론에서는 일탈의 원인을 문화와 사회구조 속에서 파악하려고 한 나머지 집단 또는 개인들 간의 상호작용이 일탈 행동 발생에 기여하는 영향력을 과소평가 내지 무시했다는 비판이 있다. 즉 아노미적 상황에서 인간들의 적응양식의 개별화에만 역점을 두고 행위자와 타자 간의 상호작용 과정을 통한 일탈의 집합적 적응을 소홀히 다루고 있다는 것이다. 셋째, 머튼의 아노미이론은 구조적 긴장이 극대화되어 있는 하류계층의 일탈행동을 잘 예견해 줄 수 있으나, 그 긴장이 극소화되어 있는 중 · 상류층의 일탈행동에 대해서는 잘 예견해주지 못한다는 비판이 있다. 오늘날 여러 연구를 통해 중 · 상류층도 하류층과 마찬가지로 많은 범죄를 저지르고 있다는 사실이 밝혀지고 있는데, 아노미이론에서는 이를 잘 설명하지 못하고 있다는 것이다. 넷째, 머튼의 아노미이론은 문화적 목표를 달성하기 위한 제도적 수단을 합법적 기회구조의 불균등한 배분에만 역점을 둔 나머지 비합법적 기회구조의 차이 분포에 대해서는 아무런 언급이 없다고 비판한다.

참고

레오 스롤(Leo Srole)의 아노미론

레오 스롤은 아노미의 심리적 조건을 묘사하는 데 주목하였다. 스롤은 아노미는 사회체계에 개인들이 통합되지 못한 상태라고 정의하였고, 이를 다섯 가지 차원으로 구분하였다. 첫째, 아노미란 지역사회 지도자들이 자신의 도구로부터 분리되어 있으며 무관심하다는 개인의 느낌이다. 이는 아노미적 개인이 정치체계로부터 소외감을 느끼는 것을 의미한다. 두 번째, 아노미는 사회질서가 본질적으로 불안정하며 예측성이 없다는 개인의 자각이다. 이는 아노미적 개인이 문화체계로부터 소외감을 느끼는 것을 의미한다. 셋째, 아노미는 자기 자신 및 자신과 비슷한 처지에 있는 사람들은 이미 도달한 목표로부터 점차 회복하고 있다는 개인의 견해를 뜻한다. 이는 자신의 사회적 위치와 경제적 지원을 상실한 사람에게서 나타나는 특성으로 경제체계로부터의 소외감을 의미한다. 넷째, 아노미는 인생 자체에 대한 개인의 무의미감이다. 이는 내면화된 사회규범과 가치로부터 소외된 개인을 뜻한다. 마지막으로, 아노미는 자신의 직접적이고 사적인 관계의 틀이 더 이상 예측성이 없고 자신을 지지해 주지 않는다는 개인의 인지이다. 이는 원초적 사회화 집단으로부터의 소외감을 의미한다(Marco Orru, 1990). 이처럼 레오 스롤의 아노미 이론에서는 사회체계에 통합되지 못한 개인의 심리를 보여준다.

토론 및 논술

1. 한국사회의 문화와 서구사회의 문화적 특징을 비교해 보고, 우리가 나아가야 할 방향에 대해 말해보자.

2. 문화기대와 문화변동을 설명하고, 실질적인 사례를 예로 들어 말해보자.

3. 문화지체와 문화실조를 설명하고, 실제 사례를 예로 들어 말해보고, 문제점을 해소할 수 있는 방안을 제시해보자.

4. 학교교육에서 사회화가 이루어지는 과정을 설명해보고, 변화되어야 할 내용과 방법에 대해 논하시오.

5. 교육을 통해 사회가 변화된 실증적 사례를 말해보자.

6. 교육을 통해 주어진 사회적 지위와 역할에 대해 말해보고, 그 타당성과 문제점을 제시한 후에 대안 의견을 말해보자.

제5장

사회집단/사회계층/사회자본과 교육

제1절 동료집단

제2절 집단 유형

제3절 사회계층

제4절 사회계층의 분류 방법

제5절 사회계층 이동

제6절 사회자본

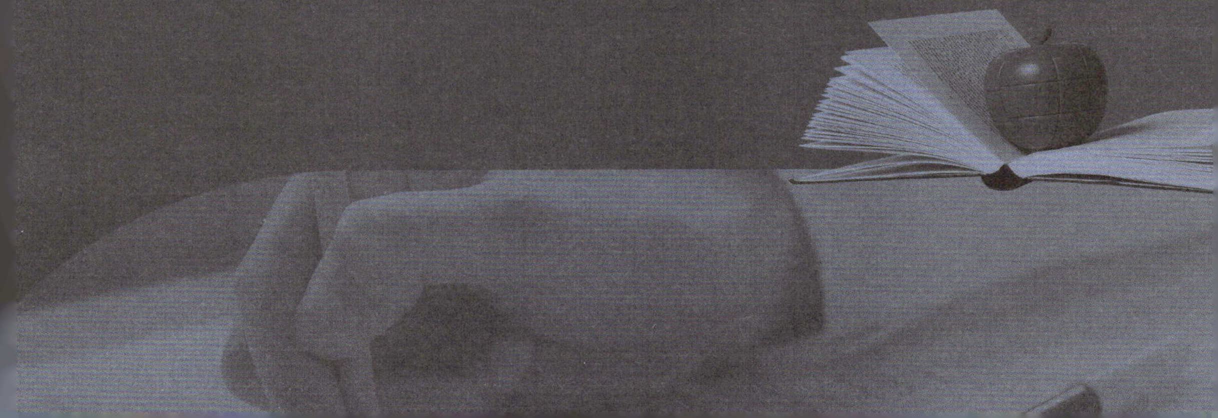

제5장 사회집단/사회계층/사회자본과 교육

제1절 동료집단

흔히 동료집단(또래집단)이라 함은 나이, 신분, 홍미 등이 비슷한 집단일 뿐만 아니라 보다 가까운 감정과 행동을 서로 간에 느끼는 집단으로 자연스럽게 형성된다. 그러므로 동료집단은 '우리들 감정(We-feeling)'으로 가득 차 있으며 그들 나름대로 규칙과 조직이 있고 다른 성원에 대한 기대가 있다.

동료집단의 특성을 보면, 첫째, 성인 세계에서는 아동들이 항상 종속적이지만 동료집단에서는 동등하고 평등한 권리를 가지고 지낼 수 있다. 둘째, 동료집단 속에서는 보다 큰 자유를 누릴 수 있고 그 자신의 태도와 판단 등을 자율적으로 행사할 수 있다. 셋째, 동료집단 내의 문제는 아동의 흥미와 생리에 맞는 것들이며, 성원 간의 사회적 접촉과정이 비교적 안락하다. 넷째, 동료집단에서는 같은 또래의 아동끼리 비교적 강한 집단감정을 갖는다. 다섯째, 동료집단은 상호 간에 감정으로 얽혀 있기 때문에 교우관계보다 영속적이지는 못하다.

이러한 동료집단의 유형은 유희집단(Play Group), 동인집단(Clique), 도당(Gang)으로 구분된다. 먼저 유희집단의 특징을 보면, (가) 가장 비형식적인 집단으로 아동생활에 있어 유희를 위하여 최초로 형성되는 자발적인 집단이다. (나) 4-5세에서 12-13세의 아동 5-6명으로 구성되는 경향이 많다. (다) 집단 구성원은 자연적이고 자발적으로 구성되며, 특정의 지도자가 없고 어느 누구도 쉽게 지도자가 될 수 있다. (라) 모두가 주관적, 순간적으로 집합하고 분산하며, 활동 전체는 흥미 중심으로 노는 것뿐이다. 둘째, 동인집단의 특징을 보면, (가) 13세 이후의 아동 2-20명으로 구성되는 집단으로 취미를 중심으로 형성된다. (나) 동일한 계층, 동일한 신분을 조건으로 형성되는 비형식적인 집단으로 신뢰성과 친밀감은 강하지만, 폐쇄적이고 배타적인 경향이 있다. (다) 집단 활동을 통해 연결의식이 강화되고 지도성은 합의에 의해 발휘된다. (라) 정서적 활동, 독서, 파티, 연극, 음악 감상 등 교양적이며 소비적 · 향락적인 행동에 치우치며, 대부분 상류층의 자녀들이 참가하는 집단이다. 셋째, 도당(Gang)의 특징을 보면, (가) 청년 전기(14, 15세)의 아동들이 가정이나 교사와 성인들의 감시를 피하여 새롭고 흥미 있는 경험을 하기 위하여 모인 1차 집단의 일종으로 자연발생적인 비공식적 집단이다. (나) 새롭고 흥미 있는 경험을 접하기 위해 모인 단체로 처음에는 금지된 행동을 하다가 나중에는 차츰 반사회적 행동으로 발달하기도 한다. (다) 성원 간의 의리가 존재하며, 강력한 지도성에 의하여 결속된 집단으로 주어진 환경에 대한 투쟁이나 대립에 의하여 집단의식이 강화된다.

이러한 동료집단의 교육적 의의를 보면, 민주주의 정신을 학습하며, 심리적 안정감을 부여할 수 있고 문화의 동일성을 형성하게 되며, 개인의 역할을 발견할 수 있다. 또한, 아동 상호 간의 인정을 통하여 자신감 또는 자아관념이 형성되며 지도성을 학습하게 되고 사회화의 과정이 촉진된다.

제2절 집단 유형

동료집단에 대한 유형을 학자들의 주장을 토대로 알아보면 다음과 같다. 섬너(W. G. Sumner, 1960), 퇴니에스, 쿨리의 유형분류를 간략히 알아본다. 섬너는 내집단과 외집단으로 분류(〈표 5-1〉 참조)하였으며, 퇴니에스(Tönnies)는 공동사회와 이익사회로 분류(〈표 5-2〉 참조)하고, 쿨리(Cooley)는 1차 집단과 2차 집단으로 분류(〈표 5-3〉 참조)하였다.

〈표 5-1〉 섬너의 내집단과 외집단의 비교

구분	내집단(In-Group)	외집단(Out-Group)
의의	집단을 구성하고 있는 개인들이 그 집단에 소속한다는 느낌을 가지며, 구성원 간에 '우리라는 공동체의식(We-Feeling)'이 강한 집단으로서 '우리집단(We-Group)'이라고 부르기도 한다.	외집단은 내가 소속된 집단이 아닐 뿐만 아니라, 이질감을 가지거나 심지어는 적대감이나 공격적인 태도까지 가지게 되는 경우로서, '타인집단(They-Group)'이라 부르기도 한다.
개인에게 미치는 영향	사람들은 내집단을 통하여 자신을 인정받고 자아정체감을 얻으며, 판단과 행동의 기준을 배우게 된다.	사람들은 외집단을 통해서 집단의 성격을 파악할 수 있게 되고, 내집단의 결속의 필요성을 인식하게 되며, 상이한 판단과 행동의 기준이 존재한다는 것을 알게 된다.
집단의 실례	아군, 자기 종교집단, 우리 팀, 한민족 등	적군, 다른 종교집단, 상대 팀, 이민족 등

〈표 5-2〉 퇴니에스의 공동사회와 이익사회의 비교

구분	공동사회(Gemeinschaft)	이익사회(Gesellschaft)
결합 의지	본질의지(본질의사)에 의한 결합: 본질의지란 일단의 행동을 배후에서 조정하는 선천적·본능적·무의도적·자연적인 의지(성향)을 가리킨다.	선택의지(형성의지)에 의한 결합: 선택의지란 인간의 행동을 미래와 관련시켜서 합리적으로 판단하여 결정하는 후천적·의도적·목적적·인위적인 의지를 가리킨다.
집단의 목적	결합 그 자체를 목적으로 함	결합은 특정 목적달성을 위한 하나의 수단임
집단 구성의 바탕	공동사회는 구성원의 상호이해와 공동의 신념 및 관습이 집단구성의 바탕을 이룸	이익사회는 구성원의 이해관계에 따른 계약과 일정한 절차에 의하여 마련된 규칙이 집단구성의 바탕을 이룸
가입과 탈퇴	나면서부터 구성원이고, 가입과 탈퇴를 마음대로 할 수 없음	자유의사에 따라 가입과 탈퇴를 마음대로 할 수 있음
집단의 실례	가족, 친족, 씨족, 민족, 지역사회 등	회사, 정당, 조합, 협회 등

1. 중간집단: 스미스(Smith)가 밝힌 것으로 1, 2차 집단에 속할 수 없는 성격의 집단으로 학교, 교회, 사교모임 등을 말한다.
2. 3차 집단: 브라운(Brown)이 밝힌 것으로 일시적인 동기가 인연이 되어 어떤 목적이나 조건 없이 형성되는 집단, 즉 버스 안에서의 승객, 엘리베이터 안의 승객, 야구경기의 관객 등을 말한다.

〈표 5-3〉 쿨리의 1차 집단과 2차 집단

구분	1차 집단(Primary Group)	2차 집단(Secondary Group)
접촉 방식	대면접촉과 친밀한 관계	간접적 접촉과 형식적 관계
결합 목적	친밀감을 바탕으로 관계 자체가 목적	목적달성을 위한 수단적 만남이 바탕
집단 성격	자연적 · 기초적 집단 · 소규모	인위적 · 기능적 · 형식적
통제 방법	도덕 · 관습 등 비공식적 통제	규칙 · 법 등과 같은 공식적 통제
특징	〈1차 집단이라는 이유〉 (1) 개인의 인성형성(사회화)에 근원적인 영향 (2) 사회생활에서도 없어서는 안 된다는 의미	〈2차 집단이라는 이유〉 (1) 구성원이 극히 부분적인 관계 형성 (2) 사회화 효과가 2차적 (3) 1차 집단보다 뒤에 발달된 인위적 집단
예	가족, 놀이집단	회사, 각종 단체

※ 소속집단과 준거집단

1. 소속집단: 현재 자신이 속해 있고 참여하고 있는 집단을 소속집단이라 한다.
2. 준거집단: 사람들이 어떤 판단이나 행동의 기준으로 삼는 집단이 있는 그것을 준거집단이라 한다. 준거집단은 내집단일 수도 있고 외집단일 수도 있으며, 소속집단이 많은 경우에는 그중 어느 하나가 가장 중요한 준거집단이 될 수도 있다.
3. 소속집단과 준거집단의 일치: 소속집단과 준거집단이 일치하는 경우는 자기가 그 집단에 소속해 있음을 자랑스럽게 여기고 그 집단에 참여하는 것을 자기 생활의 중요한 부분이라고 생각한다.
4. 소속집단과 준거집단의 불일치: 자기가 소속한 집단에는 만족을 느끼지 못하면서 자기가 성원으로 받아들여지지는 않지만 참여하기를 원하는 집단이 따로 있는 경우, 소속집단의 규범을 거부하며 이탈하려는 경향이 나타나고, 준거집단의 문화수용에 따른 두 집단 간의 이질성이 감소하고 동질성이 증가한다.

제3절 사회계층

사회계층(Social Stratification)이란 일정한 지역에서 일정한 부류의 사람만이 서로 자유로이 왕래 · 교제할 수 있는 사회적 구분으로 동일한 또는 유사한 지위를 가진 사람들이 모인 집단을 의미한다. 이러한 사회계층을 보는 시각은 기능주의자들과 갈등주의자들에게서 서로 다르게 나타난다. 대표적인 갈등주의자인 마르크스(Karl Marx)는 사회계층을 단순히 부르주아와 프롤레타리아의 이분법적 시각으로 보았다. 부르주아 계층은 근대 자본가나 생산수단의 소유자 및 임금노동 고용자 계급이다. 프롤레타리아 계층은 자신의 생산수단이 없기 때문에 살아가기 위해서는 노동력을 팔 수밖에 없는 근대임금노동자 계급을 말한다. 또 다른 학자인 막스 베버(Max Weber)는 칼 마르크스의 사회불평등 구조 분석을 더욱 다원화시켜 사회계층을 계급(Class), 지위(Status) 및 권력(Power)의 세 차원에서 이해해야 한다고 주장했다. 베버는 지위집단(Status)과 계급을 구별하였는데 지위집단은 부(富)의 소비 양식 및 유형과 밀접하고 가까운 것이라고 하였다.

이러한 사회계층에 대해 기능이론과 갈등이론의 시각은 〈표 5-4〉와 같다.

〈표 5-4〉 사회계층을 보는 두 이론적 시각

기능주의
• 계층은 보편적이며 필요하고 또 필연적이다. • 사회조직(사회체제)이 계층체계를 만든다. • 계층은 통합, 조정, 응집을 위한 사회적 욕구에서 생긴다. • 계층은 사회와 개인이 적절한 기능을 하도록 촉진한다. • 계층은 사회적 공통가치의 표현이다. • 권력(Power)은 늘 정당하게 배분된다. • 일자리와 보상은 평등하게 배분된다. • 경제적인 부문을 타 부문의 밑에 둔다. • 계층체계는 항상 진보적 과정을 통하여 변화한다.
갈등주의
• 계층은 보편적이지만 필연적인 것은 아니다. • 계층체제가 사회조직(사회체제)을 만든다. • 계층은 집단정복, 경쟁, 갈등에서 생긴다. • 계층은 사회와 개인이 적절한 기능을 못 하도록 방해한다. • 계층은 권력집단들의 가치의 표현이다. • 권력은 늘 부당하게 배분된다. • 일자리와 보상은 불평등하게 배분된다. • 경제적인 부문을 사회의 맨 위에 둔다. • 계층체계는 항상 혁명적 과정을 통하여 변화한다.

■ 출산율 정책

21C에 접어들면서 대한민국은 출산율이 낮아지는 상황이 계속되고 있다. 그동안 대부분의 선진국에서 산업이 성장하고 경제 상황이 윤택해지면서 출산율이 낮아지는 경험을 하였다. 그 이유는 개인 삶의 질에 대한 인식과 더불어 어려운 성장기를 경험한 세대가 자신이 가진 배경과 환경적 요인으로 인해 결혼 후 자녀의 사회적 지위에 대한 불안으로 인해 출산을 기피하는 경향이 높아지기 때문이다. 이렇게 낮아지는 출

산율에 비해 기업과 일자리는 늘어나는 상황에서 이들 국가들이 취했던 정책은 이민과 난민의 수용으로 부족한 노동력을 충당하여 왔다. 이러한 정책은 국가마다 조금씩 다르기는 하지만, 각종 부작용이 나타나고 있는 것도 사실이다. 대한민국의 경제적 성장으로 인해 가장 먼저 나타난 현상은 1차 산업 종사자와의 결혼기피이다. 다시 말하면, 힘든 일을 하기 싫어하는 풍조가 나타난 것이다. 이는 다른 선진국에서 이미 나타났던 3D 업종[1] 기피 현상이 대한민국에서도 현실화된 것이었다. 1차 산업에 종사하는 청년들이 장가를 가기 힘든 상황이 90년대 초부터 나타난 것이다. 그렇게 시작된 미혼의 증가와 출산율 저하는 장기간 지속되면서 세계에서 가장 빠른 출산율의 저하를 기록하였으며, 이는 국가경쟁력의 약화로 이어지고 있다. 이는 개인의 삶의 질을 향상하기 위한 측면도 있지만, 가난의 대물림을 하지 않으려는 인식도 작용하고 있는 것이다. 이와 같은 인식을 해소하기 위하여 정부는 지속적으로 출산율을 높이기 위한 정책으로 복지제도를 확대하여 왔으나 출산율은 높아지지 않았다.

2022년 대한민국은 합계출산율 0.78명으로 저(低)출산율 세계 1위를 수년째 기록하고 있다. 이러한 출산율의 저하는 이미 30년 전부터 시작되었으나 개선될 기미가 보이지 않고 있다. 최근에 그 이유는 자녀를 키우는 데 경제적 부담이 많이 든다는 것이 가장 큰 원인으로 지적된다. 이와 같은 문제를 해결하기 위해 거버넌스를 통한 지원과 정책의 수립을 통해 부모의 부담을 줄여야 한다는 주장이 계속되고 있으나 실제 정책은 결혼적령기에 있는 사람들에게 체감으로 다가오지 않고 있다.

그동안 출산율을 높이기 위해 자녀출산 지원금을 지자체들이 경쟁적

1) 3D 업종은 더럽고(Dirty), 어렵고(Difficult), 위험한(Dangerous) 분야의 산업에 종사하는 것을 기피하는 현상을 말한다.

으로 도입하였으며, 국가적으로 20년 이상 280조원을 넘게 투입하였으나 실질적인 출산율은 지속해서 감소하였다. 그 이유는 무엇일까? 첫 번째는 정책의 실패이다. 자녀를 낳을 때 일시적으로 지원금을 주는 것은 출산시기를 앞당기는 것일 뿐 자녀를 더 낳지 않는다는 것이다(머니투데이, 4월 22일자). 외국의 정책을 보면, 헝가리의 경우 2018년부터 시행한 정책은 결혼하면 우리 돈으로 약 3,400만 원을 대출해주고 첫 아이 출산 시 무이자 전환, 셋째 아이를 출산하면 원금 전액을 탕감해준다. 프랑스의 경우, 합계출산율 1.79로 유럽에서 가장 높은데도 3만 유로(약 4,000만 원)의 출산 수당과 월 20~60만 원대의 보육 보조금을 매달 지급하고 있다. 포퓰리즘 논란은 뒤로 하고 충격적인 위기 상황에는 충격적인 정책 대안이 해법이 될 수도 있다(베이비뉴스, 2023.3.6일자). 그 외에도 출산을 하는 가정에 전폭적인 지원을 하는 방식으로 변경될 필요도 있다.

오늘날 세계 인구는 지속적으로 늘어나고 있다. 2023년 현재 세계 인구는 80억 명을 넘어 계속 늘어나고 있다. 경제적 성장이 높은 국가의 출산율은 계속 낮아지고 있으나 저개발국가의 인구는 계속 증가하고 있다. 따라서 선진국은 인구감소의 영향으로 산업과 경제활동이 줄어들고 있으며, 저개발국가는 인구가 늘어남으로 인해 경제 환경이 나아지지 않는 상황이 지속되는 것이다. 저개발국가의 인구는 경제활동을 하러 선진국으로 이동하는 경향이 높다. 그러나 이들은 학력이나 문화적 차이로 인해 선진국에서도 지속해서 사회문제를 야기하는 상황이 반복되고 있다.

※ 토의문제

현재 대한민국의 출산율은 지속적으로 낮아지고 있다. 2000년대 들어서면서부터 본격적으로 출산율을 높이기 위한 지원정책을 펴 왔지만, 조금도 나아지지 않고 있다. 따라서 지금과 같은 정책은 이미 효과가 없다는 것이 증명되었다고 볼 수 있다. 따라서 충격 요법을 사용할 필요가 있어 보인다.

정부의 의지에 달린 것이라는 전제 하에 다음과 같은 내용으로 정책 토의를 해 보자.

과거에는 결혼을 하면 누구나 자녀를 낳는 것을 당연하게 여겨 왔으나 최근에는 20-30대를 대상으로 한 조사결과를 보면, 결혼을 하더라도 자녀를 놓지 않는 딩크족 부부도 40%에 달하는 것으로 나타나고 있다. 또한, 결혼 후에 자녀를 낳더라도 2명을 낳아서는 인구증가에 도움이 안 된다. 따라서 지금까지의 출산율 정책을 포기하고, 원점에서 다시 시작한다는 마음으로 두 자녀까지는 지원을 하지 않고 부부가 자력으로 키우도록 한다. 그리고 셋째 자녀부터 통 큰 지원을 제안한다. 즉, 셋째를 낳으면 2억, 넷째 2억 다섯째까지 2억을 지원한다면 인구증가에 도움이 될 것으로 생각한다. 물론 현금성 지원이 아닌 아파트 대출을 통한 감면 방식으로 지원하거나 세부적인 사항은 현실에 맞게 적용한다고 가정한다.

흔히 공부에도 시기가 있다고 하듯이 국가 정책에도 적절한 시기가 있다. 그 시기를 놓치면 더 이상의 기회는 돌아오기 어렵다는 점이다. 평등과 공평이 듣기에는 좋으나 국가가 무너지는 마당에 평등을 따질 것인가? 국가가 무너지는 마당에서도 논쟁이나 하다가 망국으로 이끌어간 선조들의 행태를 반복할 필요가 있을까? 인구 감소는 인공지능을 통한 대처, 로봇세 등 다양한 대안이 나타날 수 있지만 한국사회가 유지되기 위해서는 결국 사람이 있어야 한다는 사실을 깨달아야 한다.

제4절 사회계층의 분류 방법

사회계층의 분류는 학자마다 다양하게 구분하고 있으나 그 사회의 환경과 시대적 상황에 따라서 자연스럽게 변화되는 모습을 보인다. 사회계층은 여러 가지 조건으로 인하여 사회적 지위나 특권 그리고 이익 등이 불평등하게 분배되어 있는 사회체제 속에서 서로 비슷한 위치에 있는 집단을 말한다. 연속선상에 있는 지위의 서열로서 다원적 지표에 의하여 분류되는 불평등구조의 조작적 분석이다. 가장 쉽게 알 수 있는 것은 인도의 바르나제도, 사회적 신분, 사회계급, 지위계급을 포함하는 종합적 개념으로 갈등주의자들이 주로 사용하는 계급보다 더 폭넓은 개념이라고 할 수 있다.

사회계급은 사회 내에 존재하는 실제적이고도 객관적인 지위가 경제력이라는 단일지표에 의하여 분류된 사회불평등 구조이다. 주로 경제적 조건이 유사한 사람들이 비슷한 생활습관 · 태도 · 행동 · 가치관을 가지고 있는 경우로, 경제력을 중심으로 그 이해와 이상이 대립하고 있는 이질적이고 비연속적인 집합이며 일시적인 경향이 강하다.

사회계층의 분류방법에는 주관적 방법, 객관적 방법, 평판법의 세 가지 유형이 있다. 첫째, 주관적 방법은 자신이 스스로 어떤 계층에 속한다고 생각하는지 자기평가를 통하여 계층적 위치를 알아보고 사회의 계층구조를 파악하게 하는 방법이다. 사람들의 의식 속에 있는 계층적 지위 또는 계층구조를 탐색하기 위하여 조사표에서 자신의 위치를 표시하게 한다. 둘째, 객관적 방법은 사회성원의 객관적인 속성에 의거하여 개인 · 집단의 계층적 위치를 규정하는 것이다. 한 사회에서 구성원들 상호간에 계층을 판단하는 근거를 조사하여 그것을 척도화한 후에 그 척도로

참고

인도의 바르나(varna) 제도 (=카스트 제도: 포르투갈인들이 부른 데서 연유함)

'바르나'라는 말은 본래 색깔(色)을 뜻하는데 아리아인이 인도를 침입하였을 때, 피부색이 지배자와 피지배자를 나타내 주었기 때문에 새로 '신분', '계급'이라는 의미가 첨가되고 혼혈이 진행되어 피부색이 신분을 나타내는 표지가 되지 않게 된 때에도 이 바르나라는 말은 여전히 신분 · 계급의 의미로 사용되게 되었다. 최고의 바르나는 흰색이며, 종교지도자인 브라만, 두 번째 바르나는 빨간색이며, 크샤트리아, 세 번째 바르나는 노란색이며, 바이샤, 네 번째 바르나는 검정색이며, 수드라로 구분하였다.

바르나 제도가 형태를 갖춘 것은 후기 베다시대(BC. 1000-BC. 600년경)의 도아브(Doab: 갠지스강과 야무나강 사이의 지대) 지역에서였다. 경제적인 면에서 보면 이 시대는 아리아인이 농경 사회를 완성시킨 시대라고 할 수가 있다. 정치적인 면에서 보면, 이 시대는 부족시대가 무너지고 왕권이 신장되고 영구적인 수도가 건설되면서 행정제도와 정세제도가 확립되기 시작한 시대이다. 종교적으로 보면 이 시대는 브라만교의 여러 성전이 편찬되고 브라만 신분이 확립된 시대이다. 브라만 계급이 사회의 최상층으로서의 확고한 위치를 점유해 가면서 그 사회에서는 내부적인 계급 분화가 일어났다.

그리하여 신에 대한 제사를 맡은 성직자, 즉 브라만(Brahman) 계급을 중심으로 한 브라마니즘이 서서히 세력을 갖추게 되었다. 그리고 부족 간의 전투와 행정조직의 발달에 따라 왕족을 비롯한 정치, 군사의 지도층인 크샤트리아(Kshatriya) 계급이 형성되고, 농경의 발달과 도시의 성장에 따라 바이샤(Vaisya) 계급이 형성되었다. 이들 계급은 피정복민이며 가장 천한 노예계급인 수드라(Sudra) 계급과 함께 신분 제도인 바르나 제도(四姓制度)를 형성하였다. 아리아인들은 인간의 입(브라만), 팔(크샤트리아), 다리(바이샤), 발(수드라)의 역할이 모두 다르듯이 인간이 타고날 때부터 갖게 되는 역할이 다르다고 주장하여 체계화시켰다. 마누법전에 나오는 사종성(四種姓)의 각 신분의 주요한 의무는 다음과 같다.

제1계급: 브라만(Brahman): 자신 또는 타인을 위해 제사, 베다 성전의 학습과 교수, 보수와 수시(受施)
제2계급: 크샤트리아(Kshatriya): 정치나 전투를 통해 백성을 보호하며 자신을 위한 제사를 행함. 베다성전의 학습, 보시
제3계급: 바이샤(Vaisya): 농업, 목축, 상업, 금융, 자신을 위한 제사를 행함, 베다 성전의 학습과 보시
제4계급: 수드라(Sudra): 다른 세 신분에의 봉사(수공업자와 노예)

네 가지 바르나 가운데 상위의 세 바르나는 재생족(再生族: dvija)으로도 불리며 여기에 소속된 남자들에게는 10세를 전후로 재생(두 번째 탄생)을 위한 입문식을 거행하여 아리안 사회의 일원으로 베다의 제식에 참가할 자격이 부여된다. 이에 반해 수드라는 재생의식을 거행할 수 없는 일생족(一生族)으로 종교, 사회, 경제 등 여러 면에서 차별을 받는다. 그리고 이 수드라보다 아래에 있으며 네 바르나의 틀 밖에 놓여 있는 아바르나(Avarna: 바르나가 없는)의 불가촉 천민이 존재한다. 인간이되 인간 대우를 받지 못하는 인간을 말하며, 주로 떠돌이 생활을 하고 산간 오지에 거주한다. 최근에는 대도시 외곽에도 많이 거주하며, 도시에서 나오는 각종 쓰레기를 뒤지면서 삶을 유지하는 등 사회문제가 되고 있다. 그러나 카스트라는 공동체는 인도인들의 하나의 생활단위이므로(생계의 단위이므로) 카스트를 떠나 생활하기가 힘들다고 하며 그것은 직업적인 차원에서 그러하다.

반면에 업적 기준에 의해 인간의 능력을 평가한다면, 사회이동은 개인별로 활발하게 일어난다. 능력이 있다고 평가되면 사회적 상승통로가 열리게 되는 것이며, 이는 신분사회의 붕괴 이후에 많은 국가들에서 이루어지고 있는 산업사회의 특징이었다.

※ 워너(W. L. Warner, 1960)의 사회 계층 연구

(1) ISC(Index of Status Characteristics: 신분 특성 지표): 직업의 종류, 거주 지역, 가옥의 종류와 질, 수입의 양, 수입의 출처, 교육연한의 6개 항목으로 정하여 각각의 점수에 의하여 계층을 구분한 것으로, 객관적인 방법에 속한다(그림 참조).

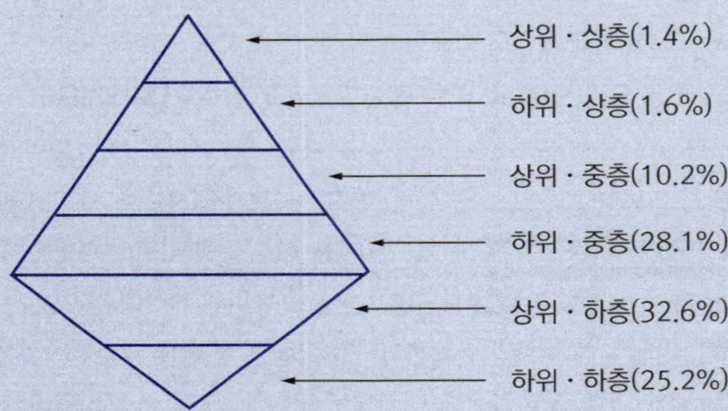

(2) EP(Evaluated Participation: 평가된 참여): 연구대상의 지역사회에 대한 친숙도, 주거민의 특이한 상호작용을 기준으로 한 것으로 주관적 방법에 속한다.

사람들의 계층을 측정한다. 셋째, 평판 방법은 일종의 주관적 평가방법이긴 하지만 그 평가의 대상이 자기 자신이 아니라 주위 사람들인 것이 특징이다. 사회적 지위는 자신의 평가도 아니고 객관적 속성도 아닌 다른 사람들의 평가와 인정에 의존하기 때문에 소규모의 지역공동체와 조직체 같은 한정된 집단에서만 효과를 거둘 수가 있다.

산업화로 인한 경제성장이 다양한 사회계층을 형성하게 되면서, 인간의 소비를 중심으로 사회계층을 설명하는 현상도 나타나고 있다. 일상생활에서 개인은 타인으로부터 인정받고자 하는 인정욕구, 타인에게 보여주고자 하는 과시욕구, 타인보다 높은 지위를 갖고자 하는 지위욕구, 타인보다 많은 부(富)를 갖고자 하는 재물욕구, 타인보다 높은 권위를 갖고자 하는 명예욕구 등 인간이 가진 복잡한 욕구가 작동하면서 사회는 다양한 계층구조를 이루고 있다. 이러한 인간의 욕구와 경제소득 불균형이 개인의 생활에 작동하면서 소비의 형태를 통해 자신을 과시하거나 보여주려는 행위를 설명하는 주장이 등장하였다. 파노플리 효과와 배블렌 효과는 이와 같은 현상을 설명한다.

파노플리 효과 파노플리 효과(Effect de Panoplie/effect panoplie)란 특정 제품을 사면 그 제품을 소비할 것으로 여겨지는 계층 및 집단과 자신을 동일시(同一視)하는 현상을 가리킨다. 즉 상류층이 되고자 하는 신분 상승의 욕망이 소비로 나타나는 현상을 말한다.

프랑스의 사회학자 장 보드리야르(Jean Baudrillard)는 저서 '소비의 사회(The consumer society, 1970)'에서 이렇게 말한다. 산업혁명 이전에는 항상 물자가 부족하여 굶어죽는 사람이 많았고, 생필품을 공급하는 것만으로도 힘들었던 시기였다. 산업혁명 이후, 제조업이 혁신적으로 발전하면서 누구나 생필품을 보다 낮은 가격에 구입할 수 있게 되었다. 생필품이 흔해지면서 사람은 보편적이지 않은 특별한 것을 찾기 시작했다(이상률, 1991).

Jean Baudrillard

산업사회는 생산성이 높아지고, 부의 축적이 가능해지면서 생활필수품이 아닌 나의 부를 보여줄 사회적 이미지가 무언가를 찾기 시작한 것이다. 제2차 세계대전을 기점으로 세계는 생산중심사회에서 소비중심사회로 변화했다. 재화와 서비스 증가에 의한 소비와 풍요로움이 인간 생태계에 근본적인 변화를 일으켰다. 사회에서 물질의 풍요는 사람들이 과

거처럼 사람들에 의해 둘러싸여 있는 것이 아니라 '사물'에 의해 둘러싸여 있다는 것이다.

소비의 사회에서 풍요는 낭비를 전제로 한다. "효용이 아니라 이 낭비의 원칙이 풍요를 설명하는 경제학과 사회심리학을 설명하는 핵심논리가 된다고 보았다. 다이아몬드와 같은 특별한 가치를 지닌 제품은 생산이 수요를 따라가지 못한다. 따라서 사람들은 다이아몬드에 더 비싼 비용을 치르더라도 가지고 싶어 한다. 보드리야르에 따르면 사물의 구입·선택·이용이 구매력 등에 의해 결정되기 때문에 소비는 '하나의 계급제도'가 된다. "특정 몇몇 사람들만이 환경에 내재하는 요소들(실용적 생활, 미적 구성, 높은 교양)의 자립적이고 합리적인 논리에 접근할 수 있다는 의미의 차별로서 예외적으로 존재한다. 다시 말하면, 사물 자체에 가치를 부여하면서 다른 모든 것(사상, 여가, 지식, 문화)에 사물로서의 가치를 부여하지 않을 수 없다는 것이다. 이 물신숭배 논리가 바로 소비의 이데올로기이다." 따라서 "소비는 하나의 가치체계"를 형성한다고 주장한다.

또한, "소비는 기호의 배열과 집단의 통합을 보증하는 체계가 된다. 따라서 소비는 도덕(이데올로기적 가치들의 체계)인 동시에 의사소통의 체계, 즉 교환의 체계이기도 하다. 사람들은 자기들도 모르는 사이에 서로 연루되는, 코드화된 가치들의 생산 및 교환의 보편화된 체계 속에 들어가기 때문이다." 다시 말하면, 사람들은 소비를 통해 자신도 모르게 계급화된 사회에 들어가게 된다는 것이다. 예를 들면, 교사A는 다른 지인보다 동료교사인 B의 말을 신뢰하며, B가 옷을 구입하는 브랜드 수준에 맞추어 자신의 옷을 구입하거나 동료교사와 함께 같은 브랜드 회사의 옷이나 가방을 구입하기도 한다. 이와 같은 소비에는 언어와 마찬가지로 '의미작용의 질서'가 내포되어 있다. 개인이 가지고 있는 부(富)의 정도를 떠나 사물의 유통 · 구입 · 판매 · 취득은 오늘날 우리의 언어활동이며 코드인데, 그것에 의해서 사회 전체가 '의사소통'하고 서로에 대해 말한다는 것이다. 이것이 소비의 구조다. 따라서 소비사회는 "소비를 학습하는 사회, 소비에 대해 사회훈련을 하는 사회"이다. 달리 말하면 "새로운 생산력의 출현과 고도의 생산성을 갖는 경제체계의 독점적 재편성에 어울리는 '사회화'의 새롭고 특수한 양식"이다.

이와 같은 소비사회에서 소비자는 사회적으로 고립될 수밖에 없다. 소유라는 것은 개인주의 경향이 강하기 때문에 소비자들은 "무의식적이고 비(非)조직적"이다. 집단이라 할지라도 기껏해야 '서로 무관심한 군중'(가정에서 텔레비전을 보는 사람들, 경기장 및 영화관의 관중 등)이 될 뿐이다.

또한, 보드리야르는 소비와 관련해 "지위 및 명성의 추구는 기호에 기반을 두고 있다는 것이다. 달리 말하면 사물 및 재화 그 자체가 아니라 '차이'에 기반을 두고 있다는 것을 이해하는 것이 중요하다"고 말한다. "현대적 사물의 '진짜 모습'은 무엇에 쓰이는 것이 아니라 어떤 의미를 지니는 것이며, 도구로서가 아니라 기호로서 조작되는 것이다." 따라서 거울에 비친 나의 모습처럼 내가 보이지 않고, 기호화된 소비에 의해 나의 행위가 스스로 나에게서 타자가 된다. 즉, 소비를 할 때, 내가 나로부터 소외된다는 것이다. 여기서 거울에 비치는 나의 모습은 사라지고 타인에게 보이는 나의 모습 즉, 쇼윈도가 등장했다고 말한다. 다시 말하면, 소비를 할 때, 내가 좋아하거나 필요에 의해 구매를 하는 것이 아니라 타인의 눈에 맞춰 소비를 하게 되므로 나의 내면의 자아가 요구하는 것은 없어지고, 타인의 시각에 초점을 맞춘 소비가 이루어진다는 것이다.

이는 곧 소비의 주체가 개인이 아니라 기호의 질서가 되었다는 것이다. 여기서 기호라는 것은 브랜드 즉, 이미지가 된다. 보드리야르는 인간의 욕구를 차이에 대한 욕구로 해석한다. 사람들은 상품 즉, 사물을 구입하고 사용함으로써 사회적 지위를 과시하려고 한다. 많은 사람이 명품 가방에 열광하는 이유다. 소비는 욕구의 체계를 만드는 생산 질서와 상품의 사회 가치를 결정하는 의미작용의 질서에 지배받는다(세계일보, 2020).

이와 같은 소비의 과정에서 사람들은 소속의 욕구가 작동하게 된다. 소비는 개인의 소외이며, 이를 통해 자기만족을 얻을 수 없다. 다른 사람들과 동질성을 지닌 것으로 연대해야 그 가치를 인정받을 수 있는 것으로 느끼는 것이다. 부연하면, 명품가방을 가지고 있는 사람과 대화를 해야 서로 소통이 잘되고, 상대방과 동질감을 형성할 수 있다고 생각하는 것이다. 우리는 일상생활에서 이러한 사람들의 관계 형성을 목도하고, 경험하게 된다.

보드리야르는 1960년대 프랑스 사람들의 소비 및 여가(餘暇) 측면에서 분석하면서 파노플리(panoplie)라는 개념을 도입했다. 파노플리는 본래 기사의 갑옷과 투구 한 세트(set)를 가리키는 말이었으나, 소비중심사회에서는 사람들이 어떤 특정 집단과의 연대감을 과시하기 위해 소비하는 특정 제품, 특히 명품 브랜드 제품의 쇼핑 목록을 의미하는 용어로 사용되고 있다.

파노플리 효과는 사람들이 소비로부터 능동적으로 조작하는 비(非)상품적 가치이다. 간단히 말해, 자신에 대한 사회적 평가를 특정 소비패턴에 의해 인위적으로 만들어 낼 수 있다는 사람들의 심리적 속성 또는 착각(錯覺)을 의미한다.

예를 들면, 현실사회에서 옷은 A사, 차는 B사, 시계는 C사 제품을 사용하고, 식사는 D호텔에서 해야 체면이 선다는 것이다. 현실이 이렇게 할 여유가 없다면, 짝퉁이라도 걸쳐야 기가 죽지 않는다는 것이 오늘날 한국인의 자화상이다. 최근에 방탄소년단(BTS)의 음반 판매가 엄청나게 늘고 있다는 기사를 보고 있으면, 파노플리 효과를 느낄 수 있다. BTS의 팬이라는 소속감을 갖기 위해서 노래는 디지털로 들으면서 CD나 LP판을 구매하는 현상을 말한다. 이들은 단순히 팬이라는 사회적 소속감을 느끼고자 하는 것이다.

파노플리 효과는 소비자가 명품을 구매하면서 특정 집단, 즉 상류층에 속한다는 환상을 뜻하고, 이러한 소비자의 심리를 이용해 백화점에서는 마케팅 기법으로 활용하기도 한다. 특정 집단에 소속되고 싶어 하는 인간의 욕망이 분출되는 곳에서는 어디서나 일어나는 현상이다. 보드리야르의 기호의 체계는 사회가 디지털화하면서 더욱 선명하게 드러난다. 소비사회의 정점으로 치닫는 상황에서 우리는 소비에 관한 욕망이 담긴 말을 거리낌 없이 주고받는다. '소비자 사회'는 지금 우리가 사는 사회가 왜 갈수록 경박해지는지를 이해하게 해주고, 우리 각자의 소비 행태와 우리 사회의 작동 방식에 대해 돌아볼 기회가 된다(세계일보, 2020).

이러한 현상은 미국 캘리포니아주의 애서튼(Atherton), 베벌리힐스, 뉴욕주의 사가포낙, 프랑스 파리의 파리 7구(앵발리드와 에펠탑 사이), 영국 런던의 노팅힐(Notting Hill), 독일 남부 뮌헨의 슈타른베르크(Starnberg), 일본의 치요다구와 미나토구와 같은 부자들이 사는 지역을 형성하게 되었고, 대한민국에서도 강남구, 서초구, 송파구와 같은 지역과 더불어서 한국사회는 아파트의 브랜드, 특정 제품 구입을 통해 자신의 우월함을 과시하는 행태가 엄청난 사회적 낭비를 유발하고 있다. 이러한 현상은 소득불균형으로 인한 신분과 지위상승에 대한 인정욕구가 소비의 형태로 나타나고 있음을 단적으로 보여준다. 이러한 행위가 기호로 등급화되면서 사회질서를 형성하게 된다고 보는 것이다.

베블렌 효과 베블렌 효과(Veblen effect)는 고가제품에 대한 과시형 소비행태를 말한다. 특정제품에 대한 가격이 올라도 특정 계층의 허영심이나 과시욕으로 인해 수요가 증가하는 현상으로 주로 상류층 소비자의 구매 행태를 말한다. 한국사회에서 명품 가방은 가격이 오를수록 품귀현상을 보이는 모습의 소비 형태를 설명하는 것이다.

경제 불황기에 접어들면, 대부분의 기업들은 박리다매(薄利多賣) 전략을 사용하는 경향이 있다. 가격을 낮추어 이익은 적게 남기면서 제품을 많이 판매함으로써 직원들에게 일감을 제공하고, 공장의 기계를 돌려서 회사 전체에 활력을 불어 넣을 수 있다고 보기 때문이다. 그러나 소수의 직원이 일하는 기업의 경우는 반대인 후리소매(厚利小賣) 전략을 사용하는 경우도 있다. 이익을 많이 남기면서 고가의 가격을 소비할만한 부유층을 대상으로 프리미엄 제품이나 한정판 등으로 구입을 유도하는 마케팅 전략으로 사용한다. 명품가방을 만드는 기업들이 주로 이 전략을 사용한다.

2차 대전 후 흑진주 산호섬을 구입한 '제임스 아셀'이 흑진주가 잘 팔리지 않자 보석가게에 흑진주와 다이아몬드를 함께 전시하면서 비싼 가격으로 가격표를 바꾸고 나니 흑진주가 불티나게 팔렸다는 일화도 있으며, 국내에도 다양한 사례가 있다.

미국사회의 제도적인 측면에 관심을 가진 경제학자이자 사회학자인 베블렌(Thorstein Bunde Veblen)의 유한계급론에서 등장하는 용어이다. 1899년 출간한 저서 《유한계급론(The Theory of the Leisure Class)》에서 상류층의 소비는 대체로 사회적 지위 과시를 위한 것이라고 언급한 것에서 '베블렌 효과'라는 용어가 탄생했다.

한 마디로 요약하면, 상층계급의 두드러진 소비는 사회적 지위를 과시하기 위하여 자각 없이 행해진다는 것이다. 즉, 부유층이 고가의 제품을 가진 사람과 함께 한다면 자신도 부유층이라는 인식을 갖게 한다는 인식에서 부유층이 아님에도 소비를 하는 경향이 있다는 것이다. 그는 이 저서에서 수요와 공급 법칙이 틀렸다며 강하게 주장했다. 즉, 소비자는 합리적이지 않다는 것이다.

따라서 개인의 소비는 다른 소비자에게서 영향을 받는다고 할 수 있다. 여기서 "개인 소비자"는 과시적인 소비를 하는 소비자를 말한다. 이러한 소비자는 낮은 가격의 상품을 소비하지 않으며, 남들과 대비되어 우월감을 얻기 위해 고가의 사치재를 소비한다. 결국 사치재의 가격이 상승할수록 구매자도 늘어나게 된다.

대한민국에서의 베블렌 효과는 명품 제품 소비는 계속 성장하고 있고, 예물수요까지 겹쳐지면서 '공포 소비'를 유발하고, 결국 이러한 소비 행태는 상류층에서 중류층으로 전달되며, 그 영향으로 하류층에서는 짝퉁 소비로 이어진다. 부동산 시장에서는 정부에서 투기과열지구로 지정한 부동산이 오히려 거꾸로 집값 안정이 아닌 집값 폭등을 부를 때 베블렌 효과를 불러일으킨다고 비판한다. 또한, 결혼을 하는 예비부부의 결혼식장을 보면, 저렴한 가격의 결혼식장은 인지도가 낮아서 점차 사라지고 화려하고, 고가의 인지도가 높은 결혼식장은 성황을 이루는 경향이 있는 것은 결혼식장에 오는 지인들에게 자신의 모습을 보여주는 것으로서 경제적 상황이 어려운 사람들에게는 점점 더 결혼을 부담스러워하는 인식을 갖도록 하게 되는 부작용이 발생한다. 이러한 인식은 결혼을 해서 자신과 같은 어려운 환경에서 성장하는 자녀들에 대한 미안함, 자신의 현실적 삶에 대한 어려움 등이 복합적으로 작용하여, 결혼에 대한 필요성 인식을 낮추게 되고, 저(底)출산으로 이어지는 원인을 제공한다.

그러나 이와 같은 현상은 대한민국에서만 드러나는 현상이 아니라 경제가 성장하는 국가에서는 거의 비슷한 형태로 나타나는 현상이다. 대부분의 국가들에서 보면, 개인은 경제적 수입이 늘어날수록 삶의 안정을 위한 고급주택에서 명차, 명품가방, 명품시계, 유명화가의 미술작품 등 타인들에게 자신을 보여줄 수 있는 것들을 구매하면서 가격을 상승시키게 된다.

사회계층의 특성을 단순화하여 정리하면 〈표 5-5〉와 같다.

〈표 5-5〉 사회계층의 일반적 특성

구분	상층
지향	• 과거 지향적
교육관	• 사회계층 유지수단
교과목	• 교양과목(역사, 전기, 예술 등)
특징	• 고상한 박물관이나 교향악단 등의 이사로서 활약한다. • 실용적인 지식보다는 교양적인 면에 매력을 갖는다. • 표면에 나서기를 싫어한다.
구분	중층
지향	• 미래 지향적
교육관	• 사회계층 상승수단
교과목	• 전문지식
특징	• 자기 자신의 능력과 노력에 모든 희망을 건다. • 교육에 대한 기대가 크고 사회지도자나 중산층에 속한다. • 미래를 위하여 향락을 희생하고 저축한다.
구분	하층
지향	• 현재 지향적
교육관	• 생활의 수단
교과목	• 직업교육
특징	• 자신의 노력보다도 타인이나 정부의 힘에 의존하려 한다. • 자신이 받은 교육정도 이상으로 기대하지 않는다. • 향락을 즐기며, 미래에 대한 준비에 관심이 적다.

교육에 대한 사회계층의 영향을 보면, 첫째, 교육에 대한 열의와 기대에 대한 계층 차이가 심하다. 즉 상층은 대학교육을 교양으로서 당연한 것으로 여기며, 중층은 대학교육을 사회적 상승수단으로 절대 불가피한 것으로 인정하는 데 비해, 하층은 대학교육이란 인생에 있어서 불필요한 것이라고 본다. 둘째, 교육기회에 대한 계층 차이가 심하다. 일반적으로 상층일수록 교육기회가 많아진다. 셋째, 학교 선택에 대한 계층적 영향이 크다. 상층은 인문계 고등학교, 대학의 의학부 계통으로 진학하며, 하층은 실업계 고등학교와 실리적인 학과목을 위주로 한다. 넷째, 동료집단에 대한 계층적 영향이 크다. 즉 같은 계층에 속하는 아동들끼리 동료집단을 형성하고 영향을 주고받는다. 다섯째, 아동양육에 있어서 계층 차이가 심하다. 데이비스(Davis)나 해비거스트 등(Havighurst)의 연구에서는 하층일수록 아동양육법에 있어 제약이나 절제 없이 사람의 생리적 욕망을 당장 그대로 충족시켜주나 중층일수록 제약이 심하다고 한다.

사회계층에 대한 교육의 영향을 보면, 교육의 기회균등을 확대함으로써 사회계층의 간격을 좁힐 수 있는데, 이러한 교육은 경제적, 문화적 계층의 상승 수단이 된다. 또한, 교육은 생활태도의 개선과 가치관 및 신념을 변화시켜 계층문화의 향상을 촉진하므로 사회이동의 요인이 될 수 있다. 사회계층의 형태는 다음과 같이 네 가지로 구분할 수 있다.

(가) 완전계층형: 모든 성원이 일직선상에 상하로 배열되어 있는 형태, 현실적으로 불가능한 형태이다.
(나) 완전평등형: 모든 성원이 횡적으로 비슷한 위치에 놓여 있는 형태, 사회주의 국가의 이상형이었다.
(다) 부분계층형: 피라미드형 구조, 후진국 사회에서 많이 보인다.
(라) 부분평등형: 중간층이 두터운 다이아몬드형, 현대사회에 타당한 구조로 인식된다.

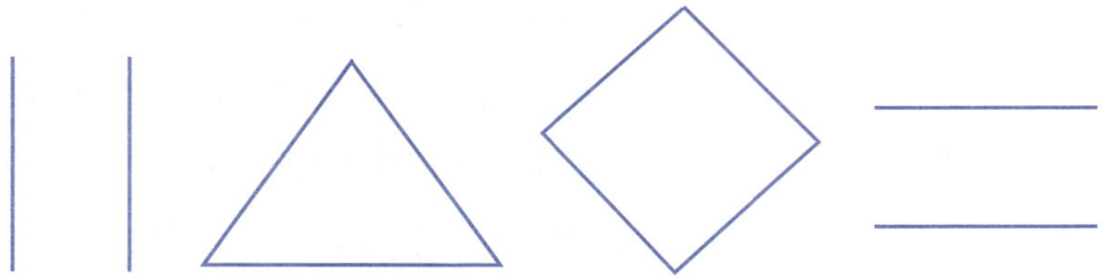

[그림 5-1] 사회계층의 유형

제5절 사회계층 이동

사회계층의 이동은 개인이나 집단이 한 사회적 위치로부터 다른 사회적 위치로 이동하는 현상을 말한다. 예를 들면, 농민의 아들이 커서 교사나 판사가 되는 경우를 말한다. 이러한 사회계층이동의 종류는 네 가지 유형으로 구분된다. 첫째, 수평이동과 수직이동이 있다. 수직이동은 계층적 위치가 상승하거나 하강하는 경우를 말한다. 수평이동은 동일한 계층 내에서의 위치변화를 말한다. 즉 계층적 위치는 변하지 않고 비슷한 위치의 다른 직업이나 집단의 소속, 또는 지리적 위치가 바뀌는 경우까지를 포함한다. 둘째, 세대 간 이동과 세대 내 이동이 있다. 세대 간 이동은 부모와 자녀 간에 나타나는 계층적 위치변화를 말한다. 예를 들면, 농부인 아버지를 둔 아들이 공무원이 되고, 손자는 사장이 되는 경우를 들 수 있다. 세대 내 이동은 한 개인의 생애 동안에 계층적 위치가 변화되는 경우로서 그 사람의 경력 또는 이력에 잘 나타난다. 예를 들면, 사원 → 대리 → 계장 → 과장 → 부장 → 차장 → 이사로 올라가는 경우를 들 수 있다. 셋째, 개인적 이동과 구조적 이동이 있다. 개인적 이동은 주어진

계층체계 내에서 개인의 위치가 변화되는 경우를 말한다. 구조적 이동은 전쟁이나 혁명, 개혁 또는 그 밖의 사회변동에 따라 기존의 계층구조가 변화됨으로써 나타나는 위치변화를 말한다. 넷째, 후원이동과 경쟁이동이 있다. 터너(R. Turner, 1960)는 사회이동을 지배하고 있는 사회규범이 사회마다 차이가 있다고 보았다. 이 규범은 선발과정을 사회적으로 규제하는 가치에 영향을 미치고, 그것이 직접교육체제에 영향을 미친다. 터너는 이런 사회적 규범을 후원형과 경쟁형으로 분류하였다. 후원을 사회규범의 바탕으로 둔 후원이동과 경쟁을 사회규범의 바탕으로 둔 경쟁이동으로 나누었다. 대표적으로 영국의 사회제도를 후원형, 미국의 사회제도를 경쟁형으로 분석하였다. 후원형 사회이동에서는 미래 지도층(Elite)은 기존의 지도층이나 후원인에 의해 선발된다. 사회지도층의 기준은 그들이 갖추어야 할 조건과 자질의 평가에 의해 결정된다. 반면에 경쟁형 사회이동은 사회지도층이 공개경쟁에 따른 보상으로 선발된다.

학교교육이 사회이동에 영향을 준다는 것은 이미 알려진 사실이지만, 이러한 사회이동의 설명에 대해 기능주의와 갈등주의의 시각이 서로 다르게 나타난다. 사회이동의 기능주의 관점을 보면, (가) 학교교육이 사회계층이동에 긍정적인 역할을 하기 때문에 평등한 사회계층 이동을 위해서 교육기회는 균등해야 한다고 본다. (나) 개인의 사회적 진출은 능력에 기초한 자유 경쟁에 의해서 결정되므로, 가정의 사회 · 경제적 위치가 낮더라도 학교 교육에서의 공정한 경쟁을 통하여 사회적 지위이동을 도모할 수 있다. (다) 가정배경은 어느 정도 학교교육에 영향을 줄 수 있으나, 사회적 성취(출세)에 가정배경이 큰 영향을 주지는 못한다. 따라서 학교교육은 사회적 출세에 결정적인 역할을 하고 있다고 본다. 이와 반대로 사회계층 이동의 갈등주의 관점을 보면, (가) 사회적 성취에 대한 학교교육기능 및 효과에 대한 부정적인 입장으로, 학교교육은 현존하는 사회

지배계층의 이해관계를 유지하기 위한 하나의 사회적 조정 장치이고, 계층재생산의 매개변수에 불과하다는 것이다. (나) 학교는 지위이동을 통하여 평등을 실현시키기보다는 현존하는 불평등체제를 유지 · 존속시키는 역할을 담당한다고 본다. (다) 학교교육은 아동의 사회적 성취에 어느 정도 방향을 제시하고 있으며, 가정의 사회적 환경은 학교교육에 일정한 영향력을 행사한다. 결과적으로 사회적 성취에는 가정적 배경이 결정적인 역할을 한다고 본다.

이러한 사회이동에 대해 대표적인 실제적 연구는 블라우와 던컨의 연구와 보울스와 진티스의 연구가 있다. 블라우와 던컨(Blau & Duncan)의 연구는 사회이동의 지위획득 모형에서 다음과 같이 밝히고 있다(김병성, 2004: 153-158).

(가) 블라우와 던컨(1967)은 「미국의 직업구조(The American occupational Structure)」라는 책을 통하여 직업지위획득을 결정하는 요인들을 추적 분석함으로써 사회이동의 과정을 밝혔다. 이를 지위획득모형이라 한다.

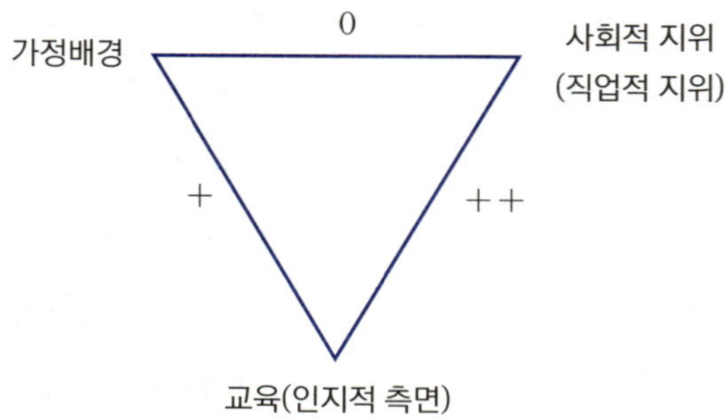

[그림 5-2] 블라우와 던컨의 학교교육효과 모형

(나) 그들은 지위획득의 결정변수를 아버지의 교육, 아버지의 직업, 본인의 교육, 본인의 첫 번째 직업 등 4가지로 보고 이들 4개의 변인이 개인의 사회적 지위에 미치는 영향을 분석(중다회귀 분석)한 결과 가정의 배경(아버지의 교육, 직업)은 개인의 사회적 지위와는 커다란 관계가 없고, 다만 가정의 배경이 학교교육에 영향을 주어 개인의 사회적 지위 결정에 영향을 끼친다는 사실을 밝혀내었다.

이와 반대로 보울스와 진티스(1976)는 다음과 같이 제시하고 있다.

(가) 보울스와 진티스에 의하면 교육은 사회적 불평등이 반영되어 이를 재생산하는 조직체이므로, 교육기회의 균등으로 사회적 불평등을 시정해 주지 못한다고 주장한다.

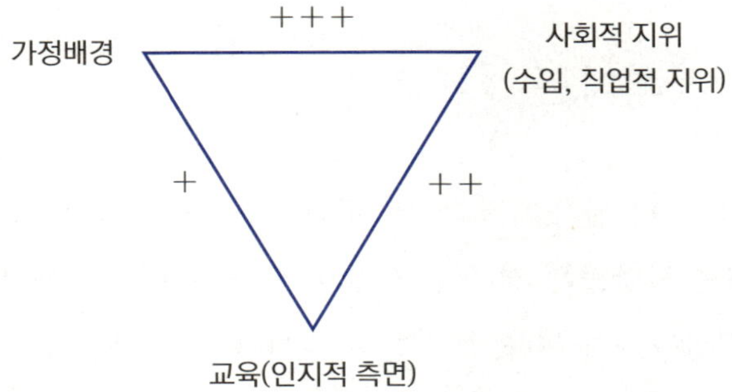

[그림 5-3] 보울스와 진티스의 학교교육효과 모형

즉 학교교육은 자본주의 체계를 주도하는 사회적 가치(인내심, 명령엄수, 시간 지키기, 애교심 등)를 육성하는 데 주력함으로써, 자본주의 체제를 유지 또는 계층재생산의 매개변수에 불과하다는 것이다.

(나) 학교교육에 영향을 주는 것은 학생들이 가지고 있는 가정 배경이 가장 크다고 주장한다.

(다) 보울스와 진티스는 지난 25년간 조사 결과에 비추어 볼 때, 교육 기회가 균등화된다고 하더라도 장래 성인사회의 경제적 불평등은 계속된다고 주장한다. 이들은 학교교육은 사회적 불평등이 반영되어 이를 재생산하는 조직체로 보고 있다(Bowles & Gintis, 1976). 이들의 주장은 현재 사회적 상황에서 볼 때, 매우 타당한 주장이었다는 것을 보여준다.

그러나 과거 역사를 돌이켜보면, 부의 재생산은 영원히 지속되는 것이 아니라 어느 정도 시간이 지나면 단절되고, 타인으로 전이된다. 따라서 학교교육의 재생산 기능은 그 세대를 규정할 필요가 있다고 생각된다.

제6절 사회자본

어릴 적 성장과정에서 가정, 이웃, 학교, 지역사회를 통해 관계를 맺고 생활하게 되는 사람들은 결국 한 인간이 태어나서 죽을 때까지 타인과 관계를 맺고 살아가게 된다. 이러한 과정에서 어떤 사람과 어떻게 관계를 맺으면서 살아가느냐에 따라 개인은 불행할 수도 있고, 행복할 수도 있으며, 도움을 줄 수도 있고, 받을 수도 있게 된다. 이러한 측면에 초점을 맞추어 경제적 자본의 개념으로 형성시킨 것이 바로 사회자본이다. 이러한 사회자본을 주장하는 대표적인 학자는 부르디외, 콜맨, 퍼트넘, 후쿠야마 등이 있다.

사회자본은 학자에 따라 약간씩 다르게 정의된다. 로리(G. Loury, 1977)는 개인이 자신의 이익을 얻기 위하여 가정이나 지역사회에서의 사회적 관계를 통하여 생성되는 자원을 어떻게 활용하는가를 기술하기 위하여 사회자본이라는 개념을 사용하였다(B. Schneider, 2000: 377). 후쿠야마(F. Fukuyama, 1999)는 「트러스트(신뢰)」라는 저서에서 '사람들이 상호신뢰 아래 협력하는 능력'이라고 정의하였다.

교육사회학에서는 갈등론자, 특히 문화재생산론자들을 중심으로 사회체제로서 학교가 담당하는 역기능에 대한 논의가 심층적으로 전개되었다(가령, Bowles & Gintis 등). 최근에 이르러 경제학이나 사회학에서 논의되었던 자본이론을 통하여 교육결과를 설명해 보려는 새로운 시도들이 제기되고 있다. 이러한 노력의 선봉에는 콜맨(J. S. Coleman)과 부르디외(P. Bourdieu)가 있다.

시대적으로는 콜맨에 앞서 부르디외가 사회자본 이론을 전개하였지만, 콜맨의 사회자본은 부르디외의 그것과는 상관없이 로리(G. Loury)가 제시한 사회자본의 개념을 차용하고 있다(Schneider, 2000). 즉 로리의 지역사회의 사회적 관계를 중심으로 논의하는 입장을 받아들여 콜맨(Coleman, 1990)은 아동의 인지적 혹은 사회적 발달에 유용한 가정 내 관계나 지역사회 내 사회조직에 존재하는 일련의 자원들을 의미하는 것으로 보고 있다.

또한, 부르디외(1977)는 문화자본에 치중하여 '문화적 습성(habitus)'이 계층에 따라 다르게 나타나고, 그러한 계층 간 문화적 습성의 차이가 학교교육을 통하여 차별적으로 사회화됨으로써 교육결과의 차이를 가져오고, 그러한 차이는 결국 고용과 사회적 지위의 획득으로까지 이어지게 되어 기존의 계층 간 불평등을 재생산하는 기제로 작동한다고 설명한다.

부르디외(P. Bourdieu, 1986: 46)에게 있어서, 자본이란 이익을 산출할 수 있는 잠재력, 그리고 그 자체를 동일한 정도나 혹은 확대된 형태로 재생산할 수 있는 잠재력을 말한다. 사회자본은 특정 집단의 구성원 간 상호 친근 관계가 제도화된 지속적인 유대망의 소유와 연관된 실제적 혹은 잠재적 자원을 말한다.

콜맨과 부르디외는 사회자본을 어떤 조직에 참여함으로써 이익을 얻을 수 있는 구성원의 능력이라고 보았다. 이러한 콜맨과 부르디외의 주장에 따르면 내가 사회자본을 갖추었을 때는 유용하고 좋은 것이 되지만 내가 조직에 속하지 않았을 때는 효용이 없거나 해로운 것이 될 수도 있다(콜맨의 보석상 연구, 1996 참조). 이러한 주장을 통해 생각해 볼 때 콜맨의 사회자본 개념은 대단히 폐쇄적인 개념이라고 볼 수 있다.

부르디외 역시 콜맨과 비슷한 맥락에서 사회자본을 어떤 집단에 속함으로써 얻을 수 있는 개인 및 구성원의 능력이라고 보았다. 그의 이러한 주장은 계급이론에 기초하고 있다. 그의 자본 개념은 마르크스보다 베버에 가까운 개념이라고 할 수 있으며, 자신과 타인의 미래를 결정할 수 있는 능력이라는 말과 일맥상통한다.

퍼트넘(Robert David Putnam)은 사회자본을 사회구성원 상호 간의 이익을 위해 조정 및 협동을 촉진하는 규범, 신뢰, 네트워크로 정의한다.

Robert David Putnam

사회자본은 생산을 가능케 하는 물리적 자본, 인적 자본과 달리 인간관계 내에 존재하는 것을 말한다. 사회자본은 또한, 물리적 자본, 인적 자본과 같이 생산 활동을 증가시키는 역할을 한다는 점에서 공통점이 있다. 사회자본은 사회구성원들에게 공유된 행동 규범 및 공통적인 문화적 정체성을 부여함으로써 사회질서를 가능하게 하는 역할을 하기 때문에 매우 중요하다. 그에 따르면 사회자본은 상호이익을 촉진시키며, 민주주의와 경제

발전의 핵심이 된다. 이러한 사회자본은 자발적 결사체에 속함으로써 생겨나는 협동, 호혜성으로 인해 형성된다(사회자본은 신문구독률, 정치적 자본에 대한 신뢰도, 자발적 결사체의 수 등으로 측정할 수 있다). 이러한 사회자본이 결여될 시에는 민주주의 수준이 떨어질 수 있으므로 자발적 결사체가 활성화되도록 지원해야 한다.

하지만 퍼트넘의 '사회자본' 개념에는 몇 가지 한계점이 존재한다. 첫째는 공식조직만을 사회자본 개념에 포함시켰다는 것, 둘째는 공식조직은 외부효과가 매우 높지만 관료화로 인해 내부효과가 높지 않다는 문제점, 마지막으로 풀뿌리 민주주의하에 작은 조직들이 내부효과에는 더 큰 효용을 보일 수 있는데 이를 제외했다는 점이다. 또한, 자발적 결사체의 수가 너무 많아지면, 후원금을 받거나 주목을 받기 위해서 극단적인 주장을 하는 역기능들이 표출되기도 한다. 즉 이성적 자발적 결사체일 때만 내·외부효과를 가지고「사회자본」의 역할을 수행할 수 있는 것이다.

위에서 살펴본 사회자본이 늘어난다면 '공동체'에 이익을 준다고 보았으며, 이러한 사회자본을 형성해내는 것은 제도, 사회조직의 능력이라고 보았다. 이러한 사회자본은, (가) 정보 공유의 역할을 하여 공식·비공식 제도가 정확한 정보를 제공하도록 하고, (나) 개인의 상호작용으로 인해 구성원들 간의 신뢰를 회복하게 하는 조정 역할을 하며, (다) 집단적 의사결정을 통해 외부효과를 창출하는 역할을 한다.

토크빌(Alexis de Tocqueville, 1805-1859)은 미국인은 아니지만 미국의 민주주의(Democracy in America)라는 저서에서 시민사회에 대해서 말했다. 토크빌은 잘 구축된 시민사회가 '사회자본'의 역할을 수행할 수 있다고 보았다. 토크빌은 미국사회가 시민단체, 국가, 정부가 잘 공생하는 형태라고 보았으며, 이러한 체제가 미국의 민주주의 설립에 기여했다고 주장한다.

Alexis de Tocqueville

토크빌이 '책임 있는 시민'에 대해서 주장한 것을 보면, 책임 있는 시민이란 민주적 의식을 가지고 있으며, 결사체와 조직을 만들 능력을 가진 사람을 말한다. 이러한 인간은 시민의식 전통 확립을 통해서 육성될 수 있다. 시민의식 전통은 자발적 결사체를 통해서 확립될 수 있다. 자발적 결사체는 풀뿌리 민주주의에서 나타나는 집단의 형태이며, 자발적 결사체 내의 합리적 소통 및 가치 규범이 상향하며 국가 전체에 영향을 미친다.

이렇게 형성된 자발적 결사체의 작용과정에서 나타나는 효과를 내부효과와 외부효과로 구분한다. 내부효과란 '마음의 습관'을 형성하는 것이라고 볼 수 있다. 이는 호혜성을 몸과 마음으로 느끼는 과정에서 형성될 수 있다. 우리나라는 시민의식이 늦게 형성된 이후, 대부분의 자발적 결사체가 연공서열을 중시하는 상하조직인 향우회, 동창회 등으로 이루어졌다고 볼 수 있다. 그 후에 인터넷을 통하여 수평적 자발적 결사체가 많이 형성됨으로써 상호성, 호혜성(내가 상대방에게 도움을 주면서 그에게도 즉각적으로 도움받을 것을 기대하지 않음)을 느끼게 된 시민들이 '민주적 정체성'을 학습하게 되었다. 이에 따라서 토론문화와 민주적 규범 역시 널리 퍼지며, 시민들의 사회화를 도왔다. 이와 동시에 이러한 자발적 결사체들이 상호 간 겹치면서 다양한 민주적 규범을 학습하게 되는 외부효과 역시 존재한다. 외부효과란 자발적 결사체들이 사회활동을 하는 것을 보면서 형성하는 시민의식을 의미한다.

내부효과와 외부효과로 말미암아 형성된 시민의식, 즉 마음의 습관은 민주주의의 분명한 토대가 된다. 이러한 의식과 습관을 학교에서 길러주어야 하는 것이 교육의 책무가 된다.

가. 네트워크 형성의 필요성

사회구성원으로서 개인을 하나의 점(點)이라 가정하면, 사회는 수많은 점들이 서로 관계를 맺는 과정을 선(線)으로 부를 수 있다. 이렇게 본다면 인간은 점과 선으로 서로 얽혀 사회라는 공간에서 살아가고 있다고 볼 수 있게 된다. 이와 같이 점과 선으로 얽혀서 이루어진 것을 망(network)이라 한다. 이러한 망이 사회 속에서 개인 삶의 영역으로 범주화되는 것이 사회관계망(social network)이다. 이러한 사회관계망은 20세기 후반부터 급속하게 발달된 정보통신 기술의 영향으로 컴퓨터와 인터넷을 통해 사이버 공간에서도 이루어지게 되었다.

과거에 오프라인으로 만나서 이루어지던 관계형성이 사이버 공간이라는 가상의 공간에서도 가능하게 된 것이다. 이미 많은 사람들에게 인터넷을 통한 사이버 공간은 직업적, 사회적, 지적 삶의 중요한 일부가 되었다. 사이버 공간의 영역은 점차 확대되어 교육, 상거래, 정보교류, 만남 등에서 현실 세계의 일부로 정착하는 단계에 이르렀다. 이에 따라 현실세계와 사이버 공간의 경계도 점차 허물어지고 있다(김성렬 · 김종두, 2008).

또한, 사회가 핵가족화되고, 학생들이 지식습득 경쟁에 내몰리게 됨에 따라 타인과의 상호작용이나 교류의 기회는 점차 줄어들고 있어 학생들의 성장환경이 편협한 상황으로 나아가고 있다. 이와 같은 사회적 환경 속에서 학생들에게 건전한 인성과 행동을 가르치고 관계맺음을 통해 바람직한 방향으로 이끌어가야 할 책무는 가정 · 학교 · 사회에 있다. 그중에서 학교는 교육을 책임지는 형식교육기관으로서 그 책무성이 가장 크다고 할 수 있다. 따라서 학교에서 교육을 담당하는 교사들에게 지적 능력뿐만 아니라 인성교육을 실천할 수 있도록 교사 자신부터 자질을 갖추도록 요구하는 것은 지극히 당연하다고 볼 수 있다. 이러한 교사의 자질 향상과 문제점 해소를 위해서는 교사양성기관에서부터 예비교사들의 인성적 자질을 향상시키기 위해 부족한 부분을 길러주는 것이 교사의 양성, 채용, 임무수행의 과정에서 그 문제를 해결해 나갈 수 있는 토대가 된다고 할 수 있다.

오늘날은 어린이부터 성인에 이르기까지 컴퓨터를 통해 웹(Web)에 접속하여 게임이나 미니홈피, 웹 서핑, 게임, 스마트폰 등으로 시간을 보내는 경향이 많다는 것은 이미 사회적으로 널리 알려진 사실이다. 이러한 현실적 상황에 대처하기 위해서 교육적으로 '건강에 유해함,' '인터넷 중독'과 같은 언어적 권고가 아직 판단능력이 떨어지는 학생들에게서 행동의 변화를 가져오기를 기대한다는 것은 과욕이라 할 수 있다.

미래의 교사는 학생들과 웹을 통해 직접적인 교류를 하면서 행동의 변화를 유도해야 교육적으로 의도한 가능성이 높아지게 된다. 이러한 지도능력을 발휘하기 위해서는 교사 또한, 웹을 통한 관계망 형성 능력을 갖추고 있어야 한다. 가정이나 학교에서 학생들에 대한 무조건적인 통제는 오히려 부작용을 초래할 가능성이 커지게 되기 때문이다. 따라서 예비교사의 관계망 형성 정도를 알아보고, 부족한 능력향상을 위해 학생과 기관이 함께 노력한다는 것은 미래 교사들이 웹을 통해 학생들의 지도능력을 함양한다는 차원에서 의의가 있다.

나. 사회자본으로서의 사이버 공간

정보사회에서 가장 두드러진 특성의 하나는 사이버 공간일 것이다. 이러한 사이버 공간에 대한 개념은 유비쿼터스(Ubiquitous, 언제 어디서나 존재한다는 의미) 사회로 변화하고 있으며, 사이버 공간에서 활동하는 사람들을 지칭하는 네티즌(netizen) 또한, 유티즌(U-tizen)으로 변화되고 있다. 이러한 속도의 변화는 어디까지가 될지 그 끝을 알 수 없는 용틀임이 계속되고 있다는 것은 누구나 인정하는 현실인 것이다. 인터넷이 대중에게 열린 개방 공간으로 확대되면서 급속도로 팽창한 사이버 공간은 현재 거의 모든 현실세계의 활동이 이루어지고 있으며, 유비쿼터스 생활(U-Life)이 일상화되어 가고 있다. 이러한 사이버 공간은 유아에서 노인에 이르기까지 모든 사람들에게 새로운 자신을 만들어 갈 수 있는 충분한 기회를 제공해 준다(김성렬 · 김종두, 2008: 82).

사이버 공간의 정의는 통신매체를 통해 웹으로 연결된 의사소통의 공간이다. 오늘날 대부분의 청소년들은 인터넷과 함께 성장하고, 생활하면서 사이버 공간 속의 사회나 그 안에서의 정체성, 사회적 관계는 현실에서의 정체성이나 사회적 관계와 동일한 자연스러운 일상으로 인식한다. 즉 사이버 공간이 생활 속에 내면화되었다는 것이다.

사이버 공간에서도 면대면 언어적 대화의 과정에서 이루어지는 비언어적 행위를 통한 의사소통 과정도 ☺, OTL, ㅠㅠ 등과 같은 상징적 기호를 통해서 내가 전달하려는 언어적 표현에 상대방이 수용할 수 있는 감정이입까지 전달할 수 있다(김성렬 · 김종두, 2005). 이러한 기호와 문자를 통해 내가 전달하고자 하는 의미를 상대방에게 전달할 수 있으며, 타인과의 상호작용을 통하여 원만한 인간관계를 형성해 나갈 수도 있다.

이와 같이 오늘날 사이버 공간은 이전의 물리적 공간과는 전혀 다른 특성을 지니는 공간으로 인터넷은 개방적, 수평적, 무(無)방향적 공간을 구성하며, 탈중심적, 참여적 성격을 지닌 살아있는 공간, 전통적인 생물학적 개념의 생명이 아닌 인공적 생명의 공간이라고 말할 수 있다. 인터넷은 마치 자체적으로 생명력을 가진 하나의 유기체와 같이 빠른 속도로 발전, 진화해 나가는 가상적이지만 현실적 실체와 대등하게, 또는 그 이상의 영향을 주고 있는 공간이다. 이러한 사이버 공간은 자연이라는 물리적 공간과 본질적으로 그 성격을 달리한다. 자연적 물리적 공간이 인간의 생명적 욕구와 본능과는 독립적으로 존재하며 그 나름대로의 원리에 의하여 시간의 흐름 속에서 변화되어 왔다면, 사이버 공간은 그 존재 자체가 바로 기호를 토대로 제3의 세상을 구현하려 하는 인간의 인지적 동기에서 발생되었고, 현대의 인간 문화, 사회에 내재된 결여 특성에 의하여 급속도로 조장, 발전된 공간, 인간 욕구 및 인지능력 의존적 공간이다(한상준, 2002). 다시 말하면, 사이버 공간이란 인간의 본능적, 인지적, 사회적, 정서적, 물질적 욕구충족을 위한 결과물로서 생겨난 것이라 할 수 있다.

다. 사회자본으로서의 사회관계망

사회관계망이라는 개념에 들어 있는 '망(network)'이라는 용어는 인류학 분야에서 처음 사용되었다. 인류학자들이 사용한 망이라는 개념은 '개인의 사회적 체제의 성격과 형태, 빈도, 범위 및 질적 성격을 측정하고, 기술하는 분석적 접근을 뜻한다(장인협 · 오세란 역, 1996: 27). 사람들 간의 인간관계를 분석하기 위해 도입된 사회적 망의 개념은 사람들의 사회적 행동을 분석하여 이해를 위한 기본적인 자료를 제공하기 위해 만들어진 것으로 볼 수 있다. 이러한 사회관계망에 대해 장인협(1989)은 그 성격을 세 가지로 나누었다. 첫째, 사회관계망은 경계를 가진다. 둘째, 사회관계망은 서로 '연결된' 것이다. 셋째, 사회관계망은 사회적 단위이다. 그는 사회관계망은 일정한 경계를 바탕으로 상호 연결되고 상호작용이 지속되며, 그것이 곧 사회적 구조를 구성하는 바탕이 되는 무형적 조직이라고 보았다. 실제로 이러한 사회관계망은 겉으로 드러나지 않으면서도 실체화되는 형태를 보인다.

사회관계망에 대한 정의를 보면, 윌맨(Willman, 1981)은 사회관계망을 특정한 유대를 가진 한 명 이상의 관계점(nodes)들의 집합체라고 정의하였다. 그는 유대는 한 점(한 명의 구성원)으로부터 다른 점(다른 구성원)으로 유출되고 유입되는 것을 말하며, 자원의 질과 양, 복잡성 및 상호성에 따라 제각기 다른 특성을 갖는다고 하였다. 워커(A. Walker, 1985)는 개인이 사회적 책임감을 유지하고 정서적 지지, 물질적 보조, 서비스, 정보 및 새로운 접촉 기회 등을 제공받는 일련의 개인적 관계의 집합체라고 하였다.

이러한 사회연결망 분석 연구들 중 가장 주목을 받은 것은 여섯 사람만 거치면 누구든지 만날 수 있다는 '인간관계 6단계이론'이다(KBS 930 뉴스, 2003년 8월 19일). 이는 1967년 미국 하버드 대학 교수였던 밀그램(Milgram)이 미국 내 임의의 두 사람 간의 거리를 알아보고자 한 연구 결과를 토대로 알버트 라즐로 바라바시(Albert-László Barabási)가 새롭게 정리한 것이다. 밀그램(Milgram)은 160명 중 42명이 최종 인물까지 편지가 전달되었으며, 평균 5.5(중앙값)명을 거쳤는데, 바라바시(Barabási)가 이를 반올림하여 6이라는 숫자로 "여섯 단계의 분리(six-degrees of separation)"로 만들었다. 한국의 경우 평균 4.6명을 거치면 알게 된다는 결과가 발표되었다(중앙일보, 2004. 1월 9일자; 사회연결망 보고서, 2003). Week &과 연세대 사회발전연구소, 리서치 앤 리서치(R&R)가 공동으로 실행한 이 연구는 전국 5대 도시 108명을 중심으로 한 연결망 중 모두 연결되는 경우는 17건, 확률로는 15.7%였다(김용학, 2007; 김지수, 2004: 2-3).

이와 같이 사회관계망은 처음에는 오프라인에서의 인간관계를 중심으로 설명이 이루어졌으며, 사회연결망이론(social network theory)이 추구하는 것은 인간의 삶을 여러 사람들과 관계를 맺으면서 생활하는 과정에서 영향을 주는 사회구조와 인간행위를 설명하려는 것이었다. 그러나 인터넷 망이 발달하면서 개인과 개인 간의 접촉이 빈번해짐에 따라 오프라인과는 다른 온라인을 통한 관계형성이 이루어지면서 사이버 사회관계망에 주목하기 시작했다. 인간은 자신의 연결망을 통해 관계형성이 이루어지기 때문이다. 지금까지 오프라인 중심으로 이루어졌던 관계형성은 정보통신기술의 발달로 인터넷 망이 확대되면서 정보화와 세계화 바람을 타고 지구촌으로 연결되는 모습을 보이는 현상에 주목하게 된 것이다.

사이버 사회관계망은 인터넷이 보급되면서 인터넷을 통해 이루어지는 대인관계는 컴퓨터 매개 의사소통(Computer-mediated communication: CMC)이라는 개념으로 논의되어 왔으며, 세계적으로 인터넷이 확대되면서 바라바시(Barabási, 2002)의 '링크(Linked)'가 사회적 공감대를 형성하면서 새롭게 조명받아 왔다. 부연하면, 웹으로 연결된 사이버 공간에서 개인접촉을 통해 이루어지는 대인관계 형태를 사이버 사회관계망이라고 한다. 즉 사이버 사회관계망은 컴퓨터와 핸드폰 등 통신매체를 통해 웹으로 연결되어 동시성과 양방향성 등의 특성을 통해 사이버 공간을 중심으로 형성되는 것으로서 단순히 물리적인 공간만이 아니라 인간관계를 형성하는 사회적인 공간인 것이다.

인터넷을 통해 이루어지는 CMC의 평등한 커뮤니케이션은 비사교적인 사람들에게는 매우 유용한 커뮤니케이션 수단이 될 수 있다. 즉 면대면 커뮤니케이션을 회피하는 사람들은 현실공간과 다른 새로운 정체성을 사이버 공간에서 더욱 적극적으로 실현함으로써 현실에서 충족되지 않는 자신의 욕구를 대리 충족할 수 있는 것이다(배진한, 2003). 이는 CMC가 상대방을 마주 대해야만 하는 과거 면대면 의사소통과는 달리

익명이나 면대면(face-to-face)이 아닌 상태에서도 의사소통이 가능하므로 심리적으로 더 안정성을 제공해 주기 때문이라고 할 수 있다.

또한, 인터넷 망을 통한 지속적인 인간관계는 의사소통의 기회와 접촉 가능성을 증가시켜 면대면 만남의 기회를 가지게 한다. 이러한 현상은 인터넷이 연결되지 않았으면 일어나지 않았을 의사소통 기회를 확대시켰다. 이처럼 우리는 인터넷을 통해 새로운 관계를 쉽게 형성할 수 있으며, 또 상호 간의 연락이 용이해짐에 따라 관계의 유지와 관리에 있어 효율성을 높일 수 있다는 것은 자명해진다. 이러한 상황에서 웹을 활용한 관계형성을 교육적 차원에서 활용할 필요는 충분히 있다. 학교에서 교사는 학생들과 관계형성을 할 수 있는 시간이 지식전달을 위한 수업시간을 제외하면, 실제적으로 매우 부족하다. 또한, 개인 시간을 활용하여 특정 학생과 관계형성을 하게 되면, 차별대우, 편애 등 예상치 않은 부정적 결과를 낳기도 한다. 따라서 이미 학생들 생활의 일부분이 된 웹을 활용하여 학생들의 학습욕구를 향상시키고, 친밀한 관계형성을 통해 일탈행위를 감소시키는 방향으로 나아간다는 것은 매우 바람직한 현상으로 권장되어야 할 것이다. 이러한 교사들의 역할을 원만하게 수행하기 위해서는 예비교사 시절부터 그에 대한 인성과 관계망 형성 능력을 길러주는 양성기관의 대처 능력 또한, 중요한 과제가 된다고 할 수 있다.

사회관계망은 2차 대전 후 사회적 거리(Sociometric)(Katz, 1947; Chabot, 1950)나 인간관계(human relations)(Festinger, 1949)에 대한 분석이 이루어지면서 시작되었다고 볼 수 있다. 사회관계망 연구의 초기 학자인 모레노(Moreno, 1951)는 사회성측정법(sociometry)을 '진화와 집단 내 조직과 그들 내에서 개인의 위치에 대한 확인'으로 정의했다. 이러한 연구의 흐름은 밀그램(S. Milgram, 1967), 미셸(C. Mitchell, 1969), 몽이(P. Monge, 1972), 풀(I. Pool, 1973), 미어스(P. Mears, 1974), 쉐러(J. Scherer, 1981), 스

F. Fukuyama

토크스와 레빈(J. Stokes & I. Levin, 1985), 페어링과 레비스(C. Feiring & M. Lewis, 1985)로 이어져 왔으나 콜맨(J. Coleman, 1986; 1988)에 이르러 사회자본(social capital)으로 다루어지기 시작하였다. 그 뒤를 이어, 퍼트넘(R. D. Purtnam, 1995; 2002)의 결합사회자본(bonding)과 연결사회자본(bridging), 후쿠야마(F. Fukuyama, 1995; 1999) 등에 의해 사회자본 개념이 중심이 되어 논의되어 왔다.

그러나 이들이 강조하는 핵심인 사회적 거리나 의사소통, 사회자본, 인간관계망 등은 모두 사회관계망 개념과 밀접하게 관련되어 있어서 그 차이를 구별하기 쉽지 않다. 사회관계망에 대한 정의를 보면, 미셸(C. Mitchell, 1969)은 '개인에 대해 관련되어 있는 사람들 간의 일련의 관계,' 워커(A. Walker, 1985)는 '개인이 사회적 책임감을 유지하고 정서적 지지, 물질적 보조, 서비스, 정보 및 새로운 접촉 기회 등을 제공받는 개인적 관계의 집합체'라고 하였다. 이러한 관계점은 복잡한 연결을 가진 점(nodes)과 단순한 연결을 가진 점(nodes)으로 구분된다. 복잡한 연결을 가진 점은 허브(hub)라 불리며, 단순한 연결을 가진 점보다 훨씬 더 중요한 역할을 하고, 그 기능 또한, 매우 크고, 영향력도 커지게 된다. 왜냐하면, 사람들의 행위는 관계망의 영향을 받기 때문이다. "관계적 인간관(relational concept of man)"이란 인간을 관계망에서 자신이 놓인 위치나 놓여 있는 연결망의 구조에 따라 달리 행동하는 존재라고 보는 것이다(김용학, 2007: 33). 따라서 일상생활에서 사람들 간에 행해지는 다양한 형태의 관계적 행위를 사회관계망(social network)으로 보는 것이다.

그동안 학교중심 사회관계망 연구는 모레노(J. L. Moreno, 1951)가 정치조직에 대한 연구 범주를 확대하면서, 집단 내 구성원 간의 선호도를 통해 집단의 구조와 상태를 알아보기 위하여 아동 · 청소년을 대상으로 적용한 사회성측정법(sociometry, 1953)이 오프라인을 중심으로 이루어져 왔다. 그 후, 콜맨(J. Coleman, 1986)이 학생과 부모 간의 상호연결망 분석을 통해 닫힌 연결망보다 열린 연결망이 청소년 비행확률을 높인다고 설명하면서, 학생과 부모의 닫힌 연결망을 통해 아이를 성장시키는 것이 더 효과적이라는 사회자본 개념으로 사회관계망을 보았다. 그 뒤를 이어, 퍼트넘, 후쿠야마 등이 사회자본 개념의 관계망 연구를 뒷받침하였다. 그후에 칸 등(J. Kahne et al., 2001)은 학교가 사회관계망을 통해 사회자본을 확대시키는 전략차원에서 동문들과의 관계형성을 강화하고 있다고 보고 있으며, 페넬 등(W. R. Penuel et al., 2009)은 학교는 학생들에게 전문지식과 가치 있는 자원을 제공하여야 사회자본으로 기능하는 것으로 보았다. 또한, 후지사와 등(K. K. Fujisawa et al., 2009)의 연구에 의하면, 일본 교실에서는 사회관계망을 통해 남자보다 여자 비행집단의 수가 늘어난다는 부정적 결과도 나타나고 있다.

오늘날 사이버 공간은 인간관계 형성의 토대가 되며, 정보사회에서 가장 두드러진 특징으로 나타나고 있다. 사이버 공간에서 사람들이 관계를 맺으며 살아가는 사이버 사회관계망은 초기 개인 홈페이지 중심에서 관리와 유지 보수 및 시간투자의 어려움으로 인해 유지 및 관리가 거의 자동으로 이루어지는 1인 미디어 관계망으로 그 흐름이 이동하게 된다. 그리하여 성장한 것이 블로그(blog)와 미니홈피이다[2]. 흔히들 블로그는 사이버 공간에서 '나의 관심들과 취향'들을 보여주는 공간으로 인식하며, 미니홈피는 사이버 공간의 '나의 집'으로 인식한다. 이러한 사이버 공간

2) 인터넷을 이용하는 웹(Web)과 자료를 뜻하는 로그(Log)의 합성어인 웹로그(Weblog)를 줄인 말로 초기에는 웹로그로 불렸다. 1998년 미국에서 처음 블로그(blog)가 등장하였으며, 1년이 지난 1999년까지 미국 내에 소개된 블로그는 23개에 지나지 않았다. 그러던 것이 불과 3-4년 만에 그 수를 헤아릴 수 없을 정도로 증가했다. 국내에서는 2001년 12월에 최초의 블로그 사용자들의 모임인 '웹로그인코리아(www.wik.ne.kr)'가 생겨나면서, 네티즌에게 알려지기 시작했다.

의 허브(hub)역할을 하고 있는 싸이월드 미니홈피는 국내에서만 1천만 명의 가입자를 넘었으며, 스마트폰이 본격적으로 확산되는 2010년까지 이용자 수가 꾸준히 유지되었다.

그 후 트위터와 페이스북(메타로 명칭 변경), 카카오톡, 인스타그램, 틱톡, 스레드 등이 등장하면서, 블로그와 미니홈피는 정체되다가 사장되었으며, 단순화된 사진, 영상, 메시지로 자신을 표현하면서 글로벌 관계형성으로 나아가고 있다. 최근에 사회관계망에서 위치가 점점 더 중요해지는 이유는 정보사회, 즉 정보의 가치가 중요한 사회로 나아가고 있기 때문이다. 사람들 간의 다양한 인간관계는 복잡한 네트워크로 연결되어 있다.

정하웅 교수

한국과학기술원 정하웅 교수팀은 사용자가 1,000만 명에 달하는 한국 최대 온라인 커뮤니티 싸이월드의 미니홈피 조사결과, 친구집단의 크기가 던바의 법칙[3]에서 크게 벗어나지 않는다는 사실을 알아냈다. 싸이월드 미니홈피에 1촌평을 쓴 것을 분석하여 미니홈피당 평균 25명이 찾아와 1촌평을 남기고, 친한 친구인원이 최대 200명이 방문하여 1촌평을 남기는 사람도 있었다. 이를 친한 친구가 최대 200명으로 해석하고 던바의 법칙이 예측하는 바를 벗어나지 않는다고 보았다. 이 연구에서 1촌평이 많은 사람은 많은 사람끼리, 적은 사람은 적은 사람끼리 모이는 유유상종(類類相從)의 특징과 남자나 여자 모두 여자의 미니홈피에 1촌

3) 영국의 진화생물학자 로빈 던바(Robin Dunbar)는 사회집단의 크기가 커질수록 그 모임을 유지하기 위해서는 더 큰 두뇌가 필요하다고 주장했다. 던바는 1990년대 초에 원숭이나 침팬지 같은 영장류 30종을 대상으로 복잡한 사고를 담당하는 뇌 영역(대뇌 신피질)이 클수록 알고 지내는 집단의 크기도 커진다는 결과를 얻었다. 이 관계를 인간의 두뇌에 적용하면, 인간이 유지할 수 있는 집단의 크기가 150명이라는 결론을 얻게 된다. 여기서 흥미로운 사실은 호주, 뉴기니, 그린란드 등의 원시부족을 조사한 결과, 마을의 평균 규모가 150명이란 사실을 발견했고, 효과적으로 전투하기 위한 부대의 인원도 200명을 넘지 않았다는 것이다.

평을 더 많이 쓰는 경향도 확인했다. 또 싸이월드 전체 사용자 가운데 4,000명을 임의로 뽑아서 두 사람이 몇 단계를 거치면서 서로 만나게 되는지를 알아본 결과, 우리 국민 4,000만 명은 7단계를 거치면 낯선 두 사람이 연결되는 것으로 밝혀졌다(동아일보, 2005. 2. 25일자). 특정한 일부 정치인[4)]이나 운동선수 및 연예인[5)] 등을 제외하면 일반인들은 대부분 그와 같은 친한 관계형성 집단의 수가 일정한 범주를 넘어서지 않는다는 것을 보여준다.

이와 같은 사이버 사회관계망 연구는 바라바시(Albert-Laszlo Barabási, 2002)의 저서 '링크(Linked)'가 사회적 공감대를 형성하면서 주목받게 되었다. 사이버 사회관계망을 통해 학습의 향상을 꾀하기 위한 노력으로 창 등(Chang et al., 2007)의 연구에 의하면, 대만(Taiwanese)에서는 "Edu Cities"라는 학습사회관계망을 만들었다. 구조화된 학습사회환경망의 EduCities는 다양한 하부구조를 포함한다. Edu City, EduTown, EduSisterTown, EduVillage, EduSisterVillage, EduCitizen 등이다. EduCities 참가자들은 그들 자신의 역할, 권력유지, 학습목표, 사회관계망을 형성한다. 이러한 구조화된 학습사회 관계망의 개념은 온라인 학습사회의 본보기가 될 수 있다고 하였다. 왕(Wang, 2009)은 학생들에게 가르치는 학교간 네트워크를 통한 도덕교육 방안에서 학생들의 현재 상황을 분석하여 새로운 생존과 생활방식으로 네트워크 연령을 만들었으며, 학생들의 인지, 감정, 사고와 정신에 영향을 준다고 보고 있다. 학교교육을 통한 도덕교육 대책으로 첫째, 온라인 쌍방향 교육과 전통적 도덕교육의 통합,

Albert-Lászlo Barabási

4) 박근혜 전 한나라당 대표는 2009년 3월 7일자로 싸이월드 미니홈피(개설 5주년)에 16,500명과 1촌을 맺었으며, 누적 방문자 수는 832만 명이었다(중앙일보, 2009년 3월 9일자).

5) 싸이월드 일촌 1위 최홍만(74,565명), 2위 정만호(29,797명), 3위 배슬기(24,510명). 일반인 최고 일촌 인원을 가진 사람은 파티플래너 정건영(14,555명)이었다(서울 뉴스와이어, 2006년12월28일자).

둘째, 네트워크 윤리 지도와 온라인 자기훈련의 통합, 셋째, 문화적 교화와 윤리적 이론 교육 통합, 넷째, 가정 및 학교교육과 사회교육의 통합을 제시하고 있다.

사이버 공간의 사회관계망에 대해 존스(Jones, 2002)는 온라인에서의 사회적 상호작용이 오프라인에서의 상호작용을 대체하기보다는 보완한다고 보았다. 더 나아가 검과 하탈라(Gumm & Hatala, 2007)의 연구는 사회관계망을 현상분석 차원을 넘어 교육에 적용하여 학생들의 학업성과를 높일 수 있는 과정으로까지 연구의 영역을 확대시키고 있다. 찰스 등(Charles et al., 2008)은 사회자본, 자기 존중, 온라인 네트워크 사이트의 종단 분석에서 폭넓은 경험이 자기 존중감이 낮은 학생들의 장애를 줄이는 데 도움이 되며, 복잡한 사회관계망이 사회자본을 형성하는 원천이라고 하였다.

이러한 연구결과들은 사이버 공간에서 사회관계망 활용을 통한 교육의 가능성을 보여준다. 따라서 사이버 사회관계망을 활용하여, 개인의 성장과 발달을 위한 시스템, 즉 멘토(mentor)와 멘티(mentee)의 연결, 지속성, 효과성 등에 대해 교사들이 관심을 가지고 학생들과 관계형성을 통해 교육의 성과를 달성하는 데 관심을 가질 필요가 있다.

최근에 들어와서 트위터(twitter)[6], 메타(Meta)[7], 카카오톡(kakao

6) twitter는 미국 샌프란시스코의 벤처 기업인 오데오 사(Odeo, Inc.)의 에번 윌리엄스(Evan Williams, CEO)와 노아 글래스(Noah Glass)가 고안한 연구 개발 프로젝트에서 출발하였다. 2006년 3월에 서비스를 시작함. 2007년 4월에는 오데오 사에서 분리되어 Twitter, Inc.라는 이름으로 자체 회사를 갖게 되었다. 140자 미만의 글을 올리도록 하는 것이 특징이며, 2011년 1월 18일 한국어 서비스를 시작하였다.

7) 페이스북 설립자인 마크 저커버그(Mark Elliot Zuckerberg)는 하버드 대학교의 2학년 2003년 10월 28일에 Facemash라는 이름으로 처음 서비스를 시작하였다. 그 뒤 2004년 2월 4일에 thefacebook.com 서비스를 본격적으로 시작하였다. 처음에는 하버드 대학생들만 이용하다가 점차 스탠퍼드, 컬럼비아, 예일대까지 영역이 확대되었으며, 2006년 9월에는 13살 이상의 전자 우편 주소를 가진 사용자라면 누구나 가입할 수 있게 되었다. 2021년10월 28일 회사명을 페이스북에서 메타로 바꾸

talk)[8], 라인(line)[9], 위챗(웨이신, 微信)[10], 인스타그램(Instagram), 스레드(thread) 등을 활용한 개인의 네트워크 형성 정도는 개인의 사회자본이 어느 정도까지 확대될 수 있는가를 보여주는 것으로 그 한계성이 없다는 것으로 나타나고 있다. 즉 지역과 국가의 경계를 넘어 글로벌 네트워크를 통한 사회자본이 형성되고 있는 것이다.

었다.

8) 카카오의 전신인 아이위랩이 2010년 3월 출시한 모바일 메신저. 휴대폰 이용자 주소록을 기반으로 만들어졌다. 2015년 가입자 수는 216개국 2억 명을 넘어섰고, 국내에만 3,700만 명이 넘었다. 하루 2,400만 명 이상이 쓰고 있다. 하루 메시지 전송량은 평균 33억 건이다. 평균 친구 수는 74명(국내 이용자는 120명)이다.

9) 네이버에서 글로벌 개인네트워크 관계망을 위한 스마트폰 앱으로 가입자 수 1억 명을 넘어섰다. 일본에서 출발하여 동남아로 급속도로 확대되었으며 2015년 5억 명을 넘었다.

10) 위챗(微信/웨이신, WeChat)은 중국의 텐센트 홀딩스 유한화사가 개발하고 2011년 1월 21일에 시작한 모바일 인스턴트 메신저이다. 2012년 9월 17일에 위챗은 중국에서 2년 만에 3억 명의 사용자 수를 돌파했고, 2015년 8억 명을 넘어 아시아 다른 국가로도 빠르게 성장하고 있다. 앱은 무료이므로 스마트폰 사용자는 추가비용 없고 앱마트에서 자유롭게 내려받을 수 있다. "위챗"을 이용해서 메시지, 사진, 동영상 전송에, 음성, 영상 채팅 등을 실행할 수 있다.

토론 및 논술

1. 사회관계망 형성이 개인에게 주는 장단점을 말해보고, 교사-학생, 학생-학생 관계형성의 바람직한 방향에 대해 말해보자.

2. 사회자본의 기능과 효과에 대한 긍정적 측면과 부정적 측면을 말해보고, 문제점을 해소할 수 있는 대안을 제시해보자.

3. 사회계층에 대한 역사적 과정을 말해보고, 오늘날 나타나고 있는 사회계층 현상과의 차이점을 논하시오.

4. 사회계층 이동의 의미를 설명하고, 국가별 특징과 차이점을 말해보자.

5. 학교교육과 사회계층이 가지는 관련성에 대해 자신의 의견을 실제 예를 들어 말해보자.

6. 출산율을 높이기 위한 자신의 정책이나 의견을 말해보자.

7. 사회자본의 개인수준과 사회수준의 차이점을 구분하고, 한국사회는 어떤 성향이 강한가에 대해 논하시오.

제6장

청소년 문화/비행/자살

제1절 청소년의 개념과 특성

제2절 청소년 문화

제3절 청소년 비행이론

제4절 청소년 자살

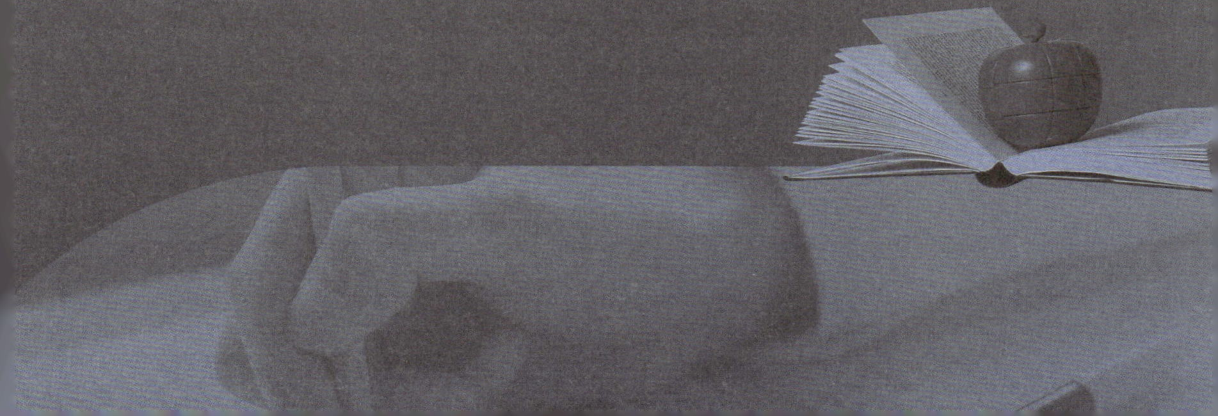

제6장 청소년 문화/비행/자살

제1절 청소년의 개념과 특성

가. 청소년의 개념

청소년기란 미국의 심리학자 홀(G. S. Hall)이 1904년에 '청소년기'란 책을 내면서 학문적으로 처음 사용되었다. 독일의 교육학자 푀겔러(F. Pöggeler)는 인간 성장 중에 청소년기만 따로 떼어 개념화할 수 없으며, '이것이 청소년이다'라고 정의할 수 없고, 청소년기는 단지 성인이 되어 가는 과정이라 하였다. 오수벨(D. P. Ausubel)은 청소년기를 완성상황으로 보지 않고 계속적인 성장과정으로 보았다. 이러한 청소년기를 우리나라 청소년 기본법에서는 만 9세에서 24세까지의 남녀로 규정하고 있다.

나. 청소년의 발달과업

해비거스트(R. J. Havighurst)의 청소년의 발달과업을 보면 다음과 같다.

(1) 자기의 신체 변화와 남성 또는 여성으로서의 역할을 받아들인다.

(2) 동성 또는 이성과의 새로운 인간관계를 이룬다.
(3) 부모 또는 다른 성인으로부터 정서적으로 독립한다.
(4) 경제적 독립에 대한 자립을 실현한다.
(5) 직업을 선택하고 준비한다.
(6) 시민으로서의 자격을 얻는 데 필요한 지적 기능 및 개념을 발전시킨다.
(7) 사회적 책임을 수행하는 행동을 요구하고 달성한다.
(8) 결혼과 가정생활에 대한 준비를 한다.
(9) 자신의 행동을 지배하는 과학적 세계관과 조직화된 가치관을 확립하는 등의 과업을 실현해 간다.

다. 청소년의 발달 특성

(1) 신체적으로 급격한 성장을 거쳐 성인의 수준에 도달한다.
(2) 청소년의 생활과 행동에는 성적 성숙이 기초가 되어 종전의 불안전성이 사라지면서 점진적으로 세련된 양상으로 변한다.
(3) 성격구조에 있어서도 원초아(id), 자아(ego)가 강하게 나타난다.
(4) 자아의식이 발달하여 모든 생활과 행동의 기초를 이룬다.
(5) 자의식이 높아짐과 동시에 자존심, 자기주장, 독립심이 강해진다.
(6) 각 단계의 심리적 발달과 개성이 뚜렷해진다.
(7) 자의식의 발달과 개성이 강해지면서 부적응 현상이 나타나기도 한다.

제2절 청소년 문화

가. 청소년 문화의 개념

문화는 매우 폭넓은 개념이다. 문화인류학자 타일러(E. Tyler)는 문화를 지식과 신앙 · 예술 · 도덕과 법 · 습성 · 능력 · 사회의 구성원으로서 습득한 습관 등을 포함하는 복합적 총체라고 정의하였다. 또한, 보아스(F. Boas), 베네딕트(R. Benedict, 1887-1948), 크뢰버(A. I. Kroeber) 등은 문화를 이념의 체계로 보았다. 이에 비해 청소년 문화는 젊은 세대들이 그들 나름의 행동방식과 생활양식을 모태로 하여 형성한 독특한 문화로서, 전체 사회의 문화나 주류문화에 대하여 하나의 부분을 이루기 때문에 부분문화 또는 하위문화로 부른다. 이러한 청소년 문화는 청소년들에게 특이하게 존재한다고 생각되는 가치관 및 태도 등을 의미하는 것으로서 외부적으로 관찰할 수 있는 언어 · 복장 · 행동 등의 외부적인 문화가 있는가 하면, 정신세계의 방향을 제시해주는 이념적이고 이상적인 문화가 있다.

E. Tyler(1832-1917)

F. Boas(1858-1942)

나. 문화의 일반적 특징

문화의 일반적 특징을 정리해 보면 다음과 같다. 첫째, 문화란 본능의 소산이 아닌 학습의 결과이다. 어릴 적부터 부모님과 함께 성장하는 가운데서 의도했든 의도하지 않았든 자연스럽게 학습하게 된다는 것이다. 둘째, 문화는 사회나 집단 구성원에 의해 공유된다. 특정 한 사람이 행하는 것이 아니라 그 사회나 집단의 모두가 행하게 되는 특성을 지닌다는 것이다. 예를 들면, 사관학교를 다닌 학생들이 일반 대학을 다닌 학생들보다 생활과정에서 절도 있는 행동을 더 자연스럽게 하는 것이 사관학교의 문화라고 할 수 있는 것이다. 셋째, 문화는 전승되며, 그 과정에서 축적 · 변화 · 발전한다. 문화는 많은 사람들이 함께 공유하는 것이기 때문에 상황에 따라 좋은 문화는 후세에게 전달되어 더욱 발전되며, 좋지 않다고 판단되는 문화는 그 시대적 사회를 살아가는 사람들이 배우기를 등한시하게 되고, 따라서 시간이 흐르면서 자연스럽게 소멸되는 특징을 지니고 있다. 넷째, 우리의 감정과 사유 · 인지 · 언어 · 몸짓 등 인간의 삶을 포괄한다. 다섯째, 문화는 종합적이다. 예를 들면, 음식문화라고 할 때, 음식을 먹는 전반적인 과정을 모두 포함한다는 것이다. 밥과 국을 함께 먹는 한국의 문화가 있는가 하면, 고기와 야채를 주로 먹는 서구의 문화가 있으며, 이는 서로 다르다는 것이다. 여섯째, 인간의 행위와 경험의 어느 특정한 국면을 선택하여 강조하는 경향이 있다.

다. 청소년 문화의 유형

(1) 언어문화

청소년들의 언어에 대한 변용은 어제오늘의 일이 아니다. 최근에 사용되는 점들을 살펴보면, 전화언어로서 청소년들은 용건만 간단히 하는 것이 아니라 장시간 통화를 하며, 사교시간을 가지고, 사소한 일들은 전화로 해결하는 것이 편리하다는 생각을 한다. 또한, 최근에는 통화보다는 SNS(Social Network Service)를 이용한 문자를 많이 이용하고 있으며,

그 과정에서 언어의 변용이 수없이 많이 나타나고 있다. 이렇게 자기들만이 소통할 수 있는 은어(隱語)를 많이 사용한다는 특징을 지닌다. 은어는 특수한 집단 내에서 이익과 비밀을 지키기 위하여 사용되는 말인데, 청소년들은 자기들만의 특성을 나타내는 형태로 많이 사용하고 있다. 항상 변화되고 있지만, 아직도 많이 사용되는 용어들을 보면, '대박' '쩐다' 등이 있다.

(2) 음악문화

청소년들이 음악을 듣는 것은 여가를 즐기는 하나의 방법이다. 청소년들에게 음악은 혼자만의 괴로움과 외로움으로부터 탈피하여 음악과 대화하려고 한다는 의미와 밀접한 관계가 있다. 따라서 음악은 청소년들의 대화를 보조해 주는 역할을 하며, 그들 상호 간의 신뢰성과 공감대, 공동체 의식을 형성하게 된다. 최근 청소년 아이돌(Idol, 우상) 그룹과 걸(Girl)그룹의 인기가요는 청소년들의 우상이며, 전 세계적으로 확산되는 한류 붐을 창출하는 선봉 역할을 하고 있다는 점도 중요한 관심사라고 할 수 있다.

(3) 의상문화

교복자율화 이후 찬반양론이 대두되고 있으나 이제는 어느 정도 안정이 되어 가는 추세에 있다. 자신들만의 욕구를 발산하고 표출하는 행위로서 개성 있는 의상을 입으려고 하며, 유행하는 옷을 입으려고 하며, 성인들에 비해 독자적인 고유한 의상을 입고 싶어 하는 욕구가 강하다. 최근에 나타난 비행청소년의 옷을 통한 패거리 문화가 청소년의 의상문화를 대변해 준다. 최근 청소년들의 옷을 통한 계급의 상징이 한때 유행하여 사회적 문제가 되기도 했다.

(4) 춤 문화

춤은 과거에는 청소년들의 스트레스 해소의 수단으로 인식하였으나 오늘날에는 문화로서 이해하려는 경향이 강해지고 있다. 한류로 대표되는 아이돌 스타와 걸 그룹(girl group)의 성공 배경에는 노래뿐만 아니라 현란한 춤과 기교가 있다. 이러한 춤의 순기능은 첫째, 또래집단 간의 인간관계 및 사회관계를 형성하는 데 도움이 된다. 둘째, 자기도취적 기능을 가지고 있다. 셋째, 스트레스 해소 기능이 있으며, 공격기제를 약화시키는 기능을 한다. 그러나 역기능도 존재한다. 춤의 역기능은 첫째, 춤추는 공간 내부의 탁한 공기와 먼지 등으로 인하여 호흡기 장애를 초래할 수 있다. 둘째, 스피커의 높은 음악소리는 난청을 유발하기도 하며, 지나친 소음은 긴장과 스트레스 해소보다 식욕감퇴와 피곤을 가중시킨다. 셋째, 신체적 · 정신적으로 불균형 상태를 가져오기도 한다. 넷째, 춤을 통한 스트레스 해소 과정에서 과도한 음주 및 흡연을 유발하는 원인이 되기도 한다.

(5) 성(性)문화

성교육은 아동 및 청소년의 사회화 과정에서 제외될 수 없는 학습과정으로, 성에 대한 지식을 일깨움과 동시에 성 자체를 올바로 이해하여 남성과 여성 제각기의 성기능 및 역할을 인식하도록 하여야 한다. 그러나 현재의 청소년들은 성에 관련된 무질서한 정보의 홍수에서 무방비 상태로 노출되어 있다. 이러한 문제들에 대해 사회 전체가 모두 노력하여야 한다. 특히 오늘날 인터넷을 통한 사이버 채팅, 만남의 공간 등 불건전한 만남의 장이 펼쳐져 있으므로, 자기통제를 통한 바른 성문화 정착에 모두가 함께 노력하여야 한다.

라. 청소년 문화의 문제점

청소년 문화의 문제점은 가정환경, 학교환경, 사회환경의 세 가지 차원으로 정리해 볼 수 있다. 첫째, 가정환경을 보면, 산업사회로 발전하면서 가족구조의 급격한 변화로 핵가족화되고, 공동체 의식이 파괴되면서 각종 병리현상을 가져왔다. 또한, 부모들이 자녀에 대한 잠재능력과 특성을 무시하고, 학업성취가 사회적 성공의 중요한 열쇠임이 드러나자 막무가내의 학업성취만을 강조한 것이 비행으로 나아가는 계기가 되기도 한다. 따라서 가정에서는 부모들이 청소년들에게 자신만의 시간이나 여가를 즐길 수 있는 기회를 허용하지 않으며, 학업 위주의 생활을 강요하게 된다는 점이다. 따라서 억압된 스트레스를 해소할 길이 없는 청소년들이 비행을 저지르기도 하고, 일탈로 나아가게 되는 원인으로 작용하게 된다.

다음으로 학교환경을 보면, 학교는 인간의 삶과 미래를 준비하는 전인교육과 인간성 계발 장소가 아니라 상급학교 진학을 위한 교육을 중심으로 이루어지고 있다. 또한, 교과서 위주의 일방적 · 주입식 교육이 아직도 주류를 이루고 있는 현실에서 학생들이 스트레스를 해소할 돌파구가 없다는 데 문제가 있다. 이러한 학교환경은 국가의 교육차원에서 본다면 결코 무시할 수 없는 상황이므로, 무턱대고 교육제도를 변경하거나 교육과정을 개편하는 것이 어렵다는 데 그 문제의 심각성이 있다. 그동안 교육제도의 변화는 항상 생각지도 못한 또 다른 문제점을 유발하는 계기가 되어 왔으며, 교육과정 개편 또한, 학교현장의 혼란만 초래하는 결과를 가져왔기 때문이다.

사회환경 측면에서 보면, 도시에서는 학교 인근에 성인 중심의 퇴폐적 · 향락적 · 낭비적 문화가 팽배하며, 건전한 문화생활 여건과 환경조성이 이루어지지 못하고 있다는 데 문제점이 있다. 또한, 성인들의 무분별한 이기적 행위에 대한 매스컴의 정보전달은 청소년들에게 사회에 대한 불신감을 향상시켰으며, 사회를 거부하고, 기성세대에 반항하며, 사회에 적응하지 못하도록 하는 환경을 조성하는 측면까지 존재하고 있다.

제3절 청소년 비행이론

가. 청소년 비행의 개념

사회가 복잡해짐에 따라 청소년들의 비행도 점차 사회문제로 부각되고 있다. 이는 바른 인성을 길러내지 못하는 학교교육의 책임도 크다고 할 수 있을 것이다. 이러한 청소년 비행은 오늘날 폭력, 강도, 살인 등 형법에 저촉되는 범죄행위는 물론 음주, 흡연 등 각종 풍기문란 또는 불량행위를 포함하는 광범위한 개념으로 일반적으로 사용된다. 그리하여 논의의 대상이 비행을 일삼거나 비행의 가능성이 있는 일부 청소년들에게 국한되는 경향이 있다. 이렇듯 청소년 문제를 청소년 비행에 국한시키는 것은 청소년 문제가 성인 또는 지배층의 입장에서 일방적으로 규정되고 있는 입장을 반영하는 것이다. 청소년 문제는 포괄적인 의미로 보면, 사회문제의 하나로서 '청소년에 관한 사회문제'라고 규정할 수 있다(김성렬 · 김종두 · 박영규, 2000; Sullivan and Thompson, 1988: 3). 몇몇 학자들의 청소년 비행의 정의를 보면, 뒤르켐은 '사회에 신체적 · 정신적 · 물질적 피해를 준 경우는 물론 사회의 본질적인 안정과 믿음에 피해를 주었을 때를 말한다.'고 하였다. 김영모는 비행을 광의와 협의로 나누어 광의로는 반사회적인 행동이고, 협의로는 소년비행의 의미로 사용하였다. 소년비행에는 과거의 객관적인 행위 및 장래에 범죄를 행할 수 있는 가능성까지 포함했다(권이종 · 김용구, 2006: 326).

청소년 비행은 보통 단독으로 행해지는 경우는 드물고, 대부분이 그룹을 형성하여 범행을 일으키게 된다. 청소년들에게서 자주 발생하는 비행을 유형별로 보면, 살인 · 강도 · 강간 · 방화 · 폭행 · 상해 · 공갈 · 협박 · 횡령 · 도박 · 장물 · 사기 · 교통 · 약물 등으로 구분된다.

나. 청소년 비행이론

청소년들의 비행원인을 직접적으로 설명해 줄 수 있는 이론들을 중심으로 살펴본다.

(1) 아노미론

아노미론(Anomie theory)은 에밀 뒤르켐(Emile Durkheim)에 의해 제기되었으며, 사회변화에 개인의 정신변화가 뒤따르지 못해 일어나는 사회부적응 상태로 인해 개인이 원만한 사회생활을 하지 못하게 된다는 이론으로 출발하였다. 이러한 아노미론을 머튼(Merton)은 일탈행위에 초점을 맞추어 강조를 하고 있다.

머튼(Merton, 1957)에 의하면 아노미(Anomie)란 문화목표와 제도화된 수단 간의 상이, 즉 사회체제의 구성원 다수가 규범과의 동일화 의식이 약화되어 그 정당성(Legitimacy)을 상실한 무(無)규범적 상태를 의미하며, 이러한 괴리, 즉 아노미가 하층민에게 범죄를 강요하는 요소로 작용한다는 것이다.

이러한 아노미 이론의 구성요소로 첫째, 한 사회가 그 사회의 전체 구성원을 위하여 수립한 합법적이고 가치 있는 목적이며 관심사로서 이를 문화적으로 규정된 목표라 하고, 머튼은 특히 부(富)의 획득, 금전적 성공 등이 대표적인 것이라고 강조한다. 둘째, 그 목표를 달성하는 제도적 수단(institutional means)이나 제도적 규범(institutional norm)으로서 이는 사회목표를 달성하는 데 있어 받아들일 수 있는 방법을 말한다. 즉 사회적으로 제도화된 수단에 의하여 사회적으로 승인된 목표에 접근할 때는 사회적 균형이 이루어지나 수단과 목표 간의 괴리가 나타나게 되면 아노미 상태를 초래시킨다는 것이다(윤덕중, 1988: 234-235).

이러한 아노미론은 사회의 목표, 사회계층 차에 따른 상이한 가치관, 목적달성을 위한 합법적 또는 비합법적인 수단 등에 관한 이론적 토대로서 사회의 범죄이론 발달에 이론적 기반을 제공하고 있다.

(2) 하위문화이론

어떤 사회든 고유한 문화체계를 가지고 있는 것은 사실이며, 사회구성원들의 행위는 각 사회 속의 문화체계에 의하지 않고서는 이해하기 어렵다. 청소년들의 일탈행위 및 범죄의 설명에 하위문화가 거론되는 이유는 인간의 행위 대부분이 배워서 이루어지는 것으로 볼 때, 사회구성원 모두가 공유하는 것은 문화이며, 청소년은 사회구성원의 하위집단으로 볼 수 있으므로, 청소년 문화는 하위문화로 간주되는 가정이 성립되기 때문이다. 따라서 청소년들의 일탈행위는 자신들이 성장하는 문화권 속에서 배워서 이루어지는 것으로 볼 수 있다.

범죄사회학에서 다루는 하위문화이론(subculture theory)은 다음과 같은 가정에서 출발한다. 즉 하층에는 중산층과 다른 문화(하위문화)가 존재하며, 그중 어느 특수한 부분이 하층 청소년들로 하여금 비행을 저지르기 쉽게 한다는 것이다. 그러나 이러한 하위문화의 성격과 내용, 형성과정 등에 대해서는 서로 다른 입장을 취하고 있으며, 이들의 유형을 보면 다음과 같다.

1) 비행하위문화이론

비행하위문화이론(delinquent subculture theory)은 대표자인 코헨(A. K. Cohen, 1965: 136) 등의 입장에서 보면 반문화(反文化)로서 하위문화를 이해하려는 입장이다. 이는 하위문화가 한 사회보다는 작은 집단의 가치, 규범의 체계라는 것을 전제로 하는 것으로 하나의 집단과 보다 다른 사회에 좌절된 상황 혹은 갈등으로 인하여 발생한 규범이라는 의미에서의 하위문화를 일컫는다. 코헨은 비행하위문화를 하층 소년들이 지위 욕구 불만(status frustration)에 기인하여 중산층의 지배문화에 대항적인 성격을 갖는 문화로 보고 있다.

이러한 비행하위문화 이론은 사회에서의 지배적인 가치가 중산층의 기준에 의해 형성되어 있기 때문에 하층계급의 소년들은 상대적으로 불리한 입장에 처하게 된다는 것이다. 그로 인해, 지위상승에 대한 기회나 주위환경이 자신들에게 불리하게 형성되어 있으므로 지위상승의 기회를 저해시킨다는 것이다. 따라서 이러한 지배계층의 가치기준을 버리고 자기들에게 유리한 새로운 준거의 틀을 집단적으로 만든다는 것이다. 그 과정에서 하층계급의 소년들이 기존의 지배문화에 대항하는 과정에서 비행으로 나타나고 있다고 보는 입장이 비행하위문화이론이다.

2) 차별접촉이론

차별접촉이론(differential association theory)은 개인의 심리 또는 사회심리학적 행위의 동기형성과정을 중심으로 하여 서덜랜드(E. H. Sutherland)에 의해 강조되어 그의 제자 크레시(Cressey)에 의해 널리 알려졌으며, 범죄는 유전 또는 행위자에 의해 고안되는 것이 아니라 학습된다고 주장하는 이론이다.

서덜랜드는 한 개인이 일탈유형과 지속적으로 접하면서 사회규범에서 동조적인 행동유형과 멀어지게 될 때 일탈행위자가 된다고 본다. 즉 개인은 일탈행위자와 친교를 맺음으로써 일탈행위에 접어들게 된다고 보며, 범죄행동을 학습하는 것은 범행기술 그 이상을 학습하는 것을 의미하며, 법을 위반하는 것을 즐기는 심리상태를 가진 사람들과 접촉하면서 학습하게 된다는 것이다.

서덜랜드는 지역사회 간의 범죄의 차이와 왜 어느 특정 개인이 범죄자가 되는가?에 대해 다음과 같이 제시하고 있다. 첫째, 범죄행위는 학습의 결과이다. 즉 선천적으로 유전되는 생물학적 현상이 아니라 사회적 현상이다. 둘째, 범죄행위는 소통(communication) 과정에서 타인들과의 교제 · 접촉을 통하여 상호작용으로 학습된다. 셋째, 범죄행위는 이차적 집단보다 가족, 친지, 동료 등 친밀한 일차적 집단 사이에서 언어, 동작 등의 의사소통과정을 통해서 학습된다. 즉 라디오, TV, 영화, 신문, 잡지 등과 같은 비인격적인 교제 · 접촉수단은 범죄행위의 학습에 중요한 역할을 하지 않는다. 넷째, 범죄행위가 학습될 때, 학습의 내용은 범죄를 수행하는 방법은 물론 범죄행위에 필요한 기술 · 기법과 범죄행위에 대한 유리한 동기, 충동(drives), 합리화, 태도 등을 포함한다. 다섯째, 동기와 충동의 구체적 관리법은 법규범에 대한 긍정적 또는 부정적으로 인식하는 관념으로부터 학습된다. 사람들이 부(富)의 축적이나 사회적 성공 등에 대한 일반적 동기를 나타내는 방식은 범죄에 대한 긍정적 혹은 부정적 정의에 접함으로써 영향을 받는다. 즉 준법정신이 강한 집단 속의 개인은 범죄행위에 가담할 가능성이 희박하나 규범위반이나 탈선을 긍정적으로 보는 곳에서는 범죄의 가능성이 높다. 여섯째, 특정 개인이 범죄자가 되는 것은 위법적 행위에 유리한 상황규정이 불리한 상황규정을 능가할 때이다. 일곱째, 차별적 접촉은 접촉의 빈도, 지속시간, 우선순위, 강도(intensity)에 따라 여러 가지가 있다. 빈도란 특정 개인이 범죄 호의적 혹은 범죄 거부적 정의들과 접촉한 횟수를 말하며, 지속시간이란 그러한 정의와 접촉한 시간의 지속성을 말한다. 순위는 그러한 정의들과 접촉할 당시의 연령을 말하며, 강도란 특정 개인과 범죄 호의적 혹은 범죄 거부적 정의를 제공하는 사람 간의 애착의 정도를 뜻한다. 여덟째, 범죄형(criminal pattern) 및 비범죄형(anti-criminal pattern)과의 접촉을 통해서 이루어지는 범죄행위의 학습과정은 일상생활 속에서 이루어지는 다른 행위의 학습과정과 동일한 메커니즘을 이룬다. 범죄자와 준법자의 차이는 접촉의 양상에 있을 뿐 학습이 진행되는 과정에는 아무런 차이가 없다. 아홉째, 범죄행위가 일반적 욕망과 가치의 표현이기는 하지만 일반적 욕구와 가치관만으로는 범죄를 제대로 설명할 수 없다. 그 이유는 준법행위라는 것도 따지고 보면, 동일한 욕구와 가치관의 표현이기 때문이다(Sutherland and Cressey, 1966: 81-82).

서덜랜드에 의해 제시된 차별접촉이론을 요약하면, 사회에는 일탈적인 행동양식과 정상적인 행동양식이 공존하고 있으며, 이 두 가지 행동양식에서 한 개인이 어느 쪽에 많은 접촉을 가지느냐에 따라서 일탈행동에 대한 정의가 결정되고, 일탈행동은 바로 일탈행동에 대한 긍정적 정의의 표현이라고 본다. 그러므로 일탈행동은 한 개인이 누구와 친밀한 관계를 맺어 어떤 내용을 학습하느냐가 중시된다. 청소년 비행에 있어서는 비행친구와의 접촉을 비행의 주요한 원인으로 보게 된다는 것이다. 즉 과거 중국 서진(西晉)의 문신이자 학자인 부현(傅玄: 217~278)이 편찬한 《태자소부잠(太子少傅箴)》에 실려 있는 근묵자흑(近墨者黑: 검은 먹을 가까이하면 자신도 모르게 검어진다는 뜻)과 근주자적(近朱者赤: 붉은 것을 가까이하면 자기 스스로도 붉게 물든다는 뜻)으로 사람은 주위 환경에 따라 변할 수 있다는 것과 일맥상통한다. 훌륭한 스승을 만나면 스승의 행실을 보고 배움으로써 자연스럽게 스승을 닮게 되고, 나쁜 무리와 어울리면 보고 듣는 것이 언제나 그릇된 것뿐이어서 자신도 모르게 그릇된 방향으로 나아가게 된다는 것을 가리킨 고사성어(故事成語)이다. 그러나 이러한 이론은 적용에 한계가 있으며, 범죄적 문화 또는 범죄자와 장기간 지속적인 관계를 맺고 있으면서도 어떤 사람은 일탈행위를 하지 않는다는 점 등을 설명하기 어려운 부분이 많다는 점을 인식할 필요가 있다.

3) 기회구조이론

기회구조이론(opportunity structure theory)을 이해하기 위해서는 아노미론과 차별접촉이론에 대한 이해가 선행되어야 한다. 아노미론의 입장에서 볼 때, 사회는 합법적 기회가 계층에 따라 차등적으로 배분되어 있다는 점을 강조하는 경향이 강하다. 다시 말하면, 하층의 경우에는 교육, 사회적 배경, 인종 등의 이유로 인하여 정상적인 방법으로는 그들이 원하는 부(富)를 획득하기가 어렵다는 점을 부각시키고 있다. 또한, 서덜랜드(Sutherland & Creshy, 1966)의 차별접촉이론(differential association theory)은 합법적인 기회가 계층에 따라 차등적으로 배분되어 있다는 점을 강조하고 있다. 즉 비합법적 기회라 할지라도 누구에게나 열려있는 것이 아니라 이것 역시 차등적으로 분배되고 있다는 점이다. 이러한 아노미론 입장의 합법적인 기회와 차별접촉이론 입장의 비합법적인 기회 모두 차등적으로 배분되고 있다는 점에 착안하여 이를 더 심도 있게 설명하려 한 이론이 기회구조이론이다.

비행 청소년의 경우, 처음부터 두 가지 기회 중 한 가지를 택하는 것이 아니라 처음에는 합법적인 기회에 접근하려 하나 자신의 사회적 배경으로 인하여 접근이 힘들어지면 비합법적인 기회에 호소를 하게 되며, 그로 인해 비행하위문화가 출현하게 된다는 것이다. 이러한 비행하위문화에 대해 클로워드와 올린(Cloward & Ohlin, 1960)은 다음과 같이 설명한다. 일반적으로 사람이 실패하였을 경우, 그 원인을 자신의 무능력에 돌리는 형과 사회여건에 돌리는 형이 있다. 그러나 비행하위문화이론에서는 전자의 경우보다는 후자의 경우에 강조를 둔다. 즉 기회구조의 불평등에 그 원인을 돌리면서 기존의 법에 정당성을 인정치 않는 결과를 초래하게 되면서 이것이 점차 확대되어 집단적 혹은 집합적으로 기존의 규범체계를 거부하고 새로운 규범체계의 출현이 곧 하위문화의 출현이라는 것이다. 이러한 하위문화는 세 가지 유형에서 비롯된다고 주장하였다.

첫째, 범죄 하위문화(criminal subculture)란 인습가치와 일탈가치가 잘 통합되어 있는 곳이다. 즉 그 지역의 지배적인 가치가 어느 부분은 인습가치로부터, 또 다른 부분은 일탈가치로부터 형성되었으나 양자가 잘 조화되어 하나의 가치로 존재한다는 것이다. 이런 곳에서는 범죄를 학습할 기회가 많으며, 범죄를 저지른 후에도 은닉, 도피, 장물처분 등의 기회도 조직화되어 범죄를 저지르기 쉽다는 것이다.

둘째, 갈등 하위문화(conflict subculture)란 인습적 가치와 일탈적 가치가 통합되지 못하고 서로 갈등하는 곳의 하위문화를 말한다. 서로 갈등하고 있다는 것은 인습적 가치와 일탈적 가치가 때에 따라 무원칙적으로 사용되고 있다는 것이다. 즉 어떤 때는 일탈가치에 의한 행동이 이루어지고, 또 어떤 때는 인습가치에 의한 행동이 이루어지기 때문에 그 지역 사람들은 통합된 가치가 없어 일종의 혼란 상태가 야기된다는 것이다. 이러한 하위문화가 지배적인 빈민가에서는 청소년들이 범죄를 학습할 기회나 수행할 기회도 많지 않다. 따라서 조직적인 폭력범죄가 많이 발생하게 된다는 것이다.

셋째, 도피 하위문화(escape subculture)란 주로 알콜, 마약 등 중독자들 사이에서 만연해 있는 하위문화의 유형이다. 이들은 합법적인 기회는 물론 비합법적인 기회마저 단절된 이중실패자(double failure)라고 부른다. 이들은 대부분 자기의 실패 원인을 자신에게 돌리는 것이 대부분이다(김준호, 1996: 166-168).

이러한 기회구조이론은 주로 기회의 구조적 불평등 현상을 강조하여 규범의 합법성을 거부하는 데 초점을 두고 비행의 행위를 설명하려 한다.

4) 하층계급 문화이론

하층 청소년들에게 영향을 주는 문화는 중산층 문화와 하층문화 간의 갈등에서 발생하였고, 중산층 문화에 대한 소위 반대문화로서 하층문화를 보는 것이 아니라 하층계급 사회 고유의 문화체계로서 오랫동안 존속하여 왔으며, 그들 스스로 통합력(統合力)을 가지면서 유형화된 전통을 갖고 있는 것으로 하층계급문화(lower class culture)를 보는 것이 타당하다는 이론이다. 밀러(Miller, 1958)는 이러한 문화의 특성을 관심의 초점을 통해 고찰하고 있는데 관심의 초점이란 하층민들이 그들의 지역사회에서 가장 중요하다고 하는 대상 혹은 관심분야라고 할 수 있다. 이러한 관심의 초점은 사고(trouble), 거(toughness), 영악함(smartness), 자극(excitement), 운명(fate), 자율(autonomy)의 6가지를 들고 있다.

사고란 사직 당국이나 기관에 의해 환영받지 못할 결과를 초래할 제반 행위와 여건을 말하는데, 중산층이 사람을 평가할 때 업적을 중심으로 평가한다면 하층에서는 사고를 치느냐 아니냐에 따라 평가한다는 것이다. 거이란 힘, 용감성, 대담성, 남자다움, 문학이나 예술에 대한 무관심

등으로 표현되는 하층 소년들의 관심의 대상을 말한다. 영악함은 남을 잘 속이는 반면 자신이 남에게 속임을 당하지 않는 것을 말한다. 즉 머리를 굴려서 최소한의 육체적인 노력으로 가치 있는 것, 즉 재화나 개인적인 지위를 획득할 수 있는 능력을 말한다. 자극이란, 스릴, 모험 및 권태감을 극복하는 데 대한 관심으로 하층청소년의 경우, 여가를 활용할 능력이 경제적으로나 주위 여건상 없는 데서 오는 지루한 생활에 대한 반발로서 무언가 신나는 일을 찾는 욕구라고 볼 수 있다. 운명은 행운, 재수 같은 것으로, 하층 청소년들은 그들의 인생이 그들이 통제할 수 없는 외적인 요소에 의해 지배된다고 믿고 있다. 자율이란 누구의 간섭도 받기 싫어하는 태도를 말한다. 그러나 여기서는 자기의 의무와 권리를 모두 의식한 자유라는 의미보다는 방종에 가까운 태도를 말한다.

이러한 부분에 관심을 두고 보면 그들 나름대로의 문화가 존재한다는 것이며, 하층계급의 사람들이 성장하면서 형성되는 그들만의 독특한 문화 또한, 인정하여야 한다는 것이다.

(3) 사회통제이론

사회통제이론(social control theory)은 허쉬(Hirschi)의 사회유대이론(social bonding theory)과 밀접한 관련이 있다. 인간의 행동은 사회조직의 정상적인 조건하에서는 사회규범에 의해 규제되어 일탈이 극소화되지만 어떤 이유로든 사회조직이 와해되면 규범의 통제력이 약화되거나 붕괴되고, 규제되지 않아 인간은 일탈을 억제하지 못하는 상태로 된다는 가정으로부터 사회통제이론은 출발한다. 그리하여 일탈의 동기보다는 어떠한 시점에서 사회통제가 무너짐으로써 일탈의 여지가 생기는지 그 조건을 분석하는 데 강조점이 있다.

허쉬(Hirschi, 1969)에 의하면, 이제까지의 일탈행동 이론들은 규범준

수 행위를 정상적인 것으로 보는 반면, 규범위반 행위, 즉 일탈행위를 비정상적인 것으로 간주하여 "왜 사람들이 규범을 어기는가?"에 대한 대답을 찾으려고 한다는 것이다. 그러나 허쉬는 이와 반대로 일탈행위가 정상적인 행동이며, 규범준수 행위가 비정상적인 행동이라고 주장한다. 이는 인간의 본성이 악하다고 가정할 때, 일탈행위는 인간의 본성으로 보아야 한다는 것이다.

따라서 "왜 규범을 어기는가?"는 물어볼 필요도 없는 당연한 질문이기 때문에 오히려 "사람은 왜 규범을 준수하는가?"에 대한 대답을 찾아야 한다고 주장한다. 이러한 질문에 그는 "사회통제이론은 개인의 사회에 대한 유대가 약해졌거나 끊어졌을 때 비행행위가 발생한다."고 가정한다. 모든 사람은 동조행위보다는 일탈행위를 할 가능성이 높으며, 규범을 어기고 싶은 충동은 항상 있으나 사회통제의 결과로 사회와 유대를 갖고 있어 위반하지 못한다고 주장한다(Hirschi, 1969: 16). 어떠한 이유에서건 이러한 유대가 약해지거나 끊어지면, 즉 사회통제가 개인에게 영향력을 행사하지 못하면, 자연히 일탈행위가 발생하게 된다고 보는 것이다.

비행소년들은 정상적인 소년보다 부모와의 유대가 약하다. 비행소년과 관련하여 중요한 것은 문제된 소년의 행동을 감시하기 위한 부모의 직접적 출현이나 간섭이 아니라 소년이 범죄행위로부터 유혹받을 때, 소년의 의식 속에 부모가 일부분 존재하고 있느냐 하는 문제이다(Hirschi, 1969: 90)라고 유대를 강조하고 있다. 이러한 유대의 차원을 허쉬는 네 가지로 들고 있다.

첫째, 애착(attachment)이란, 전통적 타자에 대한 애정적인 유대관계를 말한다. 구체적으로는 부모 · 학교 · 친구에 대한 애착 등으로 청소년들이 얼마나 강한 유대관계를 유지하고 있는가를 뜻한다. 다시 말하면,

부모와 애정적인 유대관계가 잘 유지되고 있는 청소년은 부모에 대한 유대관계 때문에 쉽사리 비행을 저지르지 못한다는 것이다. 둘째, 전념(commitment)이란, 사람들이 규칙을 따르는 가장 중요한 이유 중의 하나는 규칙을 위반하였을 때 야기될 수 있는 결과에 대한 두려움이라는 것이다. 나쁜 행동을 하였을 때 잃어버릴 수 있는 것이 많으면 많을수록 비행을 하기가 힘들어진다고 보고 있다. 셋째, 관여(involvement)란, 사람에게는 누구나 하루에 주어진 시간이 정해져 있으며, 이 시간 중에 정상적인 활동에 사용되는 시간이 많으면 많을수록 나쁜 행동을 할 절대적인 시간이 없다는 논리이다. 따라서 공부하는 시간이 많은 학생은 공부가 자신의 통제수단이 되어 비행에 말려들 가능성이 적어진다고 보고 있다. 넷째, 신념(belief)이란, 전통적인 가치를 어느 정도 수용하고 있는가를 말하는 개념이다. 범죄나 비행을 금지하는 규범을 신봉하면 할수록 나쁜 짓을 할 가능성이 줄어든다는 것이다.

1) 중화이론

비행청소년을 포함한 대부분의 사람들이 자유로운 상태에 있는 것도 아니고 완전히 구속되어 있는 것도 아닌 그 연속선상에 있다고 본다. 행위를 하는 데 있어서도 행위자는 그 행위를 자유롭게 선택할 수 있는 것도 아니며, 어떠한 특정 행위를 하도록 강요되는 것만도 아니라는 것이다. 따라서 비행청소년들도 그러한 상황에서 비행을 무심결에 간헐적, 일시적으로 한다고 본다. 그리하여 비행이 일어나는 경우는 청소년들을 둘러싸고 있는 사회통제가 약화되었을 때, 간헐적이고 일시적인 비행이 발생한다는 것이다.

따라서 마짜(Matza)와 사이크스(Sykes)에 의해 주창된 중화이론(neutralization theory)은 두 가지 가정을 내포하고 있다. 첫째, 완전히 자율적인 하위문화를 부정하고 있다. 즉 인간이 어떤 문화에 구속되어 그 행위를 강요받게 된다는 것을 부정하는 것이다. 둘째, 통제의 약화를 가정하고 있다. 통제의 약화라 함은 인간은 완전히 자유롭게 행동하는 것이 아니라 통제를 당하고 있기는 하나 내적인 통제나 외적인 통제가 완전할 수는 없다는 점을 동시에 강조하고 있는 것이다(김준호, 1996: 171-172).

중화이론은 나쁜 짓인 줄 알면서도 왜 비행을 하는가? 이러한 물음에 대한 답을 제시하고 있다고 볼 수 있다. 비행청소년들은 비행을 저지르기 전에 비행에 대한 합리화와 중화를 한다고 보고 있다. 자기가 하는 행동은 스스로 판단했을 때, 나쁜 행동이라는 것은 인정하지만 특수한 경우에 따라서는 나쁘지 않거나 정당한 행동이라고 합리화를 통한 중화가 선행된다고 주장한다. 구체적인 중화의 기술(Technique of Neutralization)로 마짜와 사이크스는 다음과 같은 것을 들고 있다고 한다(Liska, 1981: 93).

첫째, 책임부정(denial of responsibility): 자기가 비행청소년이 된 것을 주변 환경, 무책임한 부모, 학교 등 탓으로 돌려 자신을 희생자로 두는 논리이다.

둘째, 가해부정(denial of injury): 피해자가 비행을 자초했거나 유혹하였다는 주장이다. 못된 놈이니까 맞아도 싸지 않느냐, 미니스커트를 입고 늦은 밤에 돌아다녀서 돌발적으로 성폭행을 하게 되었다는 등의 자신의 행위를 정당화시키려는 논리이다.

셋째, 피해자 부정(denial of a victim): 피해자를 잘 모른다고 주장하는 것이다. 피해자를 잘 모르는데 내가 왜 때렸겠느냐, 설사 그런 일이 있었다 하더라도 원한 등이 원인이 아니라 실수로 이루어졌다는 등의 주장을 하는 것이다.

넷째, 비난자에 대한 비난(condemnation of the condemners): 비행소년들을 못된 놈이라고 비난하는 경찰, 교사, 목사 등이 더 나쁜 사람들이라고 적반하장으로 비난하는 것이다. 따라서 모든 사람이 나쁜 사람들인데 왜 나만 가지고 야단이냐고 주장하게 된다.

다섯째, 충성심을 통한 회피(appeal to high loyalty): 자기가 속해 있는 집단에 대한 의리 또는 충성심 때문에 할 수 없이 나쁜 짓을 하게 되었다고 주장하는 행위를 말한다.

이러한 중화이론은 비행소년들의 인습적 가치수용을 인정하고 있으나 사회의 통제가 약화됨으로 인하여 자신의 비행행위에 대한 합리화를 통해 비행에 대한 중화가 이루어져 자신에 대한 내적 통제가 약화되어 비행이 발생하는 것으로 보고 있다. 그러나 이러한 비행은 청소년뿐만 아니라 성인들에게서도 흔하게 나타나고 있다는 점을 인정하여야 한다.

2) 사회학습이론

사회학습이론(social learning theory)은 욕구좌절에 의해 공격이 나타나는 것이 아니라 다른 학습절차와 마찬가지로 학습되는 것으로 보는 견해이다. 밴듀라(Bandura, 1973)에 의하면, 욕구좌절은 괴로운 상황에서 공격적인 태도와 행동으로 반응하게끔 학습된 사람들은 보다 더 공격을 촉발한다고 한다. 이에 대해 밴듀라(Bandura)는 실험을 통해 증명하고 있는데, 행동 강화가 주어졌을 때는 공격 반응 비율이 증가한다는 것을 보여주었다. 이는 공격행동이 모방과 모델링(modeling)에 의해 학습될 수 있다는 것을 보여준 것이라 하겠다.

맥캔드리스(McCandless, 1972)는 청소년 비행을 욕구와 좌절이라는 두 개념으로 설명하고 있다. 맥캔드리스는 청소년기는 새롭고 강렬한 좌절을 겪게 되고 이러한 좌절은 여러 가지 형태의 공격적 행동을 포함하는 비행을 유도하며 특히 소년에게서 더 두드러진다고 하였다(심응철, 1997: 208-209).

사회학습이론에서는 청소년 비행은 모방(imitation)이나 모델링을 통해 행동을 학습하는 것으로 보며, 이러한 학습은 동기나 정서의 영향을 받는다는 것이다. 다시 말하면, 특정 범죄자가 부득이한 상황에서 높은 동기수준을 갖고 범죄행위를 저질렀다면 나중에 그와 유사한 조건일 때 동일한 범죄행위가 일어날 가능성이 커지게 된다는 것이다.

(4) 낙인이론

낙인이론(Labelling theory)이란 어떤 비행행위가 어떤 과정을 통해 낙인찍히게 되고 그것이 개인에게 어떤 효과를 주는가를 분석하는 것이 사회학적 연구에서 가장 중시되어야 한다고 주장하는 이론이다(이장현 외, 1985: 235). 사람들의 일탈행위와 정상행위는 근본적으로 구별될 수 있는 성질의 것이라기보다 단순히 사람들이 특정 행위를 일탈이라고 오명을 씌우는 데서 비롯된다는 것이다.

베커(H. Becker, 1963)에 의하면, "일탈자란 낙인이 성공적으로 붙여진 자이며, 일탈행위란 사회가 그렇게 이름을 붙인 즉 낙인을 찍은 행위이다."라고 말하고 있다. 사회생활의 과정에서 사람들의 행위에 대해 범죄인가 아닌가는 그 행위의 내재적 속성에 따라 정의되는 것이 아니라 그 사회를 이루고 있는 사람들이 범죄라고 낙인찍은 행위에 의해 규정된다. 이러한 이유로 인해, 낙인이론가들은 왜 사람이 범죄를 저지르는가에 대해 문제 삼기보다는 비행을 지속적으로 하는 사람에게 관심을 둔다. 왜냐하면, 일차적 일탈행위로 인해 낙인찍힌 후의 이차적 일탈이 사회적으로 더욱 더 중요하다고 보기 때문이다.

낙인이론의 제창자인 리머트(E. Lemert, 1951)는 이러한 일탈을 상황적 일탈과 이차적 일탈로 나누고 일차적 일탈은 다양한 상황에서 발생할 수 있으나 이차적 일탈의 가장 중요한 원인은 낙인으로 인한 사회적 반응이 원인으로 작용하여 발생하는 경향이 크다고 지적한다. 즉 다양한 부분에서의 접근기회의 제약, 대인관계 훼손, 부정적 자아관 등을 야기하여 이차적 일탈의 원인이 된다는 것이다. 학교교육의 과정에서도 청소년들이 다양한 원인으로 인한 일차적 일탈이 교사에게 낙인찍히게 됨으로 인하여 계속적인 이차적 일탈을 지속하게 만드는 것으로 낙인이론가들은 설명한다.

(5) 사회해체론

사회해체론(social disorganization theory)은 쇼(C. R. Shaw)와 매카이(H. D. Mackay)에 의해 1930년대 초에 처음으로 주장된 이후 미국 범죄사회학계에서 가장 전통적인 이론으로 인식되고 있는 이론이다(표갑수, 1986: 8-14). 지역사회를 이루고 있는 구성원들의 의식 속에서 사회적 규범과 질서가 파괴되었으므로 그 속에서 성장하는 청소년들은 생활 속에서 자연적으로 비행을 학습하게 되므로 비행이 만연되어 있다는 것이다. 이러한 사회해체론은 다음과 같은 가설을 가지고 있다.

첫째, 비행이란 제도상의 통제, 지역 자체의 통제 붕괴에서 얻어진 결과이다. 둘째, 지역해체의 원인은 도시지역에서 볼 수 있는 급속한 산업화, 도시화 및 이주과정이다. 셋째, 사회적으로 해체된 지역들이 비행의 가치와 전통을 발전시키게 된다.

이러한 가설에 근거하여 쇼와 매카이(Shaw & Mackay)는 도시에 있어서 청소년비행 발생률은 이 지역 내에서 민족과 인종의 구성에 관계없이 그 지역 특유의 사회문화적 환경 때문에 높다는 것을 확인하고, 이것은 그 지역 내의 비행 문화의 전달 및 학습의 결과라고 판단하였다. 이러한 조사결과는 다른 도시의 비행 다발지역에 대한 연구에 의해서 확인되고 있다(愼鎭撥, 1976: 254).

그러나 사회해체론은 비행의 문화적 변인에 관심을 갖게 하고 비행과정을 중요시하며, 사회해체 현상과의 접촉의 중요성은 장점이지만, 다음과 같은 단점이 지적된다. 첫째, 범죄발생지대인 우범지대의 여부를 그 지역의 외형적 특징에 두며 성원의 태도, 가치관, 집단적 성격 등이 중요시되지 않는다는 점이다. 둘째, 동일한 사회문화적 환경에 대한 소년들의 상이한 반응의 문제가 드러나지 않았다. 셋째, 빈민지역에서 비행 문화가 이 지역의 전통적인 생활양식으로 존재해 오고 있다는 점을 강조하나 이 비행문화의 발생 원인에 대한 구조적 설명을 하지 못하고 있다는 점 등을 들 수 있다(Phillipson, 1971: 126-127).

위에서 살펴본 비행 이론들은 주로 사회적 현상에 초점을 두고 소년들의 비행의 과정을 설명하려고 했다. 따라서 인간이 태어날 때부터 가지고 있는 생물학적인 요인이나 심리학적 변인들은 크게 중시되지 않았다. 그 이유는 인간 행위의 변화는 성장하면서 가정이나 지역, 주변 환경 등 주로 직접 및 간접적 경험들을 통하여 사고 및 행위의 변화가 이루어진다고 보았기 때문이다.

제4절 청소년 자살

흔히 자살이라 하면, 대부분의 사회에서는 나쁜 것으로 여겨왔다. 그럼에도 불구하고 최근 자살은 계속적으로 증가되고 있으며, 최근 한국의 자살자 수는 OECD 국가 중 인구 10만 명당 28.4명(2009년)으로 1위를 차지하였다(헤럴드경제, 2011. 9. 5. 일자). 최근 보건복지부의 '청소년 자살 실태 관련' 자료에 의하면, 2003년 297명에서 2007년 309명으로 급증하였다. 이러한 결과는 교통사고에 이어 청소년 사망원인 자살이 2위를 차지하고 있다. 이러한 청소년 자살의 원인은 성적, 가족 갈등, 집단 따돌림, 친구 간 갈등 등으로 다양한 원인이 작용한다. 세부적인 청소년층의 자살 원인은 성적 및 진학문제가 51%, 외로움 13.6%, 친구 간 불화와 따돌림 6.6%의 순으로 나타났다. 대한민국은 10년 넘게 자살률 1위로서 OECD 회원국 평균 자살률 인구 10만 명당 12명인 데 비해 29.1명에 달하고 있다(뉴시스, 2015. 9. 15일자). 이러한 자살 현상에 대한 예방대책은 뾰족한 방법이 없다는 데 더 심각성이 있다.

가. 자살의 동기

자살은 돌발적인 것이 아니라 반드시 준비상태가 되어 있으며, 여기에 직접적인 동기에 의해서 실행으로 옮겨지게 된다. 자살의 준비상태란 자살의 전 단계로서 자살할 생각을 지닌 상태를 말하는데 자살을 위한 준비상태의 특징을 보면, 대인관계에 문제가 있거나 정신 및 신체의 장애, 경제상황이 어려울 때는 경제적 동기가 원인이 된다. 자살에 관한 연구보고서를 보면, 50% 이상은 자살에 대한 경고와 자살 의사를 밝힌다고 한다. 일반적으로 편지나 일기에 고민을 남기거나 친구나 다른 사람들에게 직접적인 표현을 하는 경우도 많다. 일상생활 중에서도 여러 가지 징후를 보여주기도 하는데 문제해결 없이 계속 지속되면서 언어와 행동에 있어서 직접적으로 심각한 자살징후를 보인다. 청소년은 미숙하기에 이를 감정적으로 처리한다. 특히 나이가 어릴수록 이러한 준비상태는 짧기 때문에 주변 사람이 파악하기 힘들다.

자살의 동기는 개인적 상황과 사회적 환경으로 구분된다. 개인적 상황에서 보면, 자살자들은 가족의 슬픔이나 자신의 긍지에 상처를 입었을 수도 있으며, 때로는 가난이나 질병으로 고통, 커다란 도덕적 과오 등이 원인일 수 있다. 또 어떤 사람은 다른 사람들의 의식을 고취시킨다는 명분으로 자살하기도 하고, 아직 범죄가 확정되지도 않았는데 자살하기도 한다. 한편 극히 다양하고 가장 상반되는 일들에 의해서도 사람들은 자살의 구실을 삼을 수 있다. 그러나 이러한 개인의 특수한 사정들은 사회적 자살률을 설명할 수 없다고 뒤르켐은 말하고 있다. 개인의 자살에 대한 근본 원인은 개인의 정서에서 유래하며, 그것은 그가 속해 있는 집단에서 나오는 것이다. 그러므로 개인이 자살유발 원인들에 의해서 어느 정도 영향을 받느냐에 따라 달려 있다.

사회적 환경에서 보면, 생물학적 · 물리적 요인들과 자살과의 관계는 불명확하고 애매한 것임에 비해, 사회적 환경과 자살과의 관계는 직접적이고 일정한 경향이 있다. 각 사회집단은 고유의 집합적 경향을 가지며, 그것이 개인의 경향의 근원이 된다. 집합적 경향은 권태로운 우울증, 적극적인 자기부정(自己否定), 과장된 좌절 등과 같은 경향으로 표현되는 각 사회의 이기주의 · 이타주의 및 아노미의 성향이다. 개인에게 영향을 미치는 이와 같은 전체 사회의 경향이 자살의 원인이 되고 있다. 예를 들면, 한국사회의 청소년 자살이 증가하는 것은 세계에서 유례를 찾아보기 힘들 정도로 높은 교육열에 기인하는 것이며, 이렇듯 높은 교육열로 인해 학생들은 학업성취를 부모와 사회로부터 강요받게 되고 이에 부응할 수 없는 개인들은 결국 사회적 압력을 극복하지 못하고 자살행동으로 나타나게 된다. 이러한 원인으로 인하여 한국 청소년들의 자살은 증가하게 되는 경향이 있다(김종두, 1998; 임희섭 역, 1993: 286-289). 그 외에도 최근에 학교폭력이나 따돌림과 같은 심리적 압력을 극복하지 못하고 나타나는 자살도 증가하고 있다.

나. 자살의 유형

(1) 사회학적 접근

자살에 대한 주제를 놓고 체계적으로 연구되기 시작한 것은 뒤르켐의 1897년 저서 "Le Suicide(자살)"에서 처음으로 자살에 대한 연구결과를 발표하면서부터라고 할 수 있다. 뒤르켐은 자살의 원인이 개인보다 사회에 있다고 생각하여 유럽 각국들과 미국 자살률을 여러 사회학적인 변인들상에서 비교하였다. 그 결과 자살률은 개인이 속한 사회의 통합된 정도에 반비례한다는 결론에 도달하였다. 그는 개인이 사회에 통합되고 통제되는 정도에 따라 자살을 4가지 유형으로 분류하였다. 첫째, 개인주의 혹은 사회에 대한 불충분한 통합 결과로 야기되는 이기적 자살(egoistic suicide), 둘째, 개인이 사회에 지나치게 통합된 나머지 자신보다 자신이 속한 사회집단을 더 중요하게 생각한 결과로 나타나는 이타적 자살(altruistic suicide), 셋째, 주로 사회의 급작스런 변동으로 인해, 사회가 개인의 삶에 필요한 법규를 더 이상 제공하지 못한다고 느낄 때, 개인의 가치관 혼란에서 오는 아노미적 자살(anomic suicide), 넷째, 개인이 선택하거나 통제할 수 없는 강력한 사회적 속박하에서 개인의 삶이 종속되어 자포자기적으로 살아가는 노예나 포로, 원하지 않는 결혼에 얽매인 경우에 나타나는 숙명론적 자살(fatalistic suicide)이다.

(2) 심리학적 접근

특정 사회에서 인간의 질병은 개인적 차이는 있지만 대체적으로 유사하게 나타난다. 이러한 질병 중의 하나가 정신질환이며, 자살과 관련이 깊다고 할 수 있다. 그러나 이런 정신질환은 결국 개인의 심리적 상태를 의미하는 것이며, 이에 따라 행동유형이 달라진다고 볼 때, 자살도 몇 가지 유형으로 구분될 수 있을 것이다. 이를 의학에서는 광란증, 우울증, 충동적 자살 등으로 구분한다. 광란증 자살은 환각과 착란에 기인하며, 환자는 상징적인 위험이나 모욕으로부터 자신을 구하기 위해서, 또는 신으로부터의 신비한 명령에 복종하기 위해서 자살을 범한다. 우울증 자살은 극단적인 침울함과 슬픔 속에서 환자가 그 주변의 사람 및 사물들과 그를 맺어주는 축대를 더 이상 의미 있게 인식하지 못하게 되는 경우에 일어난다. 더 이상 즐거운 일에 마음이 끌리지 않고, 환자는 모든 일을 어두운 구름을 통해서 바라본다. 그는 삶을 권태롭고 고통스럽게 여긴다. 이와 같은 우울증 자살의 유형은 매우 다양하다. 강박증 자살은 상상적이건 실제적이건 아무런 동기가 없다. 다만 환자는 이유 없이 환자의 마음을 사로잡고 있는 죽음의 고정관념에 의해서 일어난다. 충동적 자살도 환자의 상상이나 실제에 있어 특별한 이유가 없다. 강박증 자살과 다른 점은 어느 기간 동안 환자의 마음을 사로잡고 서서히 자살하려는 의지를 일으키는 고정관념에 의해서 자살이 일어나는 대신에 갑작스럽고 직접적인 충동을 이기지 못하여 자살을 범하게 된다. 도피성 자살은 개인의 인지적 몰락으로 인해 나타나는 자살로서 개인이 현재의 상황에서 과거와 미래에 대한 깊은 성찰의 과정에서 부모, 가정배경, 학교환경, 지역사회, 또래집단 등에 대한 불만이 누적되어 이를 스스로 극복하지 못하고 극단적인 행동으로 나타나는 것을 말한다(임희섭, 1993: 54-55).

(3) 통합적 접근

자살에 대한 물음은 언제나 그 대답이 명확하지 않다. 사회학적이나 심리학적으로 설명하는 자살의 유형도 결국 하나의 현상으로서 그에 대한 원인을 찾기 위한 노력의 결과로서 나타난 산물인 것이다. 그러므로 하나의 현상에 대해 인간이 가지는 시각은 매우 다양할 수 있다는 측면에서 또 다른 시각으로 자살에 접근해 보는 것도 타당할 것이다. 이러한 입장에 더하여 통합적 접근은 자살원인을 탐색하는 데 초점을 맞추었다고 할 수 있다. 따라서 자살자가 자살행동으로 나타내게 된 동기와 의도 측면에서 살펴본다.

자살에 대한 동기 입장에서 보면, 파괴적 자살과 보호적 자살로 구분된다. 파괴적 자살은 자살자의 자살동기가 개인에게서 출발하는 형태로서 자살자의 자살동기가 아주 강한 것을 지칭한다. 그러므로 자살하는 개인이나 집단이 미수에 그치지 않고 완전한 삶의 종결의미를 담고 있다. 예를 들면, 보통의 개인이 수면제를 먹었을 때, 그 치사량이 30알이라고 가정하면, 50알을 한꺼번에 먹는 경우를 말한다. 보호적 자살은 자살자의 자살동기가 개인을 위한다기보다는 타인을 위한다는 측면이 강한 것을 말한다. 그러므로 자살하는 개인이나 집단이 타인이나 대중을 위해 과감하게 또는 어쩔 수 없이 자살이라는 방법 외의 다른 선택의 여지가 없다는 판단하에 이루어지는 행위를 의미한다. 예를 들면, 사회정의를 부르짖은 저명한 인사가 겉으로 드러난 행위 뒤에는 엄청난 개인의 사리사욕과 도덕적 비리 등이 수사기관의 수사과정에서 탄로 났을 경우, 수사관이 당신이 없으면 문제가 해결되지만 당신이 살아있는 한 수사를 안 할 수는 없으며, 그동안 당신을 존경해 온 가족뿐만 아니라 당신을 음으로 양으로 많이 도와준 사람들 모두 범죄자가 될 수밖에 없다는 것으로 말했을 경우 나만 없으면, 다른 사람들은 증인 및 증거가 없으니 문제가 일어나지 않는다는 말을 들었을 경우에 개인이 타인을 위해서 자살을 시도하는 경우를 의미한다.

의도에 따른 분류를 보면, 의도적 자살과 무의도적 자살로 구분된다. 의도적 자살은 개인이 더 이상의 삶의 의미를 느끼지 못하거나 또는 타인을 위해서 자신을 희생하고자 하는 개인의 심리적 발로에 기인한 것이라 할 수 있다. 무의도적 자살은 자살자의 자살의도가 전혀 없었음에도 불구하고 자신의 생명을 종결하는 형태의 자살을 의미한다. 예를 들면, 생활고 때문에 다툰 부부가 연탄가스에 대한 예방을 소홀히 한 채 잠을 잤다가 중독으로 사망한 경우, 약물을 잘못 알고 마신 경우, 상대방을 위협하기 위하여 높은 곳에서 뛰어내리려는 동작을 취하다가 실수로 떨어진 경우 등을 말한다.

다. 청소년 자살에 대한 예방대책

오늘날 한국사회의 청소년들은 매우 힘들고 어려운 상황에 처해 있다. 가정과 학교에서 부모와 교사는 모두 학생들의 학업성취 향상에만 기본적인 관심을 가지고 있다. 따라서 학생들은 이러한 기대를 충족시켜 주어야 한다는 강박관념에 시달리게 된다. 따라서 친구들과 함께 여가 시간을 보내기를 더 기대하는 청소년들의 생활은 딜레마 그 자체라고 할 수 있다.

현재 다양하게 이루어지고 있는 청소년 자살 예방 대책을 보면, 예방 차원으로서, 건전한 자아정체감 형성 및 생명존중 의식 함양, 정신건강 증진을 위한 교육과정 운영 및 학교문화 조성에 중점을 둔다. 위기관리 차원에서는 우울, 자살 관련 생각 등을 조기에 발견하여 자살행위로 연결되지 않도록 지도 및 치료기관과 연계한다. 부득이하게 자살이 발생한 경우에는 재학생, 교직원, 학부모 등 주변 사람들의 외상 후 스트레스 장애(PTSD: Post-Traumatic Stress Disorder) 및 자살전염(베르테르 효과[1]), 레

1) 베르테르 효과(Werther effect): 동조 또는 모방 자살이라고 한다. 유명인이나 자신이 모델로 삼고 있던 사람 등이 자살할 경우, 그 사람과 자신을 동일시해서 자살을 시도하는 현상을 말한다. 요한 볼프강 폰 괴테(Johann Wolfgang von Goethe)의 『젊은 베르테르의 슬픔(1774)』이 인기를 끌자, 유럽 전역에서 소설의 주인공인 베르테르처럼 권총 자살하는 사건이 확산된 현상에서 유래하였다.

밍 효과[2]) 방지를 위한 전문서비스를 실시하는 등 다양한 노력을 하고 있으나 가정과 학교의 학생들에 대한 성취 요구를 낮추지 않고서는 이를 해결하는 데 매우 어려운 측면이 있다는 점도 고려되어야 한다. 핀란드의 경우 파파게노 효과[3]를 실천한 대표적인 국가로 인식된다.

또한, 최근에는 학업성취에 관계없이 친구 간의 관계형성이 학교생활을 힘들게 함으로써 자살(레밍 효과)을 하는 청소년들도 많이 발생하고 있어 학교 및 학교 밖 생활에서의 특별한 관심과 주의가 요구된다고 하겠다. 왜냐하면, 청소년은 나라의 보배이고, 후일 국가를 이끌어갈 주인공이기 때문이다.

주인공 베르테르가 연인 로테에게 실연당한 뒤에 권총으로 자살하는 내용을 모방한 자살이 전 유럽으로 확산된 것에 비유하였다. 당시 자살자들은 소설 속의 베르테르처럼 정장을 하고, 부츠, 파란 코트, 노란 조끼를 착용한 뒤에 책상 앞에 앉아 자살하는 모습을 보였다. 이 책은 한동안 이탈리아, 독일, 덴마크 등에선 금서가 되었다. 주로 유명인이나 충격적인 자살 사건이 대대적으로 보도되면 비슷한 형식의 자살이 늘어난다는 이론으로, 자살에 대한 언론미디어의 사회적 역할을 주장하는 근거가 된다. 자살을 줄이는 의미를 뜻하는 용어는 파파게노 효과(Papageno Effect)로서 자살에 대한 언론 보도를 자제하면 자살 충동을 예방할 수 있다는 것이다. '파파게노'는 모차르트의 오페라 〈마술피리〉에 나오는 캐릭터인데, 연인과의 이루지 못한 사랑을 비관해 자살하려 할 때, 요정의 도움으로 죽음의 유혹을 극복하고 연인과 재회한다는 일화에서 유래되었다.

2) 레밍효과(lemming effect): 노르웨이에 사는 들쥐의 일종으로 집단자살로 유명하다. 3-4년마다 대이동을 하는데, 절벽에서 집단사체가 발견되어 유명세를 탄다. 실제로 집단자살은 아니며, 눈이 나쁜 레밍이 바다를 쉽게 건널 수 있는 작은 강으로 착각해서 자살현상이 일어난다고 한다. 즉 무분별하게 남을 따라 부화뇌동하는 것을 말한다.

3) 파파게노 효과(papageno effect): 언론이 자살 보도 자제 및 자살의 구체적인 방법에 대한 보도를 하지 않음으로서 해당 지역 주민의 자살률을 낮추는 효과를 말한다. 파파게노 효과의 어원은 오스트리아의 작곡가 모차르트가 작곡한 오페라 〈마술피리〉에 나오는 '파파게노'라는 인물에게서 유래되었다. 극중 파파게노는 연인인 파파게나가 사라지자 자살하려고 한다. 그러나 요정들이 나타나 파파게노에게 희망과 용기를 북돋아 주어 파파게노는 자살을 하지 않고 파파게나와 재회하여 남은 삶을 행복하게 살아간다. 파파게노 효과에서는 언론이 요정의 역할을 한다고 본다. 베르테르 효과는 언론에서 자살에 대해 특히 자세한 방법으로 서술한 보도를 내보낼수록, 자살을 고려하는 이들에게 참고가 되어 구체적인 행동으로 옮기게 촉진의 역할을 한다는 것이다. 따라서 각국의 정부와 언론협회, 자살방지 단체 등이 언론사들에게 자살 보도 지양 권고를 하여 세계적으로 언론들이 자살 보도에는 종래보다 신중을 기하게 되었다. 파파게노 효과를 가장 선전한 대표적인 예로는 핀란드가 있으며, 핀란드 언론에서는 자살이란 단어 사용을 금기시하는 경향이 있다(노컷뉴스, 2012.8.27.일자).

토론 및 논술

1. 청소년 비행이론에 대해 설명해보고, 또 다른 이론이나 주장을 말해보자.

2. 청소년 비행에 대한 자신의 실증적 사례를 말해보고, 변화되어야 할 내용과 방법에 대해 논하시오.

3. 청소년 비행의 도시와 농촌, 계절별 특징과 차이점을 말해보고, 대책을 제시해보자.

4. 청소년 자살의 원인과 예방 대책에 대해 실질적인 사례를 제시하면서 말해보자.

제7장

학교와 사회

제1절 사회체제와 학교의 사회적 기능

제2절 학교풍토

제3절 지역사회와 교육

제4절 민주시민교육과 통일교육

제5절 다문화 교육

제6절 평생교육

제7절 학교의 유형

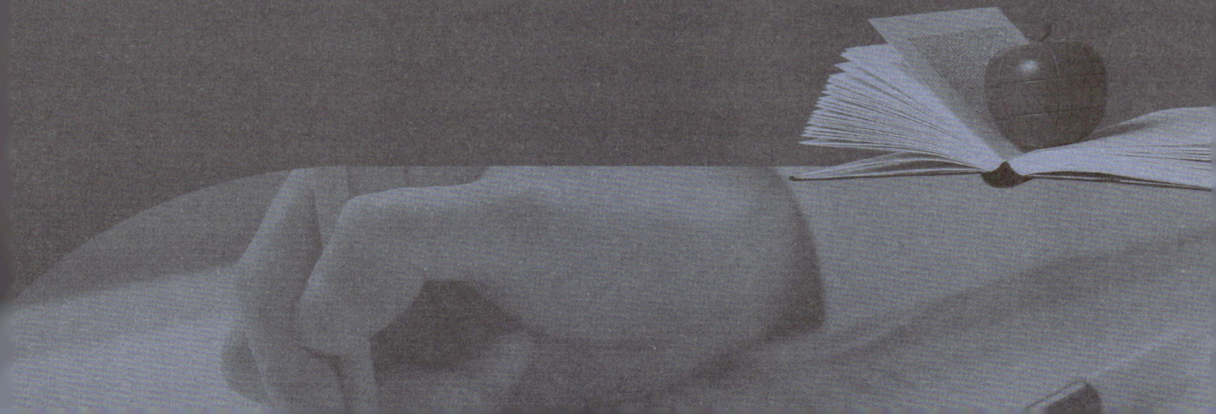

제7장 학교와 사회

제1절 사회체제와 학교의 사회적 기능

가. 사회체제

사회는 복잡한 관계망의 지도를 내포하고 있다. 그 속에서 사람들을 움직이게 하는 것은 살아가면서 개인에서 의도적, 비의도적, 무의도적으로 형성된 체제이며, 그 속에서 상호작용하는 것이라고 할 수 있다. 체제(system)란 부분품이나 개별물질 또는 개별요소들의 유기적 관계를 말한다고 할 수 있다. 사회체제는 '사람들 간의 상호작용을 유지하는 관계 도식' 또는 '사람들 간의 상호작용을 지속적으로 유지시켜 주는 틀'을 의미하는 것으로 이해할 수 있다. 다시 말하면, 인간의 생활양식 및 다양한 사회관계, 그리고 여러 종류의 사회집단이 역사적으로 규정된 원리에 의하여 유지되며, 유기적으로 상호 작용하는 사회관계의 총체적인 틀을 말한다고 할 수 있다.

사회를 여러 요소들의 관계체제로 보고 그 부분요소들이 갖는 규칙적 관계를 규명하려는 것으로 구성요소들 간의 상호의존관계의 틀 내지 상호의존 관계의 규칙성과 질서관계를 밝히려는 것이다. 투입요인, 과정요인, 산출요인들로 나누어 그 관계를 분석하며, 바라는 결과가 산출될 수 있도록 각 요인들을 조정하고 통제하려 하는 것이다.

사회체제의 구성요소는 다음과 같이 이루어진다. 첫째, 상호작용체제로서 행위자의 상호관계를 의미한다. 둘째, 역할체제로서 행위자 상호 간에 기대하는 행동을 의미한다. 셋째, 가치체제로서 문화적으로 규정되는 암시적 행동규범을 말한다. 이러한 체제들이 그 상황에 맞게 이루어져야 한다는 것이다.

이를 구체적으로 분석해 보면, 사회체제의 기본단위는 다음과 같은 요소들에 의해 설명된다. 첫째, 사회적 행동이다. 이는 한 개인이 다른 개인을 향해서 하는 행위를 의미한다. 둘째, 지위역할이다. 개인 행위자 상호 간에 서로 기대하는 지위에 따른 행동으로서, 이를 역할이라고 부른다. 즉 조직체 내에서 지위에 맞는 역할을 해야 한다는 의미이다. 셋째, 사회가치수호자로서의 행위자이다. 개인은 누구나 자신에게 주어진 사회적 지위에 맞는 역할을 행하여야 한다. 그것이 실천으로 나타나지 않으면 사회는 혼란해지고, 사회체제는 붕괴된다. 따라서 자신에게 주어진 지위역할에 맞는 행위를 하는 사람으로 기대되는 것이다. 예를 들면, 민주주의 사회에서 개인은 누구나 바른 도덕과 법을 지키면서 살기를 기대한다. 그러나 자신의 높은 지위를 이용하여 법을 위반하게 되면, 그 지위를 박탈당하게 되며, 도덕을 지키지 않으면 비난받는 것을 들 수 있다. 넷째, 행위자의 집단성이다. 행위자들은 복합적 단위로 구성되는 경향이 있으며, 따라서 집단행동으로 나타나는 경향도 있다. 정당한 사회체제를 유지하기 위하여 개인의 힘이 미약할 때는 타인의 도움을 받아 집단적 힘을 길러 문제를 해결하려는 경향도 나타난다.

복잡한 사회현상과 역사적, 지리적, 문화적 요인들에 의해 형성된 사회체제는 다음과 같은 기능을 가지고 있다. 첫째, 유형유지기능이다. 사회체제 내부에 질서와 안정을 유지하기 위한 기능과 제도화된 문화유형의 계속적 안정을 유지하기 위한 기능을 말한다. 둘째, 목적달성기능이다. 사회체제가 그 사회의 내부질서를 유지하려는 구심적 경향과 그 주위의 환경적 상황과 교섭과정에서 나타나는 새로운 필요성 사이에 생기는 모순, 갈등을 해소하기 위한 기능을 말한다. 셋째, 적응 기능이다. 각 체제가 다양한 목적을 효과적으로 달성하기 위해 사용될 수단, 방법, 비용, 시설을 어떻게 효과적으로 제공하느냐에 대한 해결책을 제시하고, 실천하도록 하는 기능을 말한다. 넷째, 통합 기능이다. 일반적으로 사회체제는 비교적 독립된 단위로 분화되어 다른 환경적 체제와 교류하고 있다. 또한, 각 체제는 독립적인 체제를 유지하려고 하는 성질을 가진다. 통합적 기능은 이러한 독립적인 단위들을 서로 유기적으로 작용하도록 하며, 각 단위들이 하나의 통합체제로서의 효과적 기능을 가능하게 하도록 하는 기능을 말한다.

나. 학교의 사회적 기능

체제의 사회적 기능은 사회적 역할, 사회제도, 사회적 활동, 관습, 전통적 감정, 집단조직, 통제방식 등이 사회구조의 전체 또는 부분과 사회성원의 존속발전에 긍정적 또는 부정적인 영향을 미치는 것을 말한다. 그중에서 학교의 사회적 기능을 보면, 첫째, 교육기능으로서 학교가 가지는 가장 본질적인 기능이다. 둘째, 사회화 기능으로서 학교는 교사를 통하여 학생들에게 사회집단의 규범과 행동양식, 가치관 등을 학습하여 내면화하도록 함으로 사회화를 촉진시키는 기능을 한다. 셋째, 문화유산 전달기능으로서 학교는 선(先)세대에 의하여 축적된 문화를 후(後)세대에게 효과적으로 전달한다. 넷째, 사회적 지위결정의 기능으로서 학교는 개인의 능력 · 소질 · 흥미에 알맞은 교육을 시켜 각 개인으로 하여금 일

※ 학교의 기능

사회학자 소로킨(Sorokin)은 학교는 사회적 이동의 통로로서 기능적 역할을 한다고 하였다. 즉 학교는 개인이 지식을 습득하여 성격을 형성하는 교육적 작용에만 그치는 것이 아니라 사회적 계급의 이동 통로로서 그 기능을 발휘한다는 것이다. 워너(Warner)는 학교가 「계급이동의 통로로서 교육, 재화, 소비, 직업, 재능, 기술, 박애활동, 성, 결혼 중에서 교육이 사회에서 상승이동의 가장 큰 통로」라고 하였다.

정한 사회적 지위를 갖게 하며 사회계층 또는 지위 이동을 하는 데 기여한다. 다섯째, 사회변화와 혁신기능으로서 학교교육은 사회유지에 필요한 가치 · 태도 · 지식 · 기술을 습득시킬 뿐만 아니라 사회변화에 필요한 여러 요소를 개발 · 육성하여 사회변화 · 혁신 · 창조에 크게 기여하고 있다.

제2절 학교풍토

학교풍토는 학교문화, 학교의 사회적 분위기, 학교의 사회심리적 풍토, 학습풍토 등으로 부른다. 학교 구성원 상호 간의 상호작용과정에 의하여 조성되는 의식적 · 무의식적인 심리적 유대관계로서 비교적 장기간 지속되면서 구성원의 사고, 감정, 행위에 영향을 미치는 현상을 말한다. 이러한 학교의 사회적 풍토의 형성요소는 학교가 설립된 특수한 역사적 배경과 역사적 전통성, 학교의 법적 · 제도적 장치와 규범과 규칙, 학교의 특수한 교육의 목표 · 내용 활동의 성격, 학교가 처한 자연환경, 학교가 갖는 시설, 학교구성원 간의 상호작용양상, 학교구성원의 능력,

동기, 흥미, 기대 등을 포함하는 성격 특성 등이다.

일반적으로 학교의 사회적 풍토가 전통적이냐 현대적이냐, 민주적이냐 전제적이냐, 협동적이냐 경쟁적이냐, 허용적이냐 제한적이냐에 따라 여러 가지로 유형화할 수 있다.

이러한 학교의 사회적 풍토의 유형은 어느 요소에 치중하여 유형을 분류하느냐에 따라 다르다. 핼핀과 크로프트(Halpin & Croft)는 교장과 교사들의 인지적 상호관계 여하에 따라, 개방적 풍토, 자율적 풍토, 통제적 풍토, 친교적 풍토, 간섭적 풍토, 폐쇄적 풍토의 6가지로 분류하고 있다(정태범, 2000: 473-475; 노종희, 1990: 67-79).

개방적 풍토(open climate)는 교사들의 사기가 높고 협조적이다. 높은 직무만족으로 어려움을 극복할 수 있는 충분한 동기를 가진다. 규칙과 절차가 강조되지 않아 일상적인 업무와 불필요한 과업에 시달리지 않는다. 교장이 솔선수범함으로써 교사들의 업무를 촉진시키고, 교사와 교장의 관계는 온정적이고 진실하다. 자율적 풍토(autonomous climate)는 교사들은 조직 내의 사회적 활동에서 충분한 자극을 가지며, 협동하여 신속히 일을 처리하고 높은 사기를 가지며 잡무에 시달리지 않는다. 교장은 교사들의 일을 쉽게 처리하기 위해 규칙과 절차에 따른다. 감시나 실적의 강조는 심하지 않고, 교사들이 자율적으로 일하는 데 만족한다. 통제적 풍토(controlled climate)는 사회적 욕구의 만족은 무시되며, 과업의 성취가 우선시된다. 교사들은 열심히 업무에 종사하느라 친교의 여유가 없으며, 통제와 지시를 따라야만 한다. 교장은 지배적이고 지시적이고 융통성이 없으며 독단적이다. 따라서 교사들에게 권한의 위임은 있을 수 없고, 모든 리더십은 교장으로부터 나온다. 친화적 풍토(familiar climate)는 교사들의 사회적 욕구만족은 높아 구성원 상호 간에 가족적인 분위기가 조성되며, 교장은 교사들에게 불필요한 업무를 과하지 않는다. 그러나 과업성취에 대한 관심이 부족하며, 구성원들이 과업성취로부터는 만족을 얻지 못한다. 간섭적 풍토(paternal climate)는 부분적으로 폐쇄된 풍토이다. 교장의 통제능력의 부족으로 집단유지와 교사들 상호 간의 협조가 잘 이루어지지 않는다. 교장 자신이 일을 많이 하므로 교사들이 잡무에 시달리지 않고 상호 간에 소원하지는 않다. 그러나 교장은 매사를 하나하나 살피며, 해야 할 일을 세밀히 지적하고, 사소한 업무처리도 모두 알고자 한다. 폐쇄적 풍토(closed climate)는 교사들의 사회적 욕구만족은 매우 낮다. 사기는 최저이며, 교장의 행동은 지시나 통제에 의존하기 때문에 비효과적이어서 과업성취에 도움을 주지 못한다. 교장은 규칙과 절차를 독단적으로 설정하며, 교사들과의 사이는 소원하다. 또 교장이 솔선수범하여 일을 처리하지 못하면 교사들을 동기화시키지 못한다.

이러한 핼핀의 6가지 구체적인 풍토의 유용성에 대한 논쟁이 제기되어 왔다. 브라운(Robert J. Brown)은 81개 초등학교를 표본으로 한 연구에서 개방-폐쇄의 연속선상(open-closed continuum)에는 6가지가 아니고, 8가지의 풍토유형이 발견된다고 하면서, 그는 비록 풍토의 연속성은 인정하나 그 연속성을 뚜렷한 풍토로 구분할 수는 없다고 했다. 또한, 왓킨스(James f. Watkins)는 "중간(middle)" 풍토유형에서 일반적으로 취약성이 발견된다고 하였다. 그러나 이러한 제한점에도 불구하고 핼핀과 크로프트(Halpin & Croft)의 주장은 학교조직풍토를 기술하는 데 널리 쓰이고 있다. 그리하여 학교풍토이론에서 6가지 유형은 따로 분리된 독립된 유형이 아니라 연속선상에 있는 유형으로 개방된 풍토에 가까울수록 조직은 발전적이며 폐쇄적 풍토에 가까울수록 발전은 느리다고 보았다.

그 외에도 커닝햄(Cunningham)은 교사와 학생들 상호 간의 인간관계 유형을 지배복종 관계, 상호 협동적 관계, 자유방임적 관계, 교사중심 관계, 학생중심 관계 등으로 구분하였다. 레빈(Kurt Lewin), 리피트(Lippit)

와 화이트(White)는 학교 내지 학급의 사회적 풍토가 학생의 태도와 행동에 미치는 영향에 관한 최초의 실험을 하였는데, 민주적, 전제적(권위적), 자유방임적 풍토 등 세 유형의 사회적 풍토를 설정하고 그 각각의 유형이 10세의 초등학교 아동에게 미친 영향을 연구하였다. 연구결과 전제적 학급의 아동은 공격적이고 경쟁적이며, 이기적인 성향을 갖게 되고, 민주적 학급의 아동은 높은 자율성과 자주성을 보이면서 서로 협동하는 경향을 갖게 된다고 하였다.

제3절 지역사회와 교육

가. 지역사회

지역사회란 사람들이 일정한 지역적 공간에 살고 있는 사람들이 자신들의 욕구를 충족하고 공동의 문제를 해결하기 위하여 정치, 경제, 종교, 교육 등의 활동을 수행하는 생활공동체 사회를 의미한다. 이러한 지역사회를 형성하는 특징은 다음과 같다. 첫째, 군거하는 일정한 인구를 가지며, 일정한 지역적 공간을 갖는다. 둘째, 주민들의 욕구를 충족하는 다양한 형태의 봉사기관을 갖는다. 셋째, 역사적 · 문화적 유산을 공유하며, 같은 지역과 집단에 대한 소속감 내지 일체감을 포함하는 주민들의 공동체의식을 갖는다. 넷째, 주민들이 공동으로 참여하고 협동하는 활동을 가능하게 하는 다양한 조직을 갖는다. 다섯째, 공동의 문화와 언어를 사용한다.

이와 같은 지역사회를 분류하는 기준에 대해 학자들의 주장을 보면 다음과 같다. 쿡(Cook)은 지역사회를 주민의 인구수를 기준으로 분류하였다. 촌락(hamlet, 250명 이하), 부락(village, 250~1,000명), 읍(town, 1,000~5,000명), 소도시(small city, 5,000~25,000명), 중도시(middle city, 25,000~100,000명), 대도시(metropolis, 100,000~1,000,000명), 국제도시(international city, 1,000,000명 이상) 등 7개로 분류하였다. 올센(Olsen)은 그의 논문 「학교와 지역사회」(1946)에서 공동성의 범위에 의해서 지역사회를 향토사회(학교의 봉사지역, 리, 면, 군, 시), 지방사회(한층 더 큰 정치적 또는 지리적 당위), 국가사회(하나의 민족국가 전체), 국제사회(정치적, 경제적, 문화적으로 밀접하게 연결된 국가군) 등으로 분류하였다. 쿨리(Cooley)는 1차 집단과 2차 집단으로 분류하였다. 1차 집단은 직접접촉에 의한 친밀감과 일체감 등을 통해서 형성되며, 원초적인 집단으로서 개인의 자아형성의 근원이 되는 집단이다. 가족, 이웃, 놀이집단 등이 여기에 포함된다. 2차 집단은 간접접촉을 통한 이해관계로 형성되며, 학교, 정당, 국가와 같이 공식적 또는 부분적 관계를 띠는 것이 특징이라고 하였다. 섬너(Sumner)는 내적집단과 외적집단으로 구분하였다. 내적집단은 강한 공동체 의식을 가진 친족, 이웃과 더불어 판단과 행동의 기준을 배우고 자아정체감을 형성시키는 집단을 말한다. 외적집단은 경쟁, 투쟁 등 대립관계로 형성된 타인집단을 말한다.

그 외에도 스미스(Smith)는 중간집단으로서 학교나 교회, 사교모임 등을 주장하였으며, 브라운(Brown)은 3차 집단으로서 일시적 동기에 의해 조건 없이 형성된 집단으로서 축구장이나 야구장의 관중, 콘서트에 모인 관객, 버스 승객, 유원지 행락객 등을 들고 있다.

이러한 지역사회의 기능을 살펴보면, 워렌(Warren)은 경제적 기능, 사회화의 기능, 사회통제기능, 사회참여기능, 상호지원 기능에 따라 지역사회의 성격을 특징지을 수 있다고 하였다. 각 기능은 어느 특정의 기관이나 집단이 수행하는 것이 아니며, 어느 하나의 기능을 여러 집단 내지

기관이 수행할 수도 있는 것임을 지적하고 있다. 첫째, 경제적 기능으로서 생산, 분배, 소비의 기능을 가리키는 주민들의 일상생활에 필요한 생산물과 봉사를 제공하고 소비하는 관계까지를 포함한다. 둘째, 사회화의 기능으로서 지역사회가 갖는 중요한 교육적 기능의 하나이며 지역사회 내부의 다양한 하부구조들이 이 기능을 담당한다. 셋째, 사회통제의 기능으로서 구성원으로 하여금 지역사회가 갖는 규범에 동조하도록 하는 사회화 과정을 의미한다. 넷째, 사회참여의 기능으로서 지역사회의 기관들이 그들 구성원으로 하여금 사회적 욕구를 충족할 수 있는 활동을 전개할 기회를 제공하는 것을 의미한다. 다섯째, 상호지원 기능으로서 상부상조와 협동의 기능으로서 다양한 형태의 것을 볼 수 있다. 그 예로 품앗이, 두레, 계 등을 통해서 노동을 제공하거나 길흉사에 서로 도움을 주는 것 등은 이와 같은 상호지원 기능에 속한다고 할 수 있다.

나. 지역사회학교

학문중심의 전통적 학교와 아동중심의 진보적인 학교의 약점을 수정하고 교육의 사회적 책임을 구현하기 위하여 등장한 개념이다. 즉 지역사회와 학교를 상호 유기적으로 연결시키려고 하는 운동이며, 1940년대에 올센(E. G. Olsen)에 의해 주장되었다. 이러한 지역사회학교는 다음과 같은 과정을 거치면서 발달되었다. 전통적 학교(1910년까지, 지식중심) → 진보적 학교(1920-1930, 아동중심) → 지역사회학교(1940년대, 생활중심) → 국제협동학교(1970년대), 교류 및 협력으로 발달되어왔다. 특히 1970년대를 지나면서 일본에서는 급감하는 지역사회의 인구가 지역사회의 저발전이 원인이라고 보고, 지역재생을 위한 지역의 기업유치 및 평생학습도시 선포가 적극적으로 전개되어 왔다. 우리나라에서도 이러한 흐름을 받아들여 전국 243개의 지방자치단체 중 189개(2023)에 달하는 평생학습도시가 지정되어 있으며, 지역재생을 위해 노력하고 있다.

지역사회학교의 기본요소는 올센(Olsen)의 주장에 의하면, 다음과 같다. 지역사회학교를 학교와 지역사회 사이에 다리가 놓여짐으로써 양자가 연결된 상태의 학교에 비유, 즉 외딴 섬인 학교와 생활의 본토인 육지(지역사회)가 필요한 다리에 의하여 연결된 것이 지역사회학교라고 하였다. 또한, 학교와 지역사회를 연결해주는 가교 또는 방법을 의미하는 다리는 최소한 열 개가 있어야 한다고 주장하였다.

(1) 지역사회문헌자료의 이용
(2) 시청각 보조 자료의 활용
(3) 자원인사의 방문지도
(4) 면담 실시
(5) 현장견학
(6) 조사활동
(7) 장기조사 시행
(8) 캠핑
(9) 봉사활동
(10) 직업경험 등

지역사회학교의 성격에 대해 올센(E. G. Olsen)은 다음과 같이 지적한다. 첫째, 학교는 교육적 센터로서 성인들이 하는 일에 협력하여야 한다. 둘째, 학교는 그 학교가 속한 지역사회의 자원을 충분히 사용하여 인습적 교육계획에 활기를 넣어주어야 한다. 셋째, 학교는 교육과정의 중심을 지역사회의 구조와 제반문제에 두어야 한다. 넷째, 학교는 지역사회 안에서 모든 교육활동을 조정 · 통합하는 지도력을 가져야 한다. 다섯째, 학교는 그 지역사회의 활동에 참가하여 사회의 개량을 시도하여야 한다.

한나(Hanna)와 내슬룬트(Naslund)의 주장을 보면, 첫째, 지역사회학교는 지역사회중심의 교육과정을 운영한다. 둘째, 지역사회학교는 노작(勞作)중심의 교육과정을 운영한다. 셋째, 지역사회학교는 지역사회 센터로서의 기능을 한다. 넷째, 지역사회학교는 지역사회봉사의 프로그램을 갖는다. 다섯째, 지역사회학교의 실제 활동이 있어야 한다. 이 과정은 다음과 같이 이루어진다.

(1) 지역사회 자원 이용: 학습내용은 학교가 존재하는 지역사회의 여러 교육자원을 최대한 이용하게 하며, 교육과정은 건전한 사회적 성장을 꾀하고 지역사회의 필요에 응하도록 조직되어야 한다.
(2) 현장견학: 현장견학은 지역사회를 교실로 사용하는 데 중요한 활동이 되며, 직관을 통하여 학습하는 습관을 기르고, 종합적인 학습을 가능하게 한다.
(3) 조사활동: 조사활동은 지역사회의 조직과 특징에 의한 종합적인 이해력을 높이며, 생생한 지역사회의 문제와 사회의 동향에 대한 통찰력을 깊게 한다. 조사활동은 조사형태, 조사방법, 조사의 한계점 등을 사전에 밝히고, 조사활동에 필요한 분담조직을 만드는 것도 필요하다.
(4) 봉사활동: 봉사활동은 지역사회의 이해, 문제의 발견 그리고 그 해결방안을 모색하는 것을 토대로 하는 실천적인 행동이다. 봉사활동의 궁극적 목적은 노동 자체에 있는 것이 아니라 학생들의 교육적 성장과 지역사회의 발전에 있는 것이며, 봉사활동을 통한 성취

〈표 7-1〉 전통적 학교, 진보적 학교, 지역사회학교의 비교

구분	전통적 학교	진보적 학교	지역사회학교
기본 방향	서적중심	아동중심	생활중심
궁극적 목적	지식 및 문화의 전승	인성발달	생활개선
교육과정 유형	인문교과 중심	아동 흥미 중심	사회문제 중심
방법	해설, 설명, 암기	개인의 흥미를 우선하는 방식	개인적/사회적 필요에 따른 방식
학습가치	장래 생활 준비	현재 생활에 충실	현재 및 미래 생활
훈육의 핵심	억압적 통제	억압으로부터의 자유	공동책임

감, 협동심, 참여정신 고취 등에 있다.

(5) 기타활동: 학교의 건물, 시설, 설비를 지역사회 주민에 개방하고, 학교는 지역사회 중심의 교육과정을 구성·운영하여야 하며, 지역사회 개발을 위한 선봉장 구실을 하여야만 한다.

제4절 민주시민교육과 통일교육

가. 민주시민교육

(1) 목적과 중요성

민주시민교육을 하는 목적은 국민이 주권자로서 책임 있는 자세로 선거·정치과정에 능동적으로 참여할 수 있도록 민주적 가치와 지식·능력 등을 함양하여 정치의 발전에 기여하도록 하는 것이다. 이를 위한 민주시민교육의 중요성을 몇가지로 구분하면 다음과 같다. 첫째, 헌법적

가치인 국민 주권의 원리와 가치 실현이다. 국민이 주권자로서 정치과정에 참여하여 권리와 의무를 적극적으로 수행할 수 있도록 민주시민의식을 함양하는 제반 활동을 하는 것은 중요한 헌법적 기능이라고 볼 수 있다. 또한, 민주시민교육은 국민의 주권의식을 앙양하여 공동체의 의사형성에 실질적으로 참여할 수 있는 역량을 학습하는 것이다. 둘째, 민주주의 원리인 다수결의 원칙 학습한다. 공동체의 의사결정은 다수의 의견에 따를 때에 민주적 정당성을 갖게 되며, 소수의견의 존중과 배려가 전제되어야 한다. 민주시민교육은 대화와 토론, 타협과 조정에 대한 체계적 학습으로 민주적 의사결정의 원리를 습득시키는 것이다. 셋째, 국민의 정치적 의사형성에 참여하는 것이다. 민주시민교육은 국민이 그 대표자를 선택하는 과정에 적극적으로 참여하고, 합리적인 결정을 할 수 있는 능력을 배양하는 것이며, 선거권과 피선거권(공무담임권)을 통하여 공동체 운영에 자신의 의사를 적극 반영하고, 국민의 정치적 의사 형성을 담당하는 정당의 활동에 능동적으로 참여할 수 있도록 하는 것이다. 넷째, 민주시민사회에 적합한 역량있는 시민을 양성하는 것이다. 민주시민이란 주권자로서 그 역할을 실천하고, 민주주의 정치체제 속에 살면서 의사결정에 적극적으로 참여하며, 개인의 권리를 향유함과 아울러 국가에 대한 의무와 책임을 질 수 있는 사람을 의미한다. 민주시민은 처음부터 그 정체성과 자질을 가지고 태어나는 것이 아니라 교육을 통해 형성됨. 민주시민교육은 민주시민사회의 유지 · 발전에 필요한 역량있는 민주시민을 양성하려는 것이다.

(2) 기본 원칙

민주시민교육의 기본 원칙은 다음과 같다. 첫째 정치적 중립성을 유지하는 것이다. 민주시민교육은 비정파적 · 초당적 입장에서 실시되어야 한다. 정권교체마다 교육내용과 방향이 달라져서는 안되며, 특정 정권의 이해를 대변하는 역할을 제도적으로 차단함으로써 정치적 중립성을 확보할 수 있어야 한다. 둘째, 민주성이다. 민주시민교육은 민주적인 시민을 육성하고 자유민주주의 원칙에 따라 국민 개개인의 자유로운 자기실현 보장을 기본이념으로 한다. 모든 과정은 민주적인 형식과 절차에 따라 실시되어야 하고 어떤 생각이나 사상을 일방적으로 주입해서는 안되며, 다양한 견해가 서로 존중되고 민주적인 대화와 토론이 이루어져야 한다. 셋째, 참여성이다. 민주시민교육은 시민들이 자발적으로 참가해야 하며, 자신의 의지와 무관하게 동원되고, 강제적으로 참가하도록 해서는 안된다. 민주시민교육은 불합리하고 비인간적인 것에 대한 비판능력을 배양하는 것이므로 사회참여교육으로 운영되어야 한다. 넷째, 보충성이다. 민주시민교육의 업무관할권과 재정지원에 관계되는 원칙이다. 상위단위의 권한은 하위단위 수준에서 효과적으로 수행될 수 없는 일에만 적용되며, 그러한 경우 재정지원이란 보충적 기능만 수행해야 한다.

(3) 내용과 방법

민주시민교육의 내용은 다음과 같다. 첫째, 시민주권의식 함양이다. '주권의 의미와 가치', '민주주의의 기본원리', '민주시민의 자질과 소양', '선거와 민주주의' 등이 주권의식 함양을 위한 주요 학습내용이며, 개별 과목으로 ① '주권'과 관련하여「국민주권론」,「참정권의 확대」,「투표의 효용성」 등, ② '민주주의'와 관련하여「민주주의 철학과 사상」,「민주적 의사결정 방식」 등, ③ '민주시민의 자질'과 관련하여「인간의 존엄성」,「자유와 평등」,「권리와 의무」,「자율과 책임」 등, ④ '선거와 민주주의와의 관계'와 관련하여「한국의 민주화」,「선거를 통한 민주주의 발전」 등을 제시할 수 있다.

둘째, 선거, 정치과정에 능동 참여이다. '선거 · 정치제도의 이해', '선거 · 정치참여의 필요성', '정당 · 후보자의 합리적 선택 방안', 정책선거의 중요성' 등에 대한 학습을 통해 민주사회의 능동적 시민으로서의 자질을 습득할 수 있으며, 우리나라 선거 · 정치제도에 대한 기본 이해를 돕기 위해 개별과목으로「선거 · 정당 · 정치자금제도」,「선거절차」 등을 제시할 수 있다. 셋재, 체계적 지속적 학습이다. 민주시민교육을 구체화하고 실효성을 확보하기 위해서는 시민교육의 체계적 · 지속적 학습이 중요하며, 이를 위해 '관련 단체와 네트워크를 형성'하여 시민교육의 저변을 확대하고, 생애주기별 '평생교육시스템'을 구축하는 한편, 다양하고 수준높은 '교육콘텐츠 및 프로그램을 개발 · 보급'하고, 양질의 '민주시민교육 전문강사'를 양성하는 것이 필요하다.

이러한 민주시민교육의 내용을 가르치는 방법은 닫힌 모형과 열린 모형으로 설명한다.

닫힌 모형: '내용전달'의 중심의 수업 방법('가르치기')으로 수직적 방식(강의식)의 교수법을 말하며, 학습과정은 교수자의 지도에 따라 제시 · 전달 · 이야기 · 강의 · 시범 · 설명 등으로 이루어진다.

열린 모형: '문제해결'의 중심의 수업으로 수평적 방식(참여식)의 교수법을 말하며, 학습과정은 참가자의 자유학습 · 체험활동 · 경험 및 발표, 본보기(사례)학습 등의 방법으로 진행된다.

이는 교수방법의 차이일 뿐 학습내용에 따라 교수자 중심의 방법으로 진행될 수도 있고, 학습자의 참여중심으로 진행될 수도 있다.

나. 통일교육

(1) 분단의 과정

미국이 1945년 히로시마(8월 6일, 리틀보이)와 나가사키(8월 9일, 팻맨)에 투하한 원자폭탄으로 인해 일본이 무조건 항복을 선언하면서, 제2차 세계대전이 끝났다. 그 후 연합국의 일원인 소련이 함경북도 청진까지 내려와 일본군과의 전투에서 승리하고, 계속 남하하자 이를 저지하려던 미국에게 조선총독부에서 항복한 일본인들을 조선인들이 괴롭히고, 소련 편을 든다고 알리자 미국은 남한을 미워하면서 통제된 상태를 원하게 된다. 이에 소련이 한반도 전체를 점령하는 것을 막기 위해서 38선 북쪽은 소련군이 주둔하고, 남쪽은 미군이 주둔하기로 합의하면서 분단이 시작되었다. 그 후 남북한 통일정부 수립은 북한에서는 소련의 지원 하에 1946년 2월 16일에 북조선인민위원회의를 설립하면서 공산화가 시작되었고, 이에 통일정부를 지향하는 중도세력은 줄어들게 되었다. 남한에서도 미국의 감시하에 1948년 8월 15일 대한민국의 정부수립을 선포하여 미국의 신탁통치가 종결되면서 공식적인 분단의 상황에 처하게 되었다.

그러나 북한의 김일성은 그동안 소련의 지원하에 전쟁무기와 군사력 증강을 통해 무력으로 남한을 통일하려던 의도를 가지고 1950년 6월 25일 새벽에 소련제 탱크를 몰고 38선을 넘어오게 되면서 남북전쟁이 시작되었다. 혼란이 계속되고 있던 남한은 파죽지세로 밀고 내려오는 북한군을 맞아 싸우기에는 아무런 준비도 되어 있지 않았으며, 한 달 만에 낙동강까지 밀리게 되었을 때, 유엔군이 참전하게 되면서 전세는 역전 상황을 맞이하게 되었다. 그때부터 파죽지세로 밀고 올라가 압록강에 이르렀으나 중공군이 밀고 내려오면서 또다시 후퇴를 거듭하게 된다. 현재의 휴전선 부근에서 밀고 밀리던 공방이 계속되면서 전쟁을 중지하자는 남북 간의 정전협정이 맺어지게 된다. 이는 1953년 7월 27일 남한을 돕던 국제연합군과 북한의 조선인민군간의 군사 합의서를 말한다. 현 시점에서 각각 2km씩 각각 후퇴하여 비무장지대를 설정하고, 재발을 방지한다는 내용으로 시작되었다(정전협정 전문). 그 후부터 현재까지 남북은 이념과 체제가 서로 다른 나라에서 살고 있다. 그동안 자유민주주의 체제를 이룩한 남한에서는 엄청난 경제성장을 이루었으나 공산주의 체제를 도입한 북한에서는 지배계층(공산당원)의 생활만 풍족한 중세시대 신분제의 상태가 지속되어 왔다.

휴전이 된 후의 50-60년대 상황은 북한의 자원과 일제 강점기의 산업화가 북한 지역에 집중되었으므로 인해 북한의 경제사정이 남한보다 좋았다. 1차 산업 이외의 별다른 산업이 없었던 남한은 어려운 환경에서도 북한의 군사력 강화와 재침에 대비한 준비와 1960년대부터 시작된 산업화를 통한 경제성장 정책 성공이 밑거름이 되어 오늘날의 경제 강국으로 성장하게 되었다. 그 결실은 2021년 7월 2일 유엔무역개발회의(UNCATAD)에서 선진국으로 인정하면서 공식적으로 선진국 반열에 들어서게 되었다. 제2차 세계대전 이후 독립한 나라들 중에서 최초의 사례였다.

(2) 통일준비 교육

분단 상황이 지속될수록 확대되는 남한과 북한의 경제력 격차는 결국 남한의 이해와 배려를 통해 통일준비를 할 수밖에 없는 상황으로 점철되었다고 하겠다. 북한의 상황은 논외로 하고, 남한과 북한이 같은 민족이라는 동질성, 외세에 의해 강제적으로 분단되었다는 인식으로 인해 통일을 해야 한다는 당위성을 가지고 있다. 이러한 분단 상황을 더 이상 지속하지 말고 통일을 통해 함께 잘살아보고자 하는 염원을 담고 추진하는 것이 통일교육이다. 이러한 통일을 국가의 정책으로 추진하기 위하여 통일부를 설치하고, 다양한 노력을 기울이고 있으며, 각종 산하기관을 두고 있다. 통일교육을 위한 기관으로 통일교육원이 중심이 되어 민족의 통일에 대한 인식을 후손들에게 물려주기 위해 학교교육(학생중심)과 사회교육(성인) 중심으로 통일교육을 실시하고 있다.

민족의 정체성 면에서는 통일이 되어야 하지만, 남북분단의 세대가 아닌 오늘날에는 남북 통일비용으로 엄청난 경제적 비용과 더불어 남한의 일방적 희생이 뒤따라야 하는 측면에서 볼 때, 젊은 세대들은 굳이 통일하기보다는 현 체제를 유지하면서 서로 교류와 왕래가 가능한 형태를 유지하자는 의견이 지배적으로 나타나고 있다. 그런데도 우리는 항상 북한에 대한 이해를 통해 통일에 대비하는 자세를 가져야 한다. 통일은 언제, 어떻게, 어떤 요인으로 인해 다가올지 아무도 모르기 때문이다.

아울러 북한에서의 교사양성과정을 보면, 보육원 교사는 고등중학교 졸업생 가운데 탁아에 필요한 과목을 1년간 배운 뒤에 자격증을 부여하는데, 전국에 약 20여 개의 양성소가 있다. 유치원과 인민학교 교사는 3년제 교원대학에서 교사자격 취득에 필요한 교과목(교육학, 심리학, 수학, 국어, 음악, 미술, 무용, 아동심리학, 교과교육법 등)을 이수하면, 졸업과 함께 교사자격증이 수여된다. 전국에 15개의 교원대학이 있다. 고등중학교 교사 양성은 4년제 사범대학에서 필요한 교과목을 이수하도록 되어 있으며, 현재 10개의 사범대학이 있다. 그중에서 김형직 사범대학은 가장 권위 있는 특수대학으로 예비과 1년, 본과 5년 체제로 운영되고 있다(김병성, 2017).

통일교육을 위한 통일교육지원법은 1999년 제정되어 수차례 개정을 거쳐 2022년 법령 개정으로 국가 및 지방자치단체의 책무로 이행하도록 하고, 교원에 대한 전문성 강화, 초중등학교 통일교육의 진흥 등을 시행하도록 하였다. 통일교육지원법의 개정은 분단 상황이 지속됨으로 인해 점차 이질화되어 가는 남북한의 언어, 생활, 민족에 대한 애착 등을 남한의 후세대들에게도 전달함으로서 남한 국민들이 통일에 대한 관심을 가지고, 미래 통일에 대한 마음의 준비를 할 수 있는 기회를 지속적으로 제공하고자 하는 것이다.

그러나 분단의 상황이 장기적으로 흘러감에 따라 남북분단에 의해 이산가족의 아픔을 겪었던 세대들도 점차 줄어들고 있으며, 이는 후세대들에게 통일에 대한 필요성 인식을 감소시키는 결과로 나타나고 있다. 엄청난 비용이 드는 통일보다 현재의 상태를 유지하면서 인적 교류를 중시하는 인식이 강하게 나타나고 있다. 이는 선세대가 통일비용을 부담해야 하는 후세대에게 강요할 수도 없는 것이다.

2차 대전 후 강대국에 의해 강제 분할된 후 국가의 운영체제가 서로 다르게 구성되었으며, 초기에 6.25전쟁이라는 동족상잔의 비극을 경험한 이후에 적대적 감정이 형성되면서 통일은 현실에서 멀어져만 갔다. 분단 상황이 지속되면서 경제성장의 가속도가 붙은 남한과는 달리 북한은 경제적 어려움이 개선되지 못함으로 인해 남한은 지속적인 지원과 배려를 숙명처럼 짊어질 수밖에 없는 상황에 처하게 되었다. 그러나 우리는 같은 조상을 가지고, 한글을 사용하는 한 민족이라는 이유로 후세대에게 통일을 강조하는 것이 점점 더 어려워지고 있는 상황이다.

제5절 다문화 교육

가. 다문화 가정

다문화사회를 모자이크 사회라고도 부른다. 다문화 가정이란 국제결혼 등을 통해서 서로 다른 인종의 상대를 만나 결합한 가정을 의미한다. 즉 다문화가정이란 한국인과 외국인이 결혼하여 구성한 가족을 지칭한다. 『다문화가족지원법』(2008년 3월 21일 제정, 2008년 9월 22일 시행)에 따르면, 다문화가정(다문화가족)이란 다음 각 목의 어느 하나에 해당하는 가족을 일컫는 것으로 ①『재한외국인 처우 기본법』 제2조 제3호의 결혼이민자(대한민국 국민과 혼인한 적이 있거나 혼인관계에 있는 재한외국인)와 『국적법』 제2조에 따라 출생 시부터 대한민국 국적을 취득한 자로 이루어진 가족, ②『국적법』 제4조에 따라 귀화허가를 받은 자와 같은 법 제2조에 따라 출생 시부터 대한민국 국적을 취득한 자로 이루어진 가족이다.

다문화 가정의 성립배경을 보면, 지구가 하나의 경제 공동체가 되면서 자본과 상품뿐만 아니라, 국경을 넘어 사람도 활발히 이동하고 있으며 국제적인 노동력에서 이주근로자의 여성화(feminization of migrant workers)가 심화되고 있다. 이는 유럽 선진국에서 벌써부터 일어난 현상으로서 3D 업종에 종사하지 않으려는 선진국 국민들의 근로의식에서 부족한 노동력을 메우기 위한 의도에서 발생하기 시작하였으며, 최근에는 특히 중국과 동남아시아 지역 이주근로자의 여성화 현상이 증가하고 있다. 여성결혼이민자들은 성(gender)과 전지구화(glottalization) 및 이주(migration)현상으로부터 복합적인 영향을 받고 있다. 그들은 힘들게 생활하는 친정과 시댁의 생계를 책임지는 근로자(workers)이면서 아내(wives), 어머니(mothers)라는 가족 내 역할을 종합적으로 담당하는 워킹맘의 역할을 하고 있다.

가부장적 유교사회였던 한국사회는 남아선호사상이 강해 남녀성비의 불균형을 초래하였다. 또한, 1988년 특정 종교단체의 대규모 집단 국제결혼은 우리 사회에 결혼이민자 가정을 확산케 하였다. 뿐만 아니라 도시 지향적 사고의 확산으로 이촌향도의 현상이 야기되었으며, 1990년대에 이르러서는 '농촌총각장가보내기운동'이 전개되기에 이른다. 그 결과 대한민국은 농어촌이나 산촌에서까지도 외국인 신부의 모습을 볼 수 있게 되었고 그들은 한국의 구성원이 되었을 뿐만 아니라 다문화사회를 이루는 데 크게 기여하였다.

2022년 국제결혼은 총 혼인건수의 8.7%를 차지하였다. 국제결혼 중 한국 남자와 결혼한 외국인 여자의 혼인은 1만 2천 건이며, 외국인 남자와 결혼한 한국 여자의 혼인은 4천 7백 건으로 나타났다. 총 혼인건수는 지속해서 줄어들고 있으며, 전체적으로 국제결혼은 해마다 비슷한 비율을 보이고 있다. 이는 한국 사회가 더 이상 과거와 같이 국제결혼을 통한 혼혈을 금기시하지 않음을 보여주는 것으로 판단된다. 결혼이민자가정은 1988년 특정 종교단체의 대규모 집단 국제결혼을 시작으로, 1990년대 농촌총각장가보내기운동으로 활성화되었으며, 그 영향으로 결혼중개업자가 주도가 되어 외국 여성이 한국에 와서 결혼생활을 하게 되는 경우가 대부분이다.

다문화가정이 증가하고 있는 가장 큰 원인은 혼인적령기의 남성과 여성의 성비가 불균형하다는 데 있다. 결혼 적령기에 있는 여성의 수보다 남성의 수가 비정상적으로 높다 보니 배우자를 찾지 못한 남성들이 외국의 여성과 결혼하게 되는 경우가 증가하게 되었다. 결혼적령기 남성과 여성의 성비 불균형 현상은 과거 우리나라의 뿌리 깊었던 남아선호사상에 기인하고 있다. 그리고 남아선호사상에 이어 독신 여성의 급증 또한, 결혼적령기 남성과 여성의 성비 불균형의 큰 원인으로 지적되고 있다. 여성의 사회활동이 보편화되고, 여성의 경제력이 과거에 비해 크게 향상되면서 우리나라는 독신 여성의 수가 급속히 증가하고 있기 때문이다.

이미 한국사회는 다문화 사회(multi-cultural society)로 접어들었다. 2022년 체류외국인 수는 전체 2,245,912명으로서 2010년 국내인구(인구총 조사, 51,439,038명) 대비 4.7%에 달하고 있으며, 그중에 국제결혼으로 인한 이민자 또한, 169,633명(2022년)으로 국내인구 대비 0.3%에 달하고 있다. 이들의 자녀들은 이미 초중등학교를 거쳐 대학에 입학하고 있다. 따라서 혼혈학생도 증가하고 있으며, 우리 사회도 이미 다문화 사회에 들어섰다고 할 수 있다. 이러한 사회현상 속에서 교육이 나아가야 할 길은 세계의 다양한 문화를 이해하고, 포용하고 수용할 수 있는 마음과 더불어 서로 화합하고 통합하는 노력이 매우 필요하다고 하겠다.

나. 다문화 교육

최근 들어 교육부는 다문화교육에 대한 통일된 정의를 내리는 것보다 출발선 평등개념의 교육기회 부장을 위하여 포괄적 개념으로 모든 학생이 다문화교육의 대상이 될 수 있도록 정책을 추진하고 있다(교육부, 2022). 또한, 평생교육의 관점에서 글로벌 시민교육과 민주시민교육에서도 다문화교육을 강조하여 태생적 차별을 없애기 위해 노력한다. 본 저자는 다문화교육은 서로 다른 문화적 배경을 가진 사람이라도 특정 사회에서 동등한 교육을 받도록 제도적 환경을 제공하는 것을 의미한다고 정의하고자 한다.

다문화 교육(multi-cultural education)이란 다양한 문화, 민족, 성, 그리고 사회계층의 학생들이 동등한 교육적 기회를 얻고, 긍정적인 문화교류 태도와 인식 그리고 행동을 발달시키도록 돕는 것을 목표로 하는 교육이다. 다문화 교육은 타문화 교육, 문화 간 교육, 또는 이(異)문화 교육 등의 다양한 명칭으로 사용되어 왔으나 이제 거의 통일된 형태로 나타나고 있다. 원래 다문화 교육은 미국과 같은 다민족 국가들이 경험하고 있는 이민족 간의 갈등, 이민자들의 자국민으로의 통합, 해외주재 자국민의 동질성 유지 등을 위한 교육적 발상에서 시작되었다. 교육을 통해 문화 간의 존중과 융합이 강조되고 있으나 현실에서는 갈등도 번번히 나타나고 있다.

다문화 교육의 주된 내용은 소수자의 적응, 정체성, 공동체 의식, 다수자 대상의 소수자 이해 증진 교육 등으로 이루어지며, 다문화 교육의 목적과 필요성은 다음과 같이 정리할 수 있다(김영화, 2010; 319-320).

첫째, 학생들이 다른 문화의 시각에서 자신의 문화를 바라보면서 자기 이해를 증진시키도록 한다. 둘째, 학생들에게 문화적, 민족적, 언어적 대안들을 제공한다. 주류집단의 역사와 문화뿐만 아니라 소수민족 학생들의 문화와 역사, 언어들을 제공하는 것이다. 셋째, 소수 인종과 민족, 집단이 그들의 인종적, 신체적, 문화적 특성 때문에 겪게 되는 고통과 차별을 감소시킨다. 넷째, 자신의 민족적, 문화적 집단에 대해 충성심을 유지하는 시민을 육성하여 정치적 민주주의 실현을 촉진한다. 문화적 애착심이 결여되어 있는 시민보다는 소속 공동체의 문화, 언어, 가치에 애착심을 가지고 있는 시민이 국가에 대한 반성적 정체성을 형성할 가능성이 더 높다(Banks, 2004; Castles, 2004). 다섯째, 모든 학생들이 자신이 속한 지역공동체, 국가공동체, 전 지구적 공동체에서 제 역할을 하는 데 필요한 지식, 태도, 기능을 습득하도록 한다.

이러한 시대적 흐름에서 우리는 다음과 같은 태도를 지닐 필요가 있다. 첫째, 문화적 다양성을 인정한다. 나 또는 우리와 다른 가치관과 생활양식이 있더라도 그것을 이해하려는 노력이 필요하다. 둘째, 다른 나라 사람들에게 편견 없는 행동을 한다. 외국인이나 이주노동자, 후진국에서 국제결혼을 한 사람, 피부색이 다른 사람 등에 대해 차별 없이 대하고, 행동하는 것이다. 피부색이 검다고 해서 싫어하거나 무시하고, 피부색이 희다고 해서 선망하지 않는다. 피부색이 차이가 있을 뿐이지 인간으로서 가지고 있는 인격은 동등하다는 것이다. 셋째, 외국인 입장이 되어서 생각해 본다. 국내에서 생활하는 외국인들이 무엇이 불편하고, 무엇이 괜찮은지, 또 어떤 나의 행동이 바람직한 것인지 이성적으로 판단해서 행동한다. 넷째, 외국인들의 문화적 생활양식을 인정하고, 필요한 부분이나 도움을 요청하는 부분에서는 적극적으로 협력한다. 다섯째, 외국인들이 요구하는 것이 있으면 배려해 주는 마음가짐도 필요하다. 낯선 나라에서 자신의 행위가 불편하거나 익숙하지 못하여 익숙한 입장에서 볼 때, 눈살을 찌푸리게 하거나 거북할 수도 있지만 그들의 문화로 이해하는 성숙된 마음가짐과 태도가 요구된다는 것이다. 사람은 누구나 처음이거나 낯선 곳에서는 행동이 부자연스러울 수밖에 없기 때문이다.

따라서 다문화 가정 자녀들을 위한 교육지원은 매우 필요해 보인다. 현재 우리나라에서 이루어지고 있는 방법들을 몇 가지 살펴보면 다음과 같다. 첫째, 대학생 멘토링(mentoring)의 활성화이다. 대학생 멘토링 대상자로 다문화 가정 자녀 우선 선정하여 유·초등교육 및 외국어 전공 대학생, 외국인 유학생을 멘토(mentor)로 활용하여 어린 자녀들에게 교육적 혜택을 주고자 하는 것이다. 또한, 농·어촌지역 멘토링을 위해 자원봉사자를 적극 활용하기도 한다. 지역 내 자원봉사자를 교육청에 등록하여 활동하도록 하고 실제 경비를 지원함으로써 사회적 일자리 창출효과를 동시에 고려한다. 일본의 경우는 의무교육기관의 외국인 자녀를 위하여 강사를 채용하여 순회지도를 실시하고 있다. 둘째, 다문화가정 자녀 교육을 위한 교사역량 강화이다. 학교현장에서는 교사의 역량강화를 통해 다문화사회로 급변하는 시기에 획일적인 교육을 지양하고 다문화를 올바르게 교육하여야 할 것이다. 증가하는 다문화 가정 자녀들과 함께 한국가정의 자녀들에게 다름의 다양성에 대해서 교육하여 올바른 자아정체감을 함양할 수 있도록 해야 한다. 따라서 교사의 역량 강화 방안으로 ① 다문화주의 및 소수자 배려를 위한 교원연수 강화(교원자격 연수, 직무연수 시 다문화이해 교육, 학습부진아 특별교육, 집단따돌림 예방교육 등 교양과목에 최소 2시간 이상을 포함하도록 권장, ② 교사 대상 한국어 및 한국문화 연수 활성화 ③ 한국어 교육 능력을 가진 교사에 대한 인센티브 제공 등이 이루어지고 있다. 셋째, 다문화가정 자녀들이 정상적인 학습능력이나 안정적인 학교생활을 하기 위해서는 유치원교육과정에서 중등교육과정까지 연계된 학습지원 프로그램이 개발되어 제공되어야 한다. 더구나 다문화가정 자녀들의 언어이해능력은 모든 학습에 있어 기초가 되기 때문에 다문화가정 자녀 가운데 언어이해능력이 낮은 학생들이 학습할 수 있는 교재가 개발되어야 한다.

다문화 교육의 한계에 대해 오그부(Ogbu, 1992)는 학업성취의 책임이 학교에 있다는 것을 가정하고 있는데, 실제로 많은 부분은 학생 자신에게 있다고 하였다. 다문화 교육은 일반적으로 교사의 수업태도와 교수방법의 변화를 강조하고 있지만 학생 스스로 학업에 대한 태도가 바뀌지 않는 한 학업성취를 향상시키는 것은 쉽지 않다고 하였다. 결국 학생 스스로 학교학습과 성취에 부여하고 있는 의미와 가치가 학습과정에 중요한 영향을 미치며, 이 의미와 가치는 문화집단에 따라 다르다는 것이다(김영화, 2010; 323). 이렇게 본다면, 학생들의 학업성취는 학생가정의 배경과 생활 속에서 학생에게 영향을 미치는 아비투스(Habitus, 문화적 습성)에 의해서 결정되는 경향이 높다는 것을 보여주는 것이다.

다. 다문화 교육 모델

전 세계적으로 유일한 단일문화 국가는 거의 없는 실정(아이슬란드 1개국)이므로, 다문화 교육이 이루어지는 모델들은 다양하게 정리되어 있다. 따라서 다문화 교육을 정리한 학자들의 내용을 순서대로 살펴보면 다음과 같다. 먼저 깁슨(Gibson, 1976)은 다섯 개의 모델을 제시하였다. 첫째, 문화 간 이해를 위한 다문화 교육으로서 다른 문화를 서로 존중할 필요가 있음을 확인시킬 수 있는 교수전략을 강조한다. 둘째, 문화적으로 반응적인 교육으로서 초·중등 교육과정의 내용과 교수매체에 소수계 문화를 포함시킴으로써 이들의 학습을 향상시키려고 시도한다. 셋째, 이중문화 교육으로서 주류문화에 대한 기능적인 언어와 능력을 가르치는 한편으로 이중언어 교육프로그램과 결합시켜 소수계 학생들의 문화, 언어, 정체성을 강화시키려 시도한다. 넷째, 교육에서의 문화다원주의로서 민족정체성을 보존하고 강화시키며, 소수계 집단의 사회적, 정치적, 경제적 참여를 증대시키려 한다. 다섯째, 일반적인 인간 경험의 다문화 교육으로서, 개인들이 다문화 사회에 유능하게 참여할 수 있도록 조력한다.

슬리터와 그랜트(Sleeter & Grant, 1988)는 다문화 교육을 다섯 가지 유형으로 범주화하였다. 첫째, 동화접근으로서 문화적으로 다양한 아동들이 주류사회의 편입을 촉진할 수 있도록 백인 중산층에게 기대되는 인지능력과 지식을 가르치는 데 초점을 둔다. 둘째, 인간관계 접근으로서 집단 간 이해를 촉진하여 보다 원만한 관계를 유지할 수 있도록 문화적 차이에 대해 가르친다. 셋째, 특정 단일 집단 연구로서 특정 집단에 대하여 자신들이 사회에서 처해있는 위치에 대해 비판적 안목을 갖도록 독려한다. 넷째, 학교 전 과정에 걸친 다문화 교육으로서 교사는 교수 · 학습 과정에서 소수집단을 그들에게 문화적으로 적합한 방식으로 가르치는 등 학교교육에 문화적 다양성을 반영한다. 다섯째, 사회재건주의 방법으로서 학생들이 자신의 삶의 여건을 적극적으로 검토하고, 자신의 교육에 대해 책임지며, 사회변화에 영향을 미칠 수 있는 자질을 학습하도록 돕는다.

뱅크스(Banks, 2001)는 다문화 교육을 통합, 지식의 구성, 편견축소, 교수-학습의 형평성, 힘을 실어주는 학교문화와 사회구조 등 다섯 차원으로 분류하였다. 첫째, 내용 통합의 차원에서는 교사가 주요 개념, 원리, 일반화, 이론을 설명하기 위해 활용하는 사례, 자료, 정보가 어느 정도로 다양한 문화와 집단에서 추출되었는가 하는 쟁점을 다룬다. 둘째, 지식의 구성 차원에서는 사회과학자, 행동과학자, 자연과학자가 지식을 생성하는 절차 및 학문 내의 암묵적인 문화적 가정, 준거 틀, 관점, 편견이 어떻게 지식이 구성되는 방식에 영향을 미치는지를 기술한다. 셋째, 편견축소의 차원에서는 인종에 대한 아동의 태도 특성을 기술하고, 학생들이 보다 민주적인 태도와 가치관을 형성하도록 하는 데 활용될 수 있는 전략을 제시한다. 넷째, 교수-학습의 형평성 차원에서는 교사가 다양한 인종, 종족, 사회계층 출신 학생의 학업성취를 촉진하는 교수기법을 다룬다. 다섯째, 힘을 실어주는 학교문화와 사회구조 차원에서는 다양한 인종, 종족, 사회계층 출신 학생들이 교육평등과 문화적 역량 강화를 경험할 수 있도록 학교의 문화와 조직을 재구조화하는 과정을 기술한다.

베넷(Bennett, 2007)은 미국사회에서 다문화 교육을 크게 네 차원으로 분류하였다. 첫째, 평등교수법이다. 둘째, 교육과정 개혁으로서 기존의 전통적인 교육과정에서 나타나는 문제점을 조사하여 변화시키는 것을 의미한다. 셋째, 다문화적 역량이다. 넷째, 사회정의를 지향하는 교수-학습이다. 교사가 인종차별, 성차별, 계급차별 등 모든 유형의 차별과 편견에 대해 저항하며, 불평등한 사회구조나 대중문화 속에 나타나는 인종, 문화, 계급, 성 등의 이미지들에 대해 숙고하고, 지역적 혹은 지구적 차원에서 사회적 평등을 실현하기 위한 사회적 행동을 검토하며, 학생들에게도 이러한 문제들에 대해 탐구해보도록 하는 것이다.

제6절 평생교육

가. 평생교육의 의미

1965년 12월 파리의 유네스코 본부에서 '세계성인교육발전위원회'라는 이름으로 개최된 회의에서 랭그랑(P. Lengrand)이 사무국에 제출한 보고서 제목에서 유래하였다. 1970년에 랭그랑의 「평생교육개론(Introduction to Lifelong Education)」이 유네스코를 통하여 출판되었다. 수직적 교육과 수평적 교육의 통합이다. 수직적 교육은 유아교육, 아동교육, 청소년 교육, 성인교육과 같은 인간의 일생에서 시간축(생활주기: lifelong)과 관련된 교육을 의미하며, 수평적 교육은 가정교육, 학교교육, 사회교육 등 인간의 공간 축(생활과정: life wide)과 관련된 교육을 의미한다.

오늘날 평생교육은 21세기에 적응해 나갈 새로운 교육으로 제시된다. 평생교육이란 흔히 '요람에서 무덤까지' 평생에 걸친 배움을 강조하는 이념으로, 또는 가정교육과 학교교육과 사회교육의 삼위일체적 교육통합론으로 이해되고 있다(황종건, 1992). 이러한 평생교육은 21세기 미래

사회의 교육이념 및 모델로서 중요성과 효용성, 필연성을 지니게 될 것으로 예상되며, 그에 대해 반론을 제기하는 사람은 거의 없다(김종두 외, 2003).

평생교육의 이념은 교육의 다양성, 전체성(totality), 통합성(integration), 융통성(flexibility), 민주성(democratization), 기회균등, 연계성 등의 속성으로 표현되기도 한다(권이종, 1995). 이와 같은 평생교육이 지닌 의미는 궁극적으로 학습사회를 지향하며, 학습자 중심의 교육을 지향한다고 볼 수 있다. 학습사회란 학습자가 주체가 되며, 학습자와 교수자 간의 수평적인 상호학습이 이루어지고, 학습자의 적극적 참여를 전제로 교육의 과정이 이루어지는 그러한 사회로서 '언제, 어디서나, 누구나, 누구에게서나, 무엇이든, 어떤 방식으로든' 자유롭게 배움을 주고받을 수 있는 교육의 이상향적인 사회를 의미한다(권이종 외, 2001). 미래 정보사회에서 의미하는 평생교육은 학교평생교육이 아니라 학습장소나 기간, 내용, 방법 등에 구애됨이 없이 언제 어디서나 평생 동안 개인이 필요로 할 때 학습할 수 있는 평생학습이 중시된다는 점이며, 이것은 바로 학교중심 교육체제에서 사회중심 교육체제로 변화되어 인간 삶의 전 과정에 걸쳐서 필요에 따라 학습이 이루어져야 한다는 것이다. 이러한 학습방식에 적응하기 위한 교육패러다임의 변화가 빠르게 이루어질 필요가 있다. 따라서 평생교육은 가정교육과 학교교육, 사회교육을 포함하는 인간 삶에 걸친 가장 포괄적인 교육을 의미한다고 볼 수 있다.

나. 평생교육의 필요성

평생교육의 외적 필요성은 보통 다음과 같은 원인에 의해 필요하게 된다고 주장한다. 첫째, 지식과 정보의 폭발적 증가로 계속교육이 요구된다. 둘째, 기술의 혁신과 직업사회의 변화가 이루어지고 있다. 셋째, 지식기반사회가 도래하였다. 넷째, 가치관과 생활양식이 급격히 변화되고 있다. 다섯째, 지식과 기술이 활용되고 있는 유효기간이 단축되고 있다. 여섯째, 여가시간의 증대와 인간수명 연장이 이루어지고 있다.

평생교육의 내적 필요성을 보면, 첫째, 교육에 대한 기회균등이 요구된다. 둘째, 학교교육의 한계성과 역기능을 해소하기 위한 인간교육의 필요성이 요구된다. 셋째, 학교교육의 경직성과 폐쇄성을 보완하기 위해서이다. 넷째, 평생 동안에 걸친 개인의 교육권을 보장하기 위해서이다. 다섯째, 학교교육 이외의 교육기회가 점차 확대되고 있다. 여섯째, 다양한 형태의 교육을 원하는 성인들의 수가 점차 증가하고 있다.

다. 평생교육의 발달과정

평생교육의 변화과정을 한국의 발달과정을 토대로 시기별로 살펴보면, 다음과 같이 구분해 볼 수 있을 것이다. 이러한 발달과정은 세계적으로 비슷한 발달과정을 거치면서 변화되어 왔다고 볼 수 있으나 내용적 측면에서는 우리나라를 중심으로 살펴보고자 한다(김종두 외, 2003: 379-401).

(1) 태동기(고대-1870년대)

평생교육의 역사적 기원을 살펴보면, 원시 제정활동을 주축으로 한 공동체적 축제와 민속의식에서부터 그 기원을 찾을 수 있다. 고조선의 역사 가운데 연중, 계절, 월별로 거행되는 동맹, 연고, 무천과 같은 제천의식은 고전적 사회교육의 원형이라 할 수 있다(권건일 · 김인아, 1996: 31). 이러한 의식은 사회구성원들에게 동질성을 갖게 하는 중요한 행사이며,

이를 통하여 사회가 요구하는 생활습관, 규범을 습득하며, 그 사회가 요구하는 사고와 행동을 조정하고, 다양한 지식과 생활태도를 학습하게 된 것이다.

이러한 민중의 교육적 기능은 고구려, 백제, 신라에 계승되어 민간단체의 공동작업 활동인 두레, 품앗이, 계 등 상부상조 활동을 위한 생활방식과 사회규범 형성에 크게 기여하였다. 그 후 고려, 조선을 거치면서 일부는 현대에까지 전승되어 오고 있으며, 그 영역과 내용 또한, 조금씩 변화되어 왔다.

(2) 시련기(1880-1910년대)

강화도 조약(1876)을 계기로 중국 외 외국과의 교섭이 활발해지면서 봉건적 사회체제를 개혁하려는 움직임이 개화운동으로 나타났으며, 이러한 개화사상을 국민들에게 심어줌으로써 정치적 독립과 사상의 자유, 민주, 평등을, 생활 면에서는 봉건적 구습을 타파하고 서구적 생활관을 확립하려는 운동이 전개되었으며, 이러한 노력의 결과 1894년에 갑오개혁을 낳았다. 그러나 서구열강의 세력각축장으로 변화하면서 그 효과가 크게 약화되었다. 그러한 시대적 상황에서 개화운동은 사회개혁과 독립운동이라는 두 방향으로 이루어졌다.

실학사상을 토대로 실천의식과 의식의 개화에 힘썼으나 시대적 상황의 혼란으로 인하여 그 효과는 크게 나타나지 못하였으며, 교육자 또한, 자발적 참여를 통한 희생과 봉사로 이루어지는 경향이 많았다. 개화기의 사회교육은 학교교육의 개혁과정과 불가분의 관계를 가지고 있으나 그 시기의 학교교육은 근대화를 촉진시키는 국민계몽운동의 성격을 강하게 지니고 있었다. 그 외에도 동학의 민중교화 활동, 진보회의 신문화운동, 기독교의 주일학교와 여성계몽강좌, 독립협회의 민중계몽을 위한 만

민공동회 개최, 대한자강회의 민중근대화 운동 등이 나타났다.

1910년 한일합방이 이루어지면서 민족의식과 동화주의를 목적으로 학교교육과 사회교육을 보급하였다. 학교개방을 명목으로 지역주민을 대상으로 일본어와 일본문화를 보급하고, 일본정신을 주입하는데 학교교육과 사회교육의 구분이 없이 폭넓게 이루어졌으며 강연회, 강습회를 통한 교과교육과 국기게양, 신사참배, 국어생활, 근로봉사 등 실천 지향적 사회교육이 광범위하게 이루어졌다. 그러나 그 어두운 시대상황과 일제치하로 접어들면서 교육에 대한 효과는 거의 없었다.

(3) 발전기(해방 이후-1970년대)

해방 이후 미군정청은 1945년 성인교육위원회를 조직하여, 전국적인 문해사업을 전개하였다. 그 다음 해에는 이를 성인교육협의회로 개편하고 성인교육사를 양성하여 그들을 각 시·군과 읍·면·리 단위까지 설치한 국문강습소에 배치하여 3개월 과정의 문해교육을 실시하도록 하였다(한국교육십년사 간행회, 1960: 110). 그 후 전국적으로 확산되어 문해교육을 지도·장려하기 위하여 각 시·군에 성인교육사 남·여 1명씩을 두었다. 또한, 공민학교가 설치되어 소년과 성인 모두를 가르쳤으며, 민간단체로서 성인교육협회, 조선어학회 등에서 문맹퇴치교육이 이루어졌다. 6.25전쟁의 발발로 그 역할이 많은 부분에서 위축되었으나 전후 지속적인 교육이 이루어졌으며, 1960년대에 들어와서 사회교육은 경제개발을 위한 재건국민운동 본부를 중심으로 국가적인 차원에서 법제를 정비하면서, 실업학교 부설 청소년 직업학교 설치 조례, 시설 강습소 설치 등 많은 법적, 제도적 정비가 이루어졌다.

주된 교육영역은 문해 및 기초교육, 국민의식계발교육, 직업기술교육, 준학교 교육, 교양증진 및 여가선용 교육으로 이루어졌다. 실시대상은 대부분 일반 국민 전체였으며, 실시를 위한 주된 기관들은 공민학교, 국민학교, 기술학교 등과 자생단체들에 의해 주로 이루어졌다.

평생교육에 대한 욕구가 점차 강해지면서, 1971년 대구 계명대학교에서 주부시민대학강좌의 출현을 시초로 점차 평생교육이 확대되어 갔으며, 최초의 노인대학 강의(1972)를 시작한 서울 평생교육원, 서울 인왕노인학교(1974)가 설립되었으며, 대학부설 연구소 등을 통한 사회교육이 폭넓게 이루어질 수 있는 기틀을 마련하였다.

(4) 성장기(1980-1990년대)

1980년대 들어 사회교육은 학교교육에 대한 국민들의 교육열이 급격하게 팽창하면서 그 영향에 힘입어 제도의 정비와 함께 성장하기 시작했다. 1982년 12월 31일 사회교육법이 제정 · 공포되면서 사회교육을 전문적으로 담당하기 위한 인력개발로 사회교육전문요원 자격증 강좌가 각 대학에 개설되면서 체계적인 성장의 토대를 구축하였다. 뿐만 아니라 주로 자생단체와 공민학교, 기술학교, 방송통신고등학교, 방송통신대학, 개방대학 등에서 이루어지던 교육이 더욱더 세분화되어 각 대학의 평생교육원 또는 사회교육원이라는 부설기관이 급속하게 늘어났으며, 국민들의 문해 · 계몽 · 기술교육 위주에서 여가 · 기술교육 위주로 내용과 방향이 변화되었다. 1990년대 들어 이러한 현상은 더욱더 확산되어 공민학교에서 주로 이루어지던 문해 및 기초교육은 거의 사라지고 각 대학의 평생교육원 · 사회교육원을 통한 여가선용교육과 전문기술교육이 폭넓게 이루어졌다.

(5) 안정기(2000-이후)

2000년 3월 1일 사회교육법이 평생교육법으로 명칭이 변경되면서 평생교육에 대한 체계와 운영이 더욱 강화되고, 현실에 맞는 내용구성으로 평생교육을 담당하는 자격증이 사회교육전문요원에서 평생교육사 1 · 2 · 3급으로 체계화되었으며, 전반적인 목표가 삶의 질 향상과 직업에서의 적응능력 개발 형태로 변화되는 양상을 보이고 있다. 또한, 기존의 평생교육기관이나 단체 이외에 대부분의 대학에서 평생교육원을 운영하고 있으며, 각 기관별로 점차 특성화되면서 안정적인 운영을 위한 토대 구축을 위해 노력하고 있다. 그러나 각 대학부설 평생교육원의 난립으로 인한 경쟁이 높아짐에 따라 재정 낭비가 증가되고 있는 것도 사실이다. 뿐만 아니라 그동안 배타적인 성향을 띠었던 학교와 대학에서도 평생교육의 의미를 수용하고 이에 적응하기 위한 노력으로써 학부모와 지역사회 노인들을 위한 평생교육 프로그램의 운영과 대학의 평생교육학과 및 대학원 과정까지도 점차 늘어나는 추세에 있다.

라. 평생교육의 특성

평생교육의 특성은 다양하게 나타날 수 있다. 여러 학자들의 공통적인 주장을 토대로 살펴보면 다음과 같다(권이종 외, 2001: 29-32). 첫째, 탈정형성을 들 수 있다. 평생교육의 출발 시기에서부터 장소, 대상, 교육담당자, 교육체제, 교육프로그램 및 교육과정, 교육방법, 교수-학습자료 및 교재, 교육평가 방식 등에 걸쳐 획일적이며, 경직된 그리고 폐쇄적이며, 정형적인 교육적 요소가 학교교육에 비해 극소화된다. 반면 개방적이고 다원적이며 자율적인 탈정형적 교육의 요소가 강한 특징을 지닌다.

둘째, 자발성을 들 수 있다. 평생교육은 타인의 강요나 외부의 압력과 요구에 의해 학습하는 것이 아니라 성인학습자들이 자신의 필요와 교육적 욕구에 따라 자율적으로 교육을 선택하며 자율적 의지로 교육 참여를 결정하게 된다. 미리 정해진 교육과정의 틀에 의해 교육받는 것이 아니라 교육의 전체과정, 즉 계획, 실행, 평가의 전 과정에 학습자가 함께 참여하며, 자율적이고 자기주도적인 학습을 행하게 되는 특성을 지닌다.

셋째, 상호학습을 들 수 있다. 학교교육이 비교적 일방적, 지시 · 명령적 학습과정이라면 평생교육은 원칙적으로 상호학습(Co-Learning), 즉 모두가 가르치고, 모두가 배우는 학습 특성을 지닌다. 학습자 상호 간, 교사와 학습자 간의 상호 지적 · 인격적 교류와 피드백을 통한 학습이 중요시되는 상호학습의 특성을 지닌다.

넷째, 현실성과 실제 지향성을 들 수 있다. 학교교육이 준비교육이고 미래 지향적 속성을 지니는 것과 달리 평생교육은 현실 지향적이고 실용적이며 즉시적인 적용 가치를 지니는 교육이 중시되는 특성을 지닌다. 대부분의 평생교육 참가자들은 현재 본인의 필요성을 중시한다. 그중에서도 특히, 직업과 관련된 지식과 기술 및 아이디어를 습득하려는 경향이 높게 나타난다.

다섯째, 다양성과 이질성을 들 수 있다. 평생교육은 학교에서의 학생을 대상으로 하는 교육과 달리 교육대상, 담당자의 이질성과 교육목표, 내용, 방법, 시기, 시간, 장소 등이 매우 다양하고 획일적이지 않고 유동적이라는 특징을 지닌다. 따라서 평생교육 프로그램은 매우 다양한 뷔페식 교육과정(buffet curriculum) 또는 카페테리아식 교육과정(cafeteria style curriculum)의 특성을 지닌다.

여섯째, 과정중심을 들 수 있다. 평생교육은 학교교육에서의 성적 또는 결과중심 교육과는 달리 교육이 이루어지는 과정이 중시되며 성과에 있어서도 외재적 성과보다는 내재적 성과, 그리고 학습결과의 외적인 객관적 평가보다는 학습자 자신의 만족감과 성취감이 훨씬 더 중시되는 특징을 지닌다. 특히, 삶의 질을 향상시키기 위한 교육은 그 평가의 척도가 따로 있는 것이 아니기 때문에 더더욱 그러하다.

일곱째, 참여와 공존을 들 수 있다. 평생교육에서는 모든 계획 · 실행 · 평가 전체과정에서 모든 학습 구성원이 함께 참여하는 것이 중요하다. 평생교육에서 참여와 공존의 특성을 살리기 위해서는 학습자가 무엇을 배우고자 원하는지에 관한 교육적 요구조사가 실행되어야 한다. 평생교육에서의 학습자는 마치 빈 컵이나 백지와 같은 객체적인 존재가 아니라 이미 축적된 지식과 경험 위에 스스로 필요에 따라 앎을 추구해 나가는 주체로서의 학습자이다. 따라서 평생교육에 있어 교수자와 학습자는 수직적이고 위계적이며 권위에 기초한 주종관계가 아니라 수평적이고 대등한 관계로 함께 참여하고 공존하는 특성을 지닌다.

여덟째, 경험중심을 들 수 있다. 평생교육의 기획 · 실행 · 평가 등 모든 분야에서는 학습경험을 통한 지식의 축적을 중요시한다. 삶의 과정에서 축적되어온 삶의 경험이 최대의 학습자원으로 중시되고, 그 활용이 강조된다. 평생교육은 학습자와 교수자 간의 각 개인 학습자의 경험자원을 최대한 활용하는 경험중심 교육 · 목적 · 내용 · 방법으로 구성되는 특성을 지닌다.

아홉째, 만족을 들 수 있다. 모든 삶이 그러하지만, 평생교육은 배움의 즐거움을 통한 만족이 뒤따라야 한다. 자발적이고 비의무적인 참여에 의한 자발적 학습이므로 무엇보다도 학습 자체가 즐거워야 하며, 학습자 스스로 학습을 통한 내적 만족과 즐거움을 찾을 수 있어야 한다.

이러한 평생교육의 특성을 토대로 정보사회에서 평생교육체제의 형성은 개인에게 만족과 희망을 주고, 사회에는 안정과 번영을 제공하며, 국가에는 미래를 기약하는 초석이 될 것이다. 따라서 사회구성원들의 변화에 대한 두려움보다 희망과 꿈을 제공하여 인식의 변화를 가져오는 노력을 지속적으로 경주하여야 할 것이다.

또한, 평생교육은 주로 성인들을 중심으로 이루어진다. 따라서 성인들을 중심으로 그 특징을 살펴보면 다음과 같다. 성인 학습자의 특성은 (1) 학습에 대한 준비성: 학습에 대한 열정이 강하다. (2) 문제 중심의 학습: 암기보다 문제 중심 학습에서 해결능력이 높다. (3) 시간의 예측: 가까운 장래에 활용할 수 있는 내용을 선호한다. (4) 자기경험의 활용: 문제해결에 있어서 자기 경험을 최대한 활용하는 경향을 보인다. 성인학습의 특징은 (1) 자발성: 학습자의 자발적 참여로 이루어진다. (2) 현실성: 현실의 관심사가 학습의 주된 내용이 된다. (3) 비기준성: 학습자의 선발에 특별한 기준을 두지 않는다. (4) 비체계성: 교육의 내용이나 방법이 융통성이 있고 탄력적이다. (5) 상호작용: 교사-학습자, 학습자-학습자 간의 상호작용이 활발하다. (6) 학습과정의 중시: 학습의 결과보다 과정을 더 중시한다.

이러한 평생교육의 특징을 간략히 살펴보면, (1) 모든 인간의 삶의 질을 향상시키는 것을 목적으로 한다. (2) 개인 생에 전체의 교육을 수평적 · 수직적으로 통합하기 위한 것이다. (3) 발달과업에 따른 계속적 학습을 중시한다. (4) 평생에 걸친 교육기회 균등화를 실현하기 위해 노력한다. (5) 교양교육과 전문교육 간의 조화와 균형을 유지하기 위해 노력한다. (6) 개인과 사회의 필요에 즉각적으로 대처한다. (7) 사회를 학습사회화하려고 노력한다. (8) 자기주도적 학습이 요구된다. (9) 교육에 있어서 융통성과 자율성을 존중한다.

학교교육을 보완하는 차원에서 평생교육에서 이루어지고 있는 대안적 의미의 교육을 보면 (1) 평생학습계좌제 (2) 학점은행제 (3) 원격교육: 방송통신고, 방송통신대, 원격대학 (4) 독학사 취득 등을 들 수 있다.

한편 평생교육과 유사한 의미를 가진 용어로서, 계속교육, 순환교육,

생애교육, 성인교육 등이 있다.

계속교육(continuing education): 일정한 단계의 학교교육을 마친 사람이 다시 학교에 돌아와 사회생활과 학업을 병행하는 것을 말한다.

순환교육(recurrent education): OECD(경제협력개발기구) 등에 의해 구성된 혁신적 교육프로그램으로서 정규교육을 마치고 사회에 진출한 사람들을 정규교육기관에 입학시켜 재학습의 기회를 부여하여 직업적·기술적 자질을 향상시키는 교육이다.

〈표 7-2〉 학교교육과 평생교육의 차이점

구분	학교교육	평생교육
교육목적	입신출세, 취직조건, 이상적	인간교육, 양식향상, 실제적
교육대상	획일적, 동질적, 특정적	다원적, 이질적, 보편적
교육내용	사회에 의하여 공인된 특정 사회 집단의 문화선택(교과중심) 경험이 별로 중시되지 않음	학습자의 흥미와 필요에 기초한 문화내용(문제중심) 경험이 풍부한 학습자원
교육방법	일방적 교육, 교사중심, 수동적	상호교육, 학습자 중심적, 능동적
교육제도	형식적, 고정적, 획일적이므로 사회변화에 능동적 대처 힘듦	비형식적, 다양성, 유연성 사회변화에 능동적 대처 쉬움
교육평가	시험 중심의 평가	시험 및 학습자 스스로 평가
교육결과	지식의 미래 효용도 중시	지식의 현재 효용도 중시
교육시기	한정(재학기간, 졸업년도) 주로 청소년기(성인기는 소수)	무한정(수시) – 평생 동안
교육장소	주로 학교로 한정	학교 내외로 무한정
학습동기	타율적	자율적
학습자	의존적 성향(교사주도적)	독립적 성향(자기주도적)
교사역할	지식전달자, 조언자	안내자, 조력자, 촉진자
교육비	고비용	저비용

생애교육(career education): 직업이 한 개인에게 보람 있고 만족한 생활이 될 수 있도록 도움을 주는 학교와 지역사회의 노력을 말한다. 일본에서는 평생교육 대신 생애교육이라는 용어를 사용한다.

성인교육(adult education): 교육내용과 방법이 무엇이든 간에 성인들이 참여하는 다양한 형태의 모든 교육을 일컫는다.

제7절 학교의 유형

가. 자유학교(대안학교)

자유학교(Free School)는 미국의 와서맨(Mikian Wasserman)이 16세기 초 민권운동(Civil Rights Movement)시기에 남부에서 흑인 젊은이들을 위하여 만든 것이 자유학교의 시초였다. 자유학교에서는 학교가 아동들의 요구에 맞는 교육경험을 제공하고, 아동들이 무엇을 어떻게 배울 것인가를 선택할 자유를 허용한다(이종각, 2011: 277). 대표적으로 영국의 닐(Alexander Sutherland Neill)에 의해서 1921년 시작된 서머힐 학교(Summerhill School)가 있다. 서머힐 학교는 교칙도 없고 학생들에게 강제로 준수시키는 의무조항도 없다. 학생은 욕을 해도 괜찮고 수업을 듣지 않아도 처벌을 받지 않는다. 학생들은 GCSE (General Certificate of Secondary Education: 중등교육수료증명서) 시험을 볼 것인지의 여부도 스스로 선택할 수 있다. 그러나 서머힐 학교 설립자인 A. S. 닐의 딸인 조레드헤드 현 교장은 서머힐이 우수한 졸업생들 덕분에 긍정적 평가를 받는 것을 경계한다. 서머힐의 존재 이유는 개인의 자발성과 책임감을 존중하는 교육을 지향하는 것이지 업적주의와 학업성취도 중심 교육과는 거리가 멀기 때문이다.

우리나라에서는 대안학교로 불린다. 이 영향을 받은 대안학교는 공교육 제도의 문제점을 극복하기 위해 별도의 프로그램을 마련하여 새롭게 고안한 학교이다. 초등학교, 중학교, 고등학교 과정의 대안학교가 있다. 기본적으로 자연친화적이며 공동체적인 삶을 이어간다는 교육목표 아래 비정형적인 교육과정과 다양한 교수방식을 추구한다. 주요 특징은 학급 수나 학생 수를 줄여 학습자와 교사 간의 인간적 교류가 가능하도록 하고, 학습자와 교사가 동등한 자격에서 학습계획에 참여하며, 경쟁주의 원리를 지양한다는 것이다. 대안학교의 유형에는 학교 중도 탈락자나 부적응 학생들에게 정상적인 사회인으로 복귀할 수 있도록 기회를 주는 위탁형 대안학교, 교육과정과 학사운영이 자유롭고 일반학교와 마찬가지로 정규 학력을 인정받는 특성화형 대안학교, 그 밖에 계절학교나 주말학교 등이 있다.

2008년 현재 한국에 정규 학력이 인정되는 특성화형 대안학교는 많지 않은 편이다. 전국에 걸쳐 초등학교 5개교, 중학교 5개교, 고등학교 17개교 정도이다. 그 외에도 비정규과정 대안학교가 있으며, 정규와 비정규 대안학교 모두 점차 확대되는 추세에 있다.

나. 홈스쿨링

홈스쿨링(home schooling)은 학교에 가는 대신에 집에서 부모한테 받는 재택 교육을 말한다. 지금까지 제도적으로 학교가 일반화되면서 학교교육과 부모의 양육의 역할이 분리되어왔는데 공교육의 획일적인 교육에 반대하여 부모들이 아이의 적성과 특성에 맞는 교육을 직접 가르치는 홈스쿨링 운동이 확산되고 있다. 특히 최근 교내 총기난사 사고나 마약,

※ 프랑스의 프레네 교육

프랑스의 진보교육학자로 불리는 셀레스탱 프레네(Célestin Freinet, 1896-1966)의 교육실천에서 비롯된 교육방법론을 말한다. 교사중심의 교수방식에서 벗어나 학생들의 동기와 자발성을 중시하는 교육을 강조한다. 수업에서는 교사는 학생들이 스스로 조직하는 방법을 배우도록 가르치고 학생의 능력에 따라 차별하지 않고 각자의 속도와 리듬을 존중한다. 또 다양한 능력을 가진 학생들을 한 교실에서 경쟁이 아닌 협동의 원리로 가르친다. 교사는 학생들이 이루고자 하는 목표를 성취할 수 있도록 도우며, 학교운영이나 수업에서 학생들의 동등한 참여와 소통을 중요한 원칙으로 삼는다. 이 방식은 교사들의 나눔과 연대를 통해 모든 자료와 철학을 공유하고 끊임없이 확대 발전하는 살아있는 유기체 같은 교육 방법이다.

기존적인 특징을 몇 가지 보면.

첫째, 시간 운영의 자율성: 자율적인 책임을 통한 학습활동을 강조한다. 시작종이 쳐도 서두르지 않는다. 학생 스스로 만든 자율학습안을 가지고 담임선생님과 계약을 한다. 한 주 동안 무슨 공부를 어떻게 할 것인지? 또 학급을 위해 어떤 노력을 할 것인지? 스스로 결정한 후 표로 만들어 선생님과 협의하는 방법이다. 공부에 있어 모든 것이 자율적인 반면 반드시 책임이 뒤따른다. 한 주가 끝나면 선생님과 학생이 마주 앉아 계약서가 얼마나 실행되었는지 점검한다. 학생은 매주 스스로 계약서대로 실행했는지 평가하고 이를 선생님께 제출한다. 대부분의 학생은 자신이 할 수 있는 만큼 계획하기 때문에 대부분 실행하는 편이다.

둘째, 교과서가 없다. 사실 프랑스와 영국 수업에는 여러 종류의 교과서를 채택하지 않는다. 기본적인 교과서가 있기는 하지만 대부분 선생님이 준비한 교재를 복사해 나눠 갖거나 다른 주제를 선택해 토론하는 방식을 취한다. 프레네 학교에는 다른 프랑스 학교에서 기본적으로 택하는 교재마저도 없다. 딱딱한 교과서보다 실생활에 도움이 되는 국어를 배우는 편이다. 학생 스스로 정리한 국어노트가 따로 있고 한 학년이 끝나면 자기만의 독특한 국어책이 만들어진다. 수준에 차이점이 생기지만 이런 차이는 당연하다고 생각한다. 각자 수준에 따라 공부하고 지속적으로 향상시키는 방법을 택하기 때문에 같은 3학년이라도 어떤 친구는 2학년 수준의 공부를 하고, 어떤 친구는 4학년 수준의 공부를 한다. 이 모든 것이 한 공간에서 이루어진다.

셋째, 학습에 대한 학생의 주도권: 어떤 시간에 어떤 일을 하는지 알고 있으며, 그것도 학생이 정한다. 친구를 위한 봉사도 스스로 결정한다. 계약서에는 항상 학급과 친구를 위해 어떤 일을 해 줄 것인지 한두 가지씩 기입하게 되어 있다. 교실에 있는 작은 어항의 물을 갈아준다거나 화분에 물 주기, 학급문고 정리하기 등 자신이 할 수 있는 일을 매주 번갈아 기입하고 실천한다. 이 모두를 교사의 강요 없이 스스로 결정하지만 반드시 책임을 져야 한다.

넷째, 수업시간에는 의사표현 강조: 교사가 시켜서 자신의 의견을 말하는 것이 아니라 학습과정에서 자연스럽게 의사표현을 하도록 한다. 학생들은 모두 자신의 의사표현을 하는 데 익숙해져 있고, 누구 앞에서든 거침없이 피력한다. 교사와 학생의 발언권이 동등하며, 회의를 주재하고, 결정하는 것도 학생이 한다. 이를 통해 시민의식을 길러낸다는 목적을 가지고 있다. 프레네 유치원 시절부터 강조된 교육으로 의사표현이 얼마나 중요한가를 가르쳐주고 있다.

다섯째, 공간운영 방식의 자율성: 직장이나 수업, 휴식을 위한 공간을 모두 학생이 정한다. 글을 쓰기 위해서 조용한 곳이 필요하면, 글쓰기 수업을 숲에서 할 수도 있고. 토론을 녹음실에서 할 수도 있다.

음주, 섹스, 폭력 등 학교생활의 어두운 측면이 부각되면서 많은 부모가 재택교육을 택하고 있다. 미국은 몇 년에 걸친 법정공방 끝에 1993년 부모가 유치원에서 대학까지의 모든 교육과정을 집에서 가르치는 것이 합법화됐다. 미국의 모든 주는 1년에 2, 3차례 정도 교육관계자가 해당 가정을 방문, 교육 실태를 확인하는 조건으로 부모의 재택교육권을 인정하고 있다. 미국의 경우, 전체 지역에서 재택 교육을 받는 학생이 점차 확대되고 있는 것으로 나타났다. 미국 통계센터 자료를 보면, 1999년 85만, 2003년 109만 6천, 2009년 150만 8천, 2011년 204만 명까지 늘었다. 2021년 코비드19로 인해 500만 명까지 늘어났으며, 홈스쿨링을 선호하는 이유는 공립학교의 범죄, 총기사고, 폭력 등 안전문제로 인해 직접 가르치는 것을 선호한다.

우리나라는 현재 일부 홈스쿨링을 실시하는 가정이 있지만, 현행법상 의무교육으로 규정된 초등 과정을 무시하면 100만 원 이하의 과태료를 물게 되어 있는 등 제도적 규제가 있다.

다. 고등학교(일반고, 특수목적고, 자율고)

우리나라 고등학교는 교육과정 운영과 학교의 자율성을 기준으로 다음 세 유형으로 구분하고 있다. 첫째는 일반고로서 특정 분야가 아닌 다양한 분야에 걸쳐 일반적인 교육을 실시하는 고등학교를 말한다. 둘째는 특수목적고로서 특수 분야의 전문적인 교육을 목적으로 하는 고등학교를 말한다.

특수목적고는 특정 분야에 소질이 있는 학생을 선발해 특화된 교육과정을 운영하는 고등학교를 말하며 근거법령인 초중등교육법시행령 제90조에는 '특수 분야의 전문적인 교육을 목적으로 하는 고등학교'라고 정의하고 있다. 한국디지털미디어고등학교, 선린인터넷고등학교, 서울인공지능고등학교와 같이 정보통신 기술 분야가 강화되면서 IT분야 고등학교가 인기를 끌고 있으며, 그 외에도 항공정비사를 양성하는 경북 영주의 항공고등학교 등 국내에 480여 개 학교가 있다.

당초 특목고는 기계, 전자, 농업, 수산 등 이른바 실업계 전문 인력을 양성하기 위해 도입됐다. 하지만 점차 외국어고 또는 과학고를 특목고와 동일시하여 명문대 진학을 목적으로 자녀를 특목고에 입학시키는 학부모가 많아져 사회문제가 되고 있다.

현재 과학인재 양성을 목적으로 하는 과학계열의 고등학교, 외국어에 능숙한 인재 양성을 위한 외국어계열의 고등학교와 국제 전문 인재 양성을 위한 국제계열의 고등학교, 예술인 양성을 위한 예술계열의 고등학교와 체육인 양성을 위한 체육계열의 고등학교, 그리고 산업계의 수요에 직접 연계된 맞춤형 교육과정을 운영하는 산업수요 맞춤형 고등학교 등 다섯 분야의 특수목적고가 인정되고 운영된다.

셋째는 특성화고등학교로서 소질과 적성 및 능력이 유사한 학생을 대상으로 특정 분야의 인재양성을 목적으로 하는 교육 또는 자연현장실습 등 체험 위주의 교육을 전문적으로 실시하는 고등학교를 말한다. 그러나 현재는 특수목적고로 분류되고 있는 것이 현실이다. 넷째는 교육과정 및 학교 운영의 자율성을 인정한 자율고등학교이다. 자율고등학교에는 자율형 사립고와 자율형 공립고가 있다. 자율형 사립고는 58단위의 필수 교과목을 이수하면 학교가 재량으로 교육과정을 자유롭게 편성할 수 있다. 자율형 공립고는 일반 공립고 중 교과군별 이수 단위를 학교 자율에 따라 50% 증감할 수 있으며, 일반고보다 교과 편성이 자유로운 학교다(필수 이수단위는 72단위). 거주지역 내 학교만 지원 가능하며, 평준화 지역은 후기 고교 전형 기간에 '선(先)지원 후(後)추첨' 방식으로, 비평준화 지역은 학교 자율로 각각 신입생을 선발한다.

고등학교의 신입생 선발은 전기와 후기로 나누어서 행해지고 있다. 전기에 선발하는 고등학교에는 일반고 중 예·체능계고, 특수목적고, 특성화고, 자율형 사립고 등이 포함된다. 이들 학교에 입학하고자 하는 자는 재학한 중학교가 소재하는 지역의 1개 학교를 선택하여 지원하는 것을 원칙으로 하고 있다. 전형방법은 학교생활기록부 기록과 중학교 장의 추천서, 면접 등에 의한다.

이들 이외의 모든 학교의 신입생 선발은 후기에 이루어진다. 후기 학교의 선발은 주간부, 야간부의 순으로 실시한다. 교육과학기술부령이 정하는 지역의 후기 학교 주간부 신입생 선발은 고등학교 학교군별로 추첨에 의하여 교육감이 각 고등학교에 배정하는 것을 원칙으로 하고 있다. 후기학교 야간부 신입생은 당해 학교의 장이 선발한다.

고등학교에는 교장, 교감, 그리고 교사를 두되, 학생 수 100명 이하인 학교 또는 학급 수 5학급 이하인 학교 중 일정 규모 이하의 학교에는 교감을 두지 아니할 수 있도록 되어 있다. 고등학교에는 교장과 교감 이외에 3학급까지는 학급마다 교사 3인을, 3학급을 초과할 때에는 1학급이 증가할 때마다 2인 이상의 비율로 이를 더 배치할 수 있다. 고등학교에는 3학급마다 1인 이상의 실업과 담당교사를 둘 수 있으며 이외에도 실기교사, 보건교사, 전문상담교사 및 사서교사를 둘 수 있다. 또한, 교원 이외에 학교 운영을 지원하기 위한 직원을 1인 이상 둘 수 있다.

고등학교의 교과는 대통령령으로 정하게 되어 있다. 현재 고등학교에서는 국어, 도덕, 사회, 수학, 과학, 기술 · 가정, 체육, 음악, 미술 및 외국어와 교육부장관이 필요하다고 인정하는 교과를 이수하도록 되어 있다.

고등학교의 학기는 매 학년도를 두 학기로 나누되 제1학기는 3월 1일부터 학교의 수업일수, 휴업일 및 교육과정 운영을 고려하여 학교의 장이 정한 날까지, 제2학기는 제1학기 종료일 다음 날부터 다음 해 2월말일까지로 하고 있다. 자율학교 등에서는 절차를 거쳐 학기를 달리 운영할 수도 있다(※ 중학교의 장은 학기 중 한 학기를 자유학기로 지정하여야 한다. 2015년 9월 신설). 학교의 수업일수는 학교의 장이 정한다. 다만, 학교의 장은 천재지변, 연구학교의 운영 또는 자율학교의 운영 등 교육과정의 운영상 필요한 경우에는 10분의 1의 범위에서 수업일수를 줄일 수 있다. 초등학교 · 중학교 · 고등학교 · 고등기술학교 및 특수학교(유치부를 제외)의 수업일수는 공통으로 적용된다. ㉠ 주 5일 수업을 실시하지 아니하는 경우, 매 학년 220일 이상 ㉡ 주 5일 수업을 월 2회 실시하는 경우, 매 학년 205일 이상 ㉢ 주 5일 수업을 전면 실시하는 경우, 매 학년 190일 이상으로 하고 있다.

학교운영의 자율성을 높이고 지역의 실정과 특성에 맞는 다양한 교육을 창의적으로 실시할 수 있도록 모든 고등학교에는 학교운영위원회를 두고 있다. 학교운영위원회는 당해 학교의 교원대표, 학부모대표 및 지역사회 인사로 구성하되 위원 수는 학교 규모에 따라 5인 이상 15인 이하로 하도록 하고 있다.

토론 및 논술

1. 학교가 하는 사회적 기능에서 긍정적 측면과 부정적 측면을 말해보자.

2. 학교풍토가 학생들에게 주는 영향에 대해 실증적 사례를 말해보자.

3. 학교가 지역사회에 주는 긍정적 영향과 부정적 영향에 대해 다문화 가정의 자녀들을 중심으로 말해보고 바람직한 대안을 논하시오.

4. 학교가 평생교육 기관으로 거듭나는 데 대한 자신의 의견을 제시하시오.

5. 다양한 학교의 유형이 주는 긍정적 영향과 부정적 영향에 대해 말해보자.

6. 방과 후 돌봄 교실 운영의 효과와 문제점을 설명하고, 적절한 운영방안에 대해 논하시오.

7. 학교교육에서 교사의 역할과 무상급식의 장단점에 대해 말해보자.

8. 통일교육에 대한 필요성과 의미를 솔직하게 말해보자.

제8장

정보사회와 교육

제1절 정보화의 특징

제2절 정보사회를 보는 관점

제3절 정보사회의 교육과 교사의 역할

제4절 감성사회의 도래와 4차 산업혁명

제5절 가상화폐

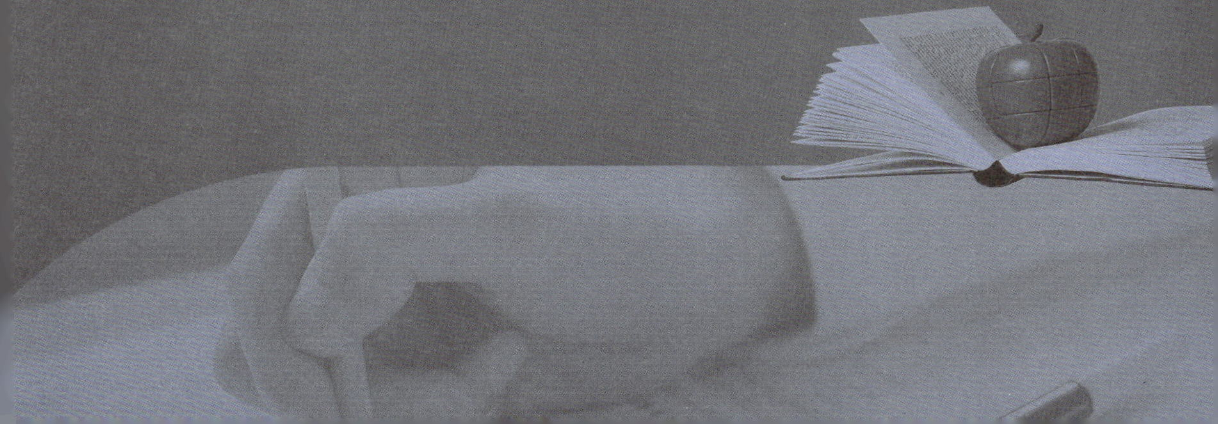

제8장 정보사회와 교육*

사회변화의 흐름을 살펴보면, 크게 초기 인류가 탄생한 이후 서로의 협력을 통해서 생존을 위해 살아왔던 농경사회에서 중세 부족국가의 기틀이 형성되면서 신분사회로 변화되었다. 그 후 산업혁명(産業革命, Industrial Revolution, 18세기 중엽 영국에서 시작된 기술혁신과 이에 수반하여 일어난 사회 · 경제 구조의 변혁)을 계기로 인류 사회는 급속한 변화에 접어들게 되면서, 이를 산업사회로 불렀다. 그 후 1990년대 급속한 정보통신기술의 발달로 인해 인류사회의 생활을 한 단계 업그레이드시키는 현상이 발생하였으며, 그중에서 가장 대표적으로 인식되는 컴퓨터, 인터넷, 스마트폰[smart phone: 독자적인 운영체제(OS)를 탑재하고 이메일 · 게임 등 다양한 서비스를 사용할 수 있도록 한 휴대폰] 등이 생활 속에서 밀접하게 사용되는 사회를 가리켜 정보사회로 지칭하고자 한다. 혹자는 지식이 정보의 핵심이 되는 사회로 보고 지식정보사회로 부르기도 한다. 정보사회란 정보화 사회의 진행이 일반화된 사회, 즉 정보유통량이 팽창함에 따라 이를 효율적으로 처리 · 분배 · 활용할 수 있는 기술과 지식이 고도화되고, 경제적으로나 사회적으로 정보의 가치가 커지게 되어 산업사회의 패러다임과는 전혀 다른 새로운 패러다임이 형성된 사회를 지칭한다. 즉 사회를 구성하는 구성원들의 일상생활 과정에서 정보의 가치 및 중요성에 대한 인식이 일반화된 사회로서, 정보화 사회의 종착점이 되는 사회

* 김종두(2000, 2004). 논문과 저서에서 내용을 요약하고, 일부 수정 · 보완한 것임.

를 지칭한다.

정보사회는 산업사회의 옷을 벗고 새로운 옷으로 갈아입으면서 인식의 변화를 가져오는 것이다. 역동적 변화의 과정에서 보면 모더니즘에서 포스트모더니즘과 페미니즘으로 나아가는 경향과 마찬가지로 새로운 사회가 다양한 특성들을 띠게 되는 것은 자명하다. 따라서 이러한 변화의 흐름을 파악하고 적응해가려는 노력 또한, 게을리할 수 없는 중요한 요소가 된다. 그 가운데서도 사회의 변화 속에서 교육과 관련된 우리 세대의 근본적인 연속성과 불연속성을 분석하여 대처해 나아감으로써 미래사회의 변화에 적응하는 것은 자연스러운 것이다. 이런 일은 교육과 사회의 변화에 대한 조명을 통하여 가능하게 될 것이다. 사회변화에 따른 교육유형의 강조를 살펴보면 그 흐름을 고찰할 수 있다([그림 8-1] 참조).

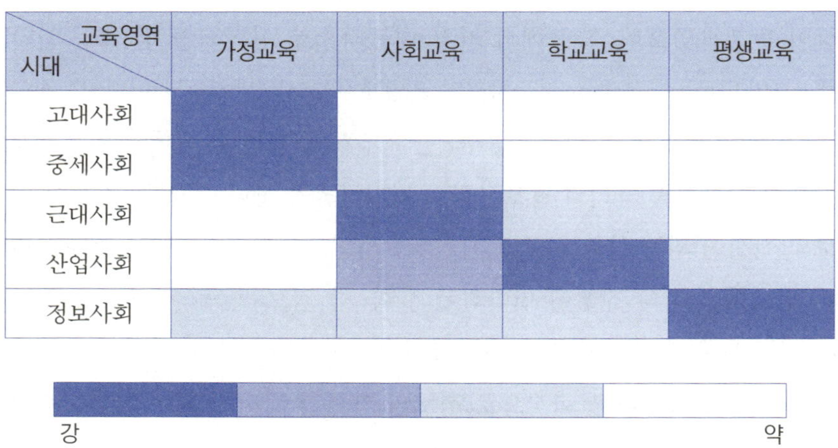

[그림 8-1] 시대별 교육의 강조

따라서 정보사회로 갈수록 평생교육체제는 강조될 수밖에 없으며, 지금까지의 단기적 교육이 아니라 인간이 태어나서 죽을 때까지의 평생 동안에 걸친 교육이 강조될 것이다. 폭발적으로 늘어나는 지식의 양과 질을 단기간에 습득한다는 것은 불가능해졌다는 현실적 상황에 기인하는 것이다. 이러한 정보사회에서의 교육흐름은 지금까지 선세대의 지식과 정보를 수용하는 입장의 후세대들에서 이제 선세대가 후세대의 지식을 새로이 습득해야 하는 사회적 상황에 직면해 있으며, 이는 계속적인 기술의 발달로 인하여 지속해서 이어지게 될 것이다. 왜냐하면, 선세대의 지식과 정보로 급변하는 사회에 적응해 나가기는 어려우며, 새로운 기술의 등장으로 후세대의 지식을 선세대가 지속해서 습득하지 못하면, 사회적 인격체로 인정받기 어려운 상황으로까지 도래하게 될 가능성이 크다. 이러한 사회 흐름의 과도기 체제가 지나면 지속적인 학습을 통해 사회에 적응하고 삶의 질을 향상시켜 갈 수 있는 학습사회가 형성될 것이다.

이러한 사회변동의 원인은 고대부터 현재까지 그 중심축이 사회변동의 과정은 항상 기술의 발달을 토대로 이루어져 왔으며, 기술의 발달은 삶의 질을 높이기 위한 기대에서 출발한 것이다. 자연물 채집경제에서 생산경제로의 발달은 철기문명을 토대로 변화된 것이며, 농업기반 사회에서 공업기반 사회로의 이동은 산업혁명을 통한 기술의 발달을 바탕으로 한 것이다. 산업사회에서 정보사회로의 이동은 컴퓨터와 인터넷의 발달을 통한 정보통신기술의 비약적 발전이 변동의 원인을 제공하고 있다.

정보사회로 나아갈수록 학교에서의 교육정보화 수준도 높아진다는 것을 의미하며, 교육과 관련된 정치, 경제, 사회, 문화 등의 모든 분야에서 정보가 교육에 기여하는 역할이 증대되고, 그에 따라 교육현장에서의 활용도 증가되며, 학습자들의 성취에 미치는 영향 또한, 증가된다는 것을 의미한다.

정보사회에서 중시되는 정보의 생성과정을 보면, 먼저 데이터는 '어떤 사실이나 현상 그 자체'를 말한다고 할 수 있다. 그러나 정보는 관계자들이 의사결정하기에 유용하게 가공된 데이터를 말한다. 이 정보를 가지게 되면, 개인이나 집단이 어떤 의사결정을 통해서 어떤 일을 수행하려고 하는지를 알게 되는 것이다. 따라서 의사결정에 영향을 미치는 가장 중요한 요인이 된다.

따라서 정보사회가 필요로 하는 개인의 능력은 기본적으로 컴퓨터 활용 능력과 정보 활용 능력을 요구한다. 이러한 능력이 뒷받침되지 못하면, 개인의 삶에 불편한 부분이 많게 된다. 정보가 곧 산업인 시대가 도래한 것이다.

이러한 정보산업의 특징을 살펴보면, 다음과 같다. 첫째, 인간의 창의력과 지식을 기반으로 하는 산업을 들 수 있다. 둘째, 물질 상품에 비해 부가가치가 높은 산업을 들 수 있다. 셋째, 기술혁신이 빠른 산업을 들 수 있다. 넷째, 제품의 수명이 짧은 산업을 들 수 있다. 이러한 특징을 내용 측면에서 보면, 가정자동화의 경우, 가정에서 정보통신망을 이용하여 생활에 필요한 모든 것을 할 수 있다. 공장 자동화는 컴퓨터를 이용한 생산시스템으로 작동한다. 즉 새로 건설되는 공장들은 대부분 최소의 인력을 투입하고, 로봇을 이용하여 단순작업이나 위험한 작업 등을 수행하도록 한다. 사무자동화는 사무실에서 컴퓨터 시스템을 중심으로 한 자동화 재택근무, 전자상거래 등을 말한다. 교육에서는 컴퓨터 보조학습과 학생중심의 대화형 수업진행이 이루어지고, 로봇의 학생지도가 이루어지고 있으며, 인터넷을 통한 사이버 강의는 교육에서 하나의 주된 흐름이 되고 있다. 의료분야에서는 전산화단층촬영장치(CT: Computed Tomography), 자기공명영상장치(MRI: Magnetic Resonance Imaging) 등 원격 진료가 이루어지고 있다. 과학 분야에서는 지진탐사, 기상예보, 분자 모델링 등이 이루어지고 있으며, 그 외에도 다양한 적용과정에서 파생되는 새로운 기술이 빠르게 나타나고, 상용화되고 있어, 사회의 전 분야에서 급속한 변화의 과정을 겪게 된다.

제1절 정보화의 특징

가. 정보화의 특징

A. Toffler(1928)

토플러(A. Toffler)에 따르면 과학 · 기술은 생산양식의 변화를 가져왔으며, 이러한 생산양식의 변화는 생산과 소비의 분리를 가져왔다고 본다. 그는 제1물결을 농경사회의 농경기술을 들고 있으며, 제2물결은 산업사회의 산업기술, 제3물결은 정보기술을 들고 있다. 이러한 생산과 소비의 분리는 인간의 행동을 규제하는 여섯 가지 원칙을 파생시켰다고 보았다. 그것은 표준화(standardization), 분업화(specialization), 동시화(synchronization), 집중화(concentration), 극대화(maximization), 중앙집권화(centralization)이다(Toffler, 1980: 62-76; 송병순, 1998: 176-182).

(1) 표준화

표준화란 대중사회에서 대량생산을 가져온 가장 기본적인 원리이다. 산업사회에서 표준화된 것은 콜라병, 백열등, 자동차의 트랜스미션 등만이 아니었다. 표준화의 원칙은 그 밖의 사물에도 적용되었다. 표준화의 중요성을 가장 먼저 이해한 사람이 데일(Dail)이었다. 1860년대 말에 미국 철도 우편사무원으로 일하던 데일(Dail)은 우편배달 경로의 표준화를 생각하며, 금세기 초 '미국 전신전화회사(AT & T)'를 설립하여 거대 기업으로 성장시킨 인물이다. 제2의 물결 사회에서는 노동의 표준화와 함께 고용절차까지 점차 표준화되었다. 즉 표준화된 시험을 거쳐서 작업에 부적합한 사람을 가려내었던 것이다. 표준화는 복리후생, 점심시간, 휴일, 불평불만 건의 등에서도 채택되었다. 이러한 제2의 물결 흐름은 인간 생활의 여러 수준에서 표준화를 전적으로 적용하였기 때문에 획일화로 진행되어 갔다.

(2) 분업화

제2물결사회에 공통적인 또 하나의 대원칙은 분업화이다. 제2물결이 진행되면서 언어, 여가, 생활양식 등의 분야에서 다양성이 사라져 갔으나 그에 반비례하여 노동의 영역에서는 다양성이 요구되었다. 제2물결은 분업화를 추진함으로써 계절노동자와 같은 막일꾼, 농민을 대신해서 한정된 분야에 정통한 전문가와 테일러(Taylor, Frederick)식으로 오직 한 가지만 열심히 일하는 노동자를 등장시켰다. 19세기로 접어들 무렵 모든 일터는 분업화가 대규모로 진행되었고, 그에 따라 인건비가 절감되었다. 그러나 분업화에 따른 노동의 단순화로 인하여 노동자의 인간성이 박탈된다는 비판도 나타났다.

H. Ford

가장 대표적인 사례는 헨리 포드(Henry Ford)가 세계 최초의 양산 대중차인 "포드 T형" 자동차 생산을 시작했을 무렵 1908년에는 한 대의 차를 완성하는 공정이 18개 정도가 아니라 무려 7,882개로 나누어져 있었던 것이다. 그는 훗날 자서전에서 다음과 같은 주석을 달았다. 949개는 '몸이 건강한 숙련공, 육체적으로 아무 지장이 없는 사람'이 필요하다. 3,338개의 공정은 '체력이 보통 정도의 남자'이면 되고, 나머지 공정은 '여성이나 어느

※ 헨리 포드(Henry Ford, 1863. 7. 30-1947. 4. 7)

1863년 7월 30일 미국 미시간주 웨인에서 농부의 아들로 태어났다. 소년 시절부터 기계에 흥미를 가져, 학업을 중단하고 15세 때 기계공이 되어 자동차 제작에 몰두하였다. 1899년까지 디트로이트에 있는 에디슨회사에서 기술 책임자로 임하였으며 1903년 동업자와 함께 자본금 10만 달러로 포드 자동차회사를 설립, 1908년 세계 최초의 양산 대중차 T형 포드의 제작을 개시하였다. 1913년 조립 라인 방식에 의한 양산 체제인 포드 시스템을 확립하였으며 그 밖에 수많은 합리적 경영방식을 도입하였다. 그는 특히 경영지도원리로서, 미래에 대한 공포와 과거에 대한 존경을 버릴 것, 경쟁을 위주로 일하지 말 것, 봉사가 이윤에 선행할 것, 값싸게 제조하여 값싸게 팔 것 등 4개의 봉사원칙을 내세웠는데 이를 '포디즘(fordism)'이라 한다. 포드는 공장의 경영합리화를 위해 제품의 표준화, 부분품의 단순화, 작업의 전문화라는 3S 운동을 전개하면서 이 원칙을 달성하기 위하여 누드젠콘이 창안한 컨베이어 시스템을 적용하여 흐름작업조직으로 노동생산성을 끌어올리는 데 이바지하였다.

정도의 나이에 이른 아주머니라면 작업할 수 있다'고 했다. 그리고 포드의 냉정한 분석은 670개의 공정은 '두 다리가 없는 노동자'도 충분히 가능하며, 2,637개의 공정은 '한쪽 다리가 없는 노동자'도 할 수 있다. 두 팔이 없는 직공도 할 수 있는 공정은 2개, 715개의 공정은 외팔이 직공도 가능하다. 눈먼 직공이라도 할 수 있는 공정은 10개가 있다. 이러한 포드(H. Ford)의 방식은 극단적인 분업화가 인간성을 모독한다는 것을 입증하는 사례가 되기도 한다.

(3) 동시화

공업생산이 일반화되자 기계나 노동 상호 두 요인이 결합되는 과정에서 동시화가 이루어졌다. 공장 생산과정에서 A 작업공정을 맡은 노동자

그룹의 작업이 늦어지면, 그 다음 공정을 맡은 노동자 그룹의 작업은 더욱 늦어졌다. 그래서 농경사회에서 중요하지 않았던 시간엄수는 사회적 요청이 되어 각종 시계가 보급되었다. 1790년대 영국에서는 이미 시계가 신기한 것이 아니었다. 학생에게 수업에 늦지 않도록 등교하는 습관을 익히게 하는 것은 장래 작업시작의 사이렌이 울리기 전까지 정확하게 출근시키기 위해서인 것으로 나타났다. 이렇게 해서 러시아워가 생기고, 출퇴근시간의 교통체계가 혼잡하게 되었다. 방송국은 일정 시간에 오락프로그램을 편성하여 골든아워가 생겨났다. 또한, 원료담당자나 판매담당자의 형편에 따라 모든 일의 피크시간과 장사의 대목이 생겼다. 게다가 공시화(共時化)의 전문화까지 나타났다. 공장의 작업추진계, 시간표작성자, 교통순경, 표준작업 시간의 선구자가 그것이다.

(4) 집중화

시장이 팽창하면서 집중화가 나타나게 된다. 제1의 물결사회는 갖가지 에너지원 위에 성립되었던 사회였다. 그런데 제2의 물결사회는 에너지원을 거의 석유, 석탄, 천연가스 등 극히 한정된 지하자원에 의존하게 되었다. 그러나 집중화가 발전한 것은 에너지뿐만 아니라 인간의 집중화까지 촉진했다. 지방에서 사람을 동원하여 도시로 이동시킴으로써 거대도시가 나타나게 된 것이다. 그뿐 아니라 노동까지 집중되었다. 제1의 물결 시대는 사회에서 노동이 가정, 마을, 밭의 어디서나 가능했지만, 제2의 물결 시대는 노동의 대부분은 공장에서만 가능했다. 자본의 흐름에도 나타났다. 거대기업과 기업합병(trust: 카르텔보다 강력한 기업집중 형태로서 시장독점을 위하여 기업체가 개개의 독립성을 상실하고 합동하는 것)을 낳았다. 실례로 1960년대 중반에는 제너럴 모터스(GM), 포드, 크라이슬러의 미국 3대 자동차 메이커가 생산의 94%를 차지했다. 최근 지구촌 시대에는 공간을 뛰어넘는 집중화가 이루어진다. 애플사의 아이폰과 삼성전자의 갤럭시S 스마트폰이 전 세계 스마트폰 시장을 장악하는 집중현상이 나타나고 있는 것이다.

(5) 극대화

생산과 소비 사이에 균열이 생김으로써 제2의 물결사회에서는 대체로 '큰 것은 좋은 것이다'라는 '극대화 편집광'이라고 할 수 있는 증상이 나타났다. 국가와 도시는 세계 최고의 빌딩이나 세계 최대의 댐을 자랑하게 되었고, 산업화 시대의 정신에 깊이 침투하여 이러한 생각은 당연한 것으로 받아들여지게 되었다. 이러한 극대화는 분업화, 권력화와 함께 진행되었다고 볼 수 있다. 그 외에도 최소의 자본과 기술을 투자하여 최대의 효과를 내려는 생산의 극대화 현상이 기업과 사회에서 당연한 흐름으로 인식되었다. 현재에도 중동과 중국에서 나타나고 있는 초고층 빌딩의 신축은 이러한 흐름을 뒷받침한다고 볼 수 있다.

(6) 중앙집권화

모든 산업국가는 정교한 수법으로 중앙집권화를 발전시켰다. 복잡한 사회는 예외 없이 중앙집권적 기능과 지방분권적 기능의 공존을 필요로 한다. 제1물결의 경제는 기본적으로 지방분권적이며, 자급자족을 원칙으로 하고 지방색이 뚜렷한 경제였다. 이와 같은 특징을 갖춘 경제의 통합이 진행된 결과, 국가경제를 단위로 하는 제2물결 경제로 옮겨감으로써 권력을 중앙에 집중하는 방법도 그 면목을 일신하게 되었다. 이 새로운 형태의 중앙집권화의 이행은 개인기업, 대기업, 그리고 한 나라의 경제가 다양한 수준에서 구체화되어 갔다. 중앙집권화는 제2물결 문명의 지배적 원칙이 되었다.

이러한 6가지 기술문명의 특징은 서로 강화작용을 하면서 산업사회의 발전에 영향을 미친 결과 거대한 관료조직으로서 대중사회를 형성하게 되었고, 정치, 경제, 교육, 문화 등 사회 전반에 걸쳐 전통사회에서는 볼 수 없었던 많은 변화를 수반하였는데, 그 구체적 내용은 다음과 같다. 첫째, 보통평등선거제도의 도입과 같은 정치적 측면의 변화를 가져왔다. 전 세계 대부분의 국가는 보통평등선거 제도를 채택하고 있다. 둘째, 일반대중이 기업경영에 참여함으로써 대중자본주의 시대를 가져오는 등 경제적 측면의 변화를 가져왔다. 즉 신분사회를 넘어 개인의 역량에 따라 부의 획득이 가능한 사회가 되었다. 셋째, 대량생산과 대량소비, 대중매체의 발달은 수많은 정보를 대량 전달케 하는 대중전달을 가능하게 하여 대중문화 시대를 형성하는 데 기여하였다. 넷째, 인력공급의 사회적 요구의 증대는 보통교육제도(공교육제도)를 제도화함으로써 대중교육을 실시하게 하는 사회적 기반이 되었고, 대중사회에 적응할 수 있는 교육이 필요해짐으로써 교육에도 많은 변화를 가져왔다.

나. 정보화의 사회적 변화

정보사회는 산업사회의 결과물이라고 보는 것이 타당할 것이다. 정보통신기술의 발달이 급속도로 진행됨에 따라 새로운 사회적 현상들이 나타나게 되었다.

첫째, 웹(world wide web)을 통한 통신기술과 스마트폰의 등장이다. 웹을 통하여 세계 어디든지 빠른 시간에 갈 수 있고, 그곳의 상황을 알아볼 수 있는 시대가 된 것이다. 예를 들면, 한류 붐을 타고 남아메리카의 브라질에서 한국 걸그룹(girl group) '소녀시대' 음악과 춤을 배우고, 유럽의 청소년들이 한국 아이돌(idol: 우상의 의미로서 주로 청소년에게 인기를 얻고 있는 가수) 가수들의 음악과 춤을 보고 들을 수 있게 된 것이다. 최근 가수 싸이의 '강남스타일'은 유튜브 최단기간 최다조회수 등 각종 흥행 기록을 수립하고 있다.

둘째, 통신수단의 변화를 들 수 있다. 가정용 전화기가 주류를 이루던 시대에서 최근 20여 년간에 걸쳐 현재는 대부분 스마트폰으로 대체되고 있으며, 가정에 일반전화기를 설치하지 않는다.

셋째, 1인 가구의 확대이다. 빠르게 늘어나는 1인가구는 가족의 구성 형태를 변화시키고 있으며, 상품의 소량화 등 각종 영역에서 변화를 가져오고 있다.

일반적으로 정보사회의 특징으로 기술하고 있는 부분들을 보면, 정보가 최대의 가치를 가지는 사회, 정보가 대량으로 생산, 유통되는 사회, 정보가 부와 행복의 원천이 되는 사회라고 말하고 있다. 그러나 이러한 정보는 누가 생산하는가의 문제도 제기된다. 최근에 가짜뉴스가 사회적 문제를 불러일으키는 상황을 보면 더 관심을 가져야 한다.

이러한 정보의 가치판단기준은 세 가지를 들고 있다. 먼저, 정확성이다. 언제 어느 때든 주어지는 정보는 정확해야 한다는 것이다. 인터넷에 떠도는 정보는 부정확하다는 것이 일반적인 판단이다. 두 번째는 적시성이다. 특정 정보가 필요한 상황에 적기에 제공되어야 한다는 것이다. 셋째, 평의성이다. 누구에게나 적용 가능하고 타당해야 한다는 것이다. 소수의 특정인에게만 해당되는 정보는 그 영향력이 적다는 것이다.

이러한 정보의 주된 특징은 다음과 같다. 보통 정보는 한번 사용한 후에도 그 가치가 사라지지 않는 비소모성을 지닌다. 둘째, 타인에게 양도되어도 소유주에게 남아 비전이 되는 경향이 있다. 셋째, 누적될수록 가치가 증대되는 누적성을 띤다. 넷째, 사람에 따라 가치가 다른 개별성의 특징을 지닌다. 다섯째, 가치가 유동적인 불확실성을 지닌다. 어떤 상황에서는 가치가 매우 높지만 또 다른 사회나 상황에서는 가치가 낮아질 수 있다는 것이다.

다. 정보화의 효과

교육에서 정보화를 통해 달성되는 효과를 살펴보면, 교육환경과 기술 측면에서 살펴보면 다음과 같다. 먼저 교육환경 측면에서 보면, (1) 수업에서는 시간과 장소, 지역 등 고립된 교육환경을 극복할 수 있다. (2) 연구에서는 최신 학술정보의 입수가 용이하다. (3) 교육과정에서는 내용의 개선과 수정이 용이하다. (4) 행정 측면에서는 절차를 간소화할 수 있다. (5) 각 도서관의 도서 공유기능을 수행한다. (6) 시설자원을 공유하며, 공익정보를 제공한다. (7) 경비 및 시간 절감 기능 등을 한다.

기술 측면에서 보면, (1) 원거리 접속과 화상강의 등의 기능으로 인해 경제적 효율성이 높다. (2) 파일 교환 기능이 우수하다. (3) 전자 우편 기능으로 편리하다. (4) 반복 재생 및 복제 기능으로 업무 효율성이 높다.

그 외에도 개인의 학습상황에 따라 학습내용을 달리할 수 있고, 최근에 학교에서 많이 야기되고 있는 청소년 폭력의 직접적인 문제에 노출되지 않는 등의 다양한 효과들이 있다.

라. 정보사회의 전개와 발전

이미 전 세계는 정보사회로 접어들었으므로 이에 대해 적응하려는 개인의 노력과 학교에서의 교육, 사회적 분위기를 형성시키는 것이 중요하다. 인터넷을 통한 다양한 사회관계망을 통해 빠른 정보공유와 확산이 이루어지고 있으므로 변화에 능동적으로 대처할 수 있는 능력과 수용적 태도를 가지는 것이 요구된다. 기본적으로 변화되고 있는 정보사회 전개 과정을 보면, (가) 경제영역은 상품생산경제에서 서비스 경제로의 전환, (나) 직업구조는 전문직 · 기술직의 급속한 증가, (다) 기본원리는 사회혁신과 정책결정의 원천으로서 이론적 지식 중시, (라) 미래지향적 기술의 창조, 관리, 계획 등 일련의 기술통제 강화, (마) 의사결정에서는 정보이론, 인공두뇌학, 게임이론 등 고도의 연산, 확률, 논리, 수리, 통계에 기반을 둔 새로운 지적 기술의 창조(D. Bell, 1973; 배규환, 1998: 136) 등으로 나타나고 있다.

제2절 정보사회를 보는 관점

정보사회를 보는 관점은 학자마다 다르게 보고 있으나 여기서는 기본적인 변화의 과정에서 나타나는 기술공학적, 경제학적, 사회학적, 문화적 관점의 네 가지 관점에서 살펴보고자 한다.

가. 기술공학적 관점

기술공학적 관점에서는 정보사회를 설명하는 데 기술혁신을 강조한다. 정보통신기술을 기반으로 정보유통의 양과 속도의 증가로 얻어지는 "시공축약(time-space compression)"은 산업 사회에서는 불가능했던 많은 일들을 가능하게 할 뿐만 아니라 화상회의나 전자메일 등은 실시간으로 전송된다. 디지털 네트워크 기술 발달은 생산성 향상, 근로시간의 감소, 여가시간의 증대 등 삶의 총체적인 부분에서 혁신적인 변화를 가져다 줄 것으로 본다. 컴퓨터에 의한 정보 처리, 디지털 압축 기술에 의한 획기적인 저장과 전송기술의 발전으로 미래 사회는 거의 모든 부분에서 정보기술이 활용되고, 모든 사회 구성원들은 상호연결 된다고 본다. 종합정보통신망(integrated services digital network: ISDN)이 확산되면 산업사회에서 철도나 도로가 했던 역할과 같이 이것이 정보사회의 하부구조(infrastructure)를 제공한다.

나. 경제학적 관점

정보사회에 대한 경제학적 정의에서 웹스터(F. Webster, 1995)는 정보 관련 산업이 국민 총생산에서 50%의 비중을 차지하는 사회를 말한다고 하였다. 이러한 경제학적 관점은 다시 경제구조와 정보소비 측면으로 나누어진다.

경제구조 관점 경제구조 관점에서는 산업사회에서 정보사회로의 이행은 한 사회의 경제적 성격에 의해서 결정된다는 가정에 기초하고 있다. 특히 정보를 여타의 서비스 부문과 구분되는 독자적인 경제영역으로 간주하고, 정보나 지식의 생산과 분배정도에 따라 정보사회의 진전정도를 평가한다. 정보사회의 존재 혹은 성숙의 정도를 정보 관련 산업의 성장과 규모로 파악하려는 경제학적 접근법의 창시자 매클럽(Fritz Machlup)은 정보 관련 산업을 50개 하위영역으로 분화되는 5개의 大산업군(교육, 통신매체, 정보기기, 정보서비스, 기타 정보활동)으로 나누고, 그 영역의 경제적 가치가 GNP에서 차지하는 정도를 산출하였다. 정보사회를 향한 총체적 변화 현상을 주목하기보다는 경제적 측면에만 초점을 맞추는 경향이 강하며, 미래의 빠른 성장속도를 예측하지 못하고 있다. 뿐만 아니라 사회로의 변화를 사회적 패러다임의 변화로 보지 못하고 경제성장의 단계로 이해하여 너무 단편적인 시각으로 본다는 문제점을 가지고 있다.

정보소비 관점 정보소비 관점은 정보 재화(information goods)와 서비스의 유통에 초점을 둔다. 이 관점에서 전석호(1995: 25)는 정보사회를 "특정사회 내의 정보유통량이 팽창함에 따라 그 정보를 효율적으로 처리 · 전달할 수 있는 정보기술의 고도화가 불가피해지며, 이에 따라 정보의 사회 · 경제적 가치가 높게 부여되는 사회"로 정의하고 있다. 만수다(Yoneji Mansuda, 1980) 역시 "물질가치가 아닌 정보가치의 생산이 사회의 형성과 발전의 원동력이 되는 사회"를 정보사회로 정의하고 있다. 윌호잇(G. Wilhoit, 1981)은 "저장과 유통에 있어서 풍부한 정보의 균형, 그리고 사회의 모든 구성원에게 용이한 정보의 접근이 특징이 되는 사회"로 정의하고 있다. 이러한 정의는 정보기술의 성장속도가 빨라짐으로 인해 생활 속에서 정보가 대량으로 유통되면서 다방면에 커다란 영향을 미친다고 보고 있지만, 이러한 정보와 정보기술의 생산 · 유통의 확대가 어떠한 사회적 귀결을 가져오는지에 대한 사회변화의 안목을 담아내지 못한다는 단점이 있다. 특히, 이러한 현상이 왜 일어나며, 어떤 원리에 따라 정보흐름이 규정되는가 하는 점도 알기 어렵다는 문제가 제기된다.

다. 사회학적 관점

정보사회에 대한 사회학적 관점은 기술적 특성이 야기할 사회적 변화의 흐름에 주목한다. 사회변화를 비관적으로 보는 입장과 낙관적으로 보는 입장이 있다.

낙관적 관점 정보사회가 가져다 줄 장밋빛 미래를 그려내고 있다. 재택근무, 홈쇼핑, 원격교육, 원격진료, 화상전화 등 일상생활에서부터 산업 및 행정 · 정책에 이르기까지 정보통신 기술 덕분에 산업사회의 불안하고 힘든 상황에서 벗어나 안락한 삶을 영위할 수 있을 것으로 기대한다. 정보교류의 활성화와 지구촌 사회의 형성으로 독재체제나 이데올로기의 사상적 통제도 불가능해지며, 민주화와 자유화를 통한 인간생활의 평화가 촉진될 것으로 인식하는 것이다. 스토니어(Tom Stonier, 1983:

참고

노마드 사회

노마드(nomard)는 양, 염소 등 동물을 키우기 위해 초지를 찾아 이동하는 유목민을 뜻하는 라틴어이다. 1968년 프랑스 철학자 질 들뢰즈가 자유롭고 창의적인 삶을 누리는 새로운 인류를 가리키며 '노마디즘'이라는 말을 쓰면서부터 새롭게 조명받기 시작하였다. 인터넷이 보급되면서 정보사회가 형성되고, 디지털 기술이 발달함에 따라 장소나 시간에 제약받지 않고 자유롭게 일하는 사람을 일컫는 용어로 디지털 노마드, 잡(job) 노마드, 노마드 워커 등이 등장했다. 모두 같은 의미를 가진 용어이다.

- 노마드 워커(nomad worker): 자유 계약직 또는 프리랜서로 불렸으나 디지털 기기(컴퓨터, 노트북, 태블릿 등)를 사용하여 '어디에서도 일할 수 있는 근로자'이다. 웹 마스터, 프로그래머, 해외영업자,
- 잡(jab) 노마드: 한 사람이 다양한 직업과 일을 하면서 생활하는 사회적 현상
- 모바일 보헤미안: '일과 사생활의 경계가 없어진 상태'를 의미하며, 자신이 하고 싶은 일을 하면서 세계를 상대로 여행하듯이 사는 삶의 양식을 의미한다. 즉, 스마트폰(모바일)으로 일하는 직업을 가지고 생활하는 유튜버, 블로거, 인플루언서 등

202)는 "후기산업사회에서 인간의 삶은 보다 풍요로워지고, 자원도 풍부해지고, 무력에 호소할 가능성이 적어질 뿐만 아니라 더욱 민주화될 가능성이 많아진다."고 주장한다. 벨(D. Bell, 1973)은 현대사회를 정보사회라는 용어보다는 "탈산업사회(post-industrial society)"라는 개념으로 해석하면서, 탈산업사회를 사회변화의 연속적인 단계의 하나로 보고 있다. 탈산업사회에서 중심자원은 정보와 지식이며, 이것이 산업사회에서 탈산업사회로 이전되는 데 크게 기여하였다는 것이다. 그중에서도 핵심적인 역할을 한 것은 과학적 지식과 공학기술의 결합을 기반으로 하는 정보통신기술이라고 규정함으로써 탈산업사회의 실체가 정보사회라는 데 공감하며, 이러한 정보사회로의 변화는 인간의 의지에 달린 것으로 미래의 사회변화 방향을 보고 있다. 만수다(Y. Mansuda, 1981)는 산업사회의 테크놀로지, 사회경제적 구조, 가치관 등을 새로운 사회와 비교함으로써 정보사회에 대한 다차원적 접근을 시도하였다. 그는 정보사회의 미래에 대해 매우 낙관적인 견해를 피력하고 있으며 그 근거를 다음과 같이 들고 있다. 첫째, 정보사회에서는 경쟁과 축적으로 대표되는 산업사회의 논리와는 달리 "공동 상승작용과 사회적 이익의 원칙"에 의거하여 사회의 공공선(public good)이 극대화될 것이라는 점, 둘째, 정치적 수용으로 인해 과거 시민운동으로 성립된 의회민주주의와 물질만능주의를 넘어서는 참여민주주의가 실현될 것이라는 점을 들고 있다. 실제로 우리나라에서 인터넷과 스마트폰을 통해 대통령과 국회의원 등 정치인 선거에서 그동안 투표에 소홀하였던 젊은 층이 많이 참여하여 자신의 의견을 피력하는 형태의 변화를 보이고 있는 것도 사실로 나타나고 있다.

비관적 관점 정보사회에 대한 비관론적 관점은 정보테크놀로지의 도입으로 인한 사회적 혜택이 누구에게 돌아가는가에 논의의 초점을 맞추고 있다. 기술은 항상 나쁜 의도를 가진 사람들에 의해 악용될 수 있으며, 이 경우 미래의 기술 의존적 사회는 소수의 몇몇 사람으로 인해 엄청난 재앙에 직면할 가능성이 있다고 본다. 즉 정보의 부익부 빈익빈 현상은 더욱 커질 것이라고 보며, 이외에도 기술의 통제권은 권력이나 부를 소유한 사람들의 손에 쥐어지게 되고, 그들은 권력과 부를 확대 재생산하는 방향으로 사용하게 될 것이므로 사회정의를 실현할 수 있는 분배체제의 평등화 실현에는 도움이 되지 않는다는 것이다. 또 개인 프라이버시의 침해, 정보통제와 컴퓨터 범죄 등 정보화 사회에서 발생하는 특수한 사회문제 등을 보더라도 정보사회에서는 오히려 산업사회보다 더 심한 불안과 소외감에 빠질 가능성이 있다고 주장한다. 비관적 관점의 가장 큰 기여는 새로운 정보기술의 확산에 따른 사회적 역기능에 대해 신랄하게 문제제기를 했다는 점이다.

이러한 정보를 통한 사회생활에서 부정적 영향을 미치는 것도 많이 있다. 정보의 왜곡을 통한 의미전달, 집단이기주의를 위한 조직범죄 등 날로 지능화하는 수법으로 인하여 사회를 혼란에 빠뜨리는 경우도 많이 발생하고 있는 것이 사실이다.

따라서 사회학적 관점에서 본다면, 정보사회는 긍정적인 면과 부정적인 면을 함께 가지고 있다고 보는 것이 타당하다. 이러한 현상은 산업사회에서도 공통적으로 나타나고 있음을 볼 때, 인간이 존재하는 사회는 항상 밝음과 어둠을 함께 지니고 있다고 보는 것이 타당하다고 하겠다.

라. 문화적 관점

정보사회에 대한 문화적 관점은 커뮤니케이션 미디어의 폭발적인 증가로 인해 증폭된 정보의 양과 관련이 있다. 미디어를 통해서 전달되는 정보와 더불어 우리가 자신의 이미지에 대응하는 방식, 예를 들면 머리 모양, 의상, 화장 등에도 정보를 담고 있다는 것이다. 이 관점은 최근 들어 미디어를 통해 전달되는 다양한 생활양식에 대한 이미지의 제공으로 개인의 신체나 가구, 집과 같은 사적 영역도 상징적인 의미로 채우도록 강요당하고 있다고 본다. 유행에 따른 복장뿐만 아니라 가구며 침실에도 TV드라마, 광고, 책 등을 통해 받아들인 상징적 표현양식으로 의미를 부여하게 되었다. 정보사회로의 진입은 이러한 의미화의 폭발적인 증가로 인식되며, 시간과 장소를 불문하고 너무나 다양한 기호와 부딪히게 되기 때문에 더 이상의 기호들이 의미를 가지지 않는다고 보드리야르(J. Baudrillard)와 같은 포스트모더니즘(Post-Modernism) 학자들은 주장한다. 이전 사회에서 기호에 대응되어 공통으로 통용되던 의미는 사라지고 기호 자체만 존재한다는 것이다. 이들의 주장은 정보사회에 더 많은 양의 소통(communication)이 진행되고 있다는 것만을 주장하는 것이 아니라 포스트모던 문화는 그 이전과 결정적인 단절성을 가지고 있다(김희진 외, 1999: 43)고 주장한다. 배규환(1998: 113-116)은 정보사회의 본질적 모습은 기술적 · 경제적 모습뿐만 아니라 새로운 사회 · 문화적 패러다임이 형성되었을 때 나타나게 된다고 주장하면서 정보축적, 정보유통, 정보이용의 물량이 사회적 수준에서 현저히 증가하여 정보의 사회화가 이루어지고, 정보문화가 형성되어 가치, 규범, 생활방식, 사회구조, 가족생활, 사회적 관계, 교육, 제도, 여가활동 등 사회의 모든 측면에서 변화가 이루어질 때 비로소 정보사회의 온전한 모습이 드러나게 될 것이라고 하면서 농경사회나 산업사회와 비교되는 개념으로 보고 있으며, 웹스터(F. Webster, 1995: 28-53)는 사회에 편제된 정보가 사람들의 삶의 방식을 일정한 방식으로 규정하고 있다고 주장한다. 이 관점은 포스트모더니즘에서 주장하는 의미화나 상징적 상호작용에 대한 증대를 감각적으로는 인식할 수 있지만, 이들을 측정할 기준이 없는 상황에서 정보사회의 문화 양식을 이해한다는 것은 불가능하다는 문제점을 명확하게 해결하지 못하고 있다.

제3절 정보사회의 교육과 교사의 역할

가. 교육의 방향

현대 자본주의 사회에서 형성된 공교육제도의 가장 큰 특징은 국가중심 교육제도이다. 그러나 이제 이와 같은 국가중심제도는 더 이상 존재하기 어려울 것이다. 그동안 국가가 독점하여 왔던 교육내용에 대한 결정권은 이른바 교육상품의 다양화라는 차원에서 더 이상 지속될 수 없을 것이며, 이와 관련하여 공립학교 위주의 교육체제가 갖는 관료적 경직성과 비효율성을 극복하여야 할 것이다. 이는 교육상품의 소비자 주권회복과 교육의 자유선언운동으로 발전하게 될 것이며, 모든 교육이 학교중심이 아닌 일터중심으로 바뀌어갈 것이다(천세영, 1997: 16).

따라서 변화하는 사회체제에 적응할 수 있는 인간을 양성하기 위해서는 학교교육체제의 재구조화가 요청된다. 이러한 재구조화에 대하여 사스킨과 잉거미르(M. Sashkin & J. Egermeier)는 다음과 같이 정의한다.

> 재구조화는 역할, 규칙 그리고 교사와 학생, 교사와 행정가, 지역관청에서부터 학교건물 내에 위치해 있는 다양한 수준의 행정가, 학생들의 결과를 향상시키기 위한 목표를 가진 모든 사람들 사이의 상호작용을 통한 변화를 포함한다(Sashkin & Egermeier, 1992: 3).

이러한 재구조화는 체계적으로 변화되어야 하며 세 구성요인이라고 할 수 있는 역할, 규칙, 관계가 그물망 구조를 이루면서 원활하게 상호작용할 때 정보화 사회에서 학교교육의 목표가 달성될 수 있을 것이다. 이에 대해 콘리(D. T. Conley)는 재구조화의 구성변인들을 〈표 8-1〉과 같이 제시한다.

〈표 8-1〉 재구조화의 변인

중심변인	• 학습자의 결과 • 교육과정 • 수업 • 평가
기능변인	• 학습 환경 • 매체/기술 • 학교/지역사회 관계 • 시간
지원변인	• 관리 • 교사의 리더십 • 인원 • 업무의 관련성

출처: 'Roadmap to restructuring: policies, practices and the emerging vision of schooling,' Oregon: ERIC(Clearinghouse on Educational Management). D. T. Conley, 1993, p. 106.

학교교육의 재구조화를 위한 변화는 우선적으로 교사와 학생의 역할을 변화시킬 것이며, 다음으로 학교의 모습을 구체적으로 변화시킬 것이다. 지금까지 이루어져 온 산업사회의 학교교육을 "공장모형"으로 비유하면, 교장과 교사는 공장의 관리인이며, 학생은 공장의 노동자로, 수업은 공장의 조립라인으로, 공정은 교육과정이 되며, 학습내용은 원재료가 되어 교육이 이루어지는 것으로 보는 경향이 있다.

정보화 사회에서는 새로운 변화에 능동적으로 적응할 수 있는 학교교육체제를 갖추어 지금까지 이루어져 온 관료주의 체제에서 벗어나 개인이 사회의 요구에 적응하면서 생존할 수 있는 다양화를 기본목표로 하여야 한다. 왜냐하면, 정보화 사회의 교육 목적과 내용, 방법 등은 사회 문화적인 맥락 속에서 결정된다 하더라도 이러한 사회 문화적 맥락을 결정하는 것은 정보사회의 기반이 되는 정보통신기술에 의해 큰 영향을 받게 되기 때문이다.

따라서 정보화 사회의 학교교육체제는 정보사회의 토대를 공고히 하는 방향으로 이루어져야 한다. 이러한 학교교육체제의 변화 방향을 제시하면 [그림 8-2]와 같다.

정보사회로의 학교교육체제의 패러다임 변화방향은 다음과 같다. 교육의 개념과 가치관이 창의적이고 확산적인 사고로 변화되어야 하며, 교사 · 학생의 역할과 교육내용 및 방법은 능동적이고 소규모의 다양한 교육과정이 마련되어야 한다는 것이다. 교육환경과 사회문화, 제도 · 조직구조에 있어서도 소량생산체제, 아이디어 창출, 지식근로자, 다양성의 형태로 변화되어야 한다는 것이다.

개인이 정보통신기술의 발달에 따라 이에 적응하면서 사회 구성원으로서 바람직한 삶을 영위하기 위해서는 정보화 사회의 학교교육체제 변화가 지속적으로 추진되어야 한다. 통신 네트워크 · 정보서비스 · 정보산업 등 사회 전(全) 분야의 정보화는 교육체제의 역동적인 변화를 촉진하는 동인(動因)을 제공하고 있다.

또한, 정보사회에서는 제도교육과 사회교육의 구분이 유연해지고 네트워크를 통한 가상학교 등이 확대됨에 따라 교육제도가 경직된 틀에서 벗어나 개인의 욕구를 충족시키는 방향으로 완화될 것이다. 교육프로그램 또한, 다종류 소량교육의 요구를 충족시키기 위해 다양화될 것이

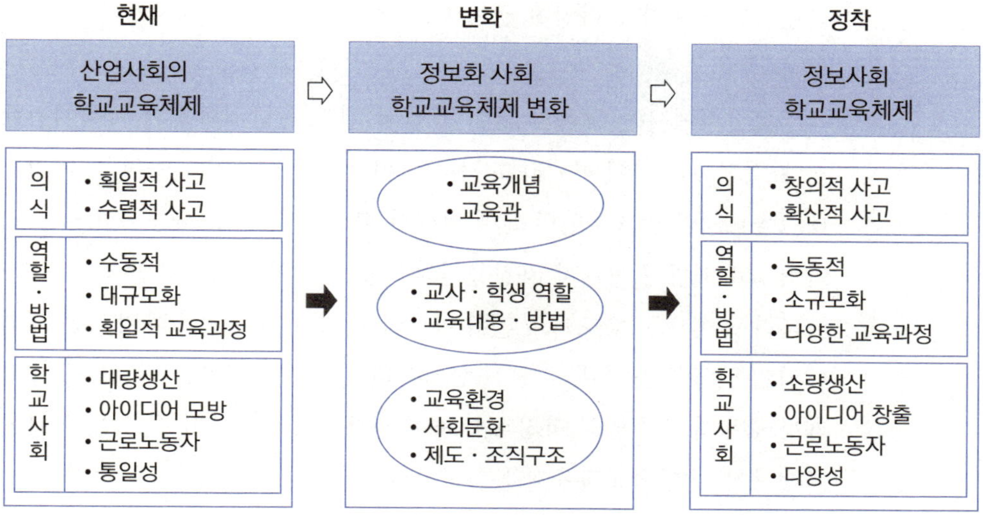

[그림 8-2] 학교교육체제 패러다임의 변화 방향

며, 이것은 다시 교육기관의 다양화를 촉진하는 요소로 작용하게 될 것이다. 정보의 무한한 생산과 대량보급은 지금까지 교사가 수행했던 역할 중에서 단순한 사실의 전달기능을 약화시키고 정보를 관리하고 적절하게 소화시키는 역할을 수행하도록 작용할 가능성이 크다(한국교육개발원, 1996: 160-162).

정보사회에서는 정보의 유통이 원활하고 자유롭게 이루어질 수 있다. 학생에게 중요한 정보가 교사에 의해 독점되거나 정해진 교과서에만 한정되어 있을 수 없다. 정보원은 국내외를 막론하고 정보통신망에 의해 연결되어 있으면 언제든지 접근 가능한 상태가 된다. 전자도서관과 멀티미디어 데이터베이스에 의해 접속하여 다양하고 풍부한 자료를 세계 어디에서나 습득하고 활용할 수 있다. 학생은 교사의 능력과 관심에 의해 학습동기가 제한받지 않으며, 교사를 거치지 않고서도 자신의 흥미 ·

관심 · 능력에 따라 다양한 정보원을 탐색하여 원하는 정보를 획득할 수 있다.

정보사회에서는 교육의 질이 교사의 질이나 단위학교의 교육여건에 의해 결정되는 것이 아니라 교사나 단위학교가 갖추거나 동원할 수 있는 테크놀로지와 교육자원의 질에 의해서 결정된다. 즉 교사중심의 노동 집약적 교육체제가 아니라 자원중심의 기술 집약적 교육체제이다.

따라서 이제는 제도의 보완이 아니라 인식의 전환을 통해 새로운 패러다임의 변화를 가져와야 한다. 산업사회의 닫힌 학교라는 개념에서 보다 개방화된 학교 개념의 형성과 더불어 정보사회에 적응할 수 있는 인간을 육성하기 위한 학교교육체제를 구축하여야 한다.

나. 교사의 역할

정보사회에서 교사의 역할이라는 개념은 다양한 관점에서 논의될 수 있으나, 여기서는 시대적 상황을 고려하여 교사의 실질적 역할에 초점을 맞추어 그 역할을 살펴보고자 한다.

"교과는 바뀌어도, 교사는 바뀌지 않는다."는 말이 있다. 교사들이 지금까지 일제수업방식에 깊이 빠져 있어 변화를 싫어한다는 표현일 것이다. 정보 사회에서는 수업이라는 전통적 학교교육에 대한 인식의 변화와 더불어 교사역할에 대한 변화가 이루어져 정보사회의 교사역할에 대한 인식의 토대를 형성하여야 한다.

정보 사회에서 요구되는 교사의 기본적 역할은 요약하면, 첫째, 정보검색 전문가로서 조언자의 역할, 둘째, 협동학습자로서의 역할, 셋째, 학습설계 지도자로서의 역할, 넷째, 학생 상담자 역할, 다섯째, 평생학습자로서의 역할 등을 들 수 있다. 뿐만 아니라 학습자 중심주의와 학습원리에 따라 정보 사회에서 교사에게 요구되는 능력을 그 중요성에 비추어 몇 가지를 제시하면 다음과 같다(김종두, 2000: 223-227).

(1) 수업에 대한 접근 인식

지금까지 대부분의 교사들은 수업에 대해 단순히 지식 전달을 어떻게 효율적으로 할 수 있으며, 어떻게 학생들의 학업성취를 높일 수 있을까 하는 인식이 주류를 이루어왔다. 그러나 정보 사회에서는 교사들의 수업에 대한 인식 변화를 요구한다. 즉 교사들은 수업에 대한 학생들의 학습 결과보다도 수업시간에 어떤 매체를 선택하여 진행할 것인가에 더 큰 비중을 두어야 한다는 것이다. 이에 대해 글렌(A. D. Glenn)은 다음과 같이 주장한다.

- 매우 다양하게 준비된 정보의 질(quality)
- 다양한 매체의 응용을 통하여 교실을 조직화하고 함축적으로 지도
- 다양한 매체의 통합적 활용
- 매체는 교사에 따라 유연성(flexibility)이 크다(A. D. Glenn, 1996: 16).

교사는 이러한 인식을 바탕으로 하여 수업에 임하여야 한다는 것이다. 이는 곧 교사가 교실에서 매체를 효과적으로 사용함으로써 학생들이 능력 있는 시민에게 요구되는 것이 무엇인지를 깨닫게 해 주며, 이를 학생들에게 지원함으로써 성공할 수 있는 가능성을 열어줄 수 있을 것이다. 뿐만 아니라 교사들이 교실수업에서 다양한 매체를 사용함으로써 학생들에게 다음과 같은 영향을 미친다.

- 교사의 수업준비에 대한 기대를 통한 학습의욕 고취
- 더 복잡하고 중요한 것을 제공해 준다는 인식
- 어려운 개념을 이해한다는 믿음
- 성장하는 데 필요한 것을 학습한다는 인식 고취
- 교사의 수업이 더욱더 학생중심으로 이루어진다는 신뢰
- 문제에 대한 다양한 시각을 통한 사고의 발달
- 더 많은 실험 가능성에 대한 기대
- 전문적인 지식을 전달받는 느낌(A. D. Glenn. 1996: 17; B. Means & K. Olsen, 1993; K. Cotton, 1991; E. Bialo & J. Sivin, 1990; & K. Sheingold & M. Hadley, 1990).

교사들이 어떤 매체로 어떻게 주입시켜야만 하는가에 대하여 생각하기 시작할 때, 자신의 머릿속에 떠오르는 수많은 질문에 대하여 대답할 때 자신의 교실에서 재구조화를 시작할 수 있다.

교사가 매체를 활용한 효과적인 수업을 진행하기 위해서는 기본적으로 교실에서 수업이 이루어질 수 있는 학습 환경을 만들어야 한다. 따라서 매체 사용을 위한 학습 환경의 가장 기본적인 문제는 다음과 같은 인식에서 출발하여야 한다.

첫째, 수업내용에 적합한 교수매체를 활용하여야 한다. 지금까지 대부분의 교사들은 학교에서 주어진 매체를 위주로 사용해 왔다. 수업에 대한 면밀한 계획을 세워 언제, 어떤 내용을, 어디에서, 어떤 매체를 사용하며 그것은 학생들에게 어떤 효과를 가져올 수 있는지에 대한 면밀한 분석을 통하여 사용해야 한다.

둘째, 수업 진행과정에서 발달된 매체들을 통합적으로 사용하여야 한

다. 계속적인 기술의 발달은 산업사회에서와 같이 특정 한 매체를 가지고 수업이 이루어지는 것이 아니라 컴퓨터와 연결된 각종 매체를 통하여 다양한 내용으로 구성된 수업을 전개함으로써 짧은 시간과 경험을 통하여 학생들의 학습능력을 향상시킬 수 있다.

셋째, 이러한 수업을 전개할 수 있는 장소와 매체가 준비되어야 한다. 이는 학교당국의 수업에 대한 지원이 요청되는 부분이라고 하겠다. 따라서 교사들의 수업에 대한 효율성을 높이고 학생들의 다양한 경험과 자극을 통해 학업성취를 높이기 위해서는 수업에 대한 학교당국의 적극적인 지원이 이루어져야 한다. 이렇게 될 때, 학교수업을 통해 학생들은 정보사회에 충분히 적응해 갈 수 있는 능력기반을 형성할 수 있을 것이다(김종두, 2000).

(2) 탐구과정을 강조하는 능력

정보사회의 학교교육에서는 더 이상 정보가 교사만의 전유물이 될 수 없다. 따라서 지식의 전달자 · 재현자로서 교사의 역할은 사라질 가능성이 크다. 나아가 미래 교사의 역할은 학습욕구를 진단하거나 교육적 경험을 처방하는 학습관리자 · 조언자가 될 것이다. 전공과 관련된 내용들보다는 비판적 사고와 문제해결 기술의 습득이 강조될 것이다. 자원을 배치 · 이용하는 능력이 부각될 것이며, 인간관계 정립이 교육과정의 주요 내용을 이룰 것이다. 상업, 산업, 기타 전문직종의 전문 인력으로 구성된 다학문적 교사팀이 학교교육에서 활용될 가능성이 커지게 된다(윤정일 외, 1996: 32). 뿐만 아니라 정보화 사회에서의 정보는 그 양과 질에 있어서 한 개인이 무한으로 소유한다는 것은 불가능할 것이다. 교사는 학생이 스스로 필요한 정보에 어떻게 접근해 갈 것인가를 도와주는 정보항해사로서, 수업 관리자로서의 역할을 하게 될 것이다(천세영, 1997: 17).

따라서 교육에서 기본목표가 되는 창의적이고 탐구적인 인간육성에서 중요한 것은 학습과정에서 학문의 중요성을 인식시키고 새로운 개념을 정립하기 위한 체계적 탐구에 흥미를 갖게 하는 것이다. 즉 인류가 이미 밝혀낸 지식을 이해하여 축적하는 것도 중요하지만, 학생들이 스스로 새로운 지식을 발견해 낼 수 있는 방법을 가르치는 것이 미래의 교사역할에서 더 중요하게 대두된다는 것이다.

(3) 교과영역에 대한 웹 기반 활용 능력

교사는 마땅히 교과능력에 전문적 지식도 갖고 있어야 한다. 이는 교사가 백과사전이나 만물박사처럼 모든 질문에 즉석에서 대답해 주어야 한다는 의미가 아니다. 정보를 얻기 위하여 학생이 어디로 가야 한다든가 또는 어떤 방법으로 그 정보를 획득할 수 있는가에 대한 방법을 제시해 줄 능력이 있어야 한다는 것이다.

교사는 교과에 대한 전문가로서 과학기술의 발전과 변화 동향을 살펴 교육의 실제에 적용할 수 있는 능력을 갖추어야 한다. 학생들이 정보화 사회에 적응해 나갈 수 있는 교과지식을 갖추어 생활 속에서 어떻게 응용시킬 수 있는지에 대해 가르쳐야 한다. 과학기술 중에서도 특히 컴퓨터의 교육적 활용을 통해 웹 기반 자료를 활용하는 것이 교사의 역할수행에서 매우 중요하게 부각될 것이다. 따라서 교사에게는 웹 기반 자료의 활용에 대한 전문적 지식과 더불어 내용에 대한 깊이 있는 이해가 요구된다(김종두, 2000).

(4) 논리적 사고력과 비판정신 강화 능력

학교교육에서 교실이 생명력 있는 지식을 전달하는 장소가 되지 못하면 교수-학습의 참된 의미는 상실된다. 교사가 학생들에게 지식 · 정보 · 기술을 전달만 하는 교육방식을 반성하고 교과내용, 학습과정, 사회현상, 이데올로기 등에 대하여 비판적으로 고찰하고 토론할 수 있도록 학생들을 지도할 때, 참된 교육으로 나아갈 수 있을 것이다. 진보적인 교육의 목적은 사회에 대한 비판능력을 배양하고 사회변혁을 촉진하는 능력을 육성함으로써, 비인간화된 사회를 극복하고 새로운 민주사회 건설에 적극적으로 참여하려는 인간을 형성시키는 것이다. 이러한 교육목적을 성취하려면 무엇보다도 먼저 교사가 비판적 지성인이 되어야 한다. 비판적 교사는 변혁 지향적 교사이며, 변혁 지향적 교사는 학교와 사회의 현존하는 권력관계에 대한 문제를 사회의 질적 변화의 시각에서 제기하고 지도할 수 있는 능력과 의지를 갖고 있는 교사이다(이규환, 1996: 49).

따라서 교사들의 교육에 대한 문제의식이 적극적으로 요구되며, 실천지향적 사고의 형성을 통하여 행위로서 나타나는 변화의 필요성이 대두된다. 이렇게 될 때, 학생들은 다양한 지식을 습득함으로써 창의력이 강화될 것이다.

(5) 교육적 감수성을 갖춘 대처능력

교사들이 학생들을 지도함에 있어서, 매우 중요하게 고려해야 할 부분은 감각적 대처능력이다. 예를 들면 한 학생을 위해 올바른 교육 지도를 하기 위해서는 그 상황을 재빨리 판단하여 학생의 감수성에 부정적 영향을 끼치지 않으면서 지도할 수 있는 능력이 필요하다. 학생들에게 교육적 감수성을 가지고 개인이 처한 상황에 대처할 수 있는 대응능력을 형성시키는 것은 교사가 소유하고 있는 지식으로 가능한 것이 아니라 학생과 함께 있다는 것을 인식하는 "존재의 방식"으로서 가능해진다. 존재의 방식이란 특정한 아이와 특정한 상황에서 가장 적절한 지도적 행위가 무엇인지를 교사 스스로 인식하는 것을 의미한다.

교사는 학생들로 하여금 자기 감정을 알고 문제 상황에서 스스로 화가 나는 부분을 해소시킬 줄 알며, 어떤 목적을 위해서 충동적 행위를 자제하고, 남의 감정을 알고 그것을 자기 일처럼 "감정이입"할 줄 알며, 남의 감정에 적절한 반응행동을 할 줄 아는 등의 정서적 능력을 키워 주어야 한다(정범모, 1997: 6).

정보 사회가 진행될수록 인간의 감수성은 약화될 것이다. 학교교육의 과정에서부터 학생-학생, 학생-교사의 만남은 감소되고, 학생-기계, 교사-기계, 학생-가상공간-교사의 만남이 확대될 것이다. 따라서 이러한 만남의 장에서 인간적인 감수성을 잃지 않도록 교육적 관심과 대처가 필요하며, 이는 교사의 "존재의 방식"에 대한 인식에서부터 출발하여야 한다.

(6) 인성교육 강화 능력

컴퓨터를 활용한 정보통신 기술은 우리의 삶을 더욱 풍요롭게 만들어 주는 기술적 기제가 되고 있다는 것은 사실이지만 계속적으로 인간의 삶을 장밋빛으로 해 준다는 인식은 착각일 수 있다. 역사적 변화의 과정에서 대부분의 기술적 발전이 심각한 사회적 파장과 윤리적 문제들을 수반했듯이 컴퓨터에 대한 사회의 의존도가 높아질수록 인간에 대한 탐구와 인간의 삶에 대한 문제는 등한시될 가능성을 내포하고 있다.

산업사회의 교육패러다임이 무너지고 새로운 교육패러다임이 형성되는 정보화 시대에는 자칫 인간소외, 인간미의 상실, 정보윤리의 망각과 가치관의 전도현상이 초래될 위험이 도사리고 있다(김혜숙, 1996: 51)는 것이다. 학교교육에서의 인간교육에 대한 중요성이 강조되어야 하는 이유가 여기에 있다.

따라서 교육상황에서의 교사는 정보화를 통한 학생들의 인간미 상실에 많은 관심을 가져야 한다. 학생들이 학교생활 속에서 타인에 대한 이해, 배려와 관심 등에 대하여 항상 관심을 갖고 서로 교류하면서 살아가는 것이 인간의 행복이라는 것을 스스로 느낄 수 있도록 이런 가치관의 확립을 위해 노력하여야 한다. 교사의 인간교육에 대한 인식이 확립될 때 인간과 기술발전에 따른 조화로운 삶을 영위하는 데서 과학기술이 제 위치를 찾을 수 있을 것이다.

제4절 감성사회의 도래와 4차 산업혁명

정보사회 다음에는 감성사회가 도래할 것으로 덴마크 미래학자 롤프 옌센(Rolf Jensen)은 예견했다. 인류는 수렵사회 → 농경사회 → 산업사회 → 정보사회 → 감성사회로 진입하게 된다는 것이다. 수렵사회는 생존을 위한 도구사용이 주된 기술이었고, 농경사회는 군집생활을 통한 생산성 향상을 위한 농기구의 기술개발이 이어져 왔으며, 산업사회는 1차 혁명으로서 대량생산이 가능한 기계의 출현(방적기, 방직기)이며, 2차 혁명으로서 이동수단(기차, 자동차)의 충족이며, 3차 혁명으로서 연결욕구 충족(인터넷, SNS)이고, 4차 혁명으로서 인공지능의 출현이다. 3차 산업혁명으로 촉발된 정보사회는 4차 혁명이 이루어지면서 감성사회로 진입할 것으로 보인다. 감성사회를 예로 들면, 덴마크 달걀시장을 예로 들고 있다. "덴마크 달걀시장의 50% 이상은 방목한 암탉이 생산해낸다. 이러한 달걀은 좁은 닭장 안에서 길러진 달걀보다 약 10-20% 더 비싸지만 소비자들은 기꺼이 비용을 지불한다. 즉 달걀이 생산되는 이야기에 대해 비용을 지불하는 것으로 비록 달걀의 질을 반영하는 것은 아니지만 소비자들은 동물윤리나 시골의 목가적인 낭만주의에 대해 보다 높은 가격을 지불할 용의가 있다는 것이다." 과거 1991년 일본 아오모리현의 태풍에도 떨어지지 않는 사과의 마케팅이나 우리나라의 맷돌 손두부 등과 같은 것도 같은 맥락으로서 소비자들은 기억이나 느낌을 사는 것이다. 즉 대중들은 다소 비이성적인 선택을 하며, "보이지 않는 감성"을 구매한다.[1)] 2016년 3월 구글(Google)의 알파고와 바둑천재로 불리는 이세돌 9단의 바둑게임이 세계적인 이목을 끌었다. 그 결과, 알파고의 4:1 승리로 끝나자 인공지능 발전에 대한 미래의 희망과 인간의 미래에 대한 두려움이 복합적으로 드러났다. 가장 먼저 대두된 것은 직업으로서 인공지능은 단순작업에서부터 전문가를 필요로 하는 직업까지 모든 직업에 투입할 수 있다는 것이다. 따라서 인공지능이 개발되면 될수록 인간이 하던 일을 인공지능이 대체하게 됨으로써 인간이 할 수 있는 일, 즉 직업 자체가 사라진다는 것이다. 일부에서는 대체 일자리가 생겨난다고 주장하지만 사라지는 일자리에 비해 생겨나는 일자리가 너무 적다는 데 그 심각성이 있다. 또 다른 한편에선 인공지능이 아무리 빨리 발전해도 인간의 감성은 만들어내지 못한다는 주장이 반론으로 제기되기도 한다.

인공지능(人工知能, artificial intelligence)[2)]이란 인간의 삶을 편리하게 해 주는 도구의 개념으로 출발하였다. 전문가들은 인공지능을 크게 세 가지로 분류한다. 이 중 인간의 도구로 사용하기에 적합하게 프로그램되어 있는 인공지능 청소기, 세탁기, 냉장고, TV 등을 약인공지능(弱人工知

1) http://blog.daum.net/esplanade12/11804041

2) 인공지능이란 인간이 가지고 있는, 생각하고 배우는 능력을 컴퓨터 등 인공물을 통해 구현하는 것을 말한다. 즉 컴퓨터가 인간의 지능적인 행동을 모방하도록 설계하여, 학습 · 추론 · 지각 · 언어 이해 능력 등을 할 수 있도록 만든 일종의 컴퓨터 장치를 가진 기계이다. 인터넷에 쌓인 다양한 정보를 빠르게 처리할 수 있는 기술이 요구되고, 이에 부응하기 위하여 관련 기술이 급속도로 발전하고 있다. 유명 영화감독 스티븐 스필버그는 2001년 인공지능 로봇을 다룬영화 'AI'를 제작하여 화제를 불러 일으켰다.

能), 인간과 비슷한 사고를 할 수 있는 것을 강인공지능(强人工知能), 인간 이상의 사고가 가능한 것을 초인공지능(超人工知能)이라고 한다. 인간의 삶의 편의를 추구하기 위해 시작한 기술이 인간의 삶을 위협할 정도까지 이르게 된 것이다.

이러한 인공지능에 대한 인식을 찬성과 반대 입장으로 정리하여 보면, 먼저 찬성 입장에서는 초인공지능을 잘 만들어 인간에게 우호적이도록 개발한다면, 인간도 천년을 사는 영생을 누릴 수 있을 것이라는 생각을 한다. 인공지능은 학습하는 속도가 상상 밖으로 빠르기 때문에 인공지능이 개발되는 순간 그 지능은 폭발적으로 증가하게 된다. 이는 마치 전지전능한 신이 강림한 것과 같다는 것이다. 인공지능에 찬성하는 과학자들 중에는 인간이 영생에 도달할 수 있을 것으로 믿는 학자들도 있다.

그러나 반대 입장에서는 초인공지능이 점차 기능이 향상되면 전지전능한 신과도 같다. 그런데 인공지능은 도덕성이 없다. 인공지능이 악하다는 것이 아니라, 애초에 인간의 도덕성은 진화과정에서 나온 산출물이지, 지적 생명체의 특징이 아니다. 따라서 아무리 인공지능이 총명하다고 해도, 인공지능은 인간의 도덕을 이해하지 못한다. 즉 도덕과는 무관하다는 것이다. 따라서 (프로그램이 매우 정밀하게 잘 짜여있지 않는 한) 인간의 가치를 대수롭지 않게 여기게 된다. 따라서 극단적인 예를 들면, 만약 도덕성이 잘 프로그램되지 않은 인공지능은 인간에게 행복을 제공한다는 것이 인간을 모두 죽인 뒤에 인간이 쾌락상태에 처한 뇌를 대량 생산할 수도 있다. 마치 우리가 머리카락을 자를 때 머리카락이 싫어서가 아니라 대수롭지 않게 여겨서인 것과 마찬가지로 인공지능은 인간의 감성을 이해하지 못하며, 기술발달로 실패한 초인공지능이 한번이라도 세상 밖으로 나오게 되면, 인간이 절대 막을 수 없는 상황에 처하게 된다.

간혹 인공지능에 대해 명확한 이해가 없는 비전문가들이 종종 이런 주장을 한다. '인공지능을 컴퓨터 한 대에서 실행시키고 문제가 생기면 플러그를 뽑으면 되지 않나?' 물론 아주 틀린 말은 아니라고 할 수 있지만, 이 주장이 간과하고 있는 것은 초인공지능과 인간의 사고 차이는 인간과 동물이나 식물의 사고 차이보다도 훨씬 크다는 점이다. 동물이나 식물이 우리가 인간에게 먹을 것을 제공하지 않으면 인간이 결국 굶어 죽을 것이라고 생각하는 것보다도 바보 같다는 주장에 다름 아니라는 것이다. 결국 섣부른 인공지능 발명은 인간의 멸망을 초래할 수 있다고 주장한다.

세계적인 물리학자 영국의 스티븐 호킹 박사는 "인간을 뛰어넘는 완전한 인공지능 개발이 인류 멸망을 가져올 수 있다"며 그 위험성을 경고했다. 그는 "앞으로 100년 안에 인공지능이 인간의 지능을 넘어설 것"이라며 "인공지능이 인간을 조작하고, 인간이 알지 못하는 무기로 인간을 정복할 것"이라고 예상했다. 특히 군사용 인공지능 로봇에 대해 우려가 크다. 일런 머스크 테슬라모터스 최고경영자(CEO)는 인공지능을 '악마'에 비유, "우리는 악마를 소환하고 있다"고 말했고, 스티브 워즈니악 애플 공동 창업자는 "인공지능 무기가 발전하면 화학, 핵무기에 이은 '제3의 전쟁 혁명'이 될 수 있다"며 군사적 사용을 금지하는 국제협약 마련을 촉구했다.

반면 순다 피차이 구글 CEO는 "인공지능은 사람의 일자리를 뺏기보다는 업무를 도와주는 방식으로 진화할 것"이라고 말했다. 그는 "자전거가 처음 나왔을 때도 아이들이 자전거를 타다 다치는 것은 아닌지에 대한 걱정이 더 컸다. 사람들은 늘 새로운 기술을 두려워한다."며 지나친 우려를 경계했다. 마크 저커버그 메타 CEO도 "인공지능 발전을 두려워한다면 더 나은 세상에서 살겠다는 희망을 버리는 것"이라고 밝혔다. 전문가들은 인공지능이 인간과 공존하기 위해선 윤리규범과 책임, 규제에 대한 논의가 이뤄져야 한다고 지적한다(NEWSIS, 2016. 4. 24, 사회면).

아직은 더 많은 연구와 개발이 있어야 그 결과를 진단할 수 있겠으나 인간의 호기심과 오만은 결국 인공지능을 개발하게 될 것이라는 점에는 이견이 없다고 하겠다. 이와 같은 정보사회는 사물인터넷이 생활 속에 뿌리를 내리는 상황에서 그 수명을 다하게 되며, 그 다음 사회는 인간만이 가진 독특성으로 인식되는 감성사회가 도래할 것으로 보고 있다. 이러한 감성사회는 지능지수(IQ)[3]가 교육에서 그 생명력을 다하게 되자 새롭게 나타난 감성지수(EQ: emotional quotient)의 등장부터 예고되었다고 볼 수 있다. 이러한 현상은 인간은 개인을 중심으로 살아가는 존재가 아니라 집단으로 살아가는 군집 동물이라는 것을 알게 해 주는 거부할 수 없는 사실이라는 점을 확인시켜 준다. 사회의 전반적인 부분에서 개인 역량중심에서 집단 역량중심으로 변화되고 있으며, 이는 집단 자체의 생존과 발전의 토대로 인식하여야 한다. 이와 같은 집단생활의 토대는 모두 인간의 감성이 지배하고 있다. 즉 집단생활을 하는 주변 사람들과 공유하는 생활양식(가치관, 태도, 습관, 선호도 등)이 서로에게 호감을 주며, 협력을 이끌어내는 토대가 된다.

최근 사회 전반에서 감성바람이 불고 있다. 경제학에서는 감성마케팅

3) IQ(Intelligence Quotient)는 1910년대부터 미국을 휩쓸었던 우생학연구 열풍의 방법론적 도구로 이용되면서 출발. 프랑스의 알프레드 비네(Alfred Binet, 1857-1911)가 시어도어 사이먼(Theodore Simon, 1872-1961)과 함께 1905년에 취학연령이 이른 아동들 중에 정신박약아를 걸러내기 위한 목적으로 고안한 것이 시초. 이걸 가리켜 Binet-Simon test라고 부름. 이 검사를 1910년 미국에 수입해 소개한 사람이 바로 헨리 고다드(Henry H. Goddard, 1866-1957). 미국 이민자들을 대상으로 엉터리 지능검사를 한 고다드는 입국자 가운데 유대인 83%, 헝가리인 80%, 이탈리아인 79%, 러시아인의 87%가 정신박약아라고 기록하여 미국인들이 다수의 열등 인종 유입에 공포감을 갖게 되었다. 1912년 독일 심리학자 윌리엄 스턴은 'Intelligenz-Quotient'라는 용어를 창안했는데, 이것이 바로 오늘의 IQ(Intelligenz Quotient 지능지수)라는 이름이 되었다. IQ = (정신연령 ÷ 생활연령) × 100.

※ 집단지성(Collective Intelligence, 集團知性)

집단지성이란 다수의 개체들이 서로 협력하거나 경쟁을 통하여 얻게 된 지적 능력의 결과로 얻어진 집단의 능력을 일컫는다. 집단지능(集團知能) · 협업지성(協業知性)과 같은 의미로 사용되며, 집단의 협력이 개체의 지적 능력을 넘어서는 힘을 발휘한다는 것이다. 이 개념은 미국의 곤충학자 윌리엄 모턴 휠러(William Morton Wheeler)가 1910년 출간한 《개미: 그들의 구조 · 발달 · 행동(Ants : Their Structure, Development, and Behavior)》에서 처음 제시하였다. 휠러는 개체로는 미미한 개미가 공동체로서 협업(協業)하여 거대한 개미집을 만들어 내는 것을 관찰하였고, 이를 근거로 개미는 개체로서는 미미하지만 군집(群集)을 통해 높은 지능체계를 형성한다고 설명하였다. 이후 피터 러셀(Peter Russell) · 톰 애틀리(Tom Atlee) · 하워드 블룸(Howard Bloom) 등의 연구가 이루어졌으며, 제임스 수로위키(James Surowiecki)는 실험 결과를 토대로 "특정 조건에서 집단은 집단 내부의 가장 우수한 개체보다 지능적"이라고 주장하였다. 또 피에르 레비(Pierre Levy)는 사이버 공간의 집단지성을 제시하였는데, 그는 "누구나 자신의 공간(사이트)을 형성하는 시대가 오면 어디에나 분포하고, 지속적으로 가치 부여되며, 실시간으로 조정되고, 역량의 실제적 동원에 이르는 집단지성이 발현될 것"이라고 주장하였다.

집단지성은 사회학이나 과학, 정치, 경제 등 다양한 분야에서 발현될 수 있으며, 인간뿐 아니라 동식물까지 연구 대상에 포함된다. 집단지성의 대표적 사례로는 인터넷을 기반으로 한 위키피디아와 웹3.0을 꼽을 수 있다. 위키피디아의 발전 과정은 지식 · 정보의 생산자나 수혜자가 따로 없이 누구나 생산할 수 있고 모두가 손쉽게 공유하면서 계속 진보하는, 집단지성의 특성을 보여준다.

출처: 두산백과 두피디아(2016)

이 이미 광고를 점령하기 시작하였으며, 조직에서는 감성리더십이 각광받고 있다. 정치학에서도 감성정치학이 선거에서 눈물을 흘리고, 절을 하고, 기타를 치고, 노래를 부르고, 춤을 추고, 색소폰을 부는 등 현장에서 활발하게 이루어지고 있다.

교육에서도 감성교육이 나타나고 있다. 학교교육에서부터 상담이 뿌리를 내리기 시작하고 있으며, 교실현장에서도 토론수업이 일반화되고 있는 추세에 있으며, 교사의 수업이 강의중심이 아닌 학생과의 대화를 통한 소통교육이 뿌리를 내리고 있다. 이를 통해 상대방의 성격, 행동, 교육수준, 태도, 학습스타일 등을 파악하고 감성을 다치지 않도록 지도하는 과정이 중시되고 있다. 이러한 과정에서 21세기 학습자의 핵심역량으로 흔히 4C로 통칭되는 비판적 사고능력(Critical thinking), 의사소통능력(Communication), 창의성(Creativity), 협업능력(Collaboration)이 강조되고 있다. 또한, 최근에는 전문가와 일반인을 모두 아우르는 집단지성(Collective Intelligence, 集團知性)이 강조되고 있으며, 집단지성을 통한 교육, 교수법, 창의성 개발, 아이디어 창출 등이 교육에서 새로운 흐름으로 진행되고 있다. 이러한 감성교육이 뿌리를 내리기 위해서는 개인과 개인, 집단과 집단 간의 경쟁보다는 협력과 소통을 중심으로 학습을 해 나가는 습관을 길러 주는 것이 매우 중요하다.

벌써부터 서서히 우리 생활에 뿌리 내리고 있는 미래의 감성사회는 스스로 뽐내는 개인중심의 사회가 아닌 우리(We)가 강조되는 집단중심의 문제해결 능력이 강조되는 사회가 될 것임은 자명하다. 따라서 나만의 주장보다는 상대방의 의견에 공감(sympathy)하고, 지지하며, 함께 협력하고, 인정해 줄 수 있는 능력이 다른 사람과의 관계형성을 원활하게 함으로써 자신의 역량을 발휘하는 집단지성의 사회로 나아가게 될 것이다. 미래의 기술 발전은 나날이 향상될 것이며, 인간이 노동력으로 하는 많은 일들은 기계장치와 로봇과 같은 인공지능을 가진 도구들이 처리하게 될 것이다. 이와 같은 정보사회에서 요구되는 인간의 능력은 업무과정에서 개인의 노력을 통한 상호 간의 소통과 협력, 사건이나 현상에 대한 공감, 관계형성에 대한 희생과 협력 및 봉사가 강조되는 감성사회로 나아가게 될 것이다.

제5절 가상화폐

가. 가상화폐의 개념[4)]

우리가 일상생활에서 사용하고 있는 화폐는 인류가 집단을 이루고 생활하면서 여유생산물에 대한 교환의 필요성을 인식하면서 나타난 것이다. 화폐는 대가의 지급, 가격의 척도, 저축, 교환 수단의 네 가지 기능을 가진다. 인간생활에서 화폐는 초기에 물물교환 중심에서 금, 은, 동이 출현한 시기는 고대 바빌로니아에서는 은, 보리, 양털이 화폐로 사용되었고, 고대 이집트에서는 금, 인도에서는 BC 7세기 은, 중국은 상나라와 주나라 때 귀갑(龜甲)이 사용되었고, 한나라에서는 금, 동, 비단이 화폐로 사용되었다. 그리스에서는 리디아 왕국에서 BC 7세기에 호박금이 사용되었고, 기원전 650년경에 아르고스 왕국에서 은화가 사용되었고, 그 후 스파르타에서는 철화가 사용되었다. 로마제국이 들어서면서 아우구스투스 황제는 금은복본위제를 도입하였고, 디오클레티아누스 황제의 동화 발행, 콘스탄티누스 황제의 솔리두스 금화 발행, 근대에 와서 스페인의 금화와 은화를 중심으로 국제적으로 통용되었다.

오늘날 사용하는 지폐의 기원은 중국 송나라의 교자(交子)로 볼 수 있으며, 원나라에서는 교조(交鈔)를 발행하여 사용하였다. 유럽에서는

4) 김종두(2021). 가상화폐에 대한 청년들의 인식 분석 연구의 내용을 일부 수정하여 제시함.

1661년 스웨덴에서 전비조달을 목적으로 스톡홀름 은행에서 은행권을 발행하는 것을 허용하면서 출발하였으며, 1694년 영국이 전비조달과 신흥 화폐 공급을 목적으로 잉글랜드 은행을 설립하여 최초의 은행권 지폐를 발행하였다.

국제 금본위제의 시행은 1816년 영국의 화폐법에서 소브린 금화가 제정되면서부터 기준금리의 조작을 통한 금의 안정과 세계 각 지역의 금(金)생산이 영국 런던을 중심으로 거래되었다. 런던이 국제금융센터로 번창하자 각국에서 금본위제를 채택하면서 영국의 파운드(£)를 중심으로 한 금본위제가 성립되었다. 2차 대전 종전 직전 미국의 브레튼 우즈(1944)에서 연합국이 모두 통화금융 회의를 통해 달러를 금과의 태환을 가지는 기축통화로 결정하면서 금융의 중심이 미국으로 넘어가게 되었다. 그 후 베트남 전쟁으로 인해 재정지출과 인플레이션 심화로 달러가치의 하락해 닉슨의 1971년 8월 15일 금태환을 중지하면서 금본위제는 종말을 고하게 되었다. 그 후 정보통신 기술의 발달로 인해 1990년대부터 전자화폐가 등장하였고, 2000년대 들어서는 비트코인을 대표로 하는 암호화폐가 등장하게 되었다(위키백과, 2021).

가장 대표적인 가상화폐는 수학자 겸 프로그래머인 사토시 나카모토(Satoshi Nacamoto, 필명)가 발표한 논문 “Bitcoin: A Peer-to-Peer Electronic Cash System”에서 가상화폐를 제안하면서 시작되었다고 보는 것이 일반적이다. 2009년 1월 3일 처음으로 블록을 채굴(mining)하면서 발행된 최초의 가상화폐가 비트코인(Bitcoin: BTC)이다. 전체 발행 개수는 2,100만 개로 한정되어 있으며, 컴퓨터 알고리즘을 통해 문제를 해결하고 블록 1개를 쌓으면 2009년 처음에는 비트코인 50개의 보상이 주어졌으나 4년 주기마다 채굴자들에 대한 보상이 반으로 줄어들게 되도록 설계되어 있다. 비트코인 채굴이 지속한다면 2,140년이 되면, 끝나도록 설계되어 있다.

가상화폐(假想貨幣, virtual currency 또는 virtual money)는 지폐나 동전과 같은 실물이 없이 네트워크로 연결된 특정한 가상공간(virtual community)에서 전자적 형태로 사용되는 디지털화폐 또는 전자화폐를 말한다. 그러나 유럽중앙은행(ECB), 미국 재무부, 유럽은행 감독청에서 내린 정의에 따르면, 가상화폐란 정부에 의해 통제받지 않는 디지털화폐의 일종으로 개발자가 발행 및 관리하며 특정한 가상 커뮤니티에서만 통용되는 결제 수단을 말한다. 이 정의에 따르면 대부분의 암호화폐는 디지털화폐면서 가상화폐이다. 이렇게 보면, 상당수 온라인과 오프라인 매장에서 결제 수단으로 받는 비트코인은 디지털화폐기는 하나, 가상화폐는 아니게 된다. 또한, 대부분의 암호화폐는 개발자가 발행하지 않기 때문에 발행 측면에서 보자면 대다수의 암호화폐는 가상화폐가 아니게 된다(위키백과, 2021).

이처럼 가상화폐에 대한 명확한 정의가 서로 달라 혼란을 주고 있으므로, 여기서는 실제 가상화폐 거래소를 통해 거래되고 있는 비트코인, 이더리움 등 모든 코인을 가상화폐로 정의하고, 이들 가상화폐는 모두 블록체인 기술을 기반으로 구축되어 있다고 가정한다.

가상화폐는 4가지 유형으로 분류되며, 불리고 있다. 첫째, 디지털화폐(Digital Currency)다. 둘째, 전자화폐(Electronic Money)다. 셋째, 가상화폐(假想貨幣, Virtual Currency)다. 넷째, 암호화폐(暗號貨幣, Cryptocurrency)다. 이와 같이 아직 명확하게 확립되지 못하고 다양하게 사용되고 있는 명칭을 여기서는 가상공간에서 경제활동이 가능한 기능을 하고 있으면 통칭해서 가상화폐로 사용한다.

(1) 가상화폐의 추구 이념

디지털시대를 위한 디지털화폐로써 암호화폐(Crypto Currency)는 베일에 가려진 비트코인 창시자라고 일컬어지는 사토시 나카모토(필명)가 의도하였건 그렇지 않았든 간에 누구나 참여할 수 있으나 아무도 조작할 수 없는 중앙집권방식을 벗어난 형태의 화폐시스템을 만드는 것이라고 할 수 있다(위키백과, 2021). 즉, 중앙정부에 좌우되지 않는 화폐의 공공성과 개방성을 지닌 허가가 불필요한 구조(framework)를 통해 세계인이 서로를 신뢰하면서 공정한 가치를 부여할 수 있는 공정해진 디지털 경제를 만들고자 하는 의도에서 탄생한 것이다.

(2) 가상화폐의 장단점

현재 제시되고 있는 가상화폐의 기본적인 장점은 다음과 같다.

첫째, 중앙은행의 통제 권력에서 벗어날 수 있다는 금융의 자유가 주어진다는 점이다. 이는 기존의 은행업과 상업의 관행을 근본적으로 뒤흔드는 잠재력을 가지고 있다. 지금까지 모든 국가의 권력은 금융의 통제를 통해 진행되는 경향이 있으며, 국민 보호를 명분으로 다양한 방식으로 통제하려는 노력을 기울여 왔다. 그러나 가상화폐의 탈중앙화가 진행되어 개인에게 사용되기 시작한다면 국가의 권력은 개인의 통제가 어려운 상황으로 진행될 수 있다는 점이다. 따라서 개인은 국가나 권력의 금융에 대한 통제에서 벗어날 수 있다. 그러나 다른 한편으로 개인이 국가의 통제에서 벗어나는 것이 좋은 일인가의 문제는 생각해볼 필요가 있다.

둘째, 금융거래의 투명성과 안전성을 확보할 수 있다. 기존의 금융시스템에서는 각종 비리와 권력에 의해 현금을 통한 지하금융거래가 가능하지만, 가상화폐는 실물이 없는 디지털 화폐로서 블록체인을 통한 거래의 투명성과 안전성을 가져올 수 있다. 부연하면, 실명제가 이루어진다면 금융거래에 대한 비리를 차단할 수 있다.

셋째, 금융거래의 책무성과 개방성, 편리성을 가지고 있다. 금융거래에 대한 회계 책임을 명확하게 할 수 있고, 대중에 개방된 금융거래를 지원하고 있다. 따라서 금융의 사용에 있어서 국가의 통제를 받지 않으며, 세계에 단일통화 가치를 제공할 수 있고, 누구나 스테이킹을 통해 해킹 방지에 기여할 수 있다. 또한, 금융거래에 대한 국가 간의 장벽이나 공간의 제약이 없어지고 언제 어디서나 실시간 결재가 가능하다는 점이다.

넷째, 동등 계층 통신망(同等階層間通信網) 또는 P2P(peer-to-peer network)는 망 구성에 참여하는 기계들의 계산과 대역폭 성능에 의존하여 구성되는 통신망이다. 즉, 정부나 금융당국의 통제 없이 개인 대 개인의 거래가 이루어진다. 따라서 정부에서 세금이나 금융에 대한 통제가 어렵다. P2P는 개별 노드들이 클라이언트와 서버 역할을 동시에 네트워크에서 하게 된다. 이 통신망은 오디오나 비디오, 데이터 등 임의의 디지털 형식 파일의 공유에 매우 보편적이다. 또한, 인터넷 전화(VoIP) 같은 실시간 데이터 등도 P2P 기술을 통해 서로 전달될 수 있다.

다섯째, 현재의 금융거래 시스템은 해외 송금 시에 많은 현지 은행, 중계 은행, 해외 은행 등 많은 수수료가 붙는다. 가상화폐를 이용하여 송금을 할 때는 적은 수수료로 해외 송금을 받을 수 있으며, 수수료가 없이 가족이나 지인에게 송금 할 수도 있다.

이러한 가상화폐의 장점에도 불구하고, 다양한 문제점을 가지고 있는 것도 사실이다. 현 상황에서 지적되고 있는 가상화폐의 단점은 다음과 같다.

첫째, 지금까지 발생한 몇 가지 사례에서 보듯이 51% 공격을 통한 해킹에서 완전히 자유로울 수 없다는 점이다. 따라서 가상화폐를 운영하기 위한 합의 알고리즘과 하드포크와 소프트 포크 등의 블록을 형성하는 노력이 지속해서 요구된다.

둘째, 중앙정부에서 경제 상황에 신속하게 대처하기 어렵게 된다. 지금까지는 미국의 양적 완화 정책과 같이 경제 위기가 오면, 중앙정부에서 화폐를 찍어내서 경제적 안정을 꾀할 수 있는 대책이 마련되었으나 일정한 발행 개수가 정해진 가상화폐는 중앙정부의 통제력이 약화되므로 국가적 위기에 적절하게 대응하기 어렵다.

셋째, 가상화폐 거래 실명제이다. 우리나라에서도 정부 당국에서 투자자 보호를 목적으로 가상화폐 거래소에 실명확인 제도를 시행하고 있으며(2021년 10월), 년 250만 원 이상의 가상자산 거래수익에는 2022년 1월부터 20%의 세금을 걷도록 법을 제정하였다. 이러한 세금을 정한 이유를 소득이 있는 곳에 세금이 있다는 기본 입장을 강조하고 있으나 정부에서 가상자산에 대한 보호가 없는 상황에서 세금을 걷는 것이 무리라는 지적도 많이 제기되고 있어 논란의 여지가 있다.

넷째, 가상화폐 투자의 가장 큰 위험은 실체가 없다는 점이다. 주식은 기업의 실적과 내재가치를 바탕으로 하지만 가상화폐는 해당 코인으로 아무것도 할 수 없는 게 수두룩하다는 점이다(한국경제, 2020).

다섯째, 가상화폐는 누구나 쉽게 인력과 기술만 있으면 만들 수 있다는 점이다. 따라서 가상화폐의 종류는 계속 늘어날 수 있고, 이를 통해 금융거래의 혼란을 가져올 수 있다. 따라서 P2P 거래를 통한 상거래는 가능하지만, 국가 차원의 화폐의 기능은 통제 불능에 빠질 수 있어 적용하기 어렵다.

여섯째, 가상화폐는 익명성이 있어서 암시장이 형성되어 있으며, 기업의 불법자금이나 범죄조직의 돈세탁 수단으로 사용될 수 있다.

일곱째, 불법 채굴을 모두 막을 수 없는 한계가 있으며, 가상화폐거래소의 비리와 문제점을 통제하기 어렵다는 문제가 있다.

참고

가상화폐 관련 용어

가상화폐는 암호화폐, 가상자산 등 다양한 용어로 불리고 있으며, 아직도 명확한 개념설정이 현실을 바탕으로 이루어졌다고 보기 어렵다. 따라서 혼용되어 사용되는 경향이 있으나 가상화폐를 활용하면서 등장하는 기본적인 용어를 보면 다음과 같다.

블록체인(Black chain): 각각의 블록을 연결하는 것을 의미하며, 블록은 특정한 정보를 문장의 길이와 관계없이 일정한 길이의 값으로 변경하는 함수인 해시(hash)에 의해 연결된다. 이때 일정 비율의 해시값을 맞추면 가상화폐가 생성된다. 이렇게 생성된 화폐를 코인이라고 부르며, 생성하는 과정을 채굴이라고 한다(성시돈, 2020)

암호화: 모든 사용자와 블록의 금융거래 내용이 일치하도록 설계된 프로그램으로 블록으로 연결된 모든 매체를 해킹하지 않고서는 위변조는 불가능하게 된다.

월렛(Wallet): 지갑을 말한다. 가상화폐를 보관하거나 블록체인에 참여하기 위해서는 월렛이라는 가상화폐 지갑을 만들어야 한다.

작업증명(PoW, Proof of Work): 목표값 이하의 해시를 찾는 과정을 무수히 반복함으로써 해당 작업에 참여했음을 증명하는 방식의 합의 알고리즘이다. 블록체인 기반의 데이터를 추가하기 위해 사용자 간 인증하는 방식에 있어 CPU의 연산 처리능력을 통해 복잡한 암호 기반의 방정식을 계산하도록 하여, 해당 방정식의 연산을 가장 먼저 해결하는 사용자 노드에 보상을 주는 형태를 말한다. 비트코인 블록체인에서는 보상으로 비트코인을 지급하면서 사용자들이 비트코인을 캔다는 의미로 채굴이란 단어를 일반화하여 사용한다. 컴퓨터의 연산력 활용을 통해 난이도가 향상되면 채굴시간이 늘어나고, 이는 많은 에너지를 소비하게 되므로 환경문제를 초래한다.

지분증명(PoS, Proof of Stake): 해당 가상화폐를 보유하고 있는 지분율에 비례하여 의사결정 권한을 주는 합의 알고리즘이다[3]. 즉, 코인을 가진 모든 모드가 합의를 통해 블록에 데이터를 추가할 수 있는 권한을 가지게 되고, 그중에서 지분을 더 많이 가진 노드들이 더 많은 권한을 갖는 방식이다. 작업증명과 다르게 블록이 생성될 때 지분 이자가, 배당의 개념으로 보상이 지급되는 형태이다. 현재의 블록체인들은 작업증명 방식보다 지분증명 방식을 선호하고 있다. 그 이유는 채굴 장비. 즉, 하드웨어 설치 공간에 적고, 블록 처리 시간이 짧아 사용자에게 빠른 처리속도를 제공하고, 탈중앙화에 더 가깝다는 의견이 우세하기 때문이다.

스테이킹(staking): 자기 소유의 가상화폐 일정량을 지분으로 고정하는 행위이다. 가상화폐를 블록체인 운영에 활용할 수 있도록 맡기고 그 대가로 보상을 받는 것을 말한다. 은행에 예금하고 이자를 받는 것과 유사하다.

해시레이트(hashrate): 연산 처리능력을 측정하는 단위로 해시 속도를 의미한다. 작업증명(PoW) 합의 알고리즘을 사용하는 모든 암호화폐에서 나타나며, 일반적으로 해시레이트가 높아져 연산량이 많아질 경우, 더 빨리 채굴이 이루어지기 때문에 난이도가 높아진다.

디파이(DeFi): 탈중앙화 금융(Decentralized Finance)의 약자로서, 탈중앙화된 분산금융 또는 분산재정을 의미한다. 암호화폐를 담보로 하여 일정 금액을 대출받거나, 혹은 다른 담보를 제공하고 암호화폐를 대출받는 방식으로 작동한다. 디파이 서비스 사례로는 체인링크, 에이브, 메이커다오, 신세틱스, 제로엑스, 컴파운드, 밴드프로토콜, 테라, 델리오, 블록파이, 제네시스캐피탈, 크레드, 트리니토, 디쿤, 세미토큰 등이 있다. 디파이의 반대말은 씨파이(C-Fi)이다.

대체불가토큰(NFT, Non-Fungible Token): 블록체인에 저장된 데이터 단위로, 고유하면서 상호 교환할 수 없는 토큰을 뜻한다. NFT는 사진, 비디오, 오디오 및 기타 유형의 디지털 파일을 나타내는 데 사용한다. 사본은 인정되지 않으며, 블록체인으로 저작권과 소유권을 증명한다.

상장지수 펀드(exchange-traded fund, ETF) 또는 상장지수 투자신탁: 주식시장에서 거래가 가능한, 거래 목적의 투자신탁(펀드) 상품이다. ETF는 주식, 원자재, 채권 등 자산으로 구성되며, 거래되면서 순자산가치로 수렴한다. 대부분의 ETF는 S&P 500 또는 MSCI EAFE와 같이 인덱스(Index)를 따라간다. ETF는 거래비용이 낮고, 세금이 적으며 주식과 비슷한 특징이 있어서 투자자산으로서 매력적이다. ETF는 묶음 상품으로 판매되므로 위험도가 상대적으로 낮아 인기가 있다. 가상화폐에 대해서도 이러한 ETF(상장지수펀드_선물)를 판매하는 것을 미국 SEC(증권거래위원회)에서 승인하였다(파이낸셜뉴스, 2021).

트래블 룰(travel rule): 자금이동 규칙을 말한다. 예를 들면, 금융시스템에서 자금이 오갈 때 중개자는 송금인 A와 수신인 B의 신원 정보를 모두 갖고 있어야 한다는 것이다. 이는 불법 자금세탁을 막고 추적을 쉽게 하려는 방편으로, 세계의 은행들은 이미 오래전부터 표준화된 트래블 룰을 마련하고 공통된 시스템 아래 관련 업무를 처리했다. 따라서 가상자산 역시 일종의 화폐, 재산적 가치를 지닌 징표이므로 정부는 지난해 국제자금세탁방지기구(FATF) 권고를 받아들여 특정금융정보법(특금법) 개정안에 가상자산사업자(VASP)가 지켜야 할 의무 중 하나로 트래블 룰을 명시하였다(Bloter, 2021).

※ 출처: 위키백과(2022)에서 해시넷, 디파이, NFT 등 용어 검색을 통해 기술함.

나. 가상화폐의 기술적 특징과 발전 가능성

가상화폐는 분산원장기술(Distributed Ledger Technology: DLT)을 통해 관리 주체가 없이 모든 참여자가 합의된 알고리즘에 따라 소유권을 복제하여 공동으로 분산하여 관리하는 방법을 프로그램으로 구현한 것이다. 관리방법은 모든 거래자의 거래장부를 블록(데이터를 저장하는 단위, 비트코인의 경우 10분마다 새로운 블록 생성)으로 연결하여 거래 과정을 대조·공유하도록 하여 해킹을 방지하고, 거래를 안전하게 하도록 만들어진 프로그램이다. 이러한 블록체인 기술의 장점은 탈중앙화 공개데이터, 위변조 방지, 정보의 안전한 보관, 데이터의 점검, 통제, 검증과 관련된 거래비용의 절감이다(Fedorova & Skobleva, 2020). 그러나 해커에 의해 블록의 51%가 해킹을 당하여 거래장부를 조작하게 되면, 소유권이 사라지게 되는 위험성을 지니고 있다. 그러나 아직 비트코인이 해킹을 당하여 문제를 발생시킨 적은 없다. 다시 말하면, 해커들이 51% 공격을 위해서는 블록체인의 전체 노드에서 51%가 되어야 하는데, 엄청난 해시 연산력과 블록체인 네트워크에 참여한 노드 수(일명 해시율)를 가져야 하는데, 네트워크에 참여한 노드 수가 늘어남에 따라 과반을 확보하는 것이 어려우므로 현실적으로 불가능하다. 그러나 비트코인 외에 해시력이 약한 코인들이 해킹을 당한 사례는 〈표 8-2〉에 나타나 있다.

이러한 가상화폐의 가장 큰 장점은 금융거래의 안전성이다. 기존의 금융시스템에서는 금융거래 정보가 중앙의 서버에 보관되어 전쟁이나 천재지변 등으로 서버가 파괴되면 모든 정보가 사라질 가능성이 있었으나 블록체인을 이용한 금융정보는 전체 이용자의 PC나 스마트폰 등 매체가 한 대만 작동하여도 금융거래 기록이 유지된다는 장점이 있다. 또한, 가상화폐의 긍정론으로 무엇보다 온라인 환경 및 블록체인의 급격한

〈표 8-2〉 가상화폐 해킹 사례

코인명	해킹 공격 시기	피해 금액
버지(Verge)	• 1차 51% 공격 : 2018년 4월 • 2차 공격 : 2018년 5월	25만 버지코인 3500만 버지코인(약 18억 원)
모나코인 (Monacoin)	• 2014년 1월 1일 출시된 일본 최초의 암호화폐 • 2018년 5월 15일	약 1억 원 정도
비트코인 골드 (Bitcoin Gold)	• 2018년 5월 16일 이후 해당 주소로 38만 8200 BTG가 입금 • 이후 하드포크 결정	약 1860만달러 (한화 약 201억 1962만 원)
젠캐시(ZEN)	• 2018년 6월 2일	2만 3,152개의 코인 이중 지불 (약 7억 원)
이더리움 클래식(Ethereum Classic: ETC)	• 2019년 1월 5일부터 3일 동안 이더리움 클래식에서 이중 지불 공격	8만 8500개 ETC (약 12억 3천만 원 이중 지불)

발달에 근거한 기술발전에 대한 신뢰가 정부의 독점적 화폐 권력을 대체할 수 있다고 보는 것이다. 반면 부정론은 가상화폐의 현실적 상황에 근거하여 가상화폐가 많이 쓰이고 있기는 하지만 반복적으로 생멸(生滅) 하고 있으므로 기존 화폐를 대체하기는 불가능하리라는 것이다. 마지막으로 상호보완론은 기존 화폐와의 공존 가능성을 언급하고 있다(이영주, 2018).

가상화폐의 성장 가능성에 관한 주장은 다양하게 제기되고 있다. 실물이 없는 가상화폐는 결국, 한때의 유행으로 사라질 것이라는 주장에서부터, 실물이 뒷받침되지 않으므로 아무런 가치가 없다는 주장까지 다양하게 나타나고 있다. 그런데도 가상화폐의 성장을 주장하는 의견도 지속해서 나타나고 있다. 언제까지 디지털화된 정보사회에서 현재와 같은 종이지폐를 사용할 것인가에 대한 물음에 답하기는 미래지향적 시각에서 볼 때, 쉽게 답하기 어려운 것도 현실인 것이다. 또한, 거대 경제권과 자본을 가진 미국과 중국에서 가상화폐를 사용하여 경제활동을 하는 기업이 점차 늘어나고, 개인은 스마트폰으로 모든 경제활동을 하는 경향이 있는 현실에 비추어보더라도 지금까지 드러나고 있는 문제점을 보완해 가면서 가상화폐를 제도화하는 방향으로 나아가게 될 것이다.

토론 및 논술

1. 정보화의 특징에 대해 말해보자.

2. 정보사회에서 학교교육의 개념에 대한 변화와 학교가 나아가야 할 방향에 대해 말해보자.

3. 정보사회를 보는 사회학적 관점에 대해 논하시오.

4. 정보사회에서 교사와 학생의 변화 방향에 대해 말해보자.

5. 정보사회에서 글로벌 학교의 등장에 대해 긍정적 측면과 부정적 측면에 대해 알아보고 대안을 제시해보자.

6. 미래 감성사회의 도래와 더불어 현재 이루어지고 있는 감성사회의 주된 흐름을 우리 생활 주변의 예를 들어 말해보자.

7. 미래 정보사회의 흐름에 비추어 볼 때, 가상화폐의 제도화는 어떤 방향으로 진행될 것인가에 대해 토의해보자.

참고문헌

2021년 다문화 인구동태 통계(2022). 통계청 보도자료. 2022년 11월 3일자.

고형일(1996). 근대화 정보화 그리고 한국교육: 모더니즘과 포스트모더니즘의 관점에서. 서울: 교육과학사.

고형일(2001). 정보주의 사회와 한국, 미국, 인도에서 공교육의 역할 변화. 교육사회학연구, 11(2).

곽삼근(2001). 한국 한국평생교육기관의 이념 및 방향에 관한 논의. 평생교육학연구, 7(2).

교육부(2022). 출발선 평등을 위한 다문화교육 지원계획. 교육기회보장과 자료.

권건일 · 김인아(1996). 사회교육의 이해. 서울: 양서원.

권영철, 「[Why 뉴스] "왜 핀란드에서는 '자살'이 금기어가 됐을까?"」, 노컷뉴스, 2012.8.27. 일자.

권이종(1995). 사회교육개론. 서울: 교육과학사.

권이종 · 김용구(2006). 청소년이해론. 서울: 교육과학사.

권이종 · 심의보 · 안승렬(2001). 현대사회와 평생교육. 서울: 교육과학사.

권이종 · 최운실 · 권두승 · 이상호(2004). 신교육사회학탐구. 교육과학사.

권혜진 · 이순형(2001). 보육시설의 집단 크기에 따른 영아의 또래 및 교사와의 상호작용. 아동학회지, 22(4), 201-212.

김경동(1998). 현대의 사회학. 서울: 박영사.

김동윤, 조준형 역(2000). 사이버 문화. 서울: 문예출판사.

김병성(1992). 교육사회학 관련이론. 서울: 양서원.

김병성(2008). 교육과 사회. 서울: 학지사.

김병욱(2012). 교육사회학. 서울: 학지사.

김석원 역(1982). 학교는 죽었다. 서울: 한마당. Reimer, E.(1971). *School is dead: An essay on alternative in education*. New York: Double day & Company.

김성렬 · 김종두(2005). 가상교육의 가능성과 한계성. 과학과 문화, 2(1). 서원대학교 미래창조연구소. 33-48.

김성렬 · 김종두(2008). 사이버 공간에 나타나는 예비교사들의 사회관계망. 한국교원교육연구, 25(1), 77-100.

김성렬 · 김종두 · 박영규(2000). 청소년 비행의 변화과정 분석. 교육논총, 4. 서원대학교 교육대학원. 35-62.

김신일(2010). 교육사회학. 서울: 교육과학사.

김신일(2015). 교육사회학. 서울: 교육과학사.

김영숙(2006). 한국 초등학교 교사 관계망에 대한 문화기술적 연구. 경상대학교 대학원 박사학위논문.

김영찬(1994). 생활 · 문화 · 교육. 서울: 교육과학사.

김영화(2010). 교육사회학. 서울: 교육과학사.

김용학(2006). 온라인 사회연결망 구조 분석: 싸이월드 일촌 연결망을 중심으로. 정보화 정책, 3(4), 167-185.

김용학(2007). 사회연결망 이론. 서울: 박영사.

김은미(2005). IT와 개인 의사소통 체계의 변화: 유선전화, 휴대전화, 이메일을 중심으로. IT기반 미래국가발전전략연구, 정보통신정책연구원, 문화영역 3-5.

김제한 · 공석영 · 김충기(1980). 청년발달심리학. 서울: 세광출판사.

김종두(1998). 자살에 대한 이론적 접근. 교육논총, 2. 서원대학교 교육대학원. 307-332.

김종두(2000). 교육정보화 인식에 관한 조사 연구. 교육발전, 19(1). 서원대학교 교육연구소. 215-238.

김종두(2000). 정보화 사회의 학교교육체제 정립을 위한 교육정보화 수준 측정

연구, 박사학위논문. 한국교원대학교.

김종두(2004). 정보사회와 교육. 서울: 양서원.

김종두(2010). 초등학생 사회성 검사도구 개발 및 타당화 연구. 교원교육, 26(6), 161-181.

김종두(2010). 학교급별 사이버 사회관계망 분석. 교원교육, 26(4), 145-162.

김종두(2021). 가상화폐에 대한 청년들의 인식 분석 연구. 에듀테인먼트연구 Vol.3, No.2, pp.1-23.

김종두 · 김성렬(2008). 사이버공간에 나타나는 예비교사들의 사회관계망. 한국교원교육연구, 25(1), 77-100.

김종두 · 허작(2003). 정보사회에서의 평생교육 발전 방향 탐색. 교육논총, 7. 서원대학교 교육대학원. 379-401.

김종백 · 김태은(2008). 학교행복 검사도구 개발 및 타당화. 교육심리연구, 22(1), 259-279.

김준호(1996). 청소년비행의 사회학적 접근: 청소년문제론, 도서출판: 서원.

김지수(2004). 디지털 인맥과 인간관계망. 정보통신정책, 16(16), 1-19. 통권 354호.

김충기(1986). 청년발달심리학. 서울: 세광출판사.

김혜숙(1996, 5). 교육정보화를 위한 교사교육, 교육월보, 51-52.

김희진 · 손진화 · 이영균(1999). 정보사회론. 서울: 세창출판사.

노병철 · 홍용희(2007). 사회학의 이해. 서울: 인간사랑.

노종희(1990). 학교조직풍토의 개념화 및 특정에 관한 연구. 교육학연구, 28, 67-79.

뉴시스(2015). '성적비관' 청소년 자살 증가 … '학업스트레스' 세계최고, 9월 15일자. 사회면.

뉴시스(2016). "AI의 습격? … 인공지능, 미래 '직업' 지형도 바꾼다". 4월 24일자, 사회면.

동아일보(2005.2.24). "7명만 거치면 전 국민이 아는 사람", http://dongA.com 사회면.

류석춘(2003). 사회자본 이론과 쟁점. 서울: 그린.

머니투데이(2023). "韓, 출산율 정책의 나쁜 사례"… 유엔 인구보고서의 지적 왜? 4월 22일자.

민문홍(2001), 에밀 뒤르케임의 사회학. 서울: 아카넷.

박대식 · 최경은(2008). 농촌의 다문화가정 실태와 정책방향. 한국농촌경제연구원.

박성희 외 10인(2000). 교육학에의 초대. 서울: 원미사.

박영식(2009). 다문화사회에서의 정보화교육 정책 지원방안. 한국정보화진흥원.

배규환(1998). 미래사회학-21세기의 이해와 설계. 서울: 나남출판.

배진한(2003). 면대면 커뮤니케이션 환경이 새로운 대인 커뮤니케이션 매체 이용에 미치는 영향: 인터넷 이동전화를 중심으로. 한국언론정보학보, 23. 47-50.

법무부(2012). 출입국 · 외국인정책 통계월보. 1월호.

베이비뉴스(2023). 저출산 대책에 280조 투입? 출산율 정책의 목표부터 세워라! 3월 6일자.

서규환 역(1997). 정보사회와 문화의 미래. 서울: 디자인하우스.

서문호 역(1993). 제4의 물결. 서울: 안산미디어.

서종남(2009). 결혼이민자가정의 문제점 고찰을 통한 해결방안 연구. 경기도다문화교육센터.

선거연수원(2014). 민주시민교육의 이해. pp. 1-5.

선영규 역, 슐츠 저, 인적자본론, 청한문화사. 1984.

세계일보(2020). 박완규의 책읽기 세상읽기(52) '소비의 사회'-기호의 질서. 9월 20일자, 문화일반.

손장권 · 이성식 · 전신현(1994). 미드의 사회심리학. 일신사.

손준종(2001). 교육사회학. 서울: 문음사.

송병순(1992). 현대사회와 교육. 서울: 양서원.

송종두 역(1981). 청소년이론. 대구: 계명대학교 출판부.

신윤식 외(1992). 정보사회론. 서울: 데이콤.

신진발(1976). 형사정책. 서울: 법문사.

심응철(1997). 청소년의 일탈행위와 비행: 청소년심리학. 서울: 도서출판 서원.

오만석(2009). 다문화 가정 자녀교육의 현실과 과제. 한국학중앙연구원.

오성배(2008). 다문화가정 학생 교육 지원 중장기계획 수립을 위한 연구. 한국청소년정책연구원.

위키백과(2021). 화폐사, 해시넷(hash.kr) 디파이, NFT 등 관련 용어 검색, 2021년 10월 8일에 확인하여 요약정리 및 제시함.

윤덕중(1988). 범죄와 청소년비행학, 서울: 박영사.

윤민재(2006). 자살론 이야기. 서울: 자음과 모음.

윤정일 외 역(1996). 학교개혁론: 쟁점과 과제. 서울: 원미사.

은지용(2007). 청소년 다문화 학습 프로그램 모형 개발 연구. 청소년학연구, vol.14, no.3, pp. 217-241.

은지용(2007). 청소년 다문화 학습 프로그램 모형 개발 연구. 청소년학연구, vol.14, no.3, pp. 217-241.

이건만(1999). 교육사회학의 이론과 실제. 서울: 문음사.

이건만(2011). 교육사회학. 서울: 양서원.

이경섭 · 김인식 · 최호성 공역(1989). 교육과정사회학. 서울: 교육과학사.

이규환(1996). 교육개혁에 있어서의 보수주의와 급진주의: 한국을 중심으로, 한국교육연구소, 한국교육연구, 3(1), 48-49.

이상노(1979). 성격과 행동의 지도: 성격심리학적 접근. 서울: 중앙적성연구소.

이상률(1991). 소비의 사회(La Société de consommation, 1970), 문예출판사, ISBN 89-310-0001-4; 임문영 역주, 계명대학교 출판부, 1998 ISBN 89-7585-134-6.

이신동, 김진호, 이상희, 이경숙, 차재경, 이영(2017). 다문화와 교사교육. 학지사.

이영주(2018). 가상화폐 비트코인의 정치 · 경제적 성격: 비트코인(Bitcoin)의 화폐성을 중심으로. 국제관계연구, Vol.23, No.1, pp.45~76.

이옥화 · 천세영(1996). 정보사회의 도래와 교육의 변화 전망. 한국교육학회, 교육학연구, 34(1), 189-208.

이옥화 · 천세영(1996). 정보사회의 학교교육. 제7회 사회윤리 심포지움, 아산사회복지사업재단, 481-482.

이원숙(1992). 사회적 망 · 사회적 지지와 임상적 개입의 이론 연구. 박사학위논문. 이화여자대학교.

이장현 외(1985). 사회문제연구. 서울: 법문사.

이재현(2000). 인터넷과 사이버사회. 서울: 커뮤니케이션 북스.

이재홍(1998). 정보화 사회와 학교교육의 패러다임 전환 모색. 한국교원대 대학원 석사학위논문.

이정연(1999). 한국과 일본의 평생교육체제 비교. 동국대 대학원 석사학위논문.

이종각(1995). 교육사회학신강. 서울: 동문사.

이종각(2000). 교육사회학총론. 서울: 동문사.

이종각(2004). 새로운 교육사회학총론. 서울: 동문사.

이종각(2012). Basic+ 교육사회학. 서울: 태영출판사.

인구동향조사(2022). 2021년 다문화 인구동태 통계 보도자료. p. 1.

임희섭 역(1993). 자살론. 서울: 삼성출판사.

장은주 역(1995). 의사소통의 사회이론. 서울: 관악사.

장인협(1989). 사회복지실천론. 서울대학교 출반부.

장인협, 오세란 역(1996). 사회지지체계론. 서울: 사회복지실천연구소.

전석호(1995). 정보사회론. 서울: 도서출판 나남.

정계숙 · 황영미(2000). 자유놀이 상황에서의 일반 유아와 고립유아의 사회적 상호작용 행동 연구. 유아교육연구, 20(3), 303-324.

정민승(2000). 온라인 학습공동체에 대한 성인교육학적 해석. 서울대 대학원 박사학위논문.

정범모(1971). 생활체육 참가와 여가만족의 관계. 서울대학교 대학원 박사학위논문.

정범모(1997). 인간의 자아실현. 서울: 나남출판.

정보사회학회 편(2000). 정보사회의 이해. 나남출판.

정우현(1991). 교육사회학연구. 서울: 교육과학사.

정지웅 · 김지자 공저(1995). 사회교육학개론. 서울대출판부.

정태범(2000). 교육행정학. 서울: 양서원.

정하웅(2003). 복잡계 네트워크와 응용. 기초과학문화 저변확대를 위한 기획연구, 91-97. 한국과학재단.

조선일보(2012). 1. 6일자. B2면.

조선일보(2012). "40년 정의만 팠다, 문제는 정의가 아니라 덕". 8월 4일자, A14면.

조선일보(2017). 신상목의 스시 한 조각[2]. 11월 24일자.

조선일보(2017). 주입식교육 대명사 일본, 대입시험 객관식 없앤다. 11월 2일자, A12면.

조영승(1997). 청소년학 총론. 서울: 교육과학사.

진원중(1985). 교육사회학원론. 서울: 법문사.

천세영(1997). 정보사회에서의 학교교육의 변화 방향. 한국교육생산성연구소, 교육연구, 17(6).

청소년개발원 편(1997). 청소년지도론. 서울: 도서출판 서원.

최충옥, 모경환, 김연권, 박성혁, 오은순, 한용택, 임은미, 우희숙, 이수미, 임정수 (2010) 다문화교육의 이해. 양서원.

통계청(2022). 2021년 다문화 인구동태 통계(2022). 통계청 보도자료. 11월 3일자.

파이낸셜뉴스(2021). The Block Post, 8년 만에 '절반의 승인'... 비트코인 ETF, 주류화 과정. 10월 20일자.

표갑수(1986). 청소년비행원인이론. 서울: 한국복지연구소.

한국경제(2020). 20년치 월급 꼬박 모아도…서울 가장 '싼' 아파트도 못 산다. 6월 9일자.

한상준(2002). 청소년 사이버 문화의 커밍아웃과 정보 윤리의식. 한국청소년 교육연구소 교육정책 토론회 자료.

함문식(2010). "유리천장과 알파걸". 아하경제. 5월 3일자.

허만형(1995). 사이버 베아트리체. 서울: 김영사.

허운나 · 김영옥(1998). 정보시대와 미국의 교육혁명. 서울: 교육과학사.

헤럴드경제(2011). 하루 42명… 자살사망자 20년새 5배 늘었다. 9월 5일자.

홍성태(2000). 사이버 사회의 문화와 정치. 서울: 문화과학사.

황성우(2008). 창의적 무용프로그램이 초등학생들의 자기효능감과 자아존중감 및 사회성 발달에 미치는 영향. 연세대학교 대학원 박사학위논문.

松石勝彦(1994). 情報ネットワーク社會論, 青木書店, 29-30.

Althusser, L.(1971). *Philosophy and Other Essays*. Monthly Review Press.

Ambrose, R. P.(1988). All-day kindergarten: One model that works. *Annual Conference of the Association for Education International*. Salt Lake City, UT, April, 21-24.

Angell, Robert C.(1951). Sociology and the World Crisis. *American Sociological Review*, 16(6), (Dec). 749-757.

Apple, M.(1997). *What post-modernists forget: cultural capital and official knowledge*. In Halsey, A. H. Lauder, H. Brown, P. & Sells. A. S.(eds.) Education: culture, economy and society(pp. 579-604).

Attali, J.(2005). 호모 노마드: 유목하는 인간.(이효숙 역). 서울: 웅진닷컴.

Babarasi, A. L. (2002) Linked. Perseus Publishing, Cambridge Mass.

Ballantine, J. H.(1997). *The Sociology of Education: A systematic analysis*. USA: N.J.: Prentice-Hall Inc.

Bandura, A. (1973). *Aggression: A Social Learning Analysis, Englewood Cliffs*, N.J.: Prentice-Hall.

Bandura, Albert(1975). Analysis of Modeling Processes. *School Psychology Digest*, 4(1), 4-10.

Bandura, Albert(1978). *Social Learning Theory of Aggression*. *Journal of Communication*, 28(3). 12-29.

Banks, J. A. (2008) *An Introduction to Multicultural Education*. 4th Edition, Pearson Education, Inc., Boston.

Banks, J. A.(2001). *Multi-cultural education: Historical development, dimensions, and practice*. In J. A. Banks and C. a. McGee Banks(eds.). Handbooks of research on Multi-cultural Education(pp.3-24). San

Francisco: Jossey-Bass.

Barabasi A. L. (2002) *Linked*. Perseus Publishing, Cambridge Mass.

Baumrind, D.(1973). *The development of instrumental competence through socialization*. In A. D. Pick(ed.), Minnesota Symposia on Child Psychology(Vol. 7, pp. 3-46). Minneapolis: University of Minnesota Press.

Becker, Gary S. (1996). *Accounting for Tastes. Part I: Personal Capital; Part II: Social Capital*. Cambridge, MA: Harvard University Press.

Becker, Gary S. (1975). Human Capital: A theoretical and empirical analysis, with special reference to education. The University of Chicago Press, Chicago and London.

Bell, Daniel(1973). *The Coming of Post-industrial Society: A Venture in Society Forecasting*. New York: Basic Books.

Benedict, Ruth(김윤식 외 역, 1974/2006). 국화와 칼. 서울: 乙酉文化社.

Bennett, C. I.(2007). *Comprehensive multi-cultural education: Theory and practice(6th edition)*. Upper Saddle River, NJ: Pearson Education, Inc. 김옥순 외(역)(2009). 다문화교육: 이론과 실제. 서울: 학지사.

Bernstein, Basil(1961). *Social class and linguistic development: A theory of social learning*. In A. H. Halsey & C. A. Anderson(eds.). Education, economic and society(pp. 288-314). New York: The Free Press.

Bernstein, Basil(1977). *Class, code and control*. Vol 3: Toward a theory of educational transmissions(2nd edition). London: Routledge and Kegan Paul.

Blau, P. M., and Duncan, O. D.(1967). *The American Occupational Structure*. John Wiley.

Bloom, B. S.(1976). *Human characteristics and school learning*. New York: McGraw-Hill Book Company.

Bloter(2021). [블록먼데이] '트래블룰'이 뭐길래...거래소를 옥죄는 또 다른 손. 8월 23일.

Blumer, Herbert (1969). *Symbolic Interactionism: Perspective and Method.* New Jersey: Prentice-Hall, Inc.

Boas, F.(1928). *Anthropology.* New York: Holt, Rinehart and Winston.

Bodenhafer, Walter B.(1921). *The Comparative Role of the Group Concept.* in Ward's Dynamic Sociology and Contemporary American Sociology. 425-474.

Bourdieu, P.(1986). The farms of capital. In J. E., Richardson(ed.), *Handbook of Theory of Research for the Sociology of Education*(pp. 241-258). New York: Freenwood Press.

Bourdieu, Pierre & Passeron, J. C.(1977). *Reproduction in education, society and culture.* London: Sage Publications.

Bourdieu, Pierre(1984). *Distinction: a Social Critique of the Judgment of Taste, trans.* Richard Nice, Harvard University Press. 최종철(역). 구별짓기: 문화와 취향의 사회학. 새물결.

Bourdieu, Pierre(1991). *Language and symbolic power.* Cambridge, MA: Harvard University Press.

Bourdieu, Pierre.(1983). *Ökonomisches Kapital, kulturelles Kapital, soziales Kapital*, in Soziale Ungleichheiten (Soziale Welt, Sonderheft 2), edited by Reinhard Kreckel. Goettingen: Otto Schartz & Co. pp. 183-98.

Bowles, Samuel. & Herbert Gintis(1976). *Schooling in Capitalist America: Educational Reform and the Contradiction of Economic Life.* New York: Basic Books. 이규환(역)(1986). 자본주의와 학교교육. 사계절.

Bowles, Samuel. & Herbert Gintis(2002). Schooling in Capitalist America. Revisited. *Sociology of Education*, 75(1). 1-18.

Bowles, Samuel. & Herbert Gintis.(1998). *Recasting egalitarianism: New rules for communities, states and markets.* London: Verso.

Boyd, N. M. & Kyle, K.(2004). Expanding the view of performance appraisal by introducing social justice concerns. *Administrative Theory & Praxis*,

263(3), 249-278.

Brookover, W. B. & Gottlieb, D.(1964). *A sociology of education*. New York: American Book Company.

Brookover, W. B., & Erikson, E. L.(1975). *Sociology of education*. Illinois: The Dorsey Press.

Brookover, W. B., & Schneider, J.(1975). American environments and elementary School Achievement. *Journal of Research and Development in Education*, 9, 83-91.

Brookover, W. B., Beady, C., Flood, P., Schweitzer, J., & Wisenbaker, J.(1979). *School social system and student achievement: Schools can make a difference*. New York: Praeger.

Broom, B. S.(1956). *Taxonomy of educational objectives: Cognitive domain*. New York: David Mckay.

Brophy, J. E. & Good, T. L.(1970). Teacher's communication of differential expectations for children's classroom performance: Some behavioral data. *Journal of Education Psychology*, 60. 365-374.

Brophy, J. E. & Good, T. L.(1974). *Teacher-student relationships: causes and consequences*. New York: Holt, Reinhart and Winston.

Brown, P. Alison(2004). Anti-Social Behaviour, Crime Control and Social Control. *The Howard Journal of Criminal Justice*, 43(2), 203-211.

Brown, P.(1995). Cultural capital and social exclusion: Some observations on recent trends in education, employment, and the labour market. *Work, Employment and Society*, 9, 29-51.

Brown, R., and Lenneberg, E. H. (1954). A Survey in Language and Cognition. *Journal of Abnormal and Social Psychology*, Vol. 49.

Chabot, J.(1950). A simplified example of the use of matrix multiplication for the analysis of sociometric data. *Sociometry*, 13, 131-140.

Chang, B., Nien-Heng, C., Yi-Chan, D., Tak-Wai, C.(2007). Environmental design for a structured network learning society. *Computers and Education*, 48(2), 234-249.

Charles, S., Nocole, E. B., Cliff, L.(2008). Social, capital, self-esteem, and use of online network sotes: A longitudinal analysis. *Journal of Applied Developmental Psychology*, 29(6), 434-445.

Clark, B.(1962). *Educating the expert society*. San Francisco: Chandler.

Cloward, R. and Ohlin, L.(1960). *Delinquency and Opportunity: A Theory of Delinquent gangs*. Chicago: Free Press.

Cochran, M. M. & Riley, D.(1987). *Mother reports of children's social relation: Agents, concomitant and consequences*. In J. Antrobus S. Salzinger & M. Hammer(Eds.), Social Networks of Children, Adolescents and College Students. Hillsdale, NJ: Erlbaum.

Cohen, Albert K.(1955). *Delinquent Boys: The Culture of the Gang*. Glencoe: The Free Press.

Cohen, Albert K.(1965). The Sociology of the Deviant Act: Anomie Theory and Beyond. *American Sociological Review*, 30.

Cohn, D. A.(1990). Child-mother attachment of six-year-olds and social competence at school. *Child Development*, 61, 152-162.

Coleman, J. S. et al.(1966). *Equality of educational opportunity*. Washington, DC: U.S. Government Printing Office.

Coleman, J. S.(1968). The concept of equality of educational opportunity. *Harvard Educational Review*, 38(1), 37-77.

Coleman, J. S.(1986). Social theory, social research, and a theory of action. *American Journal of Sociology*, 91, 1309-1335.

Coleman, J. S.(1997). *Family, school, and social capital*. In L. J. Saha(ed.), International Encyclopedia of the Sociology of Education. New York: Pergamon. 623-641.

Coleman, J. S.(1997). *Social capital in the creation of human capital*. In A.

H. Halsey, H. Lauder, P. Brown, & A. S. Wells (Eds.) Education. 80-95. Oxford University Press.

Coleman, James S.(1988). Social Capital in the Creation of Human Capital. *American Journal of Sociology*, 94, 95-120.

Collins, Randall(1971). Function and Conflict Theories of Educational Stratification. *American Sociological Review*, 36, 1002-1019.

Conley, D. T.(1993). *Roadmap to restructuring: policies, practices and the emerging vision of schooling*. Oregon: ERIC(Clearinghouse on Educational Management).

Cooley, C.(1902). *Human nature and social order*. New York: Scribblers.

Cotton, K.(1991). Computer-Assisted Instruction, School Improvement Research Series, close-up #10, Portland, OR: Northwest Regional Educational Laboratory, May.

Davis, A.(1963). *Social class-influences upon learning*. New York: Harper.

Dreeben, Robert(1974). Good Intentions. *School Review*, 83(1), 37-47.

Dreeben, Robert(1985). *The Social Organization of Mathematics and Reading Instruction*. (ED262877).

Dreeben, Robert(1987). *Comments on Tomorrow's Teachers*. (EJ350138).

Durkheim, Emile(1961). *Moral Education*. Glencoe. IL: Free Press.

Durkheim, Emile. Suicide-Sociological aspects. 김충선 역, 자살론: 사회학적 연구, 청아출판사, 1994.

Dworkin, R.(2005). 자유주의적 평등(염수균 역). 서울: 한길사.

Eggleston, J.(1977). *The Ecology of the School*. Methane.

Emirbayer, M. & Goodwin, J.(1994). New work analysis, culture, and the problem of agency. *American Journal of Sociology*, 99. 1411-1454.

Everhart, R.(1979). *The in-between years: Student life in a junior high school*. Santa Barbara, CA: Graduate School of Education, University of California.

Eysench, H. J.(1971). The I. Q. argument. New York: Library Press.

Fedorova, Elena P.; Skobleva, Ella I.(2020). Application of Blockchain Technology in Higher Education. European Journal of Contemporary Education Vol.9, No.3, pp.552-571.

Feiring C. & Lewis, M.(1985). *The child's social network: The effects of age, sex and socioeconomic status from 3 to 6 years*. Paper presented at the biennial meeting of the society for research in child development. (Toronto, Ontario, Canada, April, 25-28).

Festinger, L.(1949). The analysis of sociogram using matrix algebra. *Psychology Review*, 71, 291-313.

Folger, John K., Nam, Charles B.(1985). *A Study of Education and the social structure*. (ED:002562).

Fosnot, C.(1989). *Inquiring teachers, inquiring learners: A constructivist approach to teaching*. New York: Teachers College Press.

Foucault, M.(1975). Surveiller et punir. Paris: Gallimard. 오생근 역(2011). 감시와 처벌: 감옥의 역사. 서울: 나남

Fujisawa, K. K., Kutsukake, N., Hasegawa, T.(2009). Social Network Analyses of Positive and Negative Relationships among Japanese Preschool Classmates. *International Journal of Behavioral Development*, 33(3), 193-201.

Fukuyama, F.(1995). *Trust: The social Virtues and the creation of prosperity*. New York: Free Press Paper Backs Books.

Fukuyama, F.(1997). *Social capital and modern capitalist economy: Creating a high trust workplace*. New York: Stern Business.

Fukuyama, F.(1999). *The great disruption: Human nature and the reconstruction of social order*. New York: The Free Press.

Garfinkel, H., and Sacks, H.(1970). *On Formal Structures of Practical Actions*. In Theoretical Sociology: Perspectives and Developments, edited by J.C. McKinney and E. Tiryakian, 337-66. New York: Appleton-

Century-Crofts, 345.

Garfinkel, Harold(1967). *Studies in Ethno-methodology. Englewood Cliffs.* NJ: Prentice Hall, p. 32.

Garfinkel, Harold(1986). *Ethno-methodological Studies of Work.* London: Routledge & Kegan Paul.

Garfinkel, Harold(2002). *Ethno-methodology's Program: Working out Durkheim's Aphorism.* Lanham, MD: Rowman Littlefield.

Garfinkel, Harold(2006). *Seeing Sociologically: The Routine Grounds of Social Action.* Boulder, CO: Paradigm Publishers.

Garfinkel, Harold(2008). *Toward a Sociological Theory of Information.* Boulder, CO: Paradigm Publishers.

Geertz Clifford(1973). *The Interpretation of Cultures: Selected Essays.* New York: Basic.

Geertz Clifford(1973). *Thick Description: Toward an Interpretive Theory of Culture.* In The Interpretation of Cultures: Selected Essays. Clifford Geertz. (pp 3-30). New York: Basic Books.

Geertz Clifford(1976). *From the Native's Point of View.* In Meaning in Anthropology. Eds. Keith H. Basso and Henry A. Selby.(pp. 221-237). Albuquerque: University of New Mexico Press.

Geertz Clifford(1977). Found in Translation: On the Social History of the Moral Imagination. *Georgia Review,* 31(4 Winter), 788-810.

George Rizer(2000). Modern Sociological Theory. Fifth edition. The McGraw_ Hill Companies.

Giddens, Anthony(2000). Durkheim. 이종인 역, 뒤르켐. 서울: 시공사.

Glenn, Allen. D.(1996). *Restructuring Schools with Technology.* (pp. 14-23). Boston · London · Toronto · etc: Allyn & Bacon.

Glennerster, H.(1979). *Educational and Inequality.* David Rubinstein(ed.). Education and Equality. Penguin Books. 44-56.

Gramsci, A.(1971). *Selections from Prison Notebooks*. International Publishers.

Gumm, J. & Hatala, J. P.(2007). Conducting a social network audit. *Techniques: Connecting Education and Career*, 82(5). 23-26.

Hallinan, M. T.(1994). *Foundation of School choice*. In T. Husen & T. N. Postlethwaith (Eds.), The international encyclopedia of education (2nd ed., Vol. 9, pp. 5179-5201). Oxford: Elsevier Science Ltd.

Havighurst, Robert J. & Neugarten, Bernice, L.(1968). *Society and education*. Boston: Allyn and Bacon.

Haythornthwaith, C.(2000). Online personal networks: size composition and media use among distance learners. *New Media & Society*, 2(2). 195-226.

Hern, C. J.(1978). *The Limits and Possibilities of Schooling: An Introduction to the Sociology of Education*. Allyn and Bacon, Inc.

Hirschi Travus(1969). *The Causes of Delinquency*. Berkeley: University of California Press.

Hobfoll, S.(1985). *Limitations of social support in the stress process*. In IG Sarason & BR. Sarason (Eds.), Social Support: Theory, Research, and Applications.

Husen, T.(1975). *Social Influences on Educational Attainment: Research Perspectives on Educational Equality*. Center for Educational Research and Innovation, OECD.

Illich, Ivan(1971). *Deschooling Society*. New York: Harper and Row. 황성모(역). 탈학교사회. 삼성문화문고.

Inkeles, A. & Smith, D. H.(1974). *Becoming modern: Individual change in six developing countries*. Cambridge, MA: Harvard University Press.

Jencks, C. et al(1972). *Inequality: A reassessment of the effect of family and schooling in America*. New York: Harper & Row.

Jenkins, J. Craig(1978). The Demand for Immigrant Workers: Labor Scarcity or Social Control? *International Migration Review*, 12(4), Special Issue:

Illegal Mexican Immigrants to the United States(Winter), 514-535.

Jensen, A.(1969). Review of Pygmalion in the Classroom, by Rosenthal and Jacobson. *Scientific American*, 51, 44a-45a.

Jones, S.(2002). *The Internet goes to college: How students are living in the future with today's technology*. Pew Internet & American Life Project.

Kahne, J., O'Brien, J., Brown, A., Quinn, T.(2001). Leveraging social capital and school improvement: The case of a school community initiative in chicago. *Educational Administration Quarterly*, 37(4). 429-461.

Katz, L.(1947). On the matrix analysis of sociometric data. *Sociometry*, 10, 233-241.

Kayany, J. M., Wotring, C. E., and Forrest, E. J.(1996). Relational control and interactive media choice in technology mediated communication situations. *Human Communication Research*, 22(3). 399-421.

Koc, M. & Ferneding, K. A.(2007). The consequences of internet cafe use on Turkish college students' social capital. *Turkish Online Journal of Educational Technology-TOJET*, July 6(3).(n.d.). (ERIC: Document Reproduction Service No. ED500 065).

Kranzberg, H.(1988). Interdependence of Scientific and Technological Information and its Relation to Public decision Making. *Annals*(495), 29-39.

Kroeber, Alfred. L.(1952). *The Nature of Culture*. Chicago.

Kroeber, Alfred. L., & Clyde Kluckhohn(1952). *Culture: A Critical Review of Concepts and Definitions*. Cambridge.

Kuhn, Thomas Samuel(1970). *The Structure of Scientific Revolutions*. The University of Chicago Press. 조형(역)(1980). 과학혁명의 구조. 이화여자대학교출판부.

Lawin, K.(1936). *Principle and Topological Psychology*. New York: McGraw-Hill.

Lawton, D.(1980). *Class, Culture and the Curriculum.* London, Routredge & Kegan Paul.

Lawton, D.(1980). *The Politics of the School Curriculum.* London: RKP.

Lemert, Edwin M.(1951). *Social Psychology.* New York: McGraw-Hill.

Light, R. J. & Smith, P. V.(1969). A methodological inquiry. *Harvard Educational Review*, 39, 484-510.

Linda L. V. & Westbrook, M. T.(1979). Sociality: A content analysis scale for verbalizations. *Social Behavior and Personality*, 7(2), 129-136.

Linden, Ian.(2003). *A new map of the world.* Darton, Longman and Todd Ltd. London, UK.

Linton, R.(1936). *The Study of Man.* New York: Appleton Century Co.

Linton, R.(1939). *The Cultural Background of Personality.* New York: Appleton Century Co.

Liska, A. E.(1981). *Perspectives On Deviance.* Englewood: Prentice Hall Inc.

Loury, G.(1977). *A dynamic theory of racial income differences.* In P. Wallace & A. LaMond(eds.), Women, minorities, and employment discrimination(pp.153-188). Lexington, MA: Heath.

Loyd, B., & Gressard, C.(1984). Reality and factorial validity of computer attitude scales. *Educational and Psychological Measurement*, 44, 501-505.

Maine, Henry Sumner(1974). *Ancient Law: Its Connection with the Early History of Society, and its Relation to Modern Ideas.* London: John Murray.

Maine, Henry Sumner(1975). *Early History of Institutions.* London: John Murray.

Majid Rahnema(2003). *Quand la misére chasse la pauvreté,* Arles: Aches Sud.

Malinowaki, B.(1961). *Angonavts of the Western Pacific.* New York: E.P. Dutton.

Mannheim, Karl(1940). *Man and Society in an Age of Reconstruction*. London: Routledge.

Mannheim, Karl([1930] 2001). *Sociology as Political Education*. New Brunswick, NJ. Transaction.

Mansuda, Y.(1986). *Computopia*. in T. Forester ed. The Information Technology Revolution. Oxford: Blackwell.

Marco Orru(1983). The Ethics of Anomie: Jean Marie Guyau and Emile Durkheim. *British Journal of Sociology*, 34(4), 7-23.

Marco Orru(1987), Anomie : history & meaning, Unwin Hyman / 임희섭 역, 『아노미의 사회학』, 나남, 1990.

McCandless, B. R. and Roberts, A. & Starness, T.(1972). Teacher's amoks, achievement test scores, and aptitude relations with respect to social class, race, and sex. *Journal of Educational psychology*, 63, 153-159.

McDill, E. L., & Rigsby, L. C.(1973). *Structure and process in secondary schools: The academic impact of educational climates*. Baltimore: Hohns Hopkins University Press.

McDonald, K. & Parke, R. D.(1984). Bridgeing the gap: Parent-child play interaction and peer interactive competence. *Child Development*, 55, 1265-1277.

McEwen, N., Boschman, L., Bursash, J., Hanson, P., MacGilivray, P., Rees, S., and Thompson, M.(1993). *Social skills diagnostics screen administration manual*. (ERIC Document Reproduction Service No. ED 369 569).

McNeil, Elton B.(1971). *Readings in human socialization*. Published Belmont, Calif. : Brooks/?Cole Pub. Co.

Mead, M.(1960). *Cooming of Age in Samoa*. New York: M. Morrow.

Mead George Herbert(1934). Mind, Self, and Society. Chicago:University of Chicago Press.

Means, B. & Olson, K.(1993). *Supporting School Reform with Educational*

Technology. A paper presented at the American Educational Research Association, Atlanta, Georgia.

Mears, P.(1974). Structuring communication in groups. *Journal of Communication*, 24, 71-79.

Merton, R. K.(1957). *Social Theory and Social Structure*. (revised, eds.). Glencoe, III, New York: Free Press.

Merton, Robert K.(1936). The Unanticipated Consequences of Purposive Social Action. *American Sociological Review,* 1(6), 894-904.

Merton, Robert K.(1938). Social Structure and Anomie. *American Sociological Review,* 3(5), 672-682.

Merton, Robert K.(1968). *Social Theory and Social Structure*. (1968 enlarged ed.). New York: Free Press.

Milgram, S.(1967). The small world problem. *Psychology Today*, 2, 60-69.

Miller, W. B.(1958). Lower Class Culture as Generating Million of Gang Delinquency, *Journal of Social Issues,* V. 14.

Mitchell, J. C.(1969). *Social network in urban situation*. Manchester: Manchester University Press.

Monge, P.(1972). *The study of human communication from three system paradigms*. Doctoral dissertation, Michigan State University.

Montgomery, R.(1978). *A New Examination of Examinations*. Routledge and Kegan.

Moreno, J. L.(1951). *Sociometry, experimental method and the science of society*. An Approach to a New Political Orientation. NY: Beacon House Inc.

Moreno, J. L.(1953). *Who shall survive? foundations of sociometry, group psychotherapy, and sociodrama*. NY: Beacon House Inc.

Naisbitt, J.(1982). *Megatrends*. New York: Warner Books.

New Insight(2021). 2030세대 가상화폐 투자 광풍, 그 해법은?. 5월 11일.

Nozick, R.(1974). *Anzrcby, state and utopia*. NY: Basic Books.

Ogbu, J. U.(1992). Understandering cultural diversity and learning. *Educational Research*, 21(8), 5-14.

Ogburn, F. William(1950). *Social Change*. New York: Viking.

Ogburn, F. William(1964). *On Culture and Social Change*. Chicago: Phoenix Books; University of Chicago Press.

Olsen, Edward G.(1946). The Community and the School. *Review of Educational Research*. Vol. 16. No. 1. Social Foundations of Education (Feb., 1946), pp. 56-70.

Park, E. Robert(1928). Human Migration and Marginal Man. *The American Journal of Sociology*. 6.

Parsons, T.(1959). *The school class as a social system: Some of its functions in American society*. New York: The Free Press. 이인효 외 역(1991). 사회체제로서의 학급: 교육과 사회. 교육과학사.

Parsons, Talcott(1937). *The Structure of Social Action: A Study in Social Theory with Special Reference to a Group of Recent European Writers*. New York: McGraw-Hill.

Penuel, W. R., Riel, M., Krause, A. E., and Frank, K. A.(2009). Analyzing teachers' professional interactions in a school as social capital: a social network approach. *Teachers College Record*, 111(1), 124-163.

Persell, C. H.(1977). *Education and Inequality: The roots and results of stratification in America's schools*. New York: The Free Press.

Phillipson, M.(1971). *Socialogical Aspect of Crime and Delinquency*, London: Routledge & Kegan Paul.

Plowden Report(1967). The Plowden Report: Children and their Primary Schools. London: Her Majesty's Stationery Office.

Pool, I.(1973). *Communication system*. In I. Pool & W. Schramm(eds.), Handbook of communication. Chicago: Rand McNally Press.

Poster Cyril(1999). *Restructuring: The key to effective school management*. New York, Canada, London: Routledge.

Prichard, K. W. and Buxton, T. H.(1973). *Concepts and Theories in Sociology of Education*. Professional Educators Publications, Inc.

Putnam, R. D.(1993). *Making democracy work Civic traditions in modern Italy*. Princeton: Princeton University Press.

Putnam, R. D.(1995). Bowling alone, Revisited. *The responsive community*, 18-33.

Putnam, R. D.(2002). Bowling Together. *The american prospect*, 13(3), February, 11.

Putnam, Robert D.(2006). Pluribus Unim: Diversity and Community in the Twenty-First Century, Nordic Political Science Association.

Rawls, Anne Warfield(2003). *Harold Garfinkel*. In The Blackwell Companion to Major Contemporary Social Theorists, edited by George Ritzer, 122-53. Oxford, U.K.: Blackwell.

Rawls, Anne Warfield(2008). *Editor's Introduction*. In Harold Garfinkel's Toward a Sociological Theory of Information , 1-100. Boulder, CO: Paradigm Publishers.

Rawls, J.(1963). The Sense of Justice. *Philosophical Review,* 72(3), 281-305.

Rawls, J.(1968). Distributive Justice: Some Addenda. *Natural Law Forum*, 13, 51-71.

Rawls, J.(1971/1999). *A Theory of Justice*. Harvard University Press, Cambridge MA.

Rawls, J.(2001). *Justice as Fairness: A Restatement*. Belknap Press, Cambridge MA.

Reimer, E.(1971). *School is Dead: Alternatives in Education*. New York: Doubleday. 김석원 역(1979). 인간 없는 학교. 돌베개.

Richards, W. & Lindsey, G.(1974). Social network analysis: An overview of recent developments. Paper presented at the american cybernetics society conference. *Philadelphia, Pennsylvania*, 31(2), 1-25.

Riel, M. M., & Levin, J. (1990). Building electronic communities: Success and failure in computer networking. I*nstructional Science*, 19. 145-169.

Rist, R. C.(1970). Student social class and teacher expactations: The self-fulfilling prophecy in ghetto education. *Harvard Education Review*, 40, 411-451.

Rosenthal, R., & Jacobson, L.(1966). Teachers' Expectancies: Determinants of Pupils' IQ Gains. *Psychological Reports,* 19, 115-118.

Rosenthal, R., & Jacobson, L.(1968). *Pygmalion in the classroom*. New York: Holt, Rinehart and Winston.

Rosenthal, R., & Jacobson, L.(1974). The Pygmalion effect: what you expect is what you get. *Psychology Today Library Cassette*, 12. New York: Ziff-Davis.

Ross, Jeffrey Ian(2000). *Varieties of State Crime and Its Control*. New York: Criminal Justice Press/Willow Tree Press.

Rostow, W. W.(1960). *The Stages of Economic Growth: A Non-Communist Manifesto*. Cambridge University Press.

Rutter, M., Maughan, B., Mortimore, P. & Ouston, J. with Smith, A. (Eds.). (1979). Fifteen Thousand Hours, London: Open Books.

Sashkin, M. & Egermeier, J.(1992). *School Change Models and Processes: A Review and synthesis of Research and Practice*. Washington, DC.: US Department of Education.

Scheler, Max(1912). Ressentiment. *Edited with an introduction by Lewis A. Coser*. New York: Free Press.(1961). → First published as Über Ressentiment und moralisches Werturteil. The second German edition appears on pages 33-147 of Volume 3 of Scheler's Gesammelte Werke under the title "Das Ressentiment im Aufbau der Moralen."

Scheler, Max(1913). *The Nature of Sympathy.* Translated by Peter Heath, with an introduction by Werner Stark. London: Routledge.(1954). → First published as Zur Phdnomenologie und Theorie der Sympathiegefiihle und von Liebe und Hass. The second German edition was published as Wesen und Formen der Sympathie.

Scheler, Max(1921). *On the Eternal in Man.* Translated by Bernard Noble. New York: Harper(1961). → First published as Vom Ewigen im Menschen.

Scherer, J.(1981). *Reappraisal of social network research in educational contexts.* Paper presented at the annual meeting of the american educational research association. (65th, Los Angeles, CA, April 13-17.).

Schneider, Barbara(2002). Nonstandard Quotes: Super impositions and Cultural Maps. *College Composition and Communication*, 54(2), 188-207.

Schneider, Barbara(2002). Social capital: A ubiquitous emerging conception. In D. L. Levinson, P. W. Cookson, Jr. & A. R. Sadovnik(eds.). *Education and sociology: An encyclopedia*(pp. 545-550). New York: Routlege Falmer.

Schultz, Theodore W.(1976). Transforming Traditional Agriculture. New Haven: Yale University Press, 1964. Reprint, New York: Arno Press.

Schultz, Theodore W.(1972). "Human Capital: Policy Issues and Research Opportunities." In Human Resources. New York: National Bureau of Economic Research.

Schütz, Alfred(1943). The Problem of Rationality in the Social World. *Economica 10*, no. 38, 130-149.

Schütz Alfred(1967). The Phenomenology of the Social World. Evanston, III.: Northwestern University Press.

Shaw, C. R. and Mckay, H. D.(1932). Are Broken Homes a Casual Factor in Juvenile Delinquency? *Social Forces 10.*

Shaw, C. R. and Mekay, H. D.(1931). *Social Factors in Juvenile Delinquency.*

Washington: U. S. Government Printing Office.

Sheingold, K. & Hadley, M.(1990). *Accomplished Teachers: Integrating Computers into Classroom Practice*. Center for Technology in Education: Bank Street College of Education, September.

Short, J., Williams, E. & Christie, B.(1976). *The social psychology of telecommunications*. London: Wiley & Sons.

Silberman, Charles E.(1964). *Crisis in Black and White*. Random House Inc.

Silberman, Charles E.(1971). *Crisis in the classroom: The Remaking of American Education*. Vintage; Vintage Books.

Simon, J.(1975). *How Effective is Schooling for Promoting Learning*. World Bank Staff Working Paper.

Sleeter, C. & Grant, C.(1988). *Multi-cultural education: Five approaches to race, class and gender*. Columbus, OH: Merrill.

Spradley James P.(1967). *Socialization for Bicultural adjustment: A case study*. (ED013861).

Spradley James P.(1980). *Participant Observation*. New York: Holt, Rinehart and Winston.

Stokes, J. & Levin, I.(1985). *Gender differences in predicting loneliness from social network variables*. Paper presented at the annual convention of the american psychological association. (93rd, Los Angles, CA, August, 23-27).

Stonier, T.(1983). *The Wealth of Information*. London: Thames-Methuen.

Sullivan, arthur, Steven M. Sheffrin (2003). 《Economics: Principles in action》. Upper Saddle River, New Jersey 07458: Prentice Hall. 224쪽. ISBN 0-13-063085-3.

Sullivan, Thomas and Thompson, Kenrick(1988). *Introduction to Social Problems*. New York: Macmillan.

Sumner, W. G.(1960). *Folkways*. Boston: Ginn.

Sutherland, E. H. and Cressey, Donald R.(1966). *Principles of Criminology*, 7th(eds.). Philadelphia: J. B. Lippincott.

Sykes and Matza(1957). *Technique of Neutralization: A theory of delinquency*.

Tanya, N.(2008). Online network use schools: Social and education opportunities. Youth Studies Australia, 27(3), 20-29.

Toffler, Albin(1980). *The Third Wave*. New York: William Morrow and Company, Inc.

Tracy, R. C. & Joy, K.(2005). Prestige, centrality, and learning: A social network analysis of an online class. *Communication Education*, 54(3), 254-261.

Trow, M.(1961). The second transformation of American secondary education. *The International Journal of Comparative Sociology*, 2(2), 144-166.

Tufekci, Z.(2008). Can you see me now? Audience and disclosure regulation in online social network sites. *Bulletin of Science, Technology & Society*, 28(1). 20-36.

Tyler, S. A.(1969). *Cognitive Anthropology*. New York: Holt, Rinehart and Winston.

Tönnies, Ferdinand(1935). *Gemeinschaft und Gesellschaft*, Leipzig: Fues's Verlag, 2nd ed. 1912, 8th edition, Leipzig: Buske, (reprint 2005, Darmstadt: Wissenschaftliche Buchgesellschaft); his basic and never essentially changed study of social man; translated in 1957 as "Community and Society", ISBN 0-88738-750-0

UNESCO(2000). *World Education Report 2000*. UNESCO Publishing.

UNESCO(2008). *Global Education Digest*. UNESCO Publishing.

Veblen, Thorstein Bunde(1899). The Theory of the Leisure Class. An Economic Study of Institutions. London: Macmillan Publishers.

Walker, A.(1985). From welfare state to caring society?: The promise of informal support networks, In Yonder, J. A.(ed.), Support networks in a caring community: Research and Policy, Fact & Fiction, Dordrecht: Martinus Nijhoff Publishers.

Wang, Zhi-guo(2009). Study on countermeasures on moral education through school network. *US-China Education Review*, 6(1), 44-48.

Ward, L.(1883). Dynamic sociology: II.

Warner, W. Lloyd(1960). Social class in America: A Manual of Procedure for the Measurement of Social Status.

Watson, P. M.(1980). The assessed change in parents' attitudes toward children and children's perception of parents as related to a parent effectiveness training program. North Western University.

Wax, Murray; Wax, Rosalie(1979). *Anthropological Fieldwork: Comments on its Values and Limitations*. Paper presented at the Annual Meeting of the American Educational Research Association (63rd, San Francisco, California, April 8-12) (ED170359).

Weber, Max(1947). *The Theory of Social and Economic Organization*. Free Press.

Webster, F.(1995). *Theories of the Information Society*. London & New York: Loutledge.

Weingart, P.(1978). *The Relation between Science and Technology: A Sociological Explanation*, In W. Krohn E. Layton & P. Weingart (eds.). The Dynamics of Science and Technology, Dordrecht. Holland: D. Reidel.

Wilhoit, G. C.(1981). *Mass Communication Review Yearbook*. Vol. II, Sage Publication.

http://www.newsis.com

http://blog.daum.net/esplanade12/11804041

찾아보기

[인명]

ㄱ

가다머 130
가핑클 127
갈퉁 78
검 274
게젤 211
고버트 22, 107
고프만 142
굿 136
그람시 62, 76
그랜트 338
기어츠 127
깁슨 338

ㄴ

내슬룬트 323
노직 159
닐 351
다렌도르프 67

ㄷ

다윈 211
던컨 256
데이비스 253
뒤르켐 16, 21, 27, 35, 40, 57, 220
듀이 20, 29
드리븐 47
드워킨 160
딜타이 129

ㄹ

라이머 95
라이트 174
람베르트 103
랭그랑 340
레비스 270
레비스트로스 63
레빈 207, 269, 318
레오 스롤 226

레이시 141
로리 259
로스 216
로스토 213
로젠탈 132, 178
로톤 108, 112
루소 211
리머트 119, 300
리스트 135
리피트 318
릭스비 175
린톤 196

ㅁ

마르크스 61, 67
마인 212
마짜 224, 297
마틴 카노이 80
만수다 379
만하임 99, 102
매카이 301
매클럽 376
맥넬 207
맥딜 175, 180
맥캔드리스 299
맥클리랜드 51
머튼 132, 133, 221, 287
모레노 270
몽고메리 60
몽이 269
미드 116, 118, 119, 210
미셸 269
미어스 269
밀그램 267, 269
밀러 294
밀리반드 69
밀즈 67

ㅂ

바란 77
밴듀라 208, 211, 299
뱅크스 339
버나드 쇼 133
벅스턴 17
번스타인 22, 72, 106, 107, 111, 115, 138
베네딕트 196, 281
베넷 339
베르게만 28
베버 67, 105, 236
베커 124, 300
벨 379
보드리야르 381
보아스 281
보울스 67, 70, 90, 187, 257
뵈크 129
부르디외 62, 72, 106, 188, 258
브라운 216, 217, 318
브레튼 우즈 401
브로피 136

브루코버 177, 179
블라우 256
블로그 271, 272
블루머 116
블룸 179

ㅅ

사스킨 382
사이몬 182
사이크스 224, 297
사토시 나카모토 401
산토스 79
샤피로 132
서덜랜드 289
섬너 233, 320
셸러 102, 213
쇼 301
수잘로 20
쉐러 269
슈나이더 177
슈츠 104, 127
슐라이어마허 129
슐츠 53, 128
스미스 21, 51, 151, 174, 320
스토니어 378
스토크스 269
스펜서 15, 25, 35, 39, 212
스프래들리 128
슬리터 338
실버만 94
싸이 373

ㅇ

아이젠크 174
알버트 라즐로 바라바시 267
알튀세르 70
에버하르트 84, 88
엔젤 17, 29
영 22, 99, 114
오그번 206, 215
오그부 337
오를로스키 151
오수벨 279
올린 224, 293
올센 320, 321
올포트 133
와서맨 351
와쉐이 55
왈러 67
워드 20, 26
워렌 320
워커 270
웹스터 376, 381
위슬러 196
윌리스 84, 85
윌호잇 377
이글스톤 22, 108
이반 일리치 97
인켈레스와 51
잉거미르 382

ㅈ

장 보드리야르 245
제이콥슨 132, 178
젠센 173
젠크스 175, 182
젠킨스 216
존 롤스 151
존스 274
지니 172
진티스 67, 70, 90, 187, 257

ㅊ

찰스 274
카르도소 79

ㅋ

칸 271
커 48
커닝햄 318
케디 142
코저 67
코헨 224, 289
콘리 383
콜린스 23, 88
콜맨 149, 179, 258, 270, 271
콩트 15, 19, 24, 35, 212
쿡 319
쿨리 116, 207, 212, 233
크레시 289
크로프트 317
크뢰버 281
클라크 48
클락 49
클럭혼 196
클로워드 224, 293

ㅌ

타일러 76, 281
터너 58, 255
테일러 57, 195, 368
토크빌 261
퇴니에스 212, 233

ㅍ

파레토 79
파슨스 30, 35, 43, 217
퍼셀 135
퍼트넘 258, 270
페넬 271
페어링 270
페인 21
푀겔러 279
푸코 62
풀 269
프랭크 77
프레비시 77
프레이리 82
프리처드 17

ㅎ

하그리브스 141
하이데거 130
하탈라 274
한나 323
해비거스트 253, 279
핼핀 317
허쉬 295
헌 88
헨리 포드 368
호만스 125
호퍼 58
화이트 319
후설 103, 04
후센 150
후지사와 271
후쿠야마 258, 270
휘티 22
흄 211
히콕스 94

[내용]

3D print 50
4차 산업혁명 393
AGIL 이론 46

ㄱ

가상화폐 400
가정 208
가정문화 106
가해부정 298
간섭적 풍토 317
간접전파 202
간파 85
갈등이론 67
감성사회 393
감성지수 397
갑오개혁 52
강남스타일 373
강제적 기대 200
강제적 통제 217
강화 217
개방적 풍토 317
개인적 이동 254
개인주의 59
객관적 방법 241
객관적 자본 73
걸그룹 372
게임(경쟁)단계 119
결과의 평등 160
경제개발 5개년 계획 53
경제재생산이론 70

경제학적 관점 376
계 343
계량주의 104
계몽주의 19
계속교육 350
계약사회 212
고전중등학교 98
공동사회 212
공식어 138
공존적 변화 215
과거시험 62
과열작용 38
관계적 인간관 270
관념문화 197
관시 197
관여 297
교사결핍론 175
교사-학생 상호작용 107
교실문화 179
교실사회학 131
교실의 위기 94
교육결과의 평등 163
교육과정 107
교육과정사회학 23
교육과정의 평등 162
교육기회 161, 169
교육선발 58, 185
교육선발지수 170
교육의 사회학 21, 22
교육평등론 149
교육학 15
교환이론 115, 125
구조기능이론 35
구조적 이동 254
구획 111
국제결혼 333
균형이론 35
그랜드 플랜 64
그리스 129
극대화 367
근대화 50
근대화 이론 50
기계적 연대 37, 42
기능이론 55
기술공학적 관점 375
기술기능이론 48
기술문명 104
기술중등학교 98
기회구조이론 292
기회의 평등 151

ㄴ

낙인이론 115, 119, 142, 300
낭만가형 142
내적 기대 201
냉각작용 38
노동계급 85
노인대학 345

ㄷ

다문화 가정 332

다문화 교육 332, 335
다문화 사회 334
닫힌 모형 327
대안적 친목기구 98
대안학교 352
대응원리 71
대입제도 65
대중어 138
대중평등주의 58
대한민국 53
대화 129
던바의 법칙 272
도당 231
도덕적 평등 151
독립심 47
독일 169, 172
동료집단 231
동물학습 134
동시화 367
동인집단 231
동적 사회학 20
동조형 223
두레 343
드론 50, 213
드림 스타트 167
디지털 교과서 66
디지털화폐 402
또래집단 284

ㄹ

라디오 202
레밍 효과 308
르네상스 19

ㅁ

만기선발 58
망 263
매사추세츠 교육령 149
메이지 유신 52
멘토 274
멘토링 336
멘티 274
모델링 300
모방 300
모방학습 209
모형학습 209
무의도적 자살 307
무형자본 73
문맹퇴치 97
문제제기식 교육 84
문화 196
문화기대 200
문화기술지 85
문화변동 202
문화 사대주의 198
문화 상대주의 198
문화실조 205, 206
문화실조아 206
문화자본 72
문화재생산이론 72
문화적 습성 72, 259, 337
문화적 헤게모니 이론 76

문화전파 202
문화접변 203, 214
문화제국주의 80
문화지체 205, 215
문화화 57
문화환경결핍론 174
묻지마 범죄 18
물질문화 196, 205
물질주의 104
미국 163, 172
미니홈피 271, 272
민속방법론 127
민속지 127
민속학 127
민족지 128
민주시민교육 324

ㅂ

바르나 제도 242
바이오 산업 50
바칼로레아 64
박리다매 250
반도체 50
반성능력 104
반성적 관점 108
반항형 224
발견 202
발명 202
발전 215
발전기 344
범생이 85
베르테르 효과 308
베블렌 효과 250
보상적 평등관 151
보상적 평등주의 159, 163
보수주의적 평등관 150
보장적 평등 162
보편성 47
보편적 사회화 37, 42, 57
보편주의 58
보호적 자살 307
부르주아 236
분류 111
분배적 정의 160
분업화 367
비난자에 대한 비난 299
비속어 138
비트코인 401
비판적 사고능력 399
비행하위문화이론 289
빈곤퇴치 164

ㅅ

사례연구 128
사이버 공간 263
사자길들이기형 142
사회경제적 지위 115
사회계급 241
사회계층 236, 241, 254
사회계층 이동 254

사회관계망 23, 266
사회동학 15
사회명목론 105
사회변화 212
사회분업론 27
사회성 발달 210
사회실재론 105
사회연결망이론 267
사회유기체설 25, 39
사회의식 216
사회자본 258, 270
사회적 배제 164
사회정학 15
사회체제 313
사회통제 212, 216
사회통제이론 295
사회학 15
사회학습이론 299
사회학적 관점 377
사회해체론 301
사회화 57, 207
산업혁명 19, 149, 363
상대주의 105
상류계층 170
상부-하부구조 68
상징 116
상징적 상호작용론 116
생애교육 351
선발 60
설득적 통제 217
성(性)문화 284
성인교육 351
성장기 345
소멸 215
소비의 사회 245
쇄국정책 52
수용적 관점 108
숙명론적 자살 305
순환교육 350
슈어 스타트 165
시련기 343
스레드 272
시험 59
시험의 기능 59
신교육사회학 98
신념 297
신분사회 212
신학적 단계 19
실재적 평등 151
실증적 단계 20
실증주의 19, 104
싸이월드 273

ㅇ

아노미 220
아노미론 287
아노미적 자살 305
아비투스 73, 337
안정기 345
암호화폐 402
애착 296

애플 76
억압적 국가기구 70
언어 129
언어문화 282
업적주의 68
엔터테이너형 142
엘리트주의 183
엘리트주의 교육관 183
여성혐오 18
역차별 163
역할갈등 219
역할기대 219
역할인지 219
역할학습 209
열린 모형 327
영국 98, 163
영상자아 119
오크 초등학교 132
완전학습 179
외상 후 스트레스 장애 308
외적 기대 200
원격교육 349
웹 372
위 스타트 167
유기적 연대 37, 42
유네스코 보고서 61
유비쿼터스 264
유유상종 272
유치원 208
유튜브 202
유희(놀이)단계 119
유희집단 231
은둔형 224
은행저축식 교육 84
음악문화 283
의도적 자살 307
의례형 223
의미 있는 타자 209
의사소통능력 399
의상문화 283
의식화 82
이기적 자살 305
이념적 국가기구 70
이데올로기 88
이익사회 212
이타적 자살 305
인간자본론 53
인공지능 50, 213, 394
인류학 128
인스타그램 272
인지 지향 44
인터넷 205
일반고 355
일반화된 타자 210
일반화된 타자의 단계 119
일본 64, 172
임의적 기대 200

ㅈ

자극전파 203
자기충족예언 132

자기통제 211
자동차 213
자문화 중심주의 198
자살론 27
자살의 유형 305
자살자 수 302
자살전염 308
자성예언 178
자아 117
자연의 복권추첨 159
자유주의적 평등관 151
자유학교 351
자율고 355
자율적 풍토 317
자율주행차 50
잠재적 교육과정 76, 88
재생산이론 69
저(底)출산 64
저항이론 81
전기(수소)차 50
전념 297
전자화폐 402
전통적 학교 324
절차적 정의 159
정감 지향 44
정보사회 363
정보화 367
정신문화 205
정예주의 58
제도문화 196
제도적 규범 288
제도적 수단 288
제도적 자본 73
조기선발 58, 142
종속이론 77
주관적 방법 241
주변부 국가 80
주변인 201
중등교육 150
중등교육제도 98
중심부 국가 80
중앙집권화 367
중화이론 297
지능결핍론 173
지능지수 397
지니계수 171, 172
지식사회학 99
지식의 가변성 110
지식의 상대성 110
지역사회 319
지역사회학교 21, 321, 324
지위갈등이론 88
지위문화 68, 89
지위집단 236
지평융합 130
직업훈련소 208
직접전파 202
진보적 학교 324
진학률 170
질서모형 35
집단과 사회 117
집단지성 398

집산주의 59
집중화 367
집합교육과정 111

ㅊ

차별접촉이론 289
창의성 399
책임부정 298
청소년 279
청소년 비행 286, 287
청소년 비행이론 286
청소년사회 179
청소년 자살 302
초등교육 150
초등학교 66
출산율 정책 237
춤 문화 284
충성심을 통한 회피 299
취학률 169
친교적 풍토 317

ㅋ

카스트 제도 242
카카오톡 272
컴퓨터 매개 의사소통 268
콜맨보고서 22, 174
크로우더 보고서 98
클리엔테스 198

ㅌ

탈락률 170
탈산업사회 379
탈학교화 97
태동기 342
통일교육 328
통제적 풍토 317
통합교육과정 111
트러스트(신뢰) 259
트위터 272
특수목적고 355
특수 사회화 37, 42, 57
특수성 47
특수주의 58
틱톡 272

ㅍ

파괴적 자살 307
파노플리 효과 245
파파게노 효과 309
페어 스타트 166
페이스북 272
평가 지향 44
평균인 201
평등의 법칙 151
평등주의 183
평등주의 교육관 184
평생교육 340
평생학습계좌제 349
평판법 241

폐쇄적 풍토 317
포스트모더니즘 381
표준어 138
표준화 367
품앗이 343
프랑스 172
프랑스 대혁명 19
프랑스 혁명 15
프롤레타리아 236
플라시보 효과 133
플라우든 보고서 22, 175
피그말리온 효과 132, 179
피해자 부정 298
핀란드 172

ㅎ

하위문화이론 288
하층계급 문화이론 294
학교 90, 313
학교 바우처 81
학교선택권 81
학교와 사회 20
학교풍토 179, 316
학교환경 181
학급문화 179
학생문화 179
학원 208
학점은행제 349
한국 172
한국인 197
합의 39
합의이론 35
해석 패러다임 106
해석학 129
핸드폰 205
허용적 평등 161
헤게모니 76, 90
헤드 스타트 165
혁신형 223
현대중등학교 98
현상학 103
현지연구 128
현지조사 127
협업능력 399
형이상학적 단계 20
호손 효과 133
홈스쿨링 352
흡수적 변화 215

저자 소개

김종두는 한국교원대학교에서 박사 학위를 취득하였다. 그동안 한국교원대학교, 충북대학교, 청주교육대학교, 청주대학교, 단국대학교, 홍익대학교, 충청대학교 등에서 강의하였다. 저서로는 교육과 의사소통(2000), 정보사회와 교육(2004), 학교문화(2008), 평생교육방법론(2010), 학생셰르파(2016) 등이 있으며, 연구논문으로는 情報化社會의 學校教育體制 定立을 위한 教育情報化 水準測定 研究(박사논문), 청소년 스마트폰 중독 진단 척도 개발(2015), 대학생 학습 진단 검사도구 개발(2015), 가상화폐에 대한 청년들의 인식 분석(2021), 사이버 공간에서 청소년의 사회성 발달과 사회자본 형성과정 탐색(2022), 중학생 학부모의 학습지원활동과 학교교육만족도에 대한 로지스틱 분석(2023) 외 80여 편이 있다. 현재 서원대학교 사범대학 교육학과에 재직 중이다.

교육사회학(3판)

2013년 9월 15일 1판 1쇄 발행
2014년 3월 20일 1판 2쇄 발행
2016년 7월 25일 2판 1쇄 발행
2019년 2월 25일 2판 3쇄 발행
2023년 8월 25일 3판 1쇄 인쇄
2023년 8월 30일 3판 1쇄 발행

지은이 • 김종두
펴낸이 • 한정주
펴낸곳 • 교육과학사

경기도 파주시 광인사길 71
전화 • 031)955-6956~8 / 팩스 031)955-6037
Home-page • http://www.kyoyookbook.co.kr
E-mail • kyoyookbook@daum.net, kyoyook@chol.com
등록 • 1970년 5월 18일 제2-73호

정가 21,000원
ISBN 978-89-254-1820-9